Meinhold/Hollstein Erziehung und Veränderung

D1996305

~~29,80~~

19,-

Kritische Texte:
Sozialarbeit
Sozialpädagogik
Soziale Probleme

Herausgegeben von
Hanns Eyferth
Paul Hirschauer
Joachim Matthes
Wolfgang Nahrstedt
Hans-Uwe Otto
Hans Thiersch

Marianne Meinhold/Walter Hollstein

Erziehung und Veränderung

Entwurf einer handlungsbezogenen Sozialisationstheorie

Luchterhand

Alle Rechte vorbehalten.
© Hermann Luchterhand Verlag, Neuwied und Darmstadt.
Gesamtherstellung: Druck- und Verlags-Gesellschaft mbH, Darmstadt.
Printed in Germany, November 1975.
ISBN 3 472 58024 0.

Inhalt

Vorbemerkung

Im vorliegenden Band versuchen die Verfasser, ein Instrumentarium zur Analyse und Veränderung sozialpädagogischer Praxis zu entwickeln. Im Mittelpunkt steht dabei die Erarbeitung eines Modells, das alle für den Sozialisationsprozeß wirksamen Bestimmungsgrößen enthält und in ihrer Wechselwirkung veranschaulicht (vgl. insbesondere Kap. 1). Dieses Modell wird in den nachfolgenden Kapiteln aufgegliedert und immer mehr differenziert. Anhand von Beispielen aus vielfältigen Bereichen der Sozialpädagogik zeigt sich die Bedeutung des Modells für die Praxis (vgl. Kap. 3, 4, 8). Die Beispiele sind in der Regel so ausgewählt, daß sie aus Praxisfeldern stammen, die bis anhin wenig oder gar nicht behandelt wurden. Bewußt wurde darauf verzichtet, Problemkreise zu behandeln, die, wie etwa die Schule, in kaum mehr überschaubarer Literatur analysiert oder die, wie etwa die Lehrlingsausbildung, gegenwärtig besonders viel behandelt werden. Absicht der Verfasser ist es also nicht, alle sozialpädagogisch relevanten Sektoren zu beschreiben oder gar einen Überblick über die umfangreiche Literatur zur Sozialisationsproblematik zu geben. Uns schien es vielmehr wichtiger, ein Modell vorzulegen, das dem Leser einerseits hilft, Informationen aus verschiedensten Bereichen und Theorien zu verbinden und ihn andererseits zur selbständigen Weiterarbeit und Invention in den sozialpädagogischen Tätigkeitsfeldern befähigt. So trifft denn der Leser manchmal in diesem Buch auch nur Materialien an, deren Umsetzung resp. Verwertung in der sozialpädagogischen Praxis ihm selber überlassen bleibt (vgl. insbesondere Kap. 6). Angesichts der anwachsenden Literatur, die ihre Lösungen als einzig richtige präsentiert und oktroyiert, beschränken wir uns mit unserem Modell und den ihm nachfolgenden Ausführungen gewollt darauf, dem Leser Wege zu zeigen, aber nicht vorzuschreiben. Darüber hinaus sind wir uns im klaren, daß unser Modell nicht mehr als ein allerdings nicht unbedeutsamer Schritt auf eine gültige Sozialisationstheorie sein kann (vgl. insbesondere die Nachbemerkung).

W. H./M.M.

1. Das Bedingungsgefüge von Sozialisation – Voraussetzungen und Modell

Kein Individuum ist ein Anfang. Weder als natürliches noch als soziales Wesen. Als hier und jetzt Geborenes trägt es das Leben seiner Eltern und Vorfahren in sich. Bevor es sich sozial zu je Eigenem entwickeln kann, ist es das Produkt anderer, die es in die Welt gesetzt haben. Auch letztere ist schon da, wenn neu Geborenes kommt. Jedes Individuum trifft also auf Verhältnisse, die es nicht selber geschaffen hat.

Was derart als »Umwelt« sich zeigt und von einer Generation zur anderen tradiert wird, ist ein bestimmter Grad von Naturbeherrschung, eine spezifische Form zu arbeiten: mit bestimmten, in jahrtausendelanger Invention entstandenen Werkzeugen, in eigens dazu entwickelten Produktionsstätten, unter besonders gewachsenen Produktionsbedingungen und den sich daraus ergebenden Institutionen und Beziehungen der Menschen (Komplex der sozialen Tätigkeit). Diese »Assoziierung« der Individuen ist geregelt: durch Interessen, Normen, Werte u. a. (Komplexe der sozialen Orientierung). Sie ordnen das menschliche Zusammenleben in einer Gesellschaft, die durch Arbeit sich materiell-ökonomisch, durch Fortpflanzung sich materiell-natürlich erhält und reproduziert.

Soziale Tätigkeit und soziale Orientierung, die sich wechselseitig beeinflussen, sind dabei Bedingungen, die sich aus der Natur des Menschen mit Notwendigkeit ergeben. Im Gegensatz zum Tier, das in seine Umwelt instinktsicher eingepaßt ist, muß der Mensche aufgrund seiner biologischen Konstitution, die Instinktsicherheit und organische Anpassung nicht vorsieht, sich sein Verhalten in der Umwelt erst erwerben. Das Leben des Individuums besteht sukzessive darin, daß es seine biologische Hilflosigkeit überwindet, indem es seine biologische Offenheit entsprechend der Chancen nutzt, die ihm seine Umwelt bietet. Die natürliche Organisation des Individuums bedingt als soziale Voraussetzung, daß es lernt, sich am Leben zu erhalten (Tätigkeit) und sich in der je vorhandenen Umwelt zurechtzufinden (Orientierung). »Das Nichtfestgelegtsein der biologischen Struktur des Menschen macht es erforderlich, daß in der Entwicklung des einzelnen Individuums das zur Befriedigung der organischen (und der sekundär entstehenden geistigen, kulturellen usw.) Bedürfnisse notwendige Verhalten weitgehend *gelernt* werden muß. Das *Lernen* (und nicht die biologische Reifung) wird zum Hauptmechanismus der Ontogenese« [1].*

* Anmerkungen s. S. 39

Derartiges Lernen ist nicht gleichbedeutend mit passivem Aufnehmen von Information, sondern schließt die aktive Tätigkeit der Informationsauswahl und -verarbeitung mit ein; und zwar auf zweifache Weise:

- Zum einen entscheiden die bisher erworbenen Bedürfnisse, Handlungsstrategien und aufgebauten Fähigkeiten (zur Begriffserklärung, siehe: Kap. 1/Exkurs) des Lernenden darüber, *welche* Informationen wahrgenommen und verarbeitet werden, und *ob* und *wie* einzelne Erfahrungen ausgewertet und genutzt werden.
- Zum zweiten bestimmt das lernende Individuum Verlauf und Ergebnis solcher Lernprozesse selbst aktiv mit.

Zur Veranschaulichung werden wir im folgenden an einem einfachen Beispiel einige Bedingungen darstellen, die den Verlauf und die Auswertung solcher Lernprozesse beeinflussen: Ein fünfjähriges, körperlich eher schwaches und ungewandtes Mädchen hat bei aggressiven Auseinandersetzungen mit Gleichaltrigen um Spielzeug einige Mißerfolge erlebt. Außerdem hat es die Mißbilligung der Mutter bei solchen Streitereien gespürt. Die Auswertung dieser »Erfahrungen« führt zur Vermeidung körperlicher Auseinandersetzungen. Gleichzeitig wird das Mädchen versuchen, möglichst viel Informationen zu gewinnen, um in Zukunft auf andere Weise zu seinen Zielen zu gelangen: Es wird aus dem Wechselspiel zwischen Erfolgen, Mißerfolgen, Beobachtungen, Nachahmungen, überprüften und veränderten Erwartungen allmählich Techniken entwickeln, die es befähigen, solche Probleme im Sinne seiner Bedürfnisse zu lösen. Die Steuerung dieser Lernprozesse durch Ergebnisse vorausgegangenen Lernens wird hierbei in dem Augenblick deutlich, wo sich das Mädchen um neue Lösungen bemüht: Für ein körperlich kräftigeres Kind, dessen aggressives Schlagen sehr schnell zum Erfolg führt, bestünde kaum eine Veranlassung, nach weiteren Hinweisen, »Informationen« in der Umwelt zu suchen, um das Problem, zu Spielzeug zu kommen, auf andere Weise zu lösen. Welche neue Problemlösungsstrategie schließlich aufgebaut wird – ob z. B. passives Bravsein und Weinen oder Reden, Erklären und Überzeugen –, bestimmt sich wiederum nicht ausnahmslos von den Reaktionen (Anregungen, Unterstützungen u. a.) der Umwelt (hier: Erzieher, Eltern, Kinder), sondern auch von den bisher entwickelten Fähigkeiten und ausgewerteten Erfahrungen des betroffenen Mädchens.

Jede Lernsituation wird also immer sowohl von *äußeren Bedingungen* (Umwelt, präziser: Gesellschaft) wie auch von *inneren Bedingungen* (Bedürfnisse, Erfahrungen, Fähigkeiten) gesteuert. Das Ergebnis solcher

Lernprozesse ist aus der Wechselwirkung zwischen inneren und äußeren Bedingungen zu verstehen, wie es z. B. von *Rubinstein* in der Formel ausgedrückt wird: »Äußere Ursachen wirken über innere Bedingungen« [2]. In diesem Zusammenhang impliziert der Begriff der Wechselwirkung *grundsätzlich*, daß äußere Bedingungen nicht mechanistisch als linear verursachende Faktoren innerer Bedingungen verstanden werden. Vielmehr wird die Wirkung äußerer Bedingungen je nach den bereits entwickelten inneren Bedingungen eine andere sein; gleichermaßen wirken innere Bedingungen auf die äußeren zurück, indem erstere die letzteren beeinflussen und verändern. Diese komplexe Beziehungskette innerer und äußerer Bedingungen wird im folgenden aufgegliedert und näher erklärt (vgl. z. B. 3.4.3).

Der Begriff »Wechselwirkung« hypostasiert indessen keine Trennung äußerer und innerer Bedingungen in der Form, daß sich daraus etwa eine prinzipielle Unabhängigkeit von Gesellschaft (äußere Bedingungen) und Individuum (innere Bedingungen) ableiten ließe. Vielmehr *ist* Gesellschaft die Wechselwirkung der Individuen in spezifischen Verhältnissen. Die menschliche Persönlichkeit, wie wir sie hier annehmen, konstituiert sich also nicht außerhalb der Gesellschaft, mit der sie dann in einen gelegentlichen Kontakt (Wechselwirkung) träte, sondern sie ist aktives Glied dieser Gesellschaft und nur als solches verstehbar. Diese Identität von Individuum (Gattungswesen) und Gesellschaft illustriert freilich nur eine Seite dieser Problematik; die andere besteht darin, daß für das einzelne Individuum die anderen Individuen und die gesellschaftliche Gesamtheit außerhalb seiner selbst existieren. Für das jeweilige Subjekt »Individuum« stellen sie (andere Individuen; gesellschaftliche Gesamtheit) damit Objekte dar, denen es begegnet. Wechselbeziehung, so verstanden, heißt: Das Individuum ist konstituierendes (Subjekt) wie konstituiertes (Objekt) Glied eines Zusammenhanges (Gesellschaft), den es einerseits mit vielen anderen bedingt und der sich andererseits ihm gegenüber objektiviert. Wechselbeziehung von Individuum und Gesellschaft impliziert also Identität (Individuum als Gattungswesen) und Besonderung (Individuum als unverwechselbare Persönlichkeit) zugleich.

»Damit ist die Antithese zwischen der äußeren Bedingtheit und der inneren spontanen Entwicklung aufgehoben; denn ihr innerer, wechselseitiger Zusammenhang bildet die Grundlage für die Erklärung der Erscheinungen« [3]. Das Verhältnis zwischen inneren Bedingungen (Individuum) und äußeren Bedingungen (Umwelt) ist demnach ein dialektisches. Die im Individuum entstehenden Eigenschaften, Bedürfnisse u. a. werden also nicht unmittelbar eindimensional bestimmt von den äußeren Bedingungen. Vielmehr werden alle äußeren Einflüsse durch die »inneren Bedingungen gebrochen« [4]. Relativ stabile Reaktionstendenzen, Eigenschaften und Bedürfnisse, die als Folge der aktiven Auseinandersetzung mit den äußeren Bedingungen entstanden sind, verfestigen sich, verselbständigen sich zunehmend und wirken auf die äußeren Bedingungen zurück.

Ein Beispiel: Ein Kind, dessen Bedürnis nach kontinuierlicher, emotionaler Zuwendung bisher wenig Befriedigung erfuhr, wird die aus zahlreichen Enttäuschungen entstandene Mißerfolgserwartung zunächst in jede neue soziale Situation mit einbringen. Es kann mißtrauisch den neuen, zunächst neutral eingestellten Personen oder Gruppen gegenübertreten und dadurch gerade jene ablehnende Haltung provozieren, die seine Mißerfolgserwartung begründet.

Die inneren Bedingungen wirken also relativ eigenständig, dürfen aber nicht als »umweltunabhängig« mißverstanden werden: Jede einzelne innere Bedingung ist ein Resultat der Wechselwirkung zwischen äußeren und schon bestehenden – ebenso gewordenen – inneren Bedingungen. In dieser dialektischen Beziehung gebührt der Gesellschaft das Primat.

Allerdings gilt es hier vorsichtig einzuschränken. Für den Einzelfall kann erwartet werden, daß die entstandenen inneren Bedingungen immer dann die entscheidende Bestimmungsgröße darstellen, wenn sich das betreffende Individuum veränderten gesellschaftlichen Bedingungen gegenübersieht [5]. In solchen Situationen können u. U. die zuvor entwickelten Motivations- und Denkstrategien so starr sein, daß eine Veränderung der inneren Bedingungen erschwert oder sogar ausgeschlossen ist. Ein illustrierendes Beispiel aus Politik und Sozialpsychologie zugleich wäre *Lenins* Auseinandersetzung mit den – allen kollektivistischen Versuchen in der Landwirtschaft – lange widerstrebenden Kleinbauern, die schließlich sogar eine partielle Revision der sowjetischen Wirtschaftspolitik mit erzwangen. –

Bezeichnetes Lernen hat die Gesellschaft institutionalisiert, um sich dergestalt den Fortbestand des sozialen Systems von Generation zu Generation zu sichern. Eltern, Lehrer, Journalisten u. a. erziehen, damit die Kinder von heute dann morgen sich in der Gesellschaft orientieren können und für die Gesellschaft arbeiten. Solche *Erziehung* verläuft einmal systemstabilisierend als institutionalisierte, d. h. bewußte, beabsichtigte und organisierte Veranstaltung des sozialen Systems für seinen Erhalt, und kann andererseits systemverändernd als Förderung der Kritikfähigkeit, der Aktivität und Selbsttätigkeit, der Solidarität u. a. geschehen. Neben dieser potentiell »doppelbödigen« Erziehung lernt das Individuum spontan, an jedem Ort und zu jedem Zeitpunkt aus seinen konkreten Erfahrungen, Erlebnissen, Konfrontationen u. a. mit den spezifischen Lebens- und Gesellschaftsverhältnissen einer Epoche. Dieser soziale Lernprozeß wird als *Sozialisation* bezeichnet, wobei dieser Terminus gleichzeitig den anderen der Erziehung als Oberbegriff in sich einschließt.

1.1. Begriffsbestimmungen von Sozialisation

Sehr allgemein läßt sich Sozialisation demnach als eine Art »Vergesellschaftungsprozeß« des Menschen definieren. In diesem Sinne kann Sozialisation als »Prozeß des Hineinwachsens des Menschen in die Gesellschaft« [6] verstanden werden. Aus dem »biologischen« Wesen wird ein soziales: »Sozialisation ist der Prozeß, in dessen Verlauf das Individuum im biologischen Sinne in eine bestimmte Gesellschaft integriert wird« [7].

Das Wie dieses Prozesses wird in einer anderen Definition ergänzt: »Sozialisation ist der umfassende Begriff für den gesamten Prozeß, in dem ein Individuum durch Interaktion (»through transaction with other people«) die ihm besonderen Muster sozial relevanten Verhaltens und Erfahrens entwickelt« [8]. An diese Bestimmung lehnt sich die folgende eng an: »Sozialisation bezeichnet einen komplexen Vorgang der Interaktion zwischen Individuum und sozialem System in Abhängigkeit von Alters- und Entwicklungsstufen, aus dem ein bestimmtes Reservoir oder Muster von Verhaltensdispositionen des Individuums resultiert« [9].

Sozialisation als Begriff, der alle auf das Individuum einwirkenden, sozial- und persönlichkeitsbildenden Kräfte umfaßt, wird dabei deutlich vom Terminus »Erziehung« abgehoben: Für Erziehung sei »charakteristisch, daß er auf ein selbst-bewußtes Handeln angewendet wird, bei dem speziell ausgebildete Kräfte bewußt versuchen, Teilbereiche eines kulturellen Erbes zu vermitteln, das größtenteils aus verbalen und anderen komplizierten Fertigkeiten und Kenntnissen besteht, recht schwer zu lehren und oft abgelegen von der täglichen sozialen Interaktion der meisten Menschen ist. Die wachsende Einsicht der Sozialwissenschaftler in die kulturellen Zusammemhänge macht aber deutlich, daß sich in der täglichen sozialen Interaktion fortwährend Prozesse abspielen, die den Erziehungsprozessen verwandt sind, oft als mehr oder weniger automatisches kulturell-geregeltes Verhalten ablaufen und ihren Einfluß über den ganzen Bereich menschlichen Handelns, Denkens und Empfindens erstrecken. Es könnte Verwirrung stiften, wenn man den Erziehungsbegriff auf einen so weiten Bedeutungsumfang ausdehnen würde, und deshalb ist der Begriff S. (Sozialisation, d. V.) von Nutzen. In der Theorie kann man die *Erziehung*, als Ausdruck für bestimmte spezielle Formen des Sozialisierungsprozesses, dem Oberbegriff S. unterstellen. Im tatsächlichen empirischen Gebrauch hat S. jedoch auch eine etwas speziellere Bedeutung angenommen: man meint hier mit dem Begriff vornehmlich jene allgemein-menschlichen Aspekte der Erziehung, die schon vor Beginn der formalen Erziehung im Leben auftreten und in unserer Gesellschaft auch während der Zeit der formalen Erziehung in der Familie und in anderen Gemeinschaften genauso wie in der Schule fortbestehen« [10].

Die prägende Richtung von Sozialisation des Individuums weist in den vorliegenden Begriffsbestimmungen eindeutig und vorrangig auf die Gesellschaft [11]: letztere als bei der Geburt des Menschen bereits vorhandene zeigt sich als Primäres und Führendes [12]. Das Kind übernimmt im Laufe des Sozialisationsprozesses »die Verhaltensmaßstäbe und Ideale der Gruppe in sich auf«, in welcher es lebt; es paßt sich der Rollenerwartung seiner sozialen Umgebung an [13]. Sozialisation wird demgemäß als Prozeß verstanden, »in dessen Verlauf ein Individuum (z. B. im Kindesalter) sich den sozialen Erfordernissen der Umwelt gegenüber allmählich anpaßt oder dazu veranlaßt wird, indem es sich die Normen der sozialen Umwelt zu eigen macht und allmählich lernt, diesen kulturellen Normen entsprechend zu handeln« [14]. Dergestalt erscheint Sozialisation als »Vorgang der Führung, Betreuung und Prägung des Menschen durch die Verhaltenserwartungen und Verhaltenskontrollen seiner Beziehungspartner« [15].

Unter Sozialisation werden in diesem Kontext all »jene Einflüsse und Zwänge« subsumiert, »die von der Gesellschaft auf den einzelnen ausgeübt werden, um ihn fest in die Kooperations- und Lebenszusammenhänge zu integrieren, in denen er Mitglied ist. Es werden hierbei verpflichtende Ziele und Wertordnungen vor ihm aufgerichtet und in eine große Mannigfaltigkeit detaillierter Verhaltensregelungen und Aktivitäten einzelner primärer wie sekundärer Kooperationszusammenhänge übersetzt. Dieser von außen kommenden, objektiv verpflichtenden und zwingenden Ein- und Unterordnungserwartung kommen subjektive Gefühle und Interessen entgegen, Bedürfnisse der Kooperation wie der sozialen Anerkennung, Erwiderung, Zugehörigkeit, Sicherheit« [16].

Also schränkt die Gesellschaft die Verhaltensmöglichkeiten des Individuums ein, indem sie es auf jene Verhaltensweisen festlegt, die spezifische Gruppennormen verlangen [17]. Sozialisation erscheint unter diesem Blickwinkel als »Übertragung von Verhaltensdispositionen durch Sozialisatoren auf Sozialisanden« [18]. Die Sozialisatoren vermitteln dabei »die in einer Gesellschaft herrschenden Werte, Normen und Techniken des Lebens«, die sie dem einzelnen »... verbindlich« [19] machen. Der Sozialisand soll jenes Verhalten lernen, das seine soziale Umgebung von ihm erwartet [20].

Anpassung zeigt sich auch als Ziel spezieller Sozialisationsprozesse: »Insofern Sozialisation die Menschen dem jeweils gegebenen Herrschaftssystem unterwirft, sie also politisch normiert, kann sie politische Sozialisation genannt werden« [21]. Diese Subordination des einzelnen in seiner politischen Sozialisation unter das gegebene System (Regime) manifestiert sich besonders deutlich in den US-amerikanischen Arbeiten zu diesem Thema. Hier erscheint politische Sozialisation fast durchweg als Vermittlung von solchen Informationen, Gefühlen und Werten, die das bestehende politische System legitimieren [22]. Berufliche Sozialisation paßt sich diesen Vorstellungen und Definitionen weithin an, indem sie sich als Integration der jugendlichen Erwerbstätigen in ihren jeweiligen Betrieb versteht, ohne nach dessen Struktur und Zielen zu fragen [23].

Kritik an solch passiver Anpassung des Sozialisanden an bestehende Verhältnisse der Gesamtgesellschaft, des politischen Bereichs oder des betrieblichen kam im deutschsprachigen Raum zunächst aus der DDR, wo die Aneignungsaktivitäten des Sozialisanden in dessen Begegnung mit der Umwelt betont wurden. Sozialisation erscheint dergestalt als »ontogenetischer Vorgang ..., in welchem der Mensch infolge seiner aktiven Auseinandersetzung mit der gesellschaftlichen Umwelt zum Menschen, also zu einer Persönlichkeit wird« [24]. In der Tradition des Marxismus wurden dabei in der DDR auch in den Begriffsbestimmungen von Sozialisation, die den gesellschaftlichen Erziehungsprozeß einzig als Vermittlung von Normen und Werten verstanden wissen wollten, durch Hervorhebung der materiellen Komponenten (Arbeit, Produktionsverhältnisse) die Akzente und Prioritäten neu gesetzt [25].

In ihrer Auseinandersetzung mit den bürgerlichen und nicht-bürgerlichen Sozialwissenschaften nahm die Studentenbewegung in der BRD solche Denkanstöße aus dem marxistischen Bereich auf und integrierte sie in ihre Aussagen. Seither läßt sich in den neueren Definitionen von Sozialisation in der Bundesrepublik beobachten, wie vermehrt Nachdruck auf die Persönlichkeitsentwicklung u. a. der Sozialisanden gelegt wird. »Sozialisation wäre dann zu verstehen als Prozeß der Persön-

lichkeitsgenese in Abhängigkeit von der Umwelt, die, wie wir annehmen, stets historisch-gesellschaftlich vermittelt ist« [26].
Auch die einseitige Begrenzung des Sozialisationsprozesses auf die Übertragung von Normen und Werten wird nicht mehr durchgängig betrieben. Sukzessive gewinnt die Bedeutung der Sozialisierung von Arbeitstechniken, Qualifikationen u. a. Eingang in die Begriffsbestimmungen von Sozialisation. So wird Sozialisation beispielsweise als der Vorgang verstanden, der die »Übertragung geltender, d. h. von den Mitgliedern der betreffenden Gesellschaft geteilter, Techniken (Fertigkeiten), Meinungen (Überzeugungen) und Werte, die das soziale Verhalten der Gesellschaftsangehörigen bestimmen« [27], gewährleistet. Und: »Im Begriff Sozialisation konvergieren die Versuche einiger Wissenschaften, Voraussetzungen und Verlauf jenes Prozesses zu klären, während dessen der nur mit rudimentären Instinkten geborene Mensch allmählich die Verhaltenssicherheit eines Erwachsenen erwirbt und dabei psychisch wie sozial die Fähigkeit gewinnt, als Individuum zum arbeitsteiligen Reproduktionsprozeß der Gesellschaft beizutragen« [28].
Damit liegt eine Auswahl an Begriffsbestimmungen von Sozialisation vor. Sie ist klein in Anbetracht der vielzähligen und immer noch verstärkt anwachsenden Literatur über den gesellschaftlichen Erziehungsprozeß des Menschen in unserer Epoche; aber sie zeigt sich repräsentativ: In ihr fehlt kein wesentliches Moment der Kennzeichnung, das die gegenwärtig vorliegenden Begriffsbestimmungen von Sozialisation enthalten.

1.1.1. Zur Kritik der Sozialisationsdefinitionen

Sozialisation geschieht jeweils unter bestimmten empirisch aufzeig- und benennbaren Voraussetzungen (vgl. Abb. 1), die sich vorerst wie folgt resümieren lassen: das Dasein von Menschen mit einer spezifischen Naturausstattung (Konstitution u. a.), die in einer bestimmten natürlichen und sozialen Umwelt leben, in der sie sich mit den Mitmenschen arbeitend (Kooperation) ihre Existenz sichern (Arbeits- und Lebensverhältnisse), durch Interaktion: Sprache, Normen und Verhaltensmuster erwerben, welche ihnen unter spezifischen gesellschaftlichen Bedingungen (Aneignungs-, Eigentums-, soziale Kräfteverhältnisse) die soziale Orientierung ermöglichen und gesamthaft (soziale Tätigkeit und soziale Orientierung) die Reproduktion der Gesellschaft gewährleisten. Daran gemessen enthalten die vorgängig bezeichneten Begriffsbestimmungen von Sozialisation richtige und unzureichende Elemente.

Positiv läßt sich in einer Kritik vermerken, daß in den meisten Begriffsbestimmungen von Sozialisation letztere als Prozeß (z. B. *Groothoff, Zigler/Child*) aufgefaßt wird. In dieser Optik verstehen auch wir Sozialisation als Lernprozeß, der das Individuum lebenslang begleitet und beeinflußt. Lernen erfolgt dabei durch die fruchtbare Auseinandersetzung mit anderen Menschen, durch Interaktion (z. B. *Zigler/Child*), in welcher das Individuum produktiv nutzbare Qualifikationen (z. B. *Pressel, Fürstenau*) und Orientierungen (z. B. *Durkheim, Drever/Fröhlich*) erwirbt und sich dergestalt in soziale »Verbände« integriert (z. B. *Durkheim, Parsons*). Als Resultat dieses Prozesses, dessen Komplexität zurecht betont wird (z. B. *Child, Lüdtke*), entwickelt das Individuum ihm je besondere Muster des Verhaltens und Erfahrens (z. B. *Zigler/Child*).
Negativ fällt uns in einer Kritik der zitierten Definitionen auf, daß Sozialisation weithin als eindimensionaler Vorgang der Integration eines Individuums in die bestehende Gesellschaft (z. B. *Willems, Scharmann, Drever/Fröhlich*) gesehen wird. Ein passiver Sozialisand steht dabei dem weithin autoritären Prägungsdruck des sozialen Systems gegenüber (z. B. *Parsons, Neidhardt, Wurzbacher-Schlottmann*). Daß das Individuum einen »autonomen« Bereich von Handlungsfreiheit in oder gegenüber der Gesellschaft besitzen oder gar seinerseits in bezug auf die gegebenen Strukturen des sozialen Systems tätig werden könnte, wird in der überwiegenden Mehrzahl der Begriffsbestimmungen von Sozialisation schon als bloße Möglichkeit eliminiert (z. B. *Goslin, Pye*). Veränderbarkeit wird als Postulat zwar nicht ausgeschlossen, zumal sie schon im Prozeßbegriff von Sozialisation enthalten ist. Doch betrifft Veränderung niemals das soziale System, sondern immer nur das Individuum, das sich je nach Strukturen und Anforderungen der bestehenden Gesellschaft zu richten, d. h. auch zu verändern hat (z. B. *Drever/Fröhlich, Clausen*). Fast ausnahmslos wird Gesellschaft dabei als übermächtiges Gebilde begriffen, das zeitlos und unspezifiziert erscheint (z. B. *Neidhardt, Groothoff, Lüdtke*).
Genau diese unbestimmte Auffassung von Gesellschaft, die deren Omnipotenz und Perfektion unausgesprochen impliziert, bedingt die Sichtweise von einem Individuum, dessen Sozialisation nach den Forderungen und Notwendigkeiten des Systems geschehen muß. Nimmt aber die Gesellschaft in den zitierten Begriffbestimmungen von Sozialisation eine so allgemeine und quasi anonyme Gestalt an (z. B. *Wurzbacher/Schlottmann, Goslin*), so werden schließlich auch dem Individuum nur abstrakte Züge verliehen, weil es aus jenem konkreten Wechselspiel mit sozialen Strukturen entlassen wird, das erst gesellschaftliches Wesen

und gesellschaftliche Aktivität des Menschen bestimmbar macht. Andererseits besteht die Gefahr, Sozialisanden nur als Reaktionsvariable auf gesellschaftliche Bedingungen zu sehen und außer acht zu lassen, in welchem Ausmaße das Individuum »äußere« Einflüsse »bricht« und aktiv umarbeitet (z. B. *Pressel, Neidhardt*).

Verlieren beide Variablen des Sozialisationsprozesses – Individuum und Gesellschaft – derart an sich bedingender Konkretion, verbleibt nur noch die Möglichkeit, das jeweilige Einzelwesen (Individuum) dem fordernden Gesamtzusammenhang (Gesellschaft) anzupassen. Präzis das geschieht, wenn dem Individuum die Normen und Werte des sozialen Systems aufgesetzt (z. B. *Drever/Fröhlich, Pye*) oder dessen Verhaltenserwartungen ihm einfach introjiziert werden (z. B. *Parsons, Lüdtke, Wurzbacher/Schlottmann*), wobei in einigen Definitionen auch nicht deutlich wird, daß diese Übertragung von Werten, Verhaltensdispositionen u. a. nur durch menschliche Interaktion sich vollzieht (z. B. *Geulen, Pressel*).

Sozialisation beschränkt sich dabei zumeist auf die Vermittlung »ideeller« Forderungen der Gesellschaft an das Individuum (z. B. *Parsons, Greenstein, Neidhardt*). Die Inhalte und sozialen Konsequenzen dieser Forderungen werden von den zitierten Autoren in der Regel weder betrachtet noch geprüft. Die materiellen Beziehungen der Menschen, wie sie sich in Arbeitskooperation, Produktions- und Aneignungsverhältnissen ausdrücken, fallen aus den bezeichneten Definitionen von Sozialisation vollends heraus. In ihnen wird die Bedeutung menschlicher Tätigkeit für den gesellschaftlichen Erziehungsprozeß nicht gewürdigt und auch nicht der Bedingungszusammenhang von sozioökonomischen Verhältnissen einer Gesellschaft mit deren spezifischer Sozialisation erkannt. Schließlich sollte noch erwähnt werden, daß angesichts des Tatbestands, daß Sozialisation alle Einflüsse umfaßt, die auf das Individuum wirken, eine prinzipielle Unterscheidung zwischen »allgemeiner« Sozialisation und »spezieller« Sozialisation (z. B. *Greenstein, Gottschalch*) wenig sinnvoll erscheint.

Resümieren wir unsere einleitenden Überlegungen und unsere Auseinandersetzung mit den bereits vorliegenden Begriffsbestimmungen von Sozialisation, so gelangen wir zu folgender Definition: *Sozialisation ist der gesellschaftlich vermittelte Lernprozeß, durch den Menschen individuell und kollektiv in einem bestimmten sozialen System sich orientieren und tätig werden.* Dabei schließt Sozialisation den gesamten Prozeß der *Persönlichkeitsentwicklung* mit ein.

Wir glauben in dieser Definition alle wesentlichen Momente von Sozialisation aufgenommen zu haben: Der Begriff »Lernprozeß« (1.3.2.1.)

benennt die Notwendigkeit lebenslanger menschlicher Entwicklung durch Lerntätigkeit. Näher bezeichnet wird dieser Lernprozeß dadurch, daß er als »gesellschaftlich vermittelt« erscheint; solches umschließt zum einen die Motivation zum Lernen durch menschliche Interaktion und Kooperation und zum anderen die soziale Bedingtheit dieses Lernens durch die jeweiligen sozio-ökonomischen Verhältnisse einer Gesellschaft. Das Adjektiv »individuell« faßt den Tatbestand der unverwechselbaren und je eigenen Persönlichkeitsentwicklung der Individuen im Sozialisationsprozeß, der jedoch auch gleichzeitig die verschiedenen Persönlichkeiten in der Erkenntnis ihrer gemeinsamen gesellschaftlichen Positionen, Interessen, Bedürfnisse u. a. zueinander in Beziehung setzt, was durch den Terminus »kollektiv« angedeutet ist. Der Begriff des »bestimmten sozialen Systems« illustriert die historisch gewachsene Konstellation der Gesellschaft und deren Komplexität, in welcher das Individuum sich orientiert, indem es sich mit den gegebenen Normen, Werten und Verhaltenserwartungen aktiv auseinandersetzt und aufgrund seiner Tätigkeit (Arbeit) sein Leben reproduziert und gestaltet. »Tätigkeit« signalisiert dabei die Aktivität der Menschen, die entsprechend ihrer biologischen Offenheit sich in ihrem Leben nicht nur verändern, sondern ihrerseits auch jene sozialen Strukturen umgestalten, innerhalb derer sie leben.

1.2. Veränderung als Kategorie im Sozialisationsprozeß

Unsere Begriffsbestimmung von Sozialisation und deren Verdeutlichung lassen erkennen, daß wir das Bedingungsgefüge von Individuum und Gesellschaft nicht als eindimensional, sondern als dialektisch verstehen. Gesellschaft und Individuum beeinflußssen sich gegen- und wechselseitig. Indem der Mensch je auf schon vorhandene soziale Strukturen trifft, wird er in seinem Verhalten von diesen bestehenden Verhältnissen geprägt, die er seinerseits aufgrund seiner Tätigkeit immer neu reproduziert und umgestaltet. In diesem dialektischen Bedingungsgefüge von Individuum und Gesellschaft sind also beide für Veränderungen grundsätzlich offen.

Veränderung betrifft damit nicht nur das Individuum, das sich in Orientierung und Tätigkeit nach den Anforderungen des sozialen Systems richtet, sondern auch das System, das entsprechend der Bedürfnisse und Interessen der Individuen wandelbar ist. Im Gegensatz zur vorherrschenden Sozialisationstheorie, derzufolge Sozialisation und Erziehung ihre Formen und Inhalte aus den Notwendigkeiten der bestehenden Gesellschaft bestimmen und demgemäß systemstabilisierend wirken sollen, setzen wir als Ergebnis unserer einleitenden Ausführungen die grundsätzliche Veränderungsfähigkeit von Individuum und Gesellschaft als Bezugspunkt unserer Theorie. Diese prinzipielle Veränderungsfähigkeit als Möglichkeit, Wandel individuell und kollektiv zu bewirken, sieht sich freilich soziohistorisch eingeschränkt, d. h.: die jeweilige Gesellschaft mit ihren spezifischen Produktions-, Aneignungs- und Kräfteverhältnissen bildet einen konkreten Rahmen, der die Bedingungen für Quantität und Qualität aller Veränderungen setzt. Dieser Rahmen kann nicht mit einem voluntaristischen Akt des Veränderungswillens durchbrochen werden, wenn dem die objektiven (z. B. Produktionsverhältnisse) und subjektiven (z. B. soziales Bewußtsein) Bedingungen der jeweiligen Gesellschaftsstruktur entgegenstehen. Wir präzisieren diese Aussage an einigen Beispielen:

1. Seit Jahren belegen unzählige Arbeiten und Studien u. a. des »Deutschen Bildungsrates« die Begabungsreserven der sozial unterprivilegierten Schichten, die ungenützt bleiben, weil die Kinder aus diesen gesellschaftlichen »Gruppierungen« zu wenig gefördert werden. Trotz aller Forderungen und Aktivitäten, die aus dieser Erkenntnis im Sozialisationsbereich erwuchsen, sind die Bildungschancen etwa von Arbeiterkindern allenfalls minim gestiegen [29].
2. Entgegen des unwiderlegbaren und vielfach geführten Beweises, daß sich Heimerziehung »extrem pathogen« auswirkt, haben der »fortgeschrittene Stand des gesellschaftlich verfügbaren Wissens« über die Heimerziehung und damit verbundene Aktionen u. a. der Betroffenen die Sozialisationsbedingungen in den Heimen noch immer nicht verbessert. Es zeigt sich nach wie vor »eine ungeheuerliche Kluft« zwischen aktiver Kritik und »Anstaltsmilieu« [30].
3. Wiewohl seit langem bekannt ist, daß für die Entwicklung der Heranwachsenden »die frühen Lernerfahrungen in einer produktiv stimulierenden Umwelt« »von besonderer Anregungskraft und Wirsamkeit« [31] sind, leben noch immer Zehntausende von Kindern in miserablen Lebensverhältnissen, die sie nachgerade in ein »Ghetto« [32] der Chancenlosigkeit und Asozialität zwingen.

Theoretischer und praktischer Veränderungswillen im Sozialisationsbereich hat diese Defizite bislang nicht beheben können, weil die sozioökonomischen Bedingungen des Systems einem Wandel zum Besseren entgegenstehen. Die materiellen Ressourcen, die demokratisierende Politik und der damit verbundene Abbau der Disziplinierungs- und Selektionsfunktion von Heimen und Schulen, auf die der Veränderungswillen hätte stoßen müssen, um seine Absichten praktisch werden zu lassen, wurden vom System nicht gewährt, da sie seinen gegenwärtigen Herrschaftsinteressen zuwiderlaufen. Kollektiver Druck, der Zugeständnisse des Systems in der Veränderung seiner Sozialisationsbedingungen hätte erreichen können, fehlte überdies bei den bezeineten Beispielen im zureichenden Maße von Erfolgsgarantien. Das bedeutet für unser Thema: Wenn die objektiven und subjektiven gesellschaftlichen Voraussetzungen fehlen, kann Erziehung keine Veränderung im sozialen System bewirken. Zum Beispiel vermag Erziehung in einer Klassengesellschaft die sozialen Ungleichheiten nicht zu beseitigen, in einem auf unterdrückender Herrschaft basierenden System nicht Demokratie in der Schule durchzusetzen, durch Betonung von kooperativem Lernen nicht den Egoismus einer Konkurrenzgesellschaft aufzuheben. Hier ist der Weg zur Veränderung, der organisierter politischer Anstrengungen bedarf, umgekehrt: die Überwindung der Klassengesellschaft beseitigt die sozialen Ungleichheiten, der Abbau unterdrückender Herrschaft bereitet den Boden für Demokratie in den Erziehungsinstitutionen, die Abschaffung der Konkurrenzgesellschaft realisiert die Voraussetzungen für die Reduktion von Egoismus u. a.

Indessen: *Erziehung kann Sozialisation verändern.* Was sich so zunächst paradox anhört, meint, daß Erziehung den gesellschaftlich vermittelten Lernprozeß zu korrigieren vermag. Ein Beispiel: Projektarbeit mit Kindern von Obdachlosen (Schularbeitszirkel, Rollenspiele, Diskussionen, politische und Sexualaufklärung, Unterstützung gegenüber Behörden, Schule und Lehre, Jugendarbeit u. a.) kann Sozialisationsschäden und -defizite der Obdachlosenkinder beheben helfen, ihnen Chancen im Ausbildungssektor ermöglichen und sie zu soziopolitischer Selbsthilfe führen. Projektarbeit kann indessen nicht verhindern, daß während ihrer Aktivitäten die spezifischen Mechanismen (z. B. Boden- und Bauspekulation) des sozialen Systems neue Obdachlose produzieren.

Erziehung als Veränderung von Sozialisation kann jedoch – um bei unserem Beispiel zu bleiben – Informationen über Boden- und Bauspekulation liefern, also im Sinne von Gegen-Information aufklärend wirken, und über diese Aufklärung transportierend zur Organisierung der Betroffenen beitragen, deren politisches Handeln dann realiter sozio-ökonomisch verändernd wirken kann. Erziehung ist dergestalt fähig, Widersprüche und Ungerechtigkeiten in der bestehenden Gesellschaft zu aktualisieren. Sie kann letzteres auch, indem sie im Rahmen des gesellschaftlich Möglichen neue Modelle von Verhalten (Verkehrs-

formen) am konkreten Beispiel einübt, z. B. Zusammenarbeit, Aktion, Solidarität, Veränderung selbst u. a.
Solche Erziehung als aufklärende wie als verhaltensmäßige Veränderung von Sozialisation setzt, will sie effektiv und offensiv werden, jeweils eine *Veränderungsstrategie* voraus, die – zunächst grob benannt – folgendes bedingt:
- die realistische Einschätzung der sozio-ökonomischen Verhältnisse,
- die Kenntnis der gesellschaftlichen Kräfte (Klassen, Schichten, Herrschaftspositionen u.a.).,
- die konkrete Erfahrung mit dem Bewußtseinsstand der von der Veränderungsarbeit direkt (z. B. Schüler, Lehrlinge) und indirekt (z. B. Eltern, Arbeitgeber) Betroffenen,
- die Fähigkeit, die Bedürfnisse jener, mit denen verändernd gearbeitet wird, zu erkennen und zu akzeptieren,
- den Einblick in Organisation/Organisationsgrad der an der Veränderungsarbeit Beteiligten und der – möglicherweise – in ihren Interessen Berührten,
- das Wissen um Richtung und Ziele der Veränderungsarbeit und um die Operationalisierung (Mittel, Methoden) der einzelnen Schritte,
- das Bewußtsein von den eigenen Möglichkeiten und Kräften,
- die Bereitschaft zur Veränderung eigener Zielvorstellungen und Strategien.

Solche Veränderungsstrategie bezieht sich auf *Gruppen* wie Lehrlinge, Obdachlose, Drogenabhängige u. a. Das darf nicht so verstanden werden, als könne Veränderungsarbeit mit *Einzelpersonen* wahllos improvisieren. Auch sie benötigt – will sie nicht am bedürftigen Individuum vorbeizielen – der Veränderungsstrategie, die die realistische Einschätzung des betreffenden Individuums, die Kenntnis seiner Umgebung, seines Bewußtseinsstandes und seiner Bedürfnisse, das Wissen um die Ziele der Veränderungsarbeit und deren Operationalisierung u. a. beinhaltet.

1.2.1. Zum Problem der Zielvorstellungen

Zieldiskussionen kennzeichnen sich in der Regel dadurch, daß sie mit hehren Begriffen wie »Emanzipation«, »Erziehung zum demokratischen Staatsbürger«, »Autonomie« und dergleichen sehr großzügig umgehen. Solch wenig sparsamer Gebrauch von großen Worten fällt dann besonders leicht, wenn vorgängig genannte Zielvorstellungen abstrakt und aus dem konkreten Raum ihrer sozialen Umgebung entlassen diskutiert werden. Dergestalt gesellschaftlich unverbindlich, d. h. konfliktlos, beredet, läßt sich leicht die Zielvorstellung des autonomen Individuums in einer demokratischen Gesellschaft formulieren. Stoßen solche Bilder dann aber auf Wirklichkeit und dort auf soziale Widerstände, Vorurteile, Herrschaftsinteressen und Privilegien, brechen sie rasch auseinander und erweisen sich als ebenso irreal wie praxisfern. Nicht umsonst vermeiden es die Autoren solcher Zielvorstellungen, diese am konkreten Beispiel zu verdeutlichen.

Praxisbezogene Zieldiskussion darf sich also nicht in programmatischen Erklärungen und abstrakten Formeln (z. B. »Emanzipation«) erschöpfen. Deshalb verzichten wir auf eine allgemeine, d. h. unverbindliche Darlegung von Zielvorstellungen. Statt dessen bezeichnen wir hier als Ort für Zieldiskussionen vor allem die mit »Sozialpädagogische Praxis« bezeichneten Abschnitte, in denen Ziele erarbeitet und an Beispielen aus erlebter Praxis konkretisiert werden – konkretisiert auf die jeweilige Situation der betroffenen Gruppe/des betroffenen Individuums in der jeweiligen konkreten gesellschaftlichen Umgebung hin unter dem Aspekt ihrer Realisierbarkeit (z. B. in den Kapiteln 3, 5, 7).

Die Begründung der jeweils dargestellten Sozialisationsziele stützt sich auf die folgenden beiden, dialektisch verbundenen Orientierungspunkte:

- die Gesellschaftsanalyse als grundlegend für die sozio-ökonomische Bestimmung der Möglichkeiten von Individuen im bestimmten sozialen System der Bundesrepublik Deutschland (BRD). Die Kenntnis der gesellschaftlichen Bedingungen soll sozialpädagogisch Tätigen und Betroffenen die nötige Handlungsorientierung vermitteln, d. h. einerseits sie über ihr objektive Lage und deren Lösungswege informieren und andererseits den Zusammenhang von Personen-/Gruppenschicksal und Gesellschaft so verdeutlichen, daß gesellschaftliche Bedingungen angreif- und veränderbar werden.
- die Analyse der Gesetzmäßigkeiten bei der Entwicklung individueller Bedürfnisse und Fähigkeiten. Dabei wird prinzipiell der Aufbau jener Bedürfnisse und Fähigkeiten angestrebt, der einer Erweiterung individueller und kollektiver Lern- und Leistungsmöglichkeiten dient.

1.3. Ein Modell zur Veranschaulichung der Bedingungsfelder

Mit dem Modell (vgl. Abb. 4) wird eine erste *grobe* Aufgliederung der Bedingungsfelder von Sozialisation veranschaulichend dargestellt. Dergestalt können die einzelnen Bedingungskomponenten in ihrer Wechselwirkung zueinander aufgezeigt und anhand von Beispielen im einzelnen beschrieben werden. Indem die Bedingungskomponenten und -felder in den nachfolgenden Kapiteln immer differenzierter aufgegliedert und konkretisiert werden, können schließlich Handlungsanweisungen zur Bedingungsanalyse sowie zur Planung von Veränderungsprozessen erarbeitet werden.
Der theoretische Bezugsrahmen zum Modell wurde auf den Seiten Blatt 1–3 dargelegt. Beschreibungen des Zusammenwirkens einzelner äußerer und innerer Bedingungen werden außer im nachfolgenden Abschnitt u. a. in folgenden Teilen dieses Buches gegeben:
- z. B. Konstitution und Erziehungspraktiken (vgl. 3.4.3.)
- z. B. Entwicklung einzelner Fähigkeiten (vgl. 4.2. und 4.3. ff.)
- z. B. Wirkungen der Lebens- und Arbeitsbedingungen (vgl. 6.)
- z. B. Kommunikation (vgl. 8.3.)
- z. B. Planung von Veränderungsprozessen (vgl. 4.4.2., 5.3., 7.2. u. a.).

Das Modell basiert, pauschal zusammengefaßt, auf folgenden Voraussetzungen:
- Sozialisation muß je als *Gesamtprozeß* äußerer und innerer Bedingungen interpretiert werden,
- zwischen inneren und äußeren Bedingungen besteht eine *Wechselwirkung*,
- Persönlichkeitsmerkmale sind immer das Ergebnis *mehrerer Bedingungen* und zwar sowohl äußerer als auch bereits entwickelter innerer Bedingungen.

1.3.1. »Äußere« Bedingungen: Die gesellschaftlichen Voraussetzungen von Sozialisation

Kein Individuum wird, wie betont, in einen Freiraum geboren. Schon die Geburt des Menschen ist von einem sozialen Akt ausgelöst. Nach der Geburt kann sich das Individuum nur menschlich stabilisieren, wenn es in einer Umgebung lebt, die ihm – zumindest im minimalen Ausmaße lebensnotwendiger Erhaltung – die materiellen, affektiven und motivationalen Möglichkeiten bietet, erwachsen zu werden. Das Ensemble »äußerer« Einflüsse, die dabei die Entwicklung des Indivi-

Abb. 1: Das sich entwickelnde Individuum im Bedingungsgefüge der im Sozialisationsverlauf wirksamen Bestimmungsgrößen

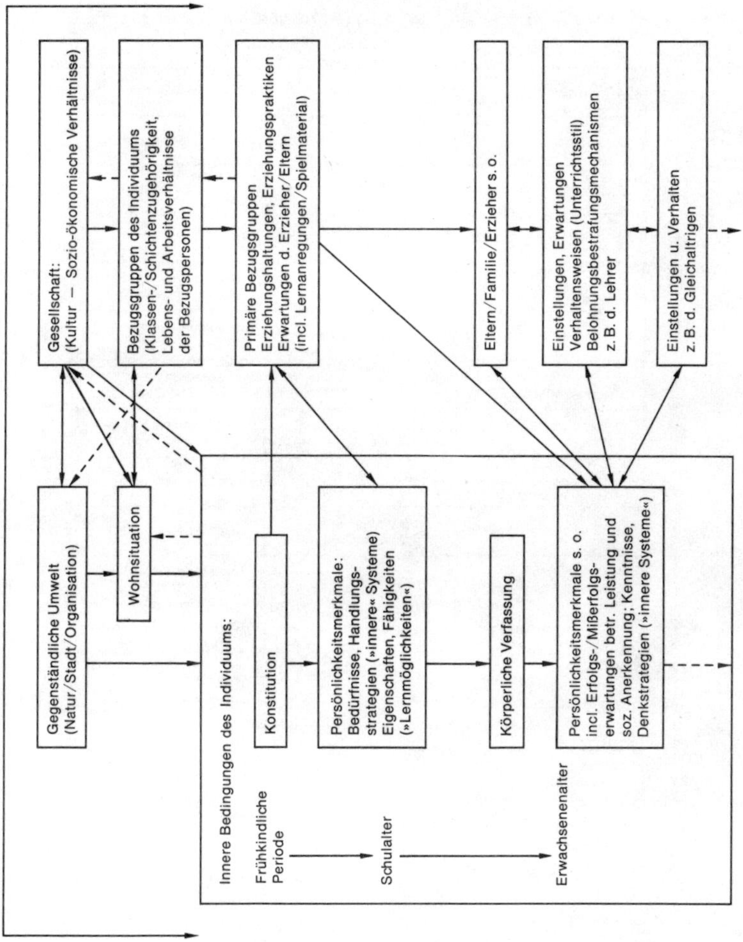

duums bedingen, fassen wir im weiten Begriff der Gesellschaft, auch des »sozialen Systems«, zusammen (vgl. Kap. 2).

Wie das Individuum, so ist auch die Gesellschaft – allerdings auf einer anderen qualitativen Ebene – eine komplexe, dynamische Realität, deren einzelne »Kräfte« (Subsysteme) sich beeinflussend und einander voraussetzend ergänzen und verändern. In unserer Abbildung »Das soziale System und seine dynamischen Subsysteme« haben wir versucht, dieses Bedingungsgefüge der Gesellschaft *ansatzweise* zu skizzieren (Abb. 2).

Abb. 2: Das soziale System und seine dynamischen Subsysteme

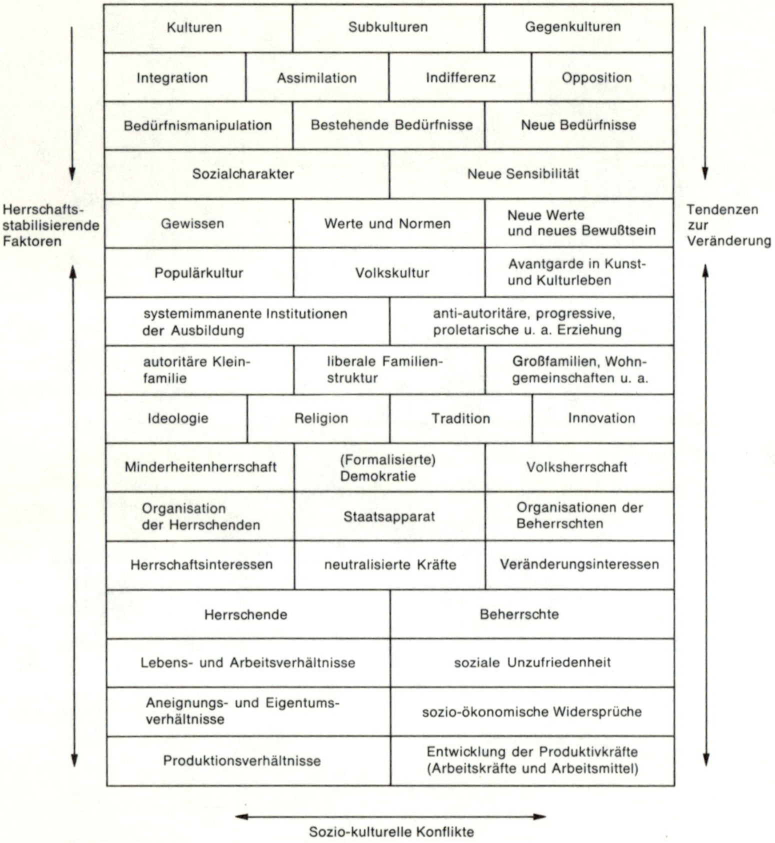

Die Gesellschaft garantiert die Lebensfähigkeit und Entwicklung des Individuums; das Individuum hinwiederum ermöglicht die Reproduktion des *sozialen Systems*. Innerhalb dieses Bedingungszusammenhangs prägen soziales System und Individuum einander wechselseitig und verändern sich damit auch.

Ein Beispiel: Die Lebensbedingungen in einer Obdachlosensiedlung (vgl. Kap. 6.1.8.) – Isolierung, Ghettosituation, Verwaltetwerden, Abhängigkeit von der Sozialbürokratie, Uninformiertheit, schlechte

Bildung und Ausbildung, Bedürftigkeit u. a. – bewirken Resignation und Apathie der Bewohner. Eine Initiative von Sozialarbeitern, Studenten und Dozenten (Wissenschaftler aus Psychologie, Pädagogik und Soziologie) zur Verbesserung der Lebensbedingungen (Bau von Kinderspielplätzen, Erneuerung und Vervollständigung der hygienischen Einrichtungen, Schularbeitszirkel für die Kinder, Nachbarschaftshilfe u. a.), an denen die Obdachlosen nach und nach substantiell beteiligt werden, bis sie die Initiative selber tragen können, stimuliert sukzessive die Aktivität und den Willen der Obdachlosen, ihre Lage zu ändern. Zu berücksichtigen ist dabei, daß die Betroffenen mit hohem Wahrscheinlichkeitsgrad aufgrund ihrer langjährig erfahrenen Versagungen und Mißerfolgserlebnisse Passivität und unaufschiebbare Bedürfnisse entwickelt haben (innere Bedingungen), so daß sie auch bei einer verbesserten sozialen Situation (äußere Bedingungen) nur schwierig konstruktiv verändernd tätig werden können.

Dieses Beispiel führt von der Allgemeinheit der Aussagen über den Bedingungszusammenhang von Gesellschaft und Sozialisation zu dessen Konkretisierung. Wenn es Obdachlose mit spezifisch miserablen Lebensverhältnissen gibt, verrät das Ungleichheiten im sozialen System. Offenbar unterscheiden sich also in der Gesellschaft unserers Beispiels die Lebensbedingungen und damit die gesellschaftlichen Sozialisationsvoraussetzungen verschiedener Gruppierungen von Menschen durchaus wesentlich. Dafür müssen die Gründe gefunden werden, indem die betreffende Gesellschaft so genau analysiert wird, daß sie sich historisch bestimmen läßt und dergestalt ihre Strukturen und Wirkungsgesetze sich verdeutlichen lassen (vgl. Kap. 2).

Kehren wir nun zu unserem Beispiel zurück, so läßt sich mit der Kenntnis der Strukturen und Mechanismen unseres sozialen Systems die Situation der Obdachlosen gesellschaftlich kausal erklären: es könnte etwa aufzeigbar sein, daß Menschen nicht zu Obdachlosen werden, weil sie eine geringere Begabung oder einen minderen Intelligenzquotienten haben oder häufiger zur Flasche greifen, sondern weil sie die Opfer innerstädtischer Bodenspekulation geworden sind.

Nachdem die Entwicklungslinien und Wirkungsgesetze des sozialen Systems erkannt wurden, lassen sich soziale Ungleichheiten zwischen den Menschen einer Gesellschaft konkret ableiten, die qualitative Verschiedenheit in den Produktions-, Aneignungs- und Eigentumsverhältnissen der Gesellschaft (z. B. Menschen, die Fabriken besitzen und solche, die für erstere arbeiten müssen) benennt dabei die Gründe für ungleiche Arbeits- und Lebensverhältnisse (Vermögen, Einkommen, Lebensniveau, Sozialbeziehungen etc.), die wiederum die sozioökonomische Basis für differente Sozialisationsbedingungen und Bildungschancen darstellen. Damit wird einsehbar, daß es nicht nur allgemein Familien gibt, die allgemein Kinder erziehen, sondern daß etwa Hilfsarbeiterfamilien ihre Hilfsarbeiterkinder gemäß der materiellen und normativen Situation der Hilfsarbeiter anders erziehen als Beamtenfamilien, daß ein Unternehmer in der Sozialisation seiner Kinder andere ökonomische Möglichkeiten, andere Werte und andere Motivationen u. a. hat als ein kleiner Angestellter oder ein Deklassierter in der Sozialisation seiner Kinder.

Da wir solch materielle Voraussetzungen (vgl. ausführlich Kap. 2 und 6) für Ablauf und Gestalt von Sozialisationsprozessen für konstituierend halten, sind in unserer Untersuchung die gesellschaftlichen Verhältnisse breiter dokumentiert als in den meisten anderen Werken über Sozialisation und Erziehung. Solches darf indessen nicht die Annahme nahelegen, daß die Darstellung gesellschaftlicher Entwicklungen und Wirkungsgesetze nun Sozialisationstatbestände ausschließlich oder auch nur zureichend allein erklären könnte.

Die Kenntnis der Produktionsbesdingungen einer Gesellschaft, darauf aufbauend: ihrer bestimmten Aneignungs- und Eigentumsverhältnisse und daraus abgeleitet: ihrer Klassen- und Schichtenstruktur, erlaubt zunächst nicht mehr als die Darstellung prägender Gemeinsamkeiten in den Lebens- und Arbeitsverhältnissen von spezifischen sozialen »Gruppierungen« wie Deklassierter, Hilfsarbeiter, technischer Intelligenz oder Unternehmer. Diese Lebens- und Arbeitsverhältnisse sind sozioökonomische Komponenten von Sozialisation, d. h. sie bilden objektiv strukturierende Voraussetzungen, aber nicht fassonierende Determinanten für Sozialisationsprozesse.

Ein Beispiel: Kapitaleigentum, Verfügungsgewalt über Produktionsmittel, Macht, Reichtum und ein superlativistisches Lebensniveau eines Unternehmers sind materiell uneingeschränkte Voraussetzungen für die Ausbildung (höherer Schulbesuch, Erlernen von Fremdsprachen in exquisiten Internaten des Auslands, Besuch elitärer Hochschulen u. a.) eines Heranwachsenden dieses Milieus. Daraus darf aber nicht geschlußfolgert werden, daß mit steigendem materiellen Wohlstand die optimale intellektuelle Leistungsmöglichkeit gesichert sei. Es ist durchaus denkbar, daß in einem solch materiell verwöhnenden Elternhaus mit dem entsprechenden Erziehungsklima notwendige Bedingungen für die kognitive Entwicklung fehlen wie z. B. der Anreiz, selbsttätig die Umwelt zu erforschen und sie aktiv zu bewältigen.

Ein weiteres, zur Klärung dieser Problematik gedachtes Beispiel: Geringes Einkommen, Abhängigkeit, Machtlosigkeit und bescheidenes

Lebensniveau eines mittleren Angestellten bilden materiell eingeschränkte Voraussetzungen für die Ausbildung eines Kindes; indessen ist es möglich, daß dieses Kind bei gleichzeitigem Erfahren emotionaler Zuwendung gerade jenes Maß an Frustrationstoleranz erwirbt, das eine wesentliche Bedingung für den erfolgreichen Besuch weiterführender Schulen darstellt. Damit soll keineswegs ein Loblied auf den »armen, braven Mann« angestimmt, sondern nur veranschaulicht werden, daß die materielle Situation zwar eine wesentliche, aber eben nur eine von mehreren äußeren und inneren Bedingungen darstellt, aus deren gesamthafter Wechselwirkung Sozialisationsresultate erst verstehbar werden.

Diese Bemerkungen wollen in keiner Weise den Bedeutungswert sozioökonomischer Komponenten für Konstitution und Erklärung von Sozialisationsprozessen vermindern, aber ihre determinierende Kraft insofern relativieren, als ihr Einfluß keine geradlinige Garantie für ein optimales Sozialisationsresultat sein kann. Dieses Optimum kann nur erreicht werden, wenn eine günstige Konstellation sozioökonomischer Bedingungen mit entsprechend günstigen Problemlösungsstrategien zusammenfällt. Das heißt: eine sozioökonomische Komponente wie z. B. Schichtarbeit bedingt bestimmte Lebensverhältnisse, auf die der einzelne Arbeiter z. B. aufgrund seiner eigenen erfahrenen Sozialisation subjektiv verschieden reagiert und die er subjektiv verschieden verarbeitet, was zusammengenommen eine spezifische individuelle Situation ergibt, die sich in einem Ensemble von Sozialisationsvoraussetzungen für die Arbeiterkinder konkretisiert und sich z. B. in Erziehungsklima und Erziehungsstil auswirkt.

Daraus folgt, daß sozioökonomische Komponenten für bestimmte soziale »Gruppierungen« (z. B. Hilfsarbeiter, Facharbeiter; im weiteren Sinne: z. B. Arbeiterklasse) aufgrund verbindender Gemeinsamkeiten (z. B. Lohn, Arbeitsbedingungen) kollektiv beschrieben, in ihren präzisen Auswirkungen aber individuell gebrochen und empirisch in ihrem Sozialisationseffekt also nur am Einzelfall aufgezeigt werden können.

Ein Beispiel: Die sozialen Ungleichheiten, die sich aus den Eigentums- und Aneignungsverhältnissen der bestehenden Gesellschaft ergeben, bedingen differente Bildungschancen für Unternehmer-, Beamten- und Arbeiterkinder, was sich statistisch an den Quoten des Schulbesuchs (Sonderschule, Hauptschule, Gymnasium), des Schulerfolges und des Schulabschlusses beweisen läßt. Weiterhin ist aufzeigbar, daß Kinder von hochqualifizierten Arbeitern bessere Bildungschancen haben als Söhne und insbesondere Töchter von weniger qualifizierten Arbeitern, während die Bildungschancen von Hilfsarbeiter-Kindern sich Nullwerten nähern. In allen Gruppierungen gibt es indessen schulerfolgreiche Kinder, die je mehr werden, desto höher die Qualifikation des Vaters ist. Die sozioökonomischen Komponenten (Aneignungs-, Arbeits-, Lebensverhältnisse u. a.) erklären also die grundsätzliche Ungleichheit der Bildungschancen, aber nicht ausschließlich, warum z. B. 75 % der Obdachlosen-Kinder die Sonderschule besuchen und 25 % nicht, warum 20 % der Facharbeiter-Söhne aufs Gymnasium gehen und 80 % nicht. Hier können als Erklärungsfaktoren nur die zu untersuchenden Fragen dienen:

a) wie die Arbeits- und Lebensverhältnisse im Einzelfall in
a1) Erziehungsklima,
a2) Erziehungsstil,
a3) Erziehungspraktiken u. a. gebrochen werden und
b) wie dergestalt
b1) ungünstigere und
b2) günstigere Bedingungen für die Persönlichkeitsentwicklung eines Kindes entstehen.

Um zu solchem Behuf die sozioökonomischen Komponenten von Sozialisation kollektiv wie individuell beschreiben und empirisch erfassen zu können, haben wir zum einen unsere »Faktorenbündel zur Erfassung sozioökonomischer Komponenten von Sozialisation« (vgl. Abb. 3) formuliert und zum anderen sie in einem Modell zum Sozialisationsverlauf mit den sich entwickelnden (»inneren«) Bedingungen gekoppelt und verankert.

Abb. 3: Faktorenbündel zur Erfassung sozio-ökonomischer Komponenten von Sozialisation

1. Sozio-ökonomische Position
- a. Verhältnis zu den Produktionsmitteln
- b. Vermögen
- c. Platz in der Arbeitshierarchie
- d. Arbeits- und sozialrechtliche Stellung
- e. Einkommen
- f. Erwerbstätigkeit von Familienmitgliedern
- g. Sparfähigkeit/Vermögensbildung
- h. Selbstbild
- i. Gesellschaftlicher Status in sozialer Fremdbewertung

2. Soziale Herkunft
- a. Rekrutierung
- b. Schulbesuch/Schulabschluß

c. Ausbildung/Qualifikation
d. Lebensweg/Karriere

3. *Sozialer Tätigkeitsbereich*
a. Arbeitsplatz/Arbeitsraum/Betriebsstruktur/Betriebsordnung
b. Arbeitsbedingungen
c. Arbeitstyp (befehlend/planend/kontrollierend/verwaltend/ausführend)
d. Arbeitsgestaltung/Dispositionsraum/Verantwortung
e. Arbeitsbelastung
f. Interaktion am Arbeitsplatz (Verhältnis zu Vorgesetzten/Kollegen)
g. Einstellung zur Arbeit/Arbeitszufriedenheit

4. *Lebensniveau*
a. Wohngebiet
b. Wohnung/Einrichtung
c. Lebenshaltungskosten
d. Konsumniveau/Kaufmöglichkeiten
e. Infrastruktur/gesellschaftliche Versorgung/soziale Vorsorge
f. Bedürfnisse/Befriedigungsmöglichkeiten von Bedürfnissen
g. Freizeitgewohnheiten

5. *Sozialbeziehungen*
a. soziale Verhaltensmuster
b. Familien- und partnerschaftliche Beziehungen
c. soziale Kontakte
d. Kooperation/Kohärenz in Gruppe/Betrieb/Schicht/Klasse
e. soziale Auffälligkeit
f. Fremdbild

6. *Einstellung zur Gesellschaft*
a. Gesellschaftsbild/soziales Bewußtsein/Klassenbewußtsein
b. politische/kulturelle Interessen
c. Werte/Normen
d. Organisationsgrad in Partei/Gewerkschaft/Kirche/Verein
e. soziales Engagement als Integration/Assimilation/Indifferenz/Opposition

7. *Soziale Perspektiven*
a. Zukunftserwartung/Lebenschancen
b. Mobilität als soziale Auf- und Abstiegsmöglichkeiten/professionelle Freisetzung
c. Aspirationen/Aktivitäten

1.3.2. »Innere« Bedingungen: Komponente »Konstitution«

Mit der Verwendung des Begriffs »Konstitution« als einer von vielen Bestimmungsgrößen menschlicher Entwicklung soll keine Hintertür für irgendeine Art biologischen Determinismus offen gelassen werden (vgl.

die Diskussion zum »Anlage-Umwelt-Problem« an den Beispielen »Intelligenz«, Kap. 4, und »Bedingung Konstitution«, Kap. 3). Die körperliche und seelische Verfassung des Neugeborenen – als Resultat genetischer Ausstattung, vorgeburtlicher und geburtlicher Einflüsse – wirkt mindestens auf zweierlei Weise zu Beginn des Sozialisationsverlaufs. Zum einen entscheidet vor allem der körperliche Zustand darüber, wie der Säugling von seiner primären Bezugsgruppe aufgenommen wird, welche Erwartungen, Ängste und Wünsche er bei seinen Erziehern aktualisiert. Es darf mit Sicherheit angenommen werden, daß bestimmte körperliche und auch psychische Zustände – worauf auch immer diese zurückzuführen sein mögen – bei den betroffenen Erziehern entsprechende Typen von Erziehungspraktiken wahrscheinlicher auftreten lassen als andere.

Beispiel: Ein kränkelnder, schwacher Säugling könnte bei seiner Mutter eher ängstliche, überfürsorgliche Verhaltensweisen provozieren als ein gesunder Säugling. Diese überfürsorglichen Verhaltensweisen der Mutter könnten das Kind daran hindern, sich aktiv und risikoreich mit seiner Umwelt auseinanderzusetzen. Damit wäre es in seiner Entwicklung von Selbständigkeit beeinträchtigt. Das unselbständige Verhalten des Kindes würde die Mutter in ihrem Erziehungsverhalten bestärken.

Zum zweiten können schon bei Neugeborenen Unterschiede hinsichtlich unspezifischer Persönlichkeitsmerkmale beobachtet werden. Es handelt sich dabei um angeborene und/oder vorgeburtlich erworbene Persönlichkeitsmerkmale wie »Stärke und Ausmaß der motorischen Aktivität; Regelmäßigkeit der Körperfunktionen des Stoffwechsels, des Schlafens und Wachens; Anpassung an Umgebungsänderungen; Stimmungslage ... Ablenkbarkeit von der jeweiligen Beschäftigung und anderes ...« [33].

Diese Merkmale führen keinesfalls zu speziellen Persönlichkeitseigenschaften: Ein phlegmatischer Säugling kann unter bestimmten äußeren Bedingungen zu einem reflektierten, konzentrationsfähigen Kind werden; er könnte aber unter anderen Bedingungen Persönlichkeitsmerkmale wie Trägheit, Interessenlosigkeit etc. entwickeln.

»Innere« Bedingungen: Komponente »Persönlichkeitsmerkmale«

»Persönlichkeitsmerkmal« ist ein Sammelbegriff für unterschiedlichste Begriffe, mittels derer ein Individuum charakterisiert werden kann; z. B. Eigenschaften, Fähigkeiten, Bedürfnisse, Interessen und Einstellungen. All diesen Begriffen kommen umgangssprachliche Bedeutungen zu, an die sich vielfach »Theorien« über menschliche Entwicklung knüpfen: So wird z. B. häufig mit dem Begriff der »Fähigkeit« die Vorstellung von einer immer schon vorhandenen »Begabung« verbunden. Wir werden daher diesen Begriff immer nur verwenden, wenn gleichzeitig auf die entsprechenden Entstehungsbedingungen verwiesen wird, bzw. ihn durch den Begriff der »Lernmöglichkeit« (Kap. 4 und 5) ersetzen.

Als kleinste Einheit zur Beschreibung von Persönlichkeit gebrauchen wir den Begriff »inneres System« (»Handlungsstrategie«), dessen Entstehungsbedingungen und Wirkungsweise für Wahrnehmung und Bedürfnisse, für Lernen, Denken und Handeln im nachfolgenden Exkurs dargestellt werden.

Dem Begriff »Eigenschaft« wird in der Psychologie umfangreiche Bearbeitung zuteil, die zum Ergebnis eher Theorien über einzelne Eigenschaften (z. B. Ängstlichkeit) hat als über das Zusammenwirken mehrerer Eigenschaften in Individuen, die in vielfältigen Wechselwirkungen mit Außenbedingungen stehen. Wir werden den Begriff »Eigenschaft«, nachdem wir ihn nachfolgend kurz problematisiert haben, weitgehend durch Begriffe wie »Lernmöglichkeit« und »handlungssteuernde innere Systeme« ersetzen (s. u.).

»Eigenschaften« werden sowohl als beschreibende Kategorien für Verhaltensweisen verstanden wie auch als erklärende Verhaltensdispositionen verwendet [34]. Der umgangssprachliche Gebrauch von Eigenschaften, wie z. B. »ängstlich«, »langsam«, »aggressiv«, dient also einmal der Beschreibung ähnlicher Verhaltensweisen, die unter den jeweiligen Eigenschaftsbegriff subsumiert werden. Zum anderen werden Eigenschaften dazu verwandt, Verhaltensweisen zu erklären: Das zögernde Verhalten eines Kindes wird auf dessen »Ängstlichkeit« zurückgeführt [35]. Werden die zur Erklärung menschlichen Verhaltens verwandten Eigenschaften als tatsächlich existierende Gegebenheiten betrachtet, besteht die Gefahr, daß sie als relativ unveränderliche, nicht weiter zu erforschende Ursachen menschlichen Verhaltens verstanden werden. »Dieses zirkelschlüssige Verfahren ist offenbar für die alltägliche Praxis ausreichend« [36].

Ein weiteres Mißverständnis resultiert aus dem Fehlen »fest umrissener Bedeutungen« [37] für umgangssprachliche Eigenschaftsbegriffe. Beide Probleme betreffen auch die psychologische Wissenschaftssprache: Zum ersten werden die gleichen umgangssprachlichen Eigenschaftsbegriffe verwendet, wenn auch z. T. mit weniger mißverständlichen Definitionen. Zum zweiten beeinflussen vorwissenschaftliche Denkweisen entscheidend die wissenschaftliche Theoriebildung.

Beiden Fehlermöglichkeiten versucht die empirische Persönlichkeitsforschung zu begegnen, indem sie Anwendungsregeln zum Umgang mit Persönlichkeitseigenschaften bereitstellt. Danach ist mittels theoretischer Annahmen zu bestimmen, welche einzelnen meßbaren Verhaltensweisen unter einen Eigenschaftsbegriff subsumiert werden dürfen. Weiterhin sind Abhängigkeiten zwischen einem derartig konstruierten Eigenschaftsbegriff und weiteren Verhaltensweisen des Individuums zu untersuchen.

Solche Anwendungsregeln haben die Konstruktion beliebig vieler »Eigenschaften«, die isoliert nebeneinander stehen und jeweils kleinste Ausschnitte menschlichen Verhaltens zum Gegenstand haben, nicht verhindern können. Die Konstruktion immer differenzierterer und präziser beschriebener Eigenschaften wird das Verstehen menschlicher Persönlichkeit nicht gelingen lassen, solange menschliche Persönlichkeit als losgelöst vom gesamtgesellschaftlichen Kontext betrachtet wird.

Außerdem fordern die genannten Anwendungsregeln nicht die Thematisierung des subjektiven Vorverständnisses eines jeden Forschers. »Weil sich aber in diesem Vorverständnis schon Interessen manefestieren, muß man darauf bestehen, daß die Reflexion dieses Vorverständnisses und ihre Konsequenzen in der Sozialisationstheorie selber mit eingehen« [38].

Dieses Dilemma wird nur zu überwinden sein, wenn zu einer Theorie über die menschliche Persönlichkeit die Grenzen einer einzelnen Fachdisziplin überschritten werden. Im Rahmen einer handlungsrelevanten Sozialisationstheorie werden Eigenschaften als Resultate der Wechselwirkung zwischen inneren und äußeren Bedingungen zu verstehen sein. Damit sind die erwähnten einzelwissenschaftlichen Anwendungsregeln zwar als nicht überflüssig, wohl aber als nicht hinreichend anzusehen. Über die Anwendungsregeln hinausgehend werden Eigenschaften auf dem Hintergrund individual- und gesellschaftshistorischer Bedingungen darzustellen sein. Letzteres ist vor allem auch für die Frage der Veränderbarkeit von Eigenschaften als relativ stabilen Persönlichkeitstendenzen von Bedeutung. Es wird notwendig sein, die Intentionen bestimmter Interessengruppen an einzelnen Eigenschaftskonzeptionen zu hinterfragen. Das gilt insbesondere für Eigenschaften wie »Intelligenz« (Kap. 4).

Exkurs: Grundlagen zum Aufbau »innerer« Systeme

1. Lernen

In der Umgangssprache wird der Begriff »Lernen« gewöhnlich auf die Ausbildung einzelner Fertigkeiten und den Erwerb von Kenntnissen beschränkt: Man lernt z. B. Rechnen, Schreiben, Schwimmen oder französische Vokabeln. In der Sozialisationsforschung erhält der Begriff »Lernen« eine weitergehende Bedeutung: Nahezu jede veränderte Form der Auseinandersetzung des Individuums mit der Umwelt und mit sich selbst wird entweder ausschließlich oder wenigstens in Teilen durch Lernprozesse erklärt: Lernvorgänge steuern den Aufbau von Bedürfnissen, Ängsten, Interessen, Vorlieben, Abneigungen etc. Lernen ist »jede umgebungsbezogene Verhaltensänderung, die als Folge einer individuellen (systemeigenen) Informationsverarbeitung eintritt« [39].
Erklärung: »Verhaltensänderung«: Daß Lernen stattgefunden hat, ist für den Außenstehenden zumeist nur dann erkennbar, wenn sich das lernende Individuum einem Gegenstand oder einer Situation gegenüber anders verhält. Das Kind, das gelernt hat, verschlossene Türen zu öffnen, wird sich jetzt gegenüber einer Tür anders verhalten (aufschließen) als vorher (schreien, klopfen). Diese Verhaltensänderung ist aber nicht identisch mit dem eigentlichen Lernen, sondern nur ein Anzeichen dafür, daß Lernen stattgefunden hat [40].
»umgebungsbezogen«: »Umwelt« wirkt in mehrfacher Weise auf Lernprozesse: »Umwelt« schafft die Notwendigkeit zur Verhaltensänderung. »Umwelt« liefert die Hinweise (Anregungen, Vorbilder), wie und in welcher Richtung Verhalten geändert werden kann. Nicht zuletzt vermittelt »Umwelt« die Kriterien zur Bewertung der Verhaltensänderung.
»Systeme der Informationsverarbeitung«: Alle vergangenen Auseinandersetzungen des Individuums mit der Umwelt hinterlassen im Individuum Erfahrungsresultate (»innere Systeme« s. u.), die bei künftigen Auseinandersetzungen von Einfluß sind. Umweltwirkungen treffen bei Lernprozessen niemals einseitig auf einen relativ passiven Organismus, der beliebig zu verändern ist. Welche Bedingungen zur Wirkung kommen, wird bestimmt von immer schon vorhandenen – durch Lernen veränderbaren – »inneren Systemen« des Organismus. Da diese inneren Systeme die Wahrnehmung (Informationsauswahl) sowie das Lernen [41] und Denken (Informationsspeicherung und Informationsverarbeitung) steuern, lassen sie sich in Begriffen veranschaulichen, die der Beschreibung von Steuerungs- und Prüfinstanzen bei Rechenanlagen dienen (z. B. ein hungriges Kind sieht einen roten, runden Gegenstand; durch den Hunger und den Gegenstand werden entsprechende bisher aufgebaute handlungssteuernde Systeme zur Identifizierung des Gegenstandes aktualisiert: das Kind denkt oder sagt »Apfel«, ergreift ihn und prüft durch Hineinbeißen die Hypothese »Apfel«. Da die tatsächlichen Empfindungen beim Hineinbeißen (weich, herber Geschmack) den erwarteten (hart, Geschmack: süßsauer) nicht entsprechen, wird zurückgemeldet »nicht Apfel«. Es werden daher andere Systeme aktualisiert, z. B. solche, die das Kind die Mutter nach dem unbekannten Gegenstand fragen lassen. Auf diese Weise könnte das bisherige System zur Identifizierung runder, roter Gegenstände erweitert werden durch die Kategorie »Tomate«. Das Kind hätte also in

Zukunft ein *differenzierteres* System zum Erkennen roter, runder Gegenstände parat).

Für den Begriff »inneres System« stehen in der Fachsprache zahlreiche Bezeichnungen bereit mit nahezu identischer Bedeutung: »kognitives System«; »kognitive Struktur«, »Handlungs- oder Verhaltensstrategie«, »Plan«, »Regelsystem«, »Bezugssystem«, »Kategorie(n-system)«, »Informationsverarbeitungssystem«, »Schema«, »Hypothesengefüge« u. a. Es handelt sich bei diesen Begriffen um Hilfskonstruktionen, die das Geschehen im Individuum erklären sollen, soweit es nicht direkter Beobachtung zugänglich ist [42].

So verführerisch es sein mag, sich »innere Systeme« verdinglicht vorzustellen als »Schubkästen« mit verschiedenen Unterfächern, in denen Erfahrungen gespeichert, verarbeitet und verformt werden, so sehr darf nicht außer acht gelassen werden, daß es sich dabei um Modellvorstellungen handelt. Diesen Modellvorstellungen kommt erst dann ein Erklärungswert zu, der über die Veranschaulichung hinausgeht, wenn es gelingt, die Bedingungen ihrer Entstehung und Wirkung darzustellen und zu begründen [43].

Lernen läuft also immer auf eine Veränderung innerer Systeme hinaus, die zu neuem verändertem Verhalten der Umwelt oder sich selbst gegenüber führt. Veränderung an Systemen kann bedeuten:

- *Differenzierung bestehender Systeme:* Gegenstände und Situationen, die bisher ein und dieselbe Interpretation erfuhren und demnach auch ähnliche Reaktionen hervorriefen, werden jetzt als unterschiedliche wahrgenommen und behandelt (vgl. das Beispiel »Apfel-Tomate«). Da die Differenzierung eines Systems gewöhnlich aufgrund der Verarbeitung mehrerer Erfahrungen erfolgt (z. B. Schmecken, Fühlen, verbalen Begriff hören), werden Veränderungen an einem System von Veränderungen an anderen Systemen begleitet.
- *Integration mehrerer Systeme:* Einzelne Systeme, die bisher unverbunden wirkten, werden umorganisiert und zusammengefaßt und ermöglichen Urteile und Entscheidungen unter übergreifenden Gesichtspunkten. Ein Individuum verfügt z. B. über getrennte Systeme zur Beurteilung physischer Gewalt (ablehnend) und zur Beurteilung der Situation unterdrückter Völker (Almosen spenden). Erst wenn aus der Einsicht in die gewalttätigen Mechanismen der Unterdrückung die vorher getrennt wirkenden Systeme integriert werden, kann es die Befreiungskämpfe unterdrückter Völker unterstützen.

1.1. Lernen am Erfolg (gleichbedeutend mit »operantem Konditionieren« und »instrumentellem Lernen«) [44]

Das Grundmodell für diesen Lerntyp liefert als Versuchstier die Ratte, die sich aus einem Käfig befreien will, um im Nachbarkäfig Futter zu erlangen. Von zahlreichen Handlungen, die die Ratte zeigt, ist zufällig eine (nämlich Drücken auf eine bestimmte Taste) erfolgreich; d. h. die Käfigtür springt auf, die Ratte gelangt zum Futter. Diese eine Verhaltensweise ist »belohnt« worden (»verstärkt«, »bekräftigt«, »re-inforced«); in Zukunft wird die Ratte in der gleichen Situation immer weniger »Versuch-und-Irrtum«-Verhalten und zunehmend schneller die richtige »Reaktion« auf den entsprechenden »Reiz« zeigen. Dieses Grundmodell (nach *Skinner*) soll auch eine Vielzahl menschlicher Lernprozesse erklären helfen. Die Annahme, der Organismus gehe

gewissermaßen als »unbeschriebenes Blatt« in die Lernsituation und könne beliebig von dem Versuchsleiter in einzelnen Verhaltensweisen verstärkt werden, steht im Widerspruch sowohl zu all unseren Ausführungen zum Sozialisationsverlauf (Wechselwirkungen) wie auch zu den Aussagen über die Wirkungen kognitiver Systeme. Wenn ein Organismus (gleich, ob Tier oder Mensch) ein Problem zu lösen hat, wird er auch bei mangelnder Einsicht und ohne Kenntnis der Lösungswege nur in seltenen Fällen »blindes« Versuch-Irrtum-Verhalten zeigen. Selbst wenn seine Verhaltensweisen sich dem Außenstehenden so darstellen, sind sie nicht Ausdruck »sinnlosen« Herumprobierens, das »zufällig« zum Erfolg führt, sondern spiegeln die bisher aufgebauten Problemlösungsstrategien wider, die allerdings zur Lösung dieses speziellen Problems unzureichend sind. Das Individuum, das etwa ein Puzzle zusammensetzen soll, aktualisiert ja keineswegs sein gesamtes Verhaltensrepertoire (es schlägt weder Purzelbäume, noch fängt es an zu singen), sondern zeigt Verhaltensweisen (einzelne Stücke werden aneinandergelegt), die sich als aufgabenbezogenes Hypothesenprüfen charakterisieren lassen. Dabei kann es geschehen, daß alle bisher aufgebauten inneren Systeme (Problemlösungsstrategien) zur Lösung nicht ausreichen oder gar so starr sind, daß sie eine Lösung verhindern; d. h. das Individuum ist dann nicht in der Lage, durch Aktivierung und Kombination anderer Systeme neue Lösungsstrategien aufzubauen, wie es z. B. bei vielen »Denksportaufgaben« der Fall ist.
»Lernen am Erfolg« bedeutet also: zur Lösung des Problems eine Hypothese gestellt, überprüft und für richtig befunden zu haben. »Verstärkung« (»Reinforcement«) braucht dann nicht mehr nur im Sinne einer von außen kommenden Belohnung (Futter, Bonbons, soziale Anerkennung) interpretiert zu werden; »Verstärkung« heißt jetzt: Feststellen der Übereinstimmung zwischen Hypothese und Realität [45].

1.2. Der Aufbau kognitiver Systeme durch Verinnerlichung von Handlungen

Die Wurzeln des Denkens liegen im Handeln. Das Kind löst handelnd Probleme (z. B. Turm bauen), lange bevor es abstrakte Begriffe wie Höhe, Tragfestigkeit etc. erworben hat. Handlungserfahrungen stellen das Gerüst bereit zur Planung und Steuerung weiterführender Handlungen [46]. Steht das Kind vor einem neuen Problem, so werden jene Handlungserfahrungen die Orientierungsgrundlage bilden, deren Elemente (Gegenstände) bisher bei ähnlichen Problemen oder Situationen zur Lösung geführt haben; reichen die bisher bewährten Handlungsstrategien nicht aus, bleiben dem Kind mehrere Möglichkeiten:

- Es kann andere Handlungserfahrungen aktualisieren (sich in Erinnerung rufen) und durch Integration mehrerer unverbundener Strategien zur Lösung kommen. Beispiel: Ein Kind will mit Legosteinen bauen. Bisherige Handlungserfahrungen betreffen das Bauen mit glatten Klötzen (H_1) und das Ineinanderstecken von Schachteln und Stöcken (H_2). Diese beiden Systeme (Handlungsstrategien: H_1 und H_2) müssen zur Lösung des Problems: »Umgang mit Legosteinen« miteinander verbunden werden.
- Das Kind kann sich aber auch an andere Personen wenden, die ihm die richtige Handlung vormachen. Falls es sie »versteht«, die Handlung also nachahmen kann, werden seine Handlungserfahrungen ebenfalls erweitert. Um das, was der Erwachsene vorführt, zu verstehen, müssen im Kind

entsprechende kognitive Systeme ausgebildet sein. Fehlen z. B. Systeme zum Verstehen verbaler Instruktionen, dann wird das Kind vom Erwachsenen nur lernen können, wenn dieser die Handlung ausführt. Fehlen auch dazu entsprechende Systeme, wird der Erwachsene die Hände des Kindes führen müssen [47]. Mit zunehmender Übung und Automatisierung der Handlungsabläufe braucht das Kind nicht mehr jedesmal einzelne Handlungserfahrungen zu aktualisieren. Es genügt dann die Aktualisierung einer einzelnen übergeordneten Handlungsstrategie (z. B. »Lego-Bauen«). Der Aufbau immer abstrakterer (d. h. weniger anschauungsgebundener Handlungserfahrungen [Systeme]) wird durch Sprache unterstützt (vgl. Kap. 4).

1.3. Lernen am Modell (Lernen durch Imitation)

In den meisten psychologischen Experimenten, die das Lernen am Modell zum Gegenstand haben, werden Wirkungen einseitig den experimentellen Bedingungen zugeschrieben. Dagegen wird vernachlässigt, was an langfristig erworbenen Kenntnissen, Erwartungen, Handlungsstrategien in eine kurzfristige, für die »Versuchsperson« doch recht bedeutungslose Versuchssituation eingebracht wird. Die Gründe, die eine Versuchsperson dazu bewegen, das Verhalten einer ihr fremden Person nachzuahmen, dürften das »Nachahmungsverhalten« im Alltag nur teilweise erklären können. Die folgenden Bedingungen dürften Voraussetzungen für Nachahmungsverhalten darstellen:

- Durch elterliche Unterweisung, die vor allem beim Kleinkind mehr über Handlungen (s. o.) als über Sprache abläuft, baut der Lernende mehrere innere Systeme auf (Handlungsstrategien), die der Lösung eines speziellen Problems dienen. *Leontjew* [48] beschreibt z. B., wie ein Erwachsener einem Kind beibringt, aus einer Tasse zu trinken, durch Vormachen, Zeigen und Anfassen der Hände des Kindes, um die Tasse in die richtige Stellung zu bringen.
- Weiterhin werden Systeme aufgebaut, die das Wahrnehmen elterlicher Handlungen und das Umsetzen in eigene Handlungen unterstützen.
- Dadurch bilden sich allmählich Systeme aus, die das Nachahmen zur generellen Problemlösungsstrategie werden lassen: Das Kind lernt das Nachahmen.
- Eine positive emotionale Beziehung zwischen dem Modell (z. B. Mutter) und dem Lerner (Kind) ist beim Aufbau dieser Systeme vonnöten, damit das Kind den Kontakt zum Modell und damit die Situation des Vormachens als positiv erlebt. Durch die emotionale Bindung wird sichergestellt, daß das Kind alle notwendigen kognitiven und emotionalen Voraussetzungen erwirbt, ohne die es das Modell nicht nachahmen kann (vgl. Kap. 3).
- Eine weitere Motivation zur Nachahmung liegt darin, daß das Kind sich bei Nachahmung des Modells sich diesem ähnlich fühlen kann und teilhat an dessen Macht, Rechten, Prestige und Erfolg [49].
- Eine wesentliche Verstärkung erfährt nachahmendes Verhalten, wenn das Kind erlebt, daß seine Probleme auf diese Weise gelöst werden können. Deshalb sollten Nachahmungsvorgänge nicht losgelöst von der Frage untersucht werden, welches Verhalten zu welchem Zweck nachgeahmt wird.

1.4. *Identifikation*

Der Begriff »Identifikation« wird vor allem von psychoanalytisch orientierten Autoren verwandt, um den Vorgang zu beschreiben, bei dem sich ein Individuum ganz oder in Teilbereichen einem Vorbild angleicht [50]. Es werden also nicht nur einzelne Verhaltensabläufe imitiert; das sich identifizierende Individuum eignet sich vielmehr eine oder mehrere Eigenschaften des Vorbildes an, und zwar so, wie es diese Eigenschaften erlebt.
Der kognitive Aspekt von Identifikation läßt sich folgendermaßen beschreiben: Durch Integration der Systeme, die über die Imitation äußerer Verhaltensweisen aufgebaut sind, können übergeordnete Systeme entstehen, die die Tendenz steuern, in einzelnen Bereichen generell so zu sein wie das Vorbild, so zu werden und so zu entscheiden. Identifikation würde demnach »auf einer höheren kognitiven Ebene stattfinden« als Imitation [51].
Nach psychoanalytischer Interpretation sind Identifikationsprozesse weniger kognitive als vielmehr affektive Geschehen, die weitgehend unbewußt ablaufen und im Verlauf und Erscheinungsbild von unterschiedlichen Motivierungen gesteuert werden (z. B. Angst vor Verlust des geliebten Vorbildes, Angst vor Strafe) [52].

2. Bedürfnisse

Die Begriffe »Bedürfnisse« und »Motive« werden in der Fachliteratur z. T. synonym verwandt, z. T. unterscheiden Autoren zwischen Bedürfnissen (Körperbedürfnisse wie Hunger und Durst) und »Motiven« (erworbene Motive). Bedürfnis und Motiv dienen als Oberbegriff für alle Ereignisse (im Organismus und außerhalb), die Verhalten in Gang bringen. Als Auslöser von Handlungen wirken nicht nur innere Zustände (z. B. Hungergefühl), sondern auch äußere Ereignisse, die allerdings immer durch innere Interpretationsmuster (Systeme) ausgewertet werden. »Jedes Geschehen ist ein Motiv zu einem anderen und motiviert sich aus einem anderen« [53].
Die Tendenz, Bedürfnisse begrifflich zu fassen, hat zu Bezeichnungen geführt (z. B. »Geselligkeitsbedürfnis«, »Leistungsbedürfnis«), die den Eindruck nahelegen könnten, Bedürfnisse seien selbständig wirkende Einheiten. Dabei kann übersehen werden, daß »Handlungsauslöser« Ergebnisse komplexer Wechselwirkungen zwischen jeweils zahlreichen inneren Zuständen und Prozessen sowie äußeren Ereignissen sind.
Beispiel: Ein innerer Zustand (Magenknurren) wird gemäß den entsprechenden inneren Systemen als »Hunger« interpretiert. Weitere innere Systeme (»Befriedigungsstrategien«) steuern jene Wahrnehmungen und Handlungen (z. B. Suchen nach bestimmter Nahrung), die zur Bedürfnisbefriedigung führen sollen. Durch äußeres Ereignis (Süßwarenladen) werden die Erfahrungen aktualisiert, daß Hungergefühle schon öfter mittels einer bestimmten Schokoladensorte befriedigt worden sind. Die Aktualisierung dieser Erfahrung wird unterstützt durch Wiedererkennen einer Reklame für diese Schokoladensorte im Schaufenster des Ladens.
Die Aussage, die betreffende Person habe ein »Schokoladeneßbedürfnis«, hat allenfalls dann einen Erklärungswert, wenn dieses »Bedürfnis« als vereinfachende Beschreibungskategorie für ein ganzes Bündel innerer und äußerer Geschehnisse verstanden wird.

Die in vielfältigen Lernprozessen aufgebauten inneren Systeme steuern also sowohl die Interpretation der erlebten inneren Zustände wie auch die Wahrnehmung des Ziels und die befriedigenden Handlungen. Beim Aufbau dieser Systeme kommen, über die oben beschriebenen einfachen Lernprozesse hinausgehend, die gesamte individuelle Lebenssituation und die gesellschaftlichen Bedingungen zur Wirkung: Wenn in unserem letzten Beispiel ein innerer Zustand in Gestalt eines diffusen Gefühls des Unbehagens (evtl. aufgrund vorausgegangener Mißerfolge) ebenfalls als »Hunger auf Schokolade X« interpretiert würde, kämen u. a. die folgenden Erfahrungsresultate zur Wirkung:

- Als unangenehm erlebte Zustände können durch Eßverhalten (wenigstens zeitweise) beseitigt werden. Diese Erfahrung könnte schon im ersten Lebensjahr erworben worden sein, wenn jede Unlustäußerung mit Nahrungszufuhr beantwortet wurde.
- Zusätzlich könnte im Erwachsenenalter die Strategie aufgebaut worden sein, unangenehme innere Zustände durch Konsumverhalten zu beseitigen. Diese von allem durch Werbung vermittelte Befriedigungsstrategie hat ihre Wurzeln einmal in Produktionsbedingungen, die auf Steigerung des Konsumverhaltens ausgerichtet sind. Zum anderen kann ihr Aufbau begünstigt werden, wenn eine Vielzahl unangenehmer innerer Zustände nicht auf realitätsgerechtere Ursachen als auf einen Mangel an bestimmten Waren zurückgeführt werden kann.

Die Ausführungen zu diesem – recht einfachen – Beispiel haben schon folgendes verdeutlichen können:

- Bei der Unterscheidung zwischen sehr wenigen angeborenen (»primären«) und erworbenen (»sekundären«) Bedürfnissen darf nicht vernachlässigt werden, daß auch die Befriedigungsstrategien primärer Bedürfnisse von Anfang an durch Lernprozesse geformt werden. Sinnvoller könnte u. U. eine Unterscheidung zwischen folgenden Bedürfnisgruppen, die alle gesellschaftlich vermittelt wirken, sein:
  a) Bedürfnisse, die der Lebenserhaltung dienen;
  b) Bedürfnisse, die der Erweiterung individueller und kollektiver Lern- und Lebensmöglichkeiten dienen;
  c) Bedürfnisse, die eine Erweiterung individueller und kollektiver Lern- und Lebensmöglichkeiten beeinträchtigen oder verhindern. Darunter fallen z. B. alle Bedürfnisse, durch deren Befriedigung die Einsicht in die Ursachen von Unzufriedenheit und Leiden verschleiert werden, weiterhin Bedürfnisse, die den Aufbau befriedigender sozialer Beziehungen beeinträchtigen.
- Der Aufbau von Bedürfnissen in Gestalt die Wahrnehmung, das Lernen, Denken, Fühlen und Handeln steuernder Systeme vollzieht sich nach den gleichen Gesetzmäßigkeiten wie der Aufbau kognitiver Systeme. Alle inneren Systeme weisen mehr oder weniger kognitive Anteile auf (Untersysteme) und mehr oder weniger motivationale Anteile, die sich wechselseitig beeinflussen (vgl. Kap. 5). Eine scharfe Trennung zwischen »rein« kognitiven und motivationalen Systemen scheint wenig sinnvoll, da in jedes Bedürfnis Wissens- und Erkenntnisinhalte eingehen, ebenso wie jede kognitive Problemlösungsstrategie motivationale Elemente enthält.
  Verwandte Begriffe:

»Trieb«: Dieser bevorzugt von psychoanalytischen Autoren gebrauchte Begriff erfährt eine ähnliche Bedeutung wie »Bedürfnis«. Der Akzent liegt bei diesem Begriff auf seinem energetischen Aspekt, seiner Verwurzelung im Körperlichen und einer Wirkung aus dem Unbewußten (vgl. Kap. 5).
»Einstellung«: Einstellungen werden gewöhnlich als Handlungsbereitschaften definiert; z. B. eine negative Einstellung gegenüber Juden kann Handlungen wie: »solche Personen von Nicht-Juden unterscheiden«, »ihnen mißtrauisch aus dem Weg gehen« etc. wahrscheinlich machen. Der Aufbau und die Veränderung von Einstellungen erfolgt nach den gleichen Gesetzmäßigkeiten wie der innerer Systeme, denen sowohl kognitive Anteile (Wissen) und motivationale Anteile (Wünsche, Ablehnungen) zukommen. Soweit Einstellungen trotz widersprüchlicher Information aufrechterhalten werden, spricht man von »Vorurteilen« (vgl. Kap. 5).

1.3.3. »Äußere« Bedingungen: Primäre Bezugsgruppe – Komponente Erziehung

Dieser Wirkungsbereich läßt sich durch eine Vielzahl höchst unterschiedlicher Einzelbedingungen beschreiben. Wesentlich bestimmt wird dieser Bereich von dem Erziehungsverhalten der ersten Bezugspersonen des Kindes; Eltern, Familienmitglieder, Erzieher etc. Das Erziehungsverhalten läßt sich mittels einer Reihe »subjektiver« und »objektiver« Variablen beschreiben [54]. Objektiv sind all jene Variablen zu nennen, deren Auftreten direkter Beobachtung zugänglich ist, z. B. die Dauer der Anwesenheit einer oder mehrerer Bezugspersonen, Zeitpunkt des Beginns der Sauberkeitserziehung, Füttern mit der Flasche, ebenso wie Belohnungs- und Bestrafungsmechanismen der Bezugspersonen (Kap. 3). Subjektive Variablen des Erziehungsverhaltens werden entweder aus den objektiven erschlossen oder durch Auswertung von Befragungen gewonnen. Es handelt sich dabei meistens um komplexere Variablen, wie z. B. Strenge, Wärme, emotionale Zuwendung, Ablehnung des Kindes, Erwartungen etc. (Kap. 5). Eine weitere Gruppe von Ereignissen, die wir unter dem Begriff »Lernanregungen« zusammenfassen, wird weitgehend, aber nicht ausschließlich durch das Erziehungsverhalten der Bezugspersonen geschaffen. Lernanregungen erschöpfen sich nicht im Bereitstellen eines Reizangebots, also etwa in Spielmaterial, Ausstattung des Kinderzimmers. Lernanregungen beinhalten immer auch gleichzeitig die Schaffung motivationaler Bedingungen, die die Wahrnehmung und Verarbeitung des Reizmaterials überhaupt möglich machen.
Das Erziehungsverhalten der Bezugspersonen wird verstehbar als Resultat der Wechselwirkung zwischen den inneren und äußeren Bedingungen der Bezugspersonen: deren eigener Sozialisation, Erfahrungen,

Gewohnheiten, aktuellen und langfristigen Bedürfnissen und Erwartungen, Ängsten, ihren materiellen Lebensbedingungen, den herrschenden gesellschaftlichen Normen, den davon bestimmten verinnerlichten Normen und Wertorientierungen. Eine weitere Bestimmungsgröße des Erziehungsverhaltens stellen die Konstitution (s. o.) und die Persönlichkeitsmerkmale des Kindes dar (vgl. auch Kap. 3).

1.4. Sozialpädagogische Praxis: Zur Arbeit mit dem Modell am Beispiel Einzelfallanalyse

Das vorgestellte Modell ermöglicht eine Bedingungsanalyse, um Erklärungen zu finden zum Verständnis bestimmter Sozialisationsergebnisse. Die Notwendigkeit, möglichst viele der einzelnen Sozialisationsbedingungen in ihrer Wechselwirkung zueinander beachten zu müssen, soll ein Vorgehen mit dem Ziel, nur eine einzige Ursache zur Erklärung einzelner Persönlichkeitsmerkmale heranzuziehen, verhindern. Anhand dieses Modells kann verdeutlicht werden, daß gleiche Erscheinungsbilder auf unterschiedliche Ursachengefüge zurückzuführen sind (vgl. Beispiele unten). Damit sind Voraussetzungen gegeben, um erste Maßnahmen zur Veränderung solcher Persönlichkeitsmerkmale einzuleiten, unter denen das einzelne Individuum oder die gesamte betroffene Bezugsgruppe leiden.

Beispiel:

1. Fall: Ina (9 J.) / 2. Fall: Heide (8,5 J.)

Problematische Persönlichkeitsmerkmale: Beide Kinder leiden an Bauchschmerzen, Erbrechen, Angstzuständen vor Klassenarbeiten in der Schule, so daß sie selten daran teilnehmen können. Da sich diese Ängste auf den gesamten Schulbereich übertragen, besuchen beide nur sehr widerstrebend die Schule.
Informationen zum Sozialisationsverlauf:
1. Ina:
- *Äußere Bedingungen:* Lebensbedingungen der primären Bezugsgruppe: Vater: Kraftfahrer/Mutter: Hausfrau, 2-Zimmer-Wohnung. Ina ist das dritte von neun Kindern; die älteste Tochter besucht die Mittelschule und hält sich meistens bei der Großmutter auf. Der 12jährige Sohn verbringt viel Zeit außerhalb der Wohnung. Ina beaufsichtigt die jüngeren Geschwister und sorgt z. T. für den Haushalt, da sich die Mutter überfordert fühlt und und sich häufig bei Behörden aufhält, um eine neue Wohnung zu beantragen, wegen Verschickung der Kinder und Krankheit des Mannes.
- *Innere Bedingungen*/Vorschulischer Bereich:
- Konstitution:

Keine Krankheiten, keine weiteren Angaben.

- Persönlichkeitsmerkmale (aus Berichten der Mutter):
  Sehr gewissenhaft, zuverlässig und unentbehrlich bei der Betreuung kleinerer Geschwister; frühe Selbständigkeit bei Einkäufen und Hausarbeit.
- *Innere Bedingungen*/Schulischer Bereich:
- Konstitution: keine organischen Befunde (Hausarzt).
- Persönlichkeitsmerkmale:
  Schulängste (s. o.); gute Intelligenz (Test, vgl. Kap. 4); sehr gewissenhaft und fähig betreffend Familien- und Haushaltspflichten; selbstbewußt und nicht ängstlich im Bereich »Haushalt«: die Mutter berichtet, daß Ina in Geschäften mit der Verkäuferin schimpft, wenn Lebensmittel teurer als am Vortage sind. Sie ist ebenfalls sehr gewissenhaft und ordentlich bei den Schulaufgaben. Sie hat ihre Lehrerin sehr gern.
- *Äußere Bedingungen:*
- Primäre Bezugsgruppe: Erziehungsverhalten Mutter:
  Die Mutter lobt und verstärkt Inas Fähigkeiten im Haushalt und in der Familie und übergibt ihr zunehmend mehr Verantwortung; da sie für die jüngeren Geschwister keinen Kindergartenplatz hat, behält sie Ina vormittags zu Hause, wenn sie zu den Behörden geht. Sie erwartet keine besonders guten Schulleistungen und schimpft auf die Lehrerin.
- Wohnsituation:
  Ina findet selten einen freien oder ruhigen Platz zum Arbeiten in der Wohnung. Sie schläft mit 5 Geschwistern in einem Zimmer, in dem es sehr unruhig ist; deshalb steht sie jeden Abend noch mehrmals auf, bevor sie endgültig schläft.
- Schule:
  Drittes Schuljahr, 35 Kinder, ca. $^2/_3$ untere Mittelschicht, ca. $^1/_3$ ungelernte Arbeiter; Einstellungen der Lehrerin: Sie bedauert Ina, da sie so häufig von der Mutter zu Hause behalten wird. Sie legt großen Wert auf Leistungen, geht schnell vorwärts, erwartet, daß die Eltern die Aufgaben der Kinder kontrollieren; sie sieht sich nicht in der Lage, »Extra-Touren« zu dulden, z. B. in der Form unterschiedlich schwieriger Prüfungsarbeiten.

Erste Hypothesen:

Aus der Wechselwirkung zwischen inneren und äußeren Bedingungen wird deutlich: Ina hat aufgrund ihrer Erfolge bei der Bewältigung häuslicher Aufgaben die Einstellung erworben, ebenso erfolgreich im schulischen Bereich zu sein. Die aus ihren häuslichen Erfahrungen und den steigenden Anforderungen der Mutter gewachsenen hohen Leistungsansprüche stellt sie jetzt auch im schulischen Bereich an sich. Sie identifiziert sich teilweise mit der ebenso hohe Leistungsforderungen stellenden Lehrerin. Trotz guter intellektueller Leistungsmöglichkeiten und hoher Leistungsmotivation kann sie im schulischen Bereich nicht ebenso erfolgreich sein; denn: Es fehlen ihr zu Hause Zeit und Möglichkeiten, für die Schule zu arbeiten; durch häufiges Fehlen entstehen Lücken; die Leistungen in der Schule sind andersartige als die häuslichen und werden unter anderen Bedingungen kontrolliert. Die Gründe für Inas Schulangst resultieren einmal aus der erlebten Diskrepanz zwischen verinnerlichtem Leistungsanspruch und tatsächlicher Leistung, zum zweiten aus der Tatsache, daß sich das erzwungene Schwänzen nicht mit ihrer sonstigen Gewissenhaftigkeit vereinbaren läßt. Sie braucht die Symptome »Bauchschmerzen«, um vor sich selbst eine annehmbare Entschuldigung für ihr Fehlen in der Schule zu haben.

2. Heide

- *Äußere Bedingungen*/Lebensbedingungen der primären Bezugsgruppe: Der Vater ist Busfahrer im öffentlichen Dienst, die Mutter einmal pro Woche Verkäuferin in einer Boutique; eine Halbschwester (16); Dreieinhalb-Zimmer-Wohnung, gepachtetes Gartengrundstück.
- Erziehungsverhalten der Mutter: Sie macht so oft und so lange es nur geht (bis zu 3 Std.) mit Heide Schularbeiten. Sie ärgert sich dabei über Heides Unselbständigkeit und Langsamkeit; schließlich löst sie die Aufgaben häufig selbst. Sie hält Heide für zu unruhig, um sie allein arbeiten zu lassen. Sie glaubt, besser mit älteren Kindern umgehen zu können, mit jüngeren weiß sie nichts anzufangen; Heides »babyhaftes« Verhalten regt sie auf.
- Informationen aus der Sozialisation der Mutter: Im Alter von 16 Jahren bekam sie – unverheiratet – ihr erstes Kind (Heides Halbschwester); später heiratete sie Heides Vater, den sie für gutmütig und nicht sehr ehrgeizig hält, zu dem sie sich aber hingezogen fühlte, um nicht länger bei ihren sehr strengen Eltern leben zu müssen. Zwei Jahre vor Heides Geburt hatte sie ein Kind, das – z. T. durch ihr Verschulden, wie sie meint – als Säugling im Bett erstickt ist.
- Erziehungsverhalten des Vaters: Er spielt jede freie Zeit (Schichtdienst) mit Heide; er kauft ihr viele Geschenke, stellt keine Leistungs- und Verhaltensanforderungen, schimpft auf die Schule, vor allem auf die Mengenlehre, übt mit Heide »normales Rechnen«.
- *Innere Bedingungen*/Vorschulischer Bereich:
- Konstitution: keine Angaben über Krankheiten; Heide soll sehr lange wie ein »sehr süßes« Baby ausgesehen haben: blonde Locken, runde Augen, Pausbacken.
- Persönlichkeitsmerkmale: Heide soll immer sehr unselbständig und »babyhaft« gewesen sein, sonst »artig«.
- *Äußere Bedingungen*/Frühkindliches Erziehungsverhalten: Beide Eltern sollen sie lange als »Baby« behandelt haben. Der Mutter wurde es, als Heide drei Jahre alt war, zuviel; sie änderte ihr Verhalten. Der Vater soll Heide weiterhin sehr verwöhnt haben; die Mutter sei eher ungeduldig gewesen.
- *Innere Bedingungen*/Schulischer Bereich:
- Persönlichkeitsmerkmale (s. o.): Die Mutter klagt über babyhaftes, verspieltes Verhalten. In der Untersuchungssituation: Durchschnittliche Intelligenz (Test). H. ist in entspannter Situation durchaus in der Lage, konzentriert zu arbeiten, vor allem bei Aufgaben, die nicht schulisch wirken. Bei schulähnlichen Aufgaben wirkt sie blockiert und gibt schnell auf.
- *Äußere Bedingungen*/Schule: ähnlich wie bei Ina/2. Schuljahr

Erste Hypothesen:
Aus der Wechselwirkung zwischen inneren und äußeren Bedingungen wird folgendes deutlich: Heide hat vor allem aus zwei Gründen bisher kein selbständiges Leistungsverhalten erwerben können: Das Verhalten der Mutter überforderte sie von Anfang an und gab ihr keine Hilfestellungen, Schritt für Schritt, eigenständig Leistungen zu zeigen, so daß sie die für ihr Selbstvertrauen notwendigen Erfahrungen nicht machen konnte. Der Vater stellte überhaupt keine Anforderungen und erfüllte ihr jeden Wunsch, so daß für sie keine Notwendigkeit bestand zu lernen, sich selbständig Bedürfnisbefriedigungen zu verschaffen. Heide steht daher den Leistungsanforderungen der Schule hilflos gegenüber und versucht durch ihr Verhalten, den angenehmen, anforderungsfreien Zustand der vorschulischen Zeit wiederherzustellen. Dabei wird sie von ihrem Vater unterstützt. Erklärungen für das Verhalten der Eltern lassen sich aus deren Sozialisation und ihrer Stellung zueinander ableiten: Der Tod des Säuglings hat in der Mutter starke Schuldgefühle entstehen lassen, die sie unterdrücken kann, solange diese nicht durch die Gegenwart von »babyhaften« Kindern erneut aktualisiert werden. Es ist wahrscheinlich, daß sie Säuglingen und Kleinkindern eher ablehnend gegenübersteht, da sie durch die frühe Geburt ihres ersten Kindes starke Einschränkungen erlebt haben wird. Der Vater fühlt sich in dieser Familie u. a. auch deshalb am stärksten zu Heide hingezogen, weil er deren Wünsche und Ansprüche, im Gegensatz zu denen der beiden anderen ehrgeizigen Frauen (Mutter und deren Tochter) leicht erfüllen kann. Heide repräsentiert für ihn einen Typ Frau, der seine geschlechtsspezifischen Erwartungen erfüllt und dem er sich gewachsen fühlt.

Die Planung von Maßnahmen zu Veränderungen von Persönlichkeitsmerkmalen:
Die Planung von Veränderungen wird nie aus der Bedingungsanalyse allein zu leisten sein. Ein wesentliches Moment stellt die Formulierung von Zielen der Veränderung dar. Ohne der Zieldiskussion (vgl. auch Kap. 3, 4 und 5) vorgreifen zu wollen, können für diese beiden konkreten Fälle aber schon folgende Veränderungen begründet werden: In beiden Fällen leiden die Betroffenen unter nicht zu bewältigenden Leistungsanforderungen. Beide haben wenig erfolgversprechende Auswege gesucht, weil diese Reaktionen das Problem nicht nur steigern, sondern es außerdem in andere Bereiche, z. B. hinsichtlich sozialer Beziehungen zu gleichaltrigen Mitschülern, tragen können.
Heide ist gegenwärtig nur unzureichend fähig, sich selbständig Be-

dürfnisbefriedigung zu verschaffen. Ohne schulische Leistungsforderungen kritiklos zu bejahen, gilt für sie folgendes: Sie müßte allmählich Fähigkeiten und Selbstvertrauen bei der selbständigen Bewältigung (zunächst außerschulischer) Aufgaben erwerben.
Ina müßte ihre Übermotiviertheit im schulischen und häuslichen Bereich reduzieren und Bedingungen vorfinden, die ihr gute Leistungen im schulischen Bereich ermöglichen.
Die Bedingungsanalyse ermöglicht also eine Erhellung der verursachenden Bedingungen und damit die Grundlage für die Frage, wie die angestrebten Ziele zu erreichen sind. Im Falle Ina sind jede Art psychotherapeutischer Maßnahmen sinnlos, solange die äußeren Bedingungen Ina daran hindern, minimale schulische Anforderungen zu erfüllen. Es müßte also zunächst eine größere Wohnung gefunden werden und der Mutter Hilfen zur Bewältigung ihrer Aufgaben bereitgestellt werden (z. B. Kindergartenplätze für die jüngeren Kinder). Erst danach kann Ina die nötigen Arbeitstechniken und eine realistische Selbsteinschätzung erwerben lernen. Dies könnte in Form einer erweiterten Nachhilfe (zweimal wöchentlich) durch einen fortgeschrittenen Pädagogikstudenten geschehen, der sein Programm regelmäßig mit der Erziehungsberatungsstelle abstimmt [55]. Bei Heide sind Veränderungen für den Bereich der Wechselwirkung zwischen inneren und äußeren Bedingungen (primäre Bezugsgruppe) zu planen. Da weder der Vater noch die Mutter selbst sich einer Behandlung unterziehen würden, sähe die Prognose für Heide ungünstig aus. Die Mitarbeit der Eltern dürfte aber soweit gehen, die Betreuung Heides durch eine entsprechend ausgebildete Person zu unterstützen. Dazu gehört es auch, daß die Mutter sich jeder Einflußnahme auf den schulischen Bereich enthält. Falls eine Aufgabenkontrolle überhaupt notwendig ist, sollte dies durch die Schwester geschehen. (Zur Planung von Veränderungsprozessen – auch bei Gruppen – s. insbesondere Sozialpädagogische Praxis in den Kap. 4 und 5).
Die Grenzen des Modells liegen im Fehlen gesicherter Ergebnisse über das Zusammenwirken größerer Bedingungsgruppen. Das betrifft sowohl den Bereich der Interaktion »Individuum-Primäre Bezugsgruppe«, wie auch – in noch größerem Maße – die Bedeutung der Lebens- und Arbeitsbedingungen.
Ein weiteres Problem entsteht dadurch, daß im Bereich der Wechselwirkungen zwischen »Individuum« und »Primären Bezugsgruppen« vor allem länger zurückliegende Ereignisse sehr subjektiven Auswahlkriterien unterliegen und weitgehend vom Selbstbild der betroffenen Personen gefärbt sein können. Bei der Suche nach verursachenden

Bedingungen für spezielle Probleme wäre deshalb mit der Analyse der aktuellen Bedingungen zu beginnen und von dort aus einzelne Bedingungsgruppen aus dem Bereich der frühkindlichen Sozialisation zu ergründen.

Anmerkungen zu Kapitel 1

1 *Hiebsch/Vorwerg* 1971, S. 61.
2 *Rubinstein* 1961, S. 9.
3 a. a.O.
4 a. a. O., S. 63.
5 vgl. auch *Horn* 1972, S. 257.
6 *Groothoff* 1964, S. 284.
7 *Willems* 1961, S. 230.
8 *Zigler/Child* 1969, S. 474.
9 *Lüdtke* 1971, S. 132.
10 *Child* 1969, S. 1028.
11 *Clausen* 1968; *Pye* 1962, S. 44 ff.
12 *Durkheim* 1923, S. 50.
13 *Parsons* 1964, S. 55; vor allem auch ders. 1968.
14 *Drever/Fröhlich* 1969.
15 *Wurzbacher,* 1963, S. 12; *Wurzbacher* bezieht sich in der bezeichneten Begriffsbestimmung von Sozialisation auf *R. Dahrendorf* (»Homo Sociologicus«). Den »Anpassungszwang« des Individuums an die Gesellschaft im Sozialisationsprozeß schränkt *Wurzbacher* durch das Einführen der Begriffe »Enkulturation« und »Personalisation« in gewissem Maße wieder ein: »Es wird hierbei deutlich, daß *Enkulturation* (kulturelle Bildung) etwas anderes ist als *Sozialisation* (soziale *Prägung*) und nicht synonym mit ihm gebraucht werden sollte. War Sozialisation Eingliederung des Menschen in die soziale Gruppe, so bedeutet Enkulturation eine gruppen- wie personspezifische Aneignung und Verinnerlichung von Erfahrungen, ›Gütern‹, Maßstäben und Symbolen der Kultur zur Erhaltung, Entfaltung und Sinndeutung der eigenen wie der Gruppenexistenz. Hierbei stehen sich die Kultur in ihrer zwingenden Breite und Herausforderung und die Person in angeregter, folgender und lernender Aktivität gegenüber.
Auf dieser Voraussetzung wird dann *Personalisation* (individuelle Gestaltung und Entfaltung) als Selbstformung und -steuerung der eigenen Triebstrukturen wie als sinngebende, koordinierende und verantwortliche gestaltende Rückwirkung des Individuums auf die Faktoren Gesellschaft und Kultur möglich« (*Wurzbacher,* 1963, S. 14).
16 *Wurzbacher/Schlottmann* 1966, S. 74 ff.
17 *Child* 1954, S. 655.
18 *Neidhardt,* 1971, S. 5; *Neidhardt* präzisiert aber, daß »der Sozialisand ... keineswegs nur Objekt« ist. »Er kontrolliert den Sozialisationsprozeß auf mindestens dreierlei Weise: 1. Das Ausmaß der Einwirkung eines Sozialisators auf einen Sozialisanden hängt davon ab, ob letzterer dazu neigt, Interaktionen mit dem Sozialisator zu verstärken oder abzubauen. Ein Schulkind kann die Sozialisationseinflüsse Gleichaltriger mindern, in-

dem es ihren Spielgruppen fernbleibt; es kann sich den Angeboten der Massenmedien entziehen; es kann gegenüber seinen Eltern ›abschalten‹. 2. Die Art des Verhaltens eines Sozialisators ist vom Sozialisanden dadurch mitbestimmt, daß das Verhalten des Sozialisators Teil einer Verhaltenssequenz ist, in welcher der Part des einen eine Antwort auf die Stimuli des anderen darstellt. Lehrer reagieren auf ihre Schüler, und die Eltern verändern sich mit ihren Kindern und durch sie. 3. Der Sozialisationserfolg, den der Sozialisator schließlich erreicht, hängt nicht zuletzt von den Wertorientierungen, Normbindungen, Gefühlen und Kenntnissen ab, die der Sozialisand vorher gelernt hat und nun in die Situation mitbringt« (*F. Neidhardt*, a. a. O.).

19 *Neidhardt* 1966, S. 61.

20 *Goslin* 1969.

21 *Gottschalch*, 1972, S. 22 f.; *Gottschalch* stellt im folgenden allerdings auch ausdrücklich fest, daß politische Sozialisation »in den dynamischen Gesellschaftssystemen der Gegenwart nicht widerspruchsfrei« geschieht. »Politische Sozialisation meint also auch jene Vorgänge, die dazu führen, daß Menschen sich gegen Integration, Unterdrückung und Normierung wehren und Möglichkeiten der Befreiung suchen und erkämpfen« (*Gottschalch*, 1972, S. 23).

22 *Pye*, 1962; *Greenstein*, 1965; im Gegensatz zu dem, was ihm einige bundesdeutsche Interpreten zu unterstellen suchten, sieht allerdings auch *Greenstein* das Individuum nicht als bloße passive »Reaktionsbasis« für politische Pressionen des Systems: »Education, interpreting the term in its broadest sense, is a highly efficient (and, in fact, necessary) instrument of politics. Political behavior, like other forms of behavior, is partially determined by the 'objective' circumstances which surround men – for example, the political institutions of their society, But behavior also is the result of learned predispositions – the goals, preferences, conceptions of reality, and loyalities which citizens and their leaders acquire through prior experiences« (*Greenstein*, S. 2).

23 *L. Scharmann*, 1966; auch: *Fürstenberg*, 1966.

24 *Hiebsch/Vorwerg*, 1971, S. 60.

25 *Eichhorn, I.*, u. a., 1971, S. 404 ff.

26 *Geulen* 1973, S. 87.

27 *Fürstenau* 1967, S. 9.

28 *Pressel* 1971, S. 124.

29 *Rolff* 1972, S. 20 ff.

30 *Brocher* 1971, S. 14.

31 Deutscher Bildungsrat 1973, S. 42.

32 *Hess/Mechler* 1973.

33 *Thomas* et al., zit. nach *Heckhausen* 1974, S. 166.

34 *Herrmann* 1969.

35 *Herrmann* 1973.

36 *Steinert* 1973, S. 107.

37 *Herrmann* a. a. O., S. 19.

38 *Geulen* a. a. O., S. 94.

39 *Klix* 1971, S. 347.

40 Vgl. *Skowronek* 1970.

41 Die Übergänge zwischen Lernen (Informationsspeicherung) und Denken

(Informationsverarbeitung) sind fließend. Da bei der Speicherung von Information durch die inneren Systeme bestimmt wird, unter welche Systeme die Information geordnet wird, handelt es sich auch bei der Informationsspeicherung eigentlich um Informationsverarbeitung.

42 Hilfskonstruktionen: vgl. »Hypothetische Konstrukte«, *Herrmann* 1969.

43 Vgl. *Seiler* 1973; *Miller, G.* u. a. 1973.

44 *Skowronek* a. a. O.

45 Vgl. *Miller, G.* et al., a. a. O., »Rückkoppelungskreis« als grundlegender Baustein innerer Systeme.

46 Vgl. *Galperin* 1966.

47 *Leontjew* 1973.

48 a. a. O., S. 298.

49 *Fröhlich/Wellek* 1972.

50 *Laplanche/Pontalis* 1973.

51 Vgl. *Fröhlich/Wellek* 1972, S. 709.

52 In welchem Maße Identifikationsprozesse als durch innere Systeme gesteuert verstanden werden können, vgl. Kap. 5.

53 *Dorsch* 1970.

54 *Herrmann* 1969, S. 67.

55 Da Inas Ängstlichkeit bisher auf den schulischen Bereich beschränkt ist, dürfte die Prognose für sie günstig sein.

2. Sozio-ökonomische Bedingungen der Sozialisation

Sozialisation zielt – aus der Optik der Gesellschaft betrachtet –, wie bereits konstatiert, auf die Reproduktion des je vorgegebenen sozialen Systems. Um solche Wiederherstellung der Gesellschaft in ihrem – durch Tod und Geburt der Gesellschaftsmitglieder bedingten – repetitiven Rhythmus zu gewährleisten, muß der Heranwachsende (Sozialisand) *normativ*, d. h. in seinem sozialen Verhalten, und *qualifikatorisch*, d. h. in seiner Arbeitskraft, in die bestehende Gesellschaft sukzessive eingeführt werden (vgl. Kap. 1).

Dieser Prozeß erhält seine Stoßrichtung von den Strukturen des existierenden sozialen Systems. Wie einleitend fixiert, wird kein Sozialisand in einen Freiraum geboren; vielmehr findet er sich stets in einem historischen Zusammenhang an, dem bestimmte ökonomische, soziale, kulturelle, politische und ideologische Prägemuster in einem bestimmten nationalen Raum eignen. Das heißt konkreter: Jeder Sozialisand wird von der Stunde seiner Geburt an mit einer spezifischen Epoche konfrontiert, mit spezifischen geographischen Rahmenbedingungen, mit einer spezifischen Nation, mit spezifischen Aneignungs- und Eigentumsverhältnissen, mit einer spezifischen gesellschaftlichen Schichtung, mit spezifischen sozialen Kräfteverhältnissen und mit spezifischen Normen u. a. Der je individuelle Sozialisationsprozeß ist damit immer schon von mehreren kollektiven Ebenen formal und inhaltlich bestimmt. Was dem Sozialisanden als dessen eigene und besondere Erziehung erscheinen mag, hat durchaus soziale Grundlagen und Zielsetzungen.

2.1. Probleme des Bedingungszusammenhanges von Sozialisation und Gesellschaft

Nach diesen kollektiven Grundlagen des Sozialisationsprozesses (»sozio-ökonomische Komponenten«) muß gefragt werden, um verstehen zu können, inwiefern die bestehende Gesellschaft Sozialisation bedingt und wie sehr Sozialisation zur Reproduktion der bestehenden Gesellschaft beiträgt. Als besonders bedeutsame sozio-ökonomische Komponenten des Sozialisationsprozesses erweisen sich dabei im Erfahrungshorizont von erziehenden Erwachsenen und zu erziehenden Heranwachsenden:

- die spezifische Organisation (Aneignungs- und Eigentumsverhältnisse) der Gesellschaft,
- die jeweilige Klassen- und Schichtenzugehörigkeit (Sozialstruktur),
- die individuelle Entäußerung in der Arbeit,
- die konkreten Bedingungen der ausgeübten Tätigkeit (Arbeitsplatzsituation, Betriebsstruktur u. a.).

Die Wichtigkeit der spezifischen gesellschaftlichen Organisation für den Sozialisationsprozeß erkannte zunächst vor allem die marxistische Theorie, deren Sozialforschung aufzuzeigen vermochte, wie konstituierend die Produktionsweise des materiellen Lebens sich für den geistigen Lebensprozeß, das Bewußtsein und die Erziehung der Menschen erweist [1]*. Mittlerweile hat dieses Theorem auch in die nichtmarxistische Sozialisationstheorie Eingang gefunden, wobei allerdings das Konkretum der »Produktionsweise des materiellen Lebens« zu vergleichsweise abstrakten Begriffen wie »Umwelt« und »soziales System« verallgemeinert und obendrein entökonomisiert wurde. Doch ist zumindest die generelle Voraussetzung unbestritten, daß gesellschaftliche Bedingungen im Sozialisationsprozeß Verhalten, Wahrnehmung, Einstellungen, Meinungen, Bedürfnisse und Werthaltungen u. a. bestimmen[2].
Viel weniger fruchtbar ist hingegen eine Einsicht marxistischer Ideologiekritik geworden, derzufolge die jeweils Herrschenden in einer Gesellschaft »ihre« Gedanken, Normen und Zielsetzungen als verbindlich durchzusetzen trachten. In der nicht-marxistischen Sozialisationstheorie geschieht die Vermittlung von Ideen und Werten nach wie vor im Namen einer wenig konkretisierten Gesellschaft, die spezifische Interessen und Intentionen im Sinne sozialer Herrschaft offenbar nicht zu kennen scheint. Dafür hat die marxistische Theorie gesellschaftlicher Unterschiede hinwiederum auf die bürgerliche Sozialisationstheorie gewirkt. So veranschaulichten verschiedene Untersuchungen – insbesondere aus dem anglo-amerikanischen Raum – die Vermittlung von Klassen-respekt. Schichtzugehörigkeit und Sozialisation [3].
Konstituierend für den Sozialisationsprozeß zeigt sich die menschliche Tätigkeit. Bedeutung und Werthaftigkeit, die der Arbeitsleistung zugeschrieben werden, bestimmen das Leben des Arbeitenden entscheidend und formen auch seine Lebensbereiche außerhalb der Arbeitszeit wie etwa Familie, Interessen, Erziehung u. a. Umgekehrt demonstrieren Untersuchungen über die Wirkung von längerer Arbeitslosigkeit

* Anmerkungen s. S. 95

eine Desintegration der menschlichen Persönlichkeit, die von der Resignation über ein gestörtes Verhältnis zur eigenen Familie, zu den Mitmenschen und zum Faktor »Zeit« bis zur Zerstörung aller Lebensäußerungen führt [4]. Solches wird verständlich, wenn die anthropologische Wichtigkeit der Arbeitstat bedacht wird; tatsächlich erlebt der Mensch in der Arbeit die Welt, die Dinge und seine Mitmenschen. Er muß Zusammenhänge erfassen, denken, planen, Ziele formulieren und sie mit Willensanstrengung erreichen; er muß sich und seine Organe beherrschen lernen, sich anstrengen, mit anderen kooperieren, Neues entdecken und sich verändern u. a.

Nicht nur diese historisch unspezifizierte Entäußerung des Menschen in der Arbeit bestimmt seine Sozialisation, sondern auch die konkreten Bedinungssituationen, unter denen diese Entäußerung geschieht. Faktoren wie Arbeitsplatz, Arbeitstyp und Betriebsstruktur determinieren die menschliche Tätigkeit und wirken sozialisatorisch doppelt nach: Sie prägen den je Arbeitenden und auch dessen Lebensäußerungen gegenüber seinen Kindern. So fand *Donald G. McKinley,* daß jene Menschen, die in ihrer Tätigkeit über einen großen Dispositionsraum verfügen und vergleichsweise autonom arbeiten können, sich in ihren Familien weniger feindselig verhalten als Kollegen, die unter restriktiveren Bedingungen tätig werden müssen [5]. *Pearlin* und *Kohn* erkannten, daß Väter, die in ihrem Arbeitsbereich starken Kontrollen ausgesetzt sind, den Gehorsam ihrer Kinder besonders hoch bewerten [6]. *Kohn* glaubte überdies feststellen zu können, daß die Beziehung der sozialen Schicht zur elterlichen Bewertung der Selbststeuerung respekt. Konformität für die Kinder größtenteils der schichtkorrelierenden erfahrenen Selbststeuerung respek. Konformität der Väter in ihrer Arbeit zuzuschreiben ist [7].

Wenn auch der Zusammenhang zwischen Arbeitsbedingung und Sozialisation noch empirisch zuwenig erforscht ist und die zitierten Pionierarbeiten in Methodik und Kategoriensystem nicht voll zu überzeugen vermögen, wollen wir doch die grundsätzliche Annahme von der Vermitteltheit zwischen Arbeitssituation und Sozialisation aufrechterhalten. Wir versuchen dabei unsere Annahme mit einem indirekten empirischen Beweis zu stützen: *Popitz, Bahrdt, Jüres* und *Kesting* haben nachgewiesen, daß der Grad individueller Anteilnahme am gesellschaftlichen und politischen Leben von der beruflichen Position abhängt [8]. *Kern* und *Schumann* stellten fest, daß die konkrete Arbeitssituation auf das Bewußtsein der Arbeitenden entscheidend wirkt. So erwarteten – um nur ein Beispiel anzuführen – die in der Untersuchung vom technischen Wandel begünstigten Arbeiter die wei-

tere Verbesserung ihrer Arbeitslage und ebenso der gesellschaftlichen Stellung der Arbeiterschaft überhaupt. Aufgrund ihrer positiv veränderten Arbeitssituation reagierten sie in bezug auf ihre Zukunft optimistisch, während die Perspektive der tätigkeitsmäßig unterprivilegierten Arbeiter pessimistisch ausfiel [9].
Beide Beispiele aus industriesoziologischen Untersuchungen weisen damit auf den Zusammenhang von objektiver Arbeitssituation und subjektiven Strukturen der Arbeitenden hin. Es kann sicher nicht daran gezweifelt werden, daß der Beruf für das Leben der Arbeitenden selber (lebenslange Sozialisation) strukturierend wirkt: Die Arbeitstat im spezifischen Rahmen der Arbeitsstelle vermittelt Erfahrungen, Ziele, Motivationen, Hoffnungen und sozio-politische Aktivitäten. Da nun die konkreten Arbeitsbedingungen so weitreichend auf das gesellschaftliche Leben und das Bewußtsein der Schaffenden wirken, scheint es uns unwahrscheinlich, daß bei der vorgängig beschriebenen Bedeutung der Berufstätigkeit für die Menschen die Arbeitserlebnisse und -erfahrungen ausgerechnet mit dem Sozialisationsverhalten (Erziehungsstile, Erziehungswerte u. a.) der Schaffenden gegenüber ihren Kindern nicht beeinflussend und prägend verbunden sein sollten.
Freilich bedarf es noch weitreichender und präziser Untersuchungen, um diesen Zusammenhang zwischen Arbeitssituation und Sozialisation gültig und endgültig zu belegen. Daß solches bislang nicht zureichend geschehen ist, erscheint als einer der bedeutsamsten Mängel in der Sozialisationsforschung. Dieses Versäumnis läßt sich vor allem dadurch erklären, daß Sozialisation zu wenig, und wenn doch, dann zu genau auf die materiellen Grundlagen der menschlichen Existenz bezogen worden ist. Das Augenmerk von Sozialisationsforschung liegt fast ausschließlich auf den individuellen Lern- und Aneignungsprozessen von Eigenschaften, Fähigkeiten und Werten, ohne nach deren gesellschaftlichem Inhalt und Bedingungszusammenhang zu fragen. Insbesondere der anglo-amerikanischen Sozialisationsforschung ist die Tendenz nachzuweisen, sozialisatorische Einzelprobleme des normativen Bereichs aus ihrem sozialen Zusammenhang zu isolieren und positivistisch zu verfolgen. Der Faktor »Gesellschaft« zeigt sich in diesen Arbeiten allenfalls als immobiler Hintergrund, der zwar manchmal mit beschrieben, aber nicht zum jeweiligen Untersuchungsgegenstand – z. B. Gehorsam, Autorität, Autonomie, Intelligenz – erklärend in Vermittlung gesetzt wird. Selbst wenn diese Arbeiten Sozialisationsdefizite entdecken, vermögen sie letztere nur allgemein der »Gesellschaft« oder einer »Gesellschaftsstruktur« anzulasten, ohne die beklagten Erziehungsmängel kausal aus sozial bedingten Umständen abzuleiten.

Die Studentenbewegung Ende der sechziger Jahre aktualisierte in ihrem Bemühen, den ganz konkreten Zustand der Gesellschaft zu bedenken, auch die Wichtigkeit sozialer Faktoren in der Sozialisationsforschung. Seither gibt es – zumindest im deutschsprachigen Raum – kaum mehr eine Neuerscheinung über Sozialisation, die in ihren einleitenden Kapiteln nicht den gesellschaftlichen Verhältnissen breiten Raum widmete. Sozialisationsprozesse werden nun als gesellschaftlich produzierte und als Gesellschaft reproduzierend verstanden. Problematischer als die ausführliche Formulierung solcher Prämissen gestaltet sich aber in der Folge die Darstellung des Vermittlungszusammenhanges von Gesellschaft und Sozialisation. Die meisten Autoren entgehen dieser Schwierigkeit, indem sie bei der Erklärung z. B. von Verhaltenseigenschaften oder Werten einzig psychologische, psychoanalytische und pädagogische Mechanismen der Vermittlung in der Interaktion von Mutter und Kind beschreiben, während die Frage nach den sozio-ökonomischen Determinanten, die die spezifische Situation, das spezifische Verhältnis von Mutter und Kind und daraus folgend: das Warum der je besonderen Vermittlung von Verhaltenseigenschaften und Werten verdeutlichen könnte, nicht gestellt wird. Einige Autoren hingegen anerkennen das Problem des Vermittlungszusammenhanges von Gesellschaft und Sozialisation freimütig und beschränken ihre Folgerungen über die Verbindung objektiver Faktoren mit subjektiven Resultanten auf abgesichertes Material; andere freilich wagen Konstruktionen, die sie empirisch in keiner Weise abzusichern vermögen.

Wie problemreich dies Bedingungsgefüge von Gesellschaft und Sozialisation ist, läßt sich innerhalb der deutschsprachigen Literatur wohl mit am deutlichsten an den Voraussetzungen und Befunden einiger ausgewählter Beispiele zur schichtspezifischen Sozialisationsforschung zeigen.

Die deutschsprachige Literatur über sozialisatorische Fragen benützt generell ein Gesellschaftsmodell, das zwischen einer Unterschicht und einer Mittelschicht unterscheidet. Unabhängig vom weltanschaulichen und wissenschaftstheoretischen Standpunkt der Autoren findet sich diese Unterscheidung der Gesellschaft in zwei große Schichten mehr oder minder eingestanden in allen Werken, ob diese nun als konservativ, liberal, progressiv oder marxistisch eingeschätzt werden können. Den beiden Schichten werden Berufsgruppen nach Kriterien zugeordnet, die nicht aus den gesellschaftlichen Verhältnissen abgeleitet, sondern gewissermaßen synthetisch aufgestellt werden. So gehören zumeist der Unterschicht alle körperlich (manuell) Arbeitenden, der

Mittelschicht alle nichtkörperlich (geistig) Arbeitenden zu; damit repräsentieren – wie etwa bei *Rolff* [10] – vor allem die Arbeiter die Unterschicht, die Angestellten, Beamten und Selbständigen die Mittelschicht.

Dieses in einem theoretischen Denkakt gewonnene und nicht aus dem bestehenden sozialen System analytisch abgeleitete Gesellschaftsmodell wirkt zwar arbeitsökonomisch einfach, verwirrt aber dennoch zumeist in Definition und Terminologie. Das gilt in besonderem Maße für jene Autoren, die den bloß deskriptiven Charakter des Schichtenmodells partiell erkannt haben und deshalb abwechselnd mit dem analytischen Klassenbegriff operieren, wobei es dann zu so paradoxen Aussagen wie z. B. dem »Klassenbewußtsein in der Unterschicht« [11] kommen kann. *Huch* [12] versteht Schichten offenbar hauptsächlich als subjektive Strukturen, die sich im Verhalten der Menschen sowie in deren Leitbildern und Erziehungsidealen ausdrücken. Zwar geht er prinzipiell von der Annahme einer »Klassengesellschaft« aus, in der die Verfügung über Produktionsmittel soziale Zuordnungen treffen läßt; andererseits scheint es ihm ratsam, »illusionäre Identifikation«, »Sozialcharakter«, »Gesellschaftsbilder« u. a. als subjektive Strukturen so hoch einzuschätzen, daß er die angenommenen Klassengegensätze auf den ökonomischen Bereich reduziert und im Sozialisationssektor ausschließlich Mittel- und Unterschichten trennt. Diese Differenzierung begründet *Huch* damit, daß es »im Bewußtsein der Angestellten zur Vorstellung einer Selbständige, Angestellte und Beamte umfassenden Mittelschicht« (S. 50) kommt. Einzig dieses zuvor als falsches Bewußtsein entdeckte Gesellschaftsbild der Angestellten erlaubt es *Huch* methodologisch, »den Begriff der Schicht einzuführen«!

Huchs Gedankenakrobatik beruht indessen nicht nur auf einem gesellschaftsanalytischen Defizit, sondern hat auch forschungsökonomische Gründe. Der Löwenanteil der Sozialisationstheorie, insbesondere ihr empirisches Arsenal, gebührt den USA. So reich und präzis aber nun die Bewertungsmuster, Meßskalen, Indizes, Korrelationsmodelle u. a. amerikanischer Wissenschaftler ausgearbeitet wurden, so vergleichsweise ärmlich präsentiert sich die Reflexion gesellschaftlicher Verhältnisse und deren theoretische Erfassung in den empirischen Analysen. US-amerikanische Untersuchungen beschränken sich ausschließlich auf die Verwendung des Zwei-Schichten-Modells, das manchmal, wie z. B. bei *Kohn* [13], noch in sich differenziert wird. Doch selbst *Kohn* formuliert die Ergebnisse seiner Studien dann wieder im groben und konventionellen Schema von Mittel- und Unterschicht.

Da bei der forschungsökonomischen Lage im deutschsprachigen Raum die hiesigen Wissenschaftler bei der Beschäftigung mit Sozialisationsprozessen noch gezwungen sind, ihre theoretischen Aussagen mit US-amerikanischen Ergebnissen zu belegen, wird das methodologische Dilemma, in das auch kritische Autoren geraten, rasch offenbar: Wenn in den amerikanischen Primäruntersuchungen, auf die sich deutschsprachige Autoren in ihrer Beweisführung beziehen, ein restringiertes Gesellschaftsmodell benützt wird, fällt es natürlich schwer, die Ergebnisse aus diesen Arbeiten in eine komplexere Einschätzung der sozialen Verhältnisse zu integrieren. So entstehen dann verquere Situationen wie bei *Huch*, der aufgrund der Beschreibung gesellschaftlicher Tatbestände in der Bundesrepublik von einer Klassengesellschaft spricht, aber – um der Verwertung amerikanischer Forschungsresultate willen – in seinen Ausführungen über Sozialisation nur eine Unter- und eine Mittelschicht kennen kann.

Diesem Dilemma *Huchs* und anderer versucht *Brechstein* zu entgehen, indem er die Ergebnisse US-amerikanischer Sozialisationsforschung marxistisch interpretiert und ihnen dergestalt »eine neue Relevanz« [14] zukommen lassen möchte. Ein solcher Versuch übersieht, daß schon in Methoden und Zielsetzungen der amerikanischen Untersuchungen ideologische Prämissen eingeflossen sind, die auch die Ergebnisse der empirischen Forschungen durchsetzen. Befunde nicht-marxistischer Arbeiten lassen sich nicht in ein marxistisches Kategoriensystem einordnen, indem man ihnen kurzerhand eine neue Wertigkeit gibt. So kann – um ein Beispiel zu nennen – in nahezu allen amerikanischen Werken aufgewiesen werden, daß die Sozialisation der Unterschicht an den Normen und Verhaltensweisen der Mittelschicht gemessen wird. Notwendigerweise muß das Unterschichtkind bei so einem Vergleich als beschränktes Wesen (Unausgebildetheit des Gewissens, der Moral, der Innerlichkeit, der Sprache, der Leistungsmotivation u. a.) erscheinen. Übernimmt eine marxistische Arbeit solche Ergebnisse, werden letztere nicht dadurch richtig und ideologiefrei, daß ihnen marxistische Begriffe aufgesetzt werden. Die »bürgerliche« Dichotomie von Unterricht und Mittelschicht kehrt damit auch bei *Brechstein* wieder – nur, daß er es im Gegensatz etwa zu *Huch* nicht wahrhaben will.

Überdies ist es ein Irrtum, den Unterschicht-Begriff der anglo-amerikanischen Sozialisationsforschung mit der marxistischen Vorstellung vom Proletariat gleichzusetzen. Ebenso unrichtig ist es, die amerikanische Mittelschicht in die Klasse der Bourgeoisie umzusetzen. Wenn daher beispielsweise *György Széll* aus *Bernsteins* Unterscheidung zwischen restringiertem und elaboriertem Sprachkode »die Sprachunterschiede zwischen Proletariat und Bürgertum« [15] werden läßt, so

zeugt das zwar vom Gebrauch eines marxistischen Vokabulars, ist aber abgesehen davon eine soziale Verallgemeinerung von Befunden, die ein solches Resultat nicht belegen.
Neben der widersprüchlichen Verwendung des Klassenbegriffs in der Gesellschaftsanalyse und des Schichtbegriffs in der Beschreibung von Sozialisationsprozessen fällt in vielen deutschsprachigen Arbeiten auch ein inkonsequenter Gebrauch des Schichtmodells selber auf. So unterscheiden *Gottschalch, Neumann-Schönwetter* und *Soukup* [16] in ihrer Arbeit zwischen dem Sozialisationsverhalten der Mittel- und der Unterschicht, um dann später mit dem deklassierten Proletariat zeitweise noch eine dritte Schicht vorzustellen. *Beatrice Caesar* [17] differenziert ebenfalls zwischen der unteren und der mittleren Schicht, bis sie bei ihren Ausführungen über Aggression noch eine obere Mittelschicht einführt; Grund dafür scheint zu sein, daß die Autorin für die aus der Aggressionsforschung resultierenden drei Typen von aggressivem Verhalten eine Entsprechung in ihrem Schichtenmodell benötigt. Dieses Beispiel zeigt an, daß die deutschsprachige Sozialisationstheorie die Ergebnisse der Sozialisationsforschung weniger einem aus der Gesellschaftsanalyse entstandenen Modell zuordnet, als vielmehr dieses Modell nach den vorhandenen Einsichten der amerikanischen Sozialisationstheorie konstruiert. In diesem Sinne läßt *Vinnai* [18] die Ergebnisse der Schizophrenieforschung kurzerhand der Arbeiterfamilie entsprechen: für die Arbeiterfamilie sei typisch, was die Schizophrenieforschung »als rigide Rollenmuster, Pseudogemeinschaft, Gummizaun, Double-Bind-Konstellationen, Mystifikationen oder Sündenbockstrategien begreift«. Differenziert wird also nicht nach den Gruppierungen, Schichten und Klassen in der Wirklichkeit, sondern nach dem Schema, in das man bestimmte Erkenntnisse der Sozialisationsforschung jeweils gerne bringen möchte.
So facettenreich Befunde der Sozialisationsforschung sein können – wie in dem materialreichen Band von *Caesar* dokumentiert wird –, so sehr finden sie sich ausnahmslos in gesellschaftlichen Erklärungsmustern, die gröber kaum sein könnten. Dementsprechend kommt es notwendigerweise zu Verallgemeinerungen, die in der Realität kein Pendant finden. Manche Autoren sind allerdings so aufrichtig, ihren sozialen Rastern idealtypischen Charakter zuzuschreiben, wie das *Oevermann* tut [19] und derart vor einer simplifizierenden Anwendung seiner Ergebnisse in der Wirklichkeit warnt. Solche raren Appelle haben leider nicht verhindert, daß die Verallgemeinerungen über Sozialisationsverhalten in Unterschicht und Mittelschicht bei vielen Sozialisationspraktikern und Studenten – vor allem in Projekten – als Handlungsanweisung dienen.

Dabei werden – wie auch in vielen theoretischen Überblicken – zwei Schemata aufgestellt, die nach den amerikanischen Forschungsergebnissen festlegen, wie Angehörige der Mittelschicht und wie Mitglieder der Unterschicht sprechen, sich verhalten, erzogen werden u. a. Aus diesen Schemata werden die Sozialisationseigenschaften und -defizite der heranwachsenden »Arbeiterklasse« abgeleitet, womit dann die politische Erziehungsarbeit an der Verbesserung der Situation in der »Unterschicht« beginnen kann. Bedauerlicherweise ist diese banale Gebrauchsanweisung für sozialisatorische Praxis (immer noch) keine Parodie.

Die deutschsprachige Sozialisationstheorie ist daran gewiß nicht ganz unschuldig; sie hat in zu vielen Überblicken, Einführungen und Kompendien die sozialen Bedingungen, das Bewußtsein und das Sozialisationsverhalten der Unterschicht einerseits und der Mittelschicht andererseits als einheitlich und geschlossen gedeutet. So weisen *Rolff* und mit ihm *Huch* der Unterschicht »das Arbeiterbewußtsein, die Abwertung von Aufstiegswünschen, das Fehlen von individuellem Leistungsstreben und den Mangel an Zukunftsplanung« zu, während sich bei beiden Autoren die Mittelschicht »durch die Akzentuierung von Aufstiegswünschen, durch individuelles Leistungsstreben und durch die Bereitschaft zur Zukunftsplanung« [20] auszeichnet. *Caesar* kennzeichnet die Unterschicht als resignativ-fatalistisch und traditionalistisch, die Mittelschicht als individualistisch, erfolgskontrolliert, aktiv und rational-planend u. a. [21].

Schon fast komisch mutet die folgende Verallgemeinerung an: »Autoritärer Charakter und intakte Außenlenkung sind die besten Voraussetzungen für den mittelständischen kleinen Streber. Schwärmt er als Schüler für die Schule und den Herrn Direktor, so später als Angestellter für die Firma und den Chef« [22]. Klischeeartig ist auch die Vorstellung, daß die Sozialisation des Arbeiterkindes vom ständigen Verzicht auf Spielzeug, Süßigkeiten u. a. geprägt würde: »Für Kinder der Unterschicht wird zeitig ein Kognitives, Erkennbarkeit, Wißbarkeit an ein Konatives: Habbarsein, Besitzbar-, Konsumierbarsein gebunden Das Arbeiterkind, das nach glänzenden Waren greift und zugleich fragt: ›Was ist das?‹, erhält von der Mutter die Antwort: ›Das ist *nichts*‹; mit dem Zusatz: ›Das ist nichts für Dich.‹ « [23]

Solch völlig unbewiesene und sogar vielen empirischen Untersuchungen deutlich widersprechende Vorstellungen von Lebens-, Arbeits- und Erziehungsverhältnissen der Unter- und der Mittelschicht werden in vielen Sekundäruntersuchungen dann wieder als gesichert und erwiesen in Schemata von Orientierungsmustern, Sprachverhalten u. a. der beiden Schichten vorgestellt und als Voraussetzungen für neue Studien benützt [24].

Die in unserer Auswahl angezeigten Klischees über die beiden sozialen Schichten setzen sich in den geäußerten Ansichten über gesellschaftliche »Gruppierungen« fort. *Vinnai* behauptet vom Arbeiter, daß er sich für seine Arbeit nicht verantwortlich fühle, eine kalkulierende Moral besitze, in der Familie eine Charaktermaske von physischer Stärke und Aggressivität aufzurichten suche u. a. [25]. Arbeiter leben in »matriarchalischen Familien«. Arbeiter-Vätern »fehlen äußere soziale Voraussetzungen innerfamilialer Geltung« [26]. Diese Bilder dokumentieren, daß auch den einzelnen »Berufsgruppen« in Schichten und Klassen nur pauschale, kaum oder zu allgemein bestätigte Befunde unterschoben werden. Überdies wird innerhalb von Berufen und professionellen Gruppierungen, selbst wenn sie in der gesellschaftlichen Wirklichkeit Millionen von verschiedenartigen und hierarchisch getrennten Werktätigen umfassen, nicht unterschieden und aufgefächert.

So gibt es in der deutschsprachigen Sozialisationstheorie, wenn sie die Unterschicht beschreibt, nur den Arbeiter, die Arbeitsplatzsituation des Arbeiters und die Arbeiterfamilie [27]. Die vielfältigen Differenzierungen innerhalb der Arbeiterschaft, deren verschiedenartige Arbeitsplatzsituation, die Lohnunterschiede, die Separation durch diverse Arbeitstypen, die daraus resultierende Arbeitszufriedenheit oder -unzufriedenheit, die hinwiederum daraus sich ergebenden andersartigen Gesellschaftsbilder und Einstellungen zur Gesellschaft etc. werden weder in Betracht gezogen noch bedacht.

Andererseits bedingt die Darstellung von Unterschicht und Mittelschicht als zwei festen Blöcken, daß Verbindungslinien und Einflußbahnen zwischen beiden übersehen werden. So bleibt beispielsweise die Frage unbeantwortet, inwiefern bestimmte gesellschaftliche Werte, Gesellschaftsbilder und normative Forderungen u. U. für alle Schichten verbindlich sein könnten. Eine Annahme solch potentieller Verbindlichkeit bestimmter Normen, Orientierungen und Inhalte in der Sozialisation aller Klassen und Schichten einer Gesellschaft darf allerdings nicht zu Pauschalierungen führen wie z. B.: »Erziehungsziele und Inhalte (in der BRD, d. V.) weisen, bei aller Vielfalt der Methoden, sämtlich in Richtung auf Antikommunismus und Antisowjetismus« [28]. Solches bedingte eine zentral steuernde Manipulationsinstanz in einem völlig monolithischen sozialen System. Daß ausgerechnet ein Autor, der einen historisch-materialistischen Wissenschaftsansatz als den seinen ausgibt, derart geschichtslose »Mythen« einer widerspruchsfreien Gesellschaft vertritt, muß schon seltsam anmuten.

Daß die Probleme von sozialen Verbindungslinien im Sozialisationsbereich zumeist nicht einmal angedeutet werden, mag auch daran liegen, daß jene Gruppierungen (»Oberschicht«, »Herrschende Klasse«), die die gesellschaftliche Macht besitzen, z. B. bestimmte Werte als allgemeinverbindlich durchzusetzen, in den deutschsprachigen Sozialisationstheorien nicht behandelt werden. *Huch* rechtfertigt solches damit, daß die Oberschicht »in ihrem sozialen Verhalten der Mittelschicht sehr weitgehend ähnelt« [29]. Für einen Autor, der die Konzeption einer Klassengesellschaft vertritt, ist diese Auffassung immerhin erstaunlich. Auch *Gottschalch*, *Neumann-Schönwetter* und *Soukup* berücksichtigen die Oberschicht nicht, weil »die mit diesem Begriff erfaßte bürgerliche Klasse und ihre Schichten mit ihren spezifischen Sozialisationsbedingungen nur einen sehr geringen und stetig abnehmenden Teil der Gesamtbevölkerung darstellt« [30]. Diese These überrascht um so mehr, als sich diese Autoren im Gegensatz zu *Huch* durchaus über die gesellschaftsprägende Wichtigkeit der Oberschicht im klaren sind, der sie denn auch fünfzig Seiten zuvor das Potential zuschreiben, die öffentliche Meinungsbildung zu kontrollieren und sozialpsychologisch wirksame Leitbilder zu verbreiten [31].
Man wird der Sozialisationsforschung vorwerfen müssen, mit ihrem Schichtenmodell hinter jenes der Soziologie zurückgefallen zu sein. Die Schichtungen, die etwa *Moore* und *Kleining*, *Dahrendorf*, *Bolte* und Mitarbeiter in der westdeutschen Gesellschaft vornehmen, erweisen sich gegenüber den Gesellschaftsbildern der meisten Sozialisationstheoretiker als präziser und differenzierter. So unterscheiden etwa *Bolte* u. a. in ihrem »Zwiebelmodell« zwischen:
- Oberschicht,
- oberer Mitte,
- mittlerer Mitte,
- unterer Mitte,
- unterster Mitte/oberem Unten
- Unten und
- sozial Verachteten [32].

Auch die gesellschaftspolitischen Folgerungen, die die bürgerliche Soziologie aus ihren Schichtungen zieht, gehen in der Regel weiter als jene der meisten Sozialisationstheoretiker. *Dahrendorf* beispielsweise beschreibt eine Barriere, die das obere Drittel des westdeutschen Schichtgebäudes von den unteren zwei Drittel deutlich trennt; letztere sind von jedweder Herrschaftsausübung ausgeschlossen. Innerhalb des oberen Drittels konzipiert *Dahrendorf* das Bild einer kleinen Elite,

die prägende Herrschaft ausübt. Angesichts dieses Befunds mag es um so merkwürdiger anmuten, daß die Sozialisationsforschung die Oberschicht völlig ignoriert.
So wenig aufgefächert das Schichtenmuster deutschsprachiger Sozialisationsforschung sich zeigt, so unbefragt übernehmen es auch die meisten Autoren aus den US-amerikanischen Publikationen. Jene Wissenschaftler, die wie *Gottschalch, Neumann-Schönwetter* und *Soukup* den Begriff und die gesellschaftsanalytische Bedeutung von Schichtung bedenken, sind ebenfalls in der absoluten Minderzahl. Auch hier erweisen sich manche Vertreter der deutschen Schichtensoziologie als kritischer; so gestehen sowohl *Mayntz* wie *Dahrendorf* ein, daß die diversen Schichtmodelle deskriptiv beliebig und je nach den Schichtkriterien im Ergebnis anders ausfallen können. Angesichts solcher Selbstkritik der Schichtensoziologie verwundert es, wenn der Schichtenbegriff auch bei kritischen Autoren wie *Milhoffer* [33] dann wieder und zwar ausschließlich und lobend herangezogen wird, wenn es gilt, die Befunde der US-amerikanischen Sozialisationsforschung zusammenzufassen.
Der quasi system-immanente Einwand der Schichttheoretiker, der die Willkürlichkeit von Schichtungen konstatiert, muß aber noch dahin ergänzt werden, daß Schichtmodelle nur eine beschränkte Auskunft über soziale Systeme geben können. Ihre Kriterien wie Berufstätigkeit, Einkommen und Bildung (Kölner Index), Selbsteinschätzung *(Janowitz)*, Berufskreise oder Prestigeskalen u. a. ermöglichen nicht mehr als eine immobile und abstrakte Zuordnung von Personengruppen in einer Hierarchie: immobil, weil diese Zuordnung jeder Entwicklung und Änderungsperspektive entbehrt; abstrakt, weil sie die menschlichen Beziehungen in beliebig gewählten statistischen Merkmalen gerinnen läßt. Solche Modelle erlauben es nicht, zu strukturellen Aussagen über spezifische Interaktionen (Kooperation, Subkulturen, Antagonismen), über konstitutive Bedingungen des sozialen Systems (Arbeits- und Herrschaftsverhältnisse; soziale Widersprüche, die Entwicklung provozieren) und über dessen Wertigkeit für die darin lebenden Individuen (Befreiung; Unterdrückung) zu kommen. Nur solche strukturellen Aussagen mit ihren je individuellen Ableitungen könnten indessen den Bedingungenzusammenhang von gesellschaftlicher Position und Sozialisation erhellen helfen, was die Sozialisationstheorie offenbar zu wenig erkannt hat. Dabei reicht es allerdings nicht aus, einige Daten zur Klassengesellschaft auf wenigen Zeilen zu benennen und diesen Zahlen und Fakten dann Befunde der (amerikanischen) Sozialisationsforschung aufzusetzen, wie das etwa *von Werder* und *Heinz/Korn* tun.

Wir wollen nun im folgenden versuchen, ein Modell zu entwerfen, das die Gesamtheit jener sozialen Faktoren enthält, die den Sozialisationsprozeß bestimmen. Mit diesem Modell sollte es möglich sein, individuelle und kollektive Sozialisationsprozesse genauer zu erfassen, als das bisher geschehen konnte. Anschaulich dargestellt wird unser Versuch in der Abbildung 4 »Ebenen und Faktoren der empirischen Analyse des Bedingungszusammenhanges von gesellschaftlicher Position und Sozialisationsprozeß«. Wir unterscheiden dabei analytisch eine individuelle und zwei kollektive Ebenen, die Sozialisation beeinflussen. Wie wir bereits in unserer Einleitung ausgeführt haben, kann die Gesamtheit aller Sozialisation betreffenden Faktoren niemals für alle Individuen im gleichen Ausmaße verbindlich sein. Gleich sind nur die gesellschaftlichen, kulturellen und national-staatlichen Voraussetzungen einer bestimmten Epoche und Gesellschaftsordnung, die sich auf einer ersten kollektiven Ebene in Aneignungs- und Eigentumsverhältnissen, ökonomischer Lage und Entwicklung, sozialem Kräfteverhältnis, in Werten und Normen, in politischen Verhältnissen und Tendenzen u. a. konkretisieren. Die Auswirkungen dieser ersten kollektiven Ebene finden ihren Niederschlag in der mittleren individuellen Ebene, wo sie sich je nach Persönlichkeit verschieden in sozio-ökonomischer Position, sozialer Herkunft, Tätigkeitsbereich, Lebensniveau, Sozialbeziehungen, Einstellungen zur Gesellschaft und Perspektive (s. Abb. 3 S. 22 f.) materialisieren. Objektive Gleichheiten und subjektive Entsprechungen in den bezeichneten Faktorenbündeln dieser individuellen Ebene weisen sich auf der zweiten kollektiven Ebene in der Gemeinsamkeit der Klassen- und Schichtengehörigkeit, der Arbeitssituation, der Betriebsstruktur, der Solidarität, der Ausbildungssituation, des Bewußtseins und der Aktivitäten u. a. aus. Die Totalität der Ebenen und Faktoren in ihrer Vermittlung begründet unseren Bedingungszusammenhang von gesellschaftlicher Position und Sozialisation. Solches wäre der formale Kontext unseres Modells.

Inhaltlich zeigen sich nicht alle Faktoren und Faktorenbündel gleich stark und gleichzeitig manifest; das heißt: in der Bedeutung der einzelnen Faktoren und in der temporären Wirksamkeit gibt es quantitative und qualitative Unterschiede, über deren jeweilige Gewichtung nur die empirische Analyse entscheiden kann. Für kausal determinierend in unserem Modell – also auch in einer allfälligen Gewichtungskette von Faktoren – halten wir jene Verhältnisse, in denen der Mensch sich und seine Welt produziert und reproduziert, i. e. seine Arbeit und die sie konstituierenden Faktoren (Produktions-, Aneignungs- und Eigentumsverhältnisse). Diese Arbeitswelt bestimmt

Abb. 4: Ebenen und Faktoren der empirischen Analyse des Bedingungszusammenhanges von gesellschaftlicher Position und Sozialisationsprozeß

Kollektive Ebene II	Klassen- und Schichtzugehörigkeit				Schul- und Ausbildungssituation		Schicht- und Berufsgruppen-Mobilität,	
	Lebensniveau, Versorgung, Infrastruktur		subkulturelles Milieu		Bewußtsein, Ideologie		Integration, Assimilation, Indifferenz, Opposition	
	Arbeitssituation		Kooperation, Solidarität		Massenmediales Angebot und Konsum Freizeitgewohnheiten		Aspirationen, Aktivitäten	
	Betriebsstruktur Arbeitsrechtl. Lage							
Individuelle Ebene	Sozio-ökonomische Position: *Verhältnis zu den Produktionsmitteln, Vermögen, Platz in der Arbeitshierarchie, Einkommen, Sparfähigkeit, Selbstbild, sozialer Status in Fremdbewertung*	Soziale Herkunft: *Rekrutierung, Schulbesuch/Abschluß Ausbildung/Qualifikation, Lebensweg/Karriere*	Tätigkeitsbereich: *Arbeitsplatz, Arbeitsbedingungen, Arbeitstyp, Arbeitsgestaltung, Arbeitsbelastung, Interaktion, Einstellung zur Arbeit*	Lebensniveau: *Wohngebiet, Wohnung, Lebenshaltungskosten, Konsumniveau, Infrastruktur, Bedürfnisse, Freizeitgewohnheiten*	Sozialbeziehungen: *Verhaltensmuster, Familienbeziehungen, soziale Kontakte, Kooperation, soziale Kohärenz, soziale Auffälligkeit, Fremdbild*	Einstellung zur Gesellschaft: *Gesellschaftsbild, Bewußtsein, Interessen, Werte und Normen, Organisationsgrad, soziales Engagement*	Soziale Perspektive: *Zukunftserwartung, Lebenschancen, Mobilität, Aspirationen, Aktivitäten*	
Kollektive Ebene I	Produktion	Aneignungs- und Eigentumsverhältnisse	ökonomische Lage und Entwicklung	Werte und Normen	Sub- und Gegenkulturen	Staatsapparat	Ideologie	Rechtsnormen
	Reproduktion	Soziale Widersprüche	Soziales Kräfteverhältnis	Tradition	Institutionen	Herrschaft	politische Verhältnisse	Oppositionelle Kräfte
(Gesellschaft)				(Kultur)				(Nationalstaat)

die Berufs- und Lebensverhältnisse des Individuums. Daran läßt sich zugleich die Vermitteltheit unserer Faktorenbündel demonstrieren: Um leben zu können, muß der Mensch entsprechend seiner Stellung und Qualifikation in den Aneignungs- und Eigentumsverhältnissen seiner Gesellschaft arbeiten. Seine Arbeit bestimmt seine sozio-ökonomische Position und entscheidet über die Lebensführung des Arbeitenden und dessen Familie. So ermöglicht der Arbeitslohn das Lebensniveau (Wohngebiet, Wohnungsgröße, Wohnungseinrichtung; Konsum, Kaufmöglichkeiten u. a) des Arbeitenden und seiner Angehörigen; die Arbeitszeit determiniert die Lebensführung des Schaffenden und seiner Familie (Freizeitgewohnheiten, soziale Kontakte u. a.); Arbeitstyp und Arbeitsgestaltung bestimmen – zumindest partiell – seine Einstellung zur Arbeit, seine sozialen Verhaltensmuster, sein Gesellschaftsbild und (Klassen-)Bewußtsein, seine Zukunftserwartung u. a. Arbeitsbedingungen, Ausbildung und soziale Kontakte zeigen sich als Wirkungsfaktoren für das gewerkschaftliche und politische Engagement des Arbeitenden, welches hinwiederum den Grad der Integration in das oder der Opposition gegenüber dem gesellschaftlichen System beeinflußt. Der Grad der Integration oder der Opposition bewirkt, inwiefern der Schaffende mit seinen Bezugsgruppen sub-respekt. gegenkulturelle Lebenswelten ausbildet, die ihn vor Deprivationen schützen oder die Ablehnung des Bestehenden psychisch und organisatorisch festigen. Die genannten Faktoren dieses weiterzuführenden Konstrukts sind dabei bis zu einem bestimmten Ausmaß variabel und entwicklungsfähig, worüber die empirische Analyse im Einzelfall entscheidet. Variabilität und Entwicklungsfähigkeit der Ebenen und Faktoren als Ausdruck der ihr zugrundeliegenden gesellschaftlichen Realitäten sind in unserem Modell insofern enthalten, als wir es begrifflich auf allen drei Ebenen zu dynamisieren versucht haben (sozialer Widerspruch, ökonomische Entwicklung, Gegenkultur, Arbeiterbewegung und oppositionelle Kräfte, Aspirationen und Aktivitäten u. a.).
Aus diesen Bemerkungen zu unserem Modell läßt sich unser Arbeitsgang chronologisch ableiten: Wir versuchen zunächst eine Deskription des gesellschaftlichen, kulturellen und nationalstaatlichen Gesamtrahmens der Bundesrepublik Deutschland, wie er sich dem kritischen Betrachter als soziale Oberfläche darbietet (vgl. Kap. 2. 2). Anschließend verfolgen wir die Entwicklung der westdeutschen Gesellschaft in einem historischen Abriß, um dergestalt die konstituierenden Kräfte und Bewegungsgesetze dieser Gesellschaft bestimmen zu können (vgl. Kap. 2. 3). Daraus ergibt sich jenes Material über Stellung, Entwicklung und Differenzierung der Bevölkerung, das Aussagen über deren

soziale Gruppierungen und Antagonismen ermöglicht (vgl. Kap. 2. 4. 2. ff.). Anhand einiger ausgewählter sozialstatistischer Gruppierungen und ihres beschriebenen Platzes im sozialen Aufbau schildern wir dann konkrete Arbeits- und Lebensverhältnisse (vgl. Kap. (6.1.), womit die sozialen Wirkfaktoren im Bedinungszusammenhang von Gesellschaft und Sozialisation annäherungsweise bezeichnet wären.

2.2. Die BRD – Beschreibung der Gesamtsituation

Jenes Phänomen, das Interpreten und Zeitgenossen als am deutlichsten gesellschaftsprägend für die kurze bundesdeutsche Geschichte ansehen, ist unzweifelhaft der wirtschaftliche Wohlstand. Verglichen mit der ökonomischen Situation in der Weimarer Republik sowie vor und nach dem Zweiten Weltkrieg, gelangte die Bundesrepublik Deutschland zu einer Prosperität, die auch den unteren Schichten der Gesellschaft eine langjährige reale Verbesserung ihrer materiellen Lage erbrachte. Vom wirtschaftlichen Boom, mit dem nicht einmal die westeuropäischen Partner der BRD konkurrieren konnten, profitierten freilich in erster Linie die Unternehmer. Die hohen wirtschaftlichen Wachstumsraten der letzten zwei Jahrzehnte führten zu einer ungeheuren Kapitalakkumulation. Letztere war Folge und Bedingung zugleich eines neuen Organisationsgrades der bundesdeutschen Ökonomie, der sich vor allem in den drei Aspekten der Konzentration, der benützbaren Wissenschaft als Produktionsfaktor und der wachsenden Zusammenarbeit mit dem Staatsapparat dokumentierte. Gesamthaft gesehen, bewirkte dieser neue Organisationsgrad der Wirtschaft, daß die gesamtgesellschaftliche Entwicklung immer mehr von den Erfordernissen und Strukturmerkmalen des ökonomischen Sektors geprägt wurde, der in seiner Gestalt als Monopolkapital die ganze Gesellschaft mehr und mehr durchdrang.

Das auf Expansion gerichtete Prinzip monopolitischer Profitmaximierung unterwarf sich in seiner Dynamik alle Bereiche des individuellen Verbrauchs, der kollektiven Bedürfnisse, der öffentlichen Ausgaben und der gesellschaftlichen Investitionen. »Es wollte sich zum Herrn über die Individuen in ihrer Arbeit machen, in ihrer Freizeit, in ihren Heimen, in ihren Schulen, in den ihnen gelieferten Informationen, in der Art, in der sie ihre Arbeitskraft reproduzieren, in ihren zwischenmenschlichen Beziehungen ... Durch die Ausdehnung seiner Diktatur auf die Kultur, auf die Privatsphäre, auf die lokalen und nationalen Institutionen erschien das Monopolkapital in seiner wahren Gestalt: Es fordert die Produktion um der Produktion willen, d. h. Akkumulation um der Akkumulation willen; es fordert eine Gesellschaft von Zwangskonsumenten und einen Typ des Individuums, der geeignet ist, sich als passiver und gesteuerter Konsument zu verhalten: es bemüht sich, den Massenindividuen Ziele, Wünsche, Begierden aufzuzwingen, die wiederum Werkzeuge in seinen Händen sind« [34].

Solche Expansion zeigt sich ökonomisch wie politisch nicht unproblematisch. Einmal als volkswirtschaftliches Prinzip gegeben, muß sie erhalten und ausgebaut werden, um das sozio-ökonomische Leben der Nation (Stabilität, Vollbeschäftigung, Wachstum des Sozialprodukts u. a.) nicht stagnieren oder zurückgehen zu lassen. Das bedingt auf wirtschaftlichem Gebiet die Gewähr der Auslastung der Produktionsmittel durch zureichende Nachfrage nach Konsum- und Investitionsgütern. Es »geht um die von den Produktionsverhältnissen diktierte Alternative zwischen der Aufrechterhaltung einer bestimmten Rate fortwährender Expansion des Produktionsapparates und krisenhafter Expansion des Gesamtsystems oder, damit verbunden, um die Gewährleistung desjenigen Maßes an kontinuierlichem Wachstum, das jährlich verteilbare Sozialproduktzuwächse von einiger Größe und also die Aufrechterhaltung des quasipluralistischen Verteilerbetriebs im ›sozialstaatlich‹ gewendeten Kapitalismus garantiert« [35].

Der politische Apparat fällt in dieser Situation gewissermaßen unter jene ökonomischen Gesetze, die ihm die Eigendynamik der expansiven Wirtschaft diktierten. Um sich die materielle Zufriedenheit und darüber vermittelt die Loyalität der Bevölkerung zu sichern, muß der Staat jene wirtschaftlichen Strukturen abzusichern helfen, die nicht er, sondern eine Minderheit aus Gründen privater Akkumulation geschaffen hat.

So sehen wir den Staat heute als wesentlichen Agenten im Prozeß der Kapitalverwertung: er schließt Investitionslücken, schafft Steuervergünstigungen, reguliert den internationalen Absatz »seiner« internationalen Industrien, subventioniert die wissenschaftlichen Entwicklungskosten der Ökonomie, sichert ihre Wettbewerbschancen und konzentriert wirtschaftliches Privat- und Allgemeininteresse. Die Dispositionsfreiheit der Großwirtschaft sieht sich durch diese ökonomisch-politische Tätigkeit des Staates freilich in keiner Weise eingeschränkt. »Unter diesen Umständen bleibt aber der Spielraum der staatlichen Administration eng begrenzt. Wenn sie sich auf das Instrumentarium der ökonomischen ›Globalsteuerung‹ beschränkt, kann sie die ›Daten‹ des Wirtschaftsgeschehens nicht beliebig setzen, sondern sie muß sie vielmehr so setzen, daß die privaten Profitchancen nicht nur nicht beeinträchtigt, sondern sogar optimal gestaltet werden. Diese ›Priorität‹ bestimmt restriktiv die Möglichkeiten, die beispielsweise bei einer Umverteilung des Sozialprodukts noch verbleiben« [36].

Die Hilfstätigkeit des Staates für die wirtschaftlichen Großeinheiten gewinnt dergestalt ebenso wie deren quantitative und qualitative Expansion das Signum der quasi-natürlichen Notwendigkeit für das gesellschaftliche Wohl. Schon in den dreißiger Jahren hat die Frankfurter Schule eine solche Entwicklung mit dem trefflichen Begriff der »verdringlichten Autorität der Ökonomie« belegt. Sie hat Auswirkungen, indem sie die Bürger der Epoche zwiefach unter ihr Gesetz zwingt. Die Dynamik der Expansion verlangt einerseits, daß jene Menschen, die an ihrer stetigen Invention und Organisation beteiligt sind, sich gemäß der großindustriellen Anforderung qualifizieren. So wirkt die »Autorität der Ökonomie« in das Erziehungs- und Ausbildungssystem strukturierend hinein, wo sie allerdings unzweifelhaft mehr Wissen über zu erfüllende Aufgaben (Sachkenntnisse, Spezialistentum, Technologie u. a.) verlangt als Bewußtsein, d. h. das Vermögen, den sozialen Bedingungszusammenhang der zu erfüllenden Aufgaben auch kritisch zu erkennen. Eben das führt zum zweiten: Die vorgegebene »Autorität« und »Sachgesetzlichkeit« der wirtschaftlichen Entwicklung enthebt nachgerade der Aufgabe, über sie nachzudenken. Was notwenig ist, läßt sich nicht ändern. So stellt es wenigstens die Machtelite aus Politik und Wirtschaft dar. Für den Bürger bedeutet solches, daß er macht- und einsichtslos den »Sachzwängen« und dem »notwendigen Lauf« der »Dinge« gegenübersteht. »Die kommerzielle Diktatur kann in der Tat nur ausgeübt werden, wenn ihr eine Masse von passiven Verbrauchern gegenübersteht, isoliert durch Wohnbedingungen und Lebensweise, unfähig, sich zu gruppieren, direkt zu kommunizieren und ihre aus den Arbeits- und Lebensbedingungen erwachsenen spezifischen Bedürfnisse gemeinsam zu definieren. Sie sind außerstande, ihre Sorgen und ihre gesellschaftlichen Interessen und Ziele, kurz, einen gemeinsamen Entwurf für die Zukunft zu bestimmen« [37].

Dem Bürger wird suggeriert, daß Experten die »sachtechnischen Belange« seiner ökonomischen Prosperität und seines politischen Wohls angemessen verwalten. Dazu bedarf es einer sich ausweitenden Bürokratie und deren unproduktive Kosten. Individuelle Initiative und selbsttätige Orientierung finden dergestalt ein immer kleineres Feld möglicher Praxis. Der einzelne beantwortet diese Entwicklung mit verstärkter Anpassung; Kris und Leites haben in diesem Sinne gezeigt, daß sich die Bürger den gesellschaftlichen Strukturen widerstandslos fügen, sobald letztere ihnen als quasi-natürlich entstanden und nicht als von eigener menschlicher Tätigkeit bewirkt erscheinen. Alles außerhalb des privaten Bereichs, der noch als einziger überschau- und gestaltbar erscheint, droht derart zum Fremden zu werden, das weder zu verstehen noch zu beeinflussen ist [38].

Politik droht dergestalt von der offenen und rationalen Auseinandersetzung in einer interessierten Bürgerschaft zur emotionalen Identifikation mit austauschbaren »Charaktermasken« zu degenerieren, die von einer verdinglichten Propaganda wie kommerzielle Markenartikel aufgebaut und angepriesen werden. In einer solcherart nicht-informierten, tendenziell entpolitisierten Öffentlichkeit kann die Machtelite ihre Herrschaft auf den wirtschaftspolitischen Begriff bringen. Die einzige Verpflichtung, der sie dabei um ihrer eigenen Aufrechterhaltung willen, nachkommen muß, ist die Sicherung allgemeinen Wohlstands, mit dem sie sich gegenüber den Massen legitimiert. Diese wirtschaftsregulierende Funktion des Staatsapparates hat sich dabei heute zu einer institutionalisierten Instanz verfestigt, die nicht mehr wie einst nur in wirtschaftlichen Konfliktsituationen vermittelnd eingreift, sondern ständig und zentral sozio-ökonomische Strukturpolitik (prophylaktisches Krisenmanagement) betreibt.

Die Entscheidungskapazität über die bedeutenden Fragen des sozialen Systems hat sich derart in den Staatsapparat (Machtelite, Experten, Bürokratie) verlagert, wo die Verbandsspitzen der Großwirtschaft und die politische Führung den Kapitalverwertungsprozeß mit der Stabilität der Gesellschaft in Einklang zu bringen versuchen. Die Basis, die eigentlich, wie es in den Verfassungen steht, politisch entscheiden sollte, ist mitsamt ihren gewählten Vertretungen entmachtet worden. Der Staatsapparat hat sich verselbständigt; die Beschlüsse seiner Expertokratie kann das Parlament oft nur noch bereden, aber kaum mehr ändern.

Das System wird im vor-parlamentarischen Raum (Kanzleramt, Ministerialbürokratie u. a.) reguliert, wohin sich dann auch die Interessenverbände gleich wenden, um ihre Belange zu vertreten. »Die Tendenzen zur Verselbständigung der Administration gegenüber dem Parlament werden durch die Einrichtung autoritativer Expertengremien, z. B. des Sachverständigenrats zur Begutachtung der gesamtwirtschaftlichen Entwicklung, institutionell untermauert. Der Sachverständigenrat hat nicht zuletzt die Aufgabe, gegenüber divergierenden sozialen Gruppen und auch gegenüber bornierten kapitalistischen Interessenten die »Sachnotwendigkeiten« ökonomischer Systemstabi-

lisierung zu konstatieren. Über die Unvereinbarkeit dieser Einrichtung mit den traditionellen Prinzipien »verantwortlicher Regierung« kann man sich nur dann wundern, wenn man ignoriert, daß die objektiven und gesellschaftlichen Entwicklungen die Prinzipien des bürgerlich-parlamentarischen Verfassungsstaats längst obsolet gemacht haben.
Mit der 1966 eingeführten »Konzertierten Aktion« schließlich wurde ein Instrument geschaffen, das hilft, auch die großen Massenverbände der Arbeiter, Bauern und Kleinunternehmer durch Vermittlung der Regierungsbürokratie auf systemkonforme Raten der Einkommensverteilung zu verpflichten.
Dem hier auch formal ausgeschalteten Parlament verbleibt nur noch die Funktion, die erzielten Globalkompromisse und Grundsatzabsprachen in detaillierter Gesetzgebungsart auszufüllen und zu konkretisieren« [39].
Solches bedingt den allmählichen Funktionszerfall der politischen Öffentlichkeit, der Parteien und der Parlamente, die Ritualcharakter auf dem Boden einer inhaltlich entleerten, bloß noch formalisierten »freiheitlich-demokratischen Grundordnung« anzunehmen drohen. Um jedweden Herrschaftskonflikt, der dem System gefährlich werden könnte, auszuschalten, sichert sich die Machtelite auch im politischen Bereich mit einem prophylaktischen Krisenmanagement ab (Notstandsverfassung, Stabilisierungsgesetze, Ministerpräsidentenerlaß) und diszipliniert verstärkt politische Gegner. Diese Involution ist um so bemerkenswerter, da alle materiellen, technischen und geistigen Möglichkeiten vorhanden wären, auf daß eine reiche, freie und gerechte Gesellschaft entstehen könnte. Sozialer Reichtum, Industrialisierung und Technik werden statt dessen benützt, die Menschen unter der Herrschaft einer Minderheit zu halten, die die sozio-ökonomischen Grundlagen ihrer Machtstellung als unantastbar und im Sinne aller ausgibt. Mit dem Schein versehen, für die Bürger das Beste zu wollen und gegenwärtig auch zu sein, will das System fundamentale Opposition a priori zum Skandal erklären. »Die Chance, den Kapitalismus vor dem Konflikt mit dem Fortschritt abzusichern, setzt ebenso voraus, daß Gegengruppen und -parteien zurückgedrängt und isoliert werden, wie der Sinn des Verfassungsstatus darin liegt, einen Zustand des sozialen Friedens zu garantieren, in dem gesellschaftlicher Antagonismus und politische Opposition entkräftet werden ...« [40].
Wichtigster Adressat dieser Politik ist die Arbeiterklasse, deren potentielle Unzufriedenheit das System am meisten gefährden würde. So steht die gesamte Sozialgeschichte der BRD unter der Absicht, zwischen Unternehmern (Kapital) und Arbeitern (Lohnarbeit) eine Interessen-

identität herzustellen, die dann auch in der »Sozialpartnerschaft« beider ihren Ausdruck fand. Dazu bedurfte es insbesondere des gelungenen Versuchs, die Gewerkschaften auf die »Stabilitätspolitik« der Machtelite einzustimmen. Daß die Arbeiter dabei die verratenen Opfer gewesen seien, läßt sich so leicht indessen nicht behaupten. Die integrationistische Politik sicherte den Arbeitern lange Zeit die Erhöhung ihres Lebensstandards, die Vollbeschäftigung, die Arbeitszeitreduktion, eine partielle Erleichterung ihrer Tätigkeit durch Automatisierung und als Folgeerscheinung eine ansteigende Arbeitszufriedenheit, die sich auch in einer veränderten gesellschaftlichen Perspektive der produktiv Schaffenden ausdrückte [41].

Dieses Arbeiterbewußtsein offenbarte sich selbst in der Streikwelle 1967, die oft vorschnell als »Rekonstruktion der Arbeiterklasse« ausgegeben wurde: Die Forderungen, die die Arbeiter damals in den Streiks vertraten, blieben weithin systemimmanent, indem nicht die gesellschaftliche Veränderung grundsätzlichen Ausmaßes, sondern einzig »die Garantie einer angemessenen, gesicherten Beteiligung am wachsenden gesellschaftlichen Reichtum« *(M. Schumann)* verlangt wurde. Das alles kann freilich nicht als zustimmendes Bekenntnis der Arbeiterschaft zur bestehenden Gesellschaft interpretiert werden. Die Arbeiter empfinden sich nach wie vor als unterprivilegiert und die Gesellschaft als ungerecht. Doch erwartet die Mehrheit der Arbeiter offenbar eine kontinuierliche Verbesserung ihrer Situation vom bestehenden System. *Schumann* u. a. benennen in diesem Zusammenhang die Haltung der Arbeiter gegenüber der Gesellschaft als »Assimilation« und nicht als »Integration«.

Für eine Integration der Arbeiterschaft in das gegeben System fehlen nach wie die objektiven Voraussetzungen, solange die ökonomische, soziale und kulturelle Lage der Arbeiterhaushalte keinen positiven Vergleich mit jenen der Angestellten oder Beamten auszuhalten vermag. Auf einen weiteren, grundsätzlichen Aspekt verweist *Gorz*: »Wenn die Entwicklung des Kapitalismus den Lebensstandard der Arbeiter in bezug auf den individuellen Verbrauch erträglicher gemacht hat, so hat sie doch ihre Lage unter dem Gesichtspunkt der Produktionsverhältnisse und Arbeitsbedingungen noch unerträglicher gemacht. Damit ist die Entfremdung im weitesten Sinne gemeint, nicht nur als Ausbeutung, sondern auch als Unterdrückung, als Entmenschlichung« [42].

Solches betrifft freilich nicht nur die Arbeiterschaft. Daß die sozioökonomische Entwicklung nicht vordringlich auf die Befreiung der Menschen zielt, sondern auf Profitmaximierung in allen Bereichen

(Produktionsverhältnisse, Distribution, Konsumtion, Freizeit, Städtebau u. a.), affiziert alle Lohnabhängigen. Die einseitige Unterstützung der Großindustrie bedingt die Unterversorgung kollektiver Bedürfnisse wie öffentlicher Verkehr, Hygiene und Gesundheit, Schulwesen und Kultur, Wohnungsbau und Städteplanung u. a. So mehrt sich die Unzufriedenheit, die auch im ökonomischen Bereich angesichts der stetig steigenden Preise und der zurückbleibenden Entwicklung des Realeinkommens zuzunehmen tendiert.

Auch wachsendes Unbehagen wird indessen nur selten von der Aktivität der Bürger korrigiert. Deren Sozialisation, begründet in den gegebenen Arbeits- und Lebensverhältnissen, vermittelt durch die Normen des Systems: Gehorsam, Funktionstüchtigkeit, Pflichterfüllung, Leistung u. a. und verstärkt von der Bewußtseinsindustrie, fördert kaum aktivierende Realitätseinsicht, sondern viel eher die Angst vor selbsttätiger Orientierung. Lösbar Neues zu wagen, bedeutet für derart sozialisierte Bürger nur die Mobilisierung von Unlustgefühlen, denen sie – verständlicherweise – lieber entgehen. »Die unentwikkelte Realitätseinsicht ist das Ergebnis der Angst, die die übermächtige und fremde Gesellschaft im Sinne der herrschenden Interessen vermittelt. Sie äußert sich in politischer Apathie, die passiv-narzißtisch, aber auch agierend dann zum Ausdruck kommen kann, wenn die magische Phantasie des Versorgtwerdens gestört wird, und sei es nur durch die Forderung, Problembewußtsein zu entwickeln. Süchtigen das abzuverlangen, heißt nicht nur, sie auf ihre individuelle Problematik zu verweisen; in dieser entdecken sie notwendig deren gesellschaftliche Vermittlung. Dort werden die meisten, denen nicht einmal die kognitiven Fähigkeiten vermittelt werden, damit sie sich orientieren können, an die Grenze ihres ohnmächtigen Reflektierens stoßen und in Angst und politische Apathie zurückfallen und Versorgung heischen. Diese Ritualisierung der Unlustvermeidung ist das Ergebnis des Zusammenspiels zwischen gesellschaftlicher und psychischer Verdinglichung« [43].

2.3. Die sozio-ökonomische Entwicklung der BRD – ein Abriß

Deskriptionen eines gesellschaftlichen Gesamtzusammenhanges wie jene, die wir vorgängig versucht haben, vermitteln stets ein zu geschlossenes und überdies undynamisches Bild von der sozialen Wirklichkeit; sie vernachlässigen die historische Dimension, die erst Strukturen tatsächlich erklären kann, weil sie in deren geschichtlichem Werden die

Ursachen und Gründe von Entstehung und Entwicklung aufzuspüren vermag. Unser sozio-historischer Abriß versucht denn im folgenden, die konstituierenden Kräfte und Bewegungsgesetze der bundesdeutschen Gesellschaft zu benennen und damit zu den Wirkfaktoren zu gelangen, die die im deskriptiven Teil beschriebenen Erscheinungen bestimmen. Wir gehen dabei von der geschilderten Voraussetzung aus, daß es die ökonomischen Verhältnisse sind, in denen der Mensch sein Leben produziert und damit gleichzeitig die Strukturen der Gesellschaft reproduziert. Deshalb versuchen wir die sozio-ökonomische Entwicklung der BRD darzulegen, die die Bedingungen für die Arbeits- und Lebenssituation der Menschen setzt und damit den Bezugsrahmen für alle sozialisiatorischen Prozesse bildet.

Eine Analyse der Sozial- und Klassenstruktur der BRD verlangt die Kenntnis aller gesellschaftlichen Tatbestände, deren Beziehungen untereinander und deren Veränderungstendenzen. Dies bedeutet, daß die Oberfläche gesellschaftlicher Erscheinungen exakt aufgenommen und anschließend »dechiffriert« werden muß, um dergestalt jene tatsächlichen Zusammenhänge und Gesetzmäßigkeiten zu erkennen, die die Sozial- und Klassenstruktur der BRD bestimmen. Eine solche Arbeit kann in einem Buch über Sozialisation nur als sehr bescheidener Versuch geleistet werden; hinzu kommt, daß die Diskussion über die gesellschaftliche Verfaßtheit der BRD, die seit den Studentenunruhen unter dem Stichwort »Klassenanalyse« betrieben wird, bislang keine allgemein anerkannten und sicheren Resultate erbracht hätte, auf die in einer Untersuchung wie der unsrigen gültig zurückzugreifen wäre. So sind wir gezwungen, um Sozialisation überhaupt gesellschaftlich verstehen und ableiten zu können, mit verschiedenen, verschiedenartigen und manchmal sogar kontroversen Materialien in der folgenden Darstellung über die soziale Struktur der BRD gesellschaftliche Tatbestände und Entwicklungen zu belegen. Daraus zwangsläufig entstehende »Ungereimtheiten« – auch in der Terminologie – haben wir so gut als möglich zu verringern gesucht. Das darf indessen nicht so verstanden werden, als seien wir darauf aus, nun ein geschlossenes und gültiges Bild der westdeutschen Gesellschaft nachzuzeichnen. Ein solcher Anspruch wäre beim gegenwärtigen Stand der Diskussion ebenso unehrlich wie unzeitgemäß.

Auch können im Kontext eines Buches über Sozialisation die einzelnen Aspekte und Vermittlungen sozio-ökonomischer Entwicklung in der Bundesrepublik Deutschland nicht analysiert und analytisch verbunden werden. Wir beschränken uns vielmehr auf ausgewählte Faktoren der sozio-ökonomischen Entwicklung, die für unseren Bedingungszusammenhang von Gesellschaft und Sozialisation insofern bedeutsam sind, als sie die Lebens- und Arbeitssituation der Menschen in der Bundesrepublik konstituieren. Diese Entwicklungsfaktoren sind:

- die Restauration der privatwirtschaftlichen Ordnung
- das wirtschaftliche Wachstum
- die Entwicklung der Erwerbstätigkeit
- der Konzentrationsprozeß in der Wirtschaft
- die Bedeutung der Wirtschaftstätigkeit des Staates
- die Verteilung des Sozialprodukts
- die Vermögensbildung und die Bedürfnisbefriedigung sowie
- die Entwicklung der Arbeitskämpfe.

Nachdem solcherart in dem, was wir Abriß nennen wollen, die grundlegenden Bedingungen des sozialen System und dessen Entwicklung in der BRD dargelegt sind, läßt sich in einem nachfolgenden Schritt die Position der Individuen und Gruppen in diesem sozialen System verorten.

2.3.1. Die Restauration der privatwirtschaftlichen Ordnung

Nach dem militärischen und politischen Zusammenbruch des Deutschen Reiches im Frühjahr 1945 übernahmen die alliierten Besatzungsmächte die Verwaltung Deutschlands. Zu diesem Zeitpunkt lag die industrielle Produktion nahezu still; der Verteilungsapparat und das Verkehrsnetz waren auseinandergefallen; die öffentlichen Dienste der Elektrizitäts- und Wasserversorgung, der telegraphischen Kommunikation u. a. arbeiteten nicht mehr; die Städte waren weitgehend zerstört. Diese für jedermann sicht- und spürbare Katastrophe, die der Faschismus bewirkt hatte, provozierte massenhaft den Wunsch nach einer gesellschaftlichen Neuordnung, die eben Geschehenes für die Zukunft verunmöglichen sollte.
Nachdem das Bündnis von Großwirtschaft und Nationalismus die deutsche Katastrophe begründet hatte, wurde nach der Kapitulation des faschistischen Regimes eine starke antikapitalistische Strömung auch in den Westzonen bemerkbar. Sie fand ihren Ausdruck in, allerdings von den Besatzungsmächten überwachten und eingeschränkten, Bewegungen der Basis (Streiks, Produktionskomitees, Demonstrationen u. a.) und ihren Reflex sogar in den Programmen der konservativen Parteien.
In diesem Sinne verlangte die CDU in ihrem »Ahlener Wirtschaftsprogramm für Nordrhein-Westfalen vom 3. Februar 1947« [44]:

»Das kapitalistische Wirtschaftssystem ist den staatlichen und sozialen Lebensinteressen des deutschen Volkes nicht gerecht geworden. Nach dem furchtbaren politischen, wirtschaftlichen und sozialen Zusammenbruch als Folge einer verbrecherischen Machtpolitik kann nur eine Neuordnung von Grund auf erfolgen. Inhalt und Ziel dieser sozialen und wirtschaftlichen Neuordnung kann nicht mehr das kapitalistische Gewinn- und Machtstreben, sondern nur das Wohlergehen unseres Volkes sein. Durch eine gemeinwirtschaftliche Ordnung soll das deutsche Volk eine Wirtschafts- und Sozialverfassung erhalten, die dem Recht und der Würde des Menschen entspricht ...«

Doch die Hoffnung der Massen auf eine »soziale Neuordnung« war objektiv wenig fundiert; denn Deutschland befand sich nicht, wie etwa der Unterhaltungsschriftsteller *Hans Habe* vermutete, »im Jahre Null«. Die Niederlage des nationalsozialistischen Regimes mochte darüber hinwegtäuschen, daß die Industriekapazität der Westzonen mindestens jener von vor dem Kriege entsprach. Die Produktionsanlagen waren in Wirklichkeit nur wenig zerstört, Rohstoffe reichlich und qualifizierte Arbeitskräfte sogar vermehrt worhanden. Mit alliierter Finanzhilfe (Marshallplan) konnte die Produktion sich schon 1947/48 wieder normalisieren, ohne daß etwa gemeinwirtschaftliche Vorzeichen gesetzt worden wären. Solches bewirkten mehrere Faktoren: Die Besatzungsmächte in den Westzonen kamen selber aus kapitalistischen Staaten, die sich überdies nach Kriegsende in sozio-politischer Konkurrenz zum sich ausdehnenden »Sozialistischen Lager« sahen. In dieser Situation dienten die Westzonen als »Bollwerk gegen den Kommunismus«, der mittlerweile die Elbe erreicht hatte. Diese weltpolitische Konfrontation, die – unter amerikanischem Vorzeichen – den Sozialismus zurückdämmen sollte (Strategie des »roll-Back«), mußte alle sozialistischen Handlungstendenzen in den Westzonen negativ beeinträchtigen.

»Das zunehmende Blockdenken ermöglichte es den reformfeindlichen, beharrenden Kräften, gesellschaftliche Reformvorstellungen im gegebenen Augenblick aus Gründen der militärischen und politischen Sicherheit als nicht durchführbar hinzustellen« [45]. Insbesondere mit amerikanischer Unterstützung konnte sich dergestalt die freie Unternehmerschaft in den Westzonen gegen alle gemeinwirtschaftlichen Impulse mit ihrem Modell der »liberalen Wettbewerbswirtschaft« durchsetzen.

Die Massen, die auf eine soziale Neuordnung hofften, erschienen gegenüber dem Bündnis der alliierten Streitkräfte und der sich restaurierenden deutschen Unternehmerschaft von vornherein benachteiligt. Nachdem alle demokratischen und proletarischen Organisationen vom Faschismus zerschlagen und ihre Avantgarden eliminiert worden waren, konnte die Renaissance der Arbeiterbewegung in den besetzten Westzonen nur unter schwierigsten Bedingungen erfolgen: »Die Hauptmethode des Kampfes gegen die demokratischen Kräfte des deutschen Volkes bestand während der ersten Phase der Besatzungspolitik in der Errichtung einer politischen Quarantäne. Politische Organisationen und politische Betätigung wurden nicht zugelassen. In der Tat lähmte sie die demokratische Bewegung, während sie der Reaktion die gewünschte Atempause zur Umgruppierung ihrer Kräfte gab. . .« [46]. Mit der wachsenden Auseinandersetzung zwischen West und Ost spaltete sich überdies die Arbeiterbewegung; ihre gewerkschaftliche und sozialdemokratische Fraktion ließ sich ohne großen Widerstand von gemeinwirtschaftlichen Konzeptionen ab- und in die Restaurierung des kapitalistischen Systems einbringen. – »Besitzer von Produktionsmitteln blieben die Unternehmer, dieselben Unternehmer, die bereits vor und im Dritten Reich Besitzer des Produktionsvermögens gewesen waren« [47].

Selbst die mächtige Eisen- und Stahlindustrie, die in der nationalsozialistischen Rüstungswirtschaft eine besonders makabre Rolle gespielt hatte, fand sich »trotz der wiederholten Beteuerungen, vor allem von britischer Seite, daß die früheren Eigentümer ihre Besitzrechte nicht mehr geltend machen könnten, zum wesentlichen Teil wieder in den Händen der alten Besitzer« [48]. Auch die »Neuordnung« der Finanzen wurde auf dem Rücken der lohnabhängigen Bevölkerung ausgetragen: Die Währungsreform von 1948 liquidierte den überschüssigen Banknotenbestand, insbesondere in Form von Bargeld und Sparguthaben der Massen, während sie den Besitz an Produktionsmitteln, die Warenhortung und die Aktien aufwertete. Neben diesen ökonomischen Herrschaftspositionen blieben sogar die politischen weitgehend erhalten: Nach der Liquidation der faschistischen Spitze kehrte die große Mehrheit der konservativen Verwaltungs- und Machtelite wieder in den Staatsdienst zurück [49].

Eine sozio-politische Neuordnung der Westzonen blieb damit aus. Mit der Bundesrepublik entstand also ein Staatswesen, das ökonomisch erneut auf der privaten Verfügungsgewalt über die Produktionsmittel beruhte und damit die überwiegende Mehrheit der Bevölkerung wiederum in die Position Abhängiger und Beherrschter zurückfallen ließ. Die Restauration der kapitalistischen Gesellschaftsordnung war vollzogen. Mit der erheblichen Unterstützung durch die Westmächte wies sich der neu entstandene Kapitalismus an sich bald als sehr erfolgreich aus. Sein rasches wirtschaftliches Wachstum, das aus der westdeutschen Trümmerlandschaft in wenigen Jahren einen prosperierenden Staat werden ließ, bewirkte auch die sukzessive Zustimmung der Massen zur restaurativen Entwicklung.

2.3.2. Das wirtschaftliche Wachstum

Die privatwirtschaftliche Restauration in der Bundesrepublik Deutschland, wie sie vorgängig kurz aufgezeigt wurde, manifestiert sich seit 1950 in den globalen Indikatoren der westdeutschen Ökonomie: Sozialprodukt, Produktivität, Investitionen, Bruttoanlagevermögen, Volkseinkommen, Kapitalakkumulation und Profitentwicklung u. a. Sie allesamt stiegen – zeitweilig abgeschwächt und verstärkt – in einem Maße an, das primär der Privatwirtschaft zugute kam und sekundär auch den Lebensstandard der lohnabhängigen Bevölkerung erhöhte.

Das wirtschaftliche Wachstum dokumentiert sich allgemein in der Zusammenstellung der Summen aller im Zeitraum eines bestimmten Jahres hergestellten Produktions- und Konsumtionsmittel, die in ihrer Gesamtheit das jährliche Sozialprodukt ausmachen (vgl. Abb. 5) [50]. Eine Auswertung der jeweiligen Wachstumsraten des Bruttosozialprodukts zeigt dabei einen groben Einschnitt von 1950 bis 1960, währenddessen das Bruttosozialprodukt in stärkerem Maße anwuchs als nach 1960. Diese Differenz erklärt sich unter anderem daher, daß nach 1950 die Privatwirtschaft aufgrund des großen Reservoirs an Arbeitskräften expandieren konnte (extensive Reproduktion des Kapitals), während sie nach 1960 das Wirtschaftswachstum hauptsächlich über die Steigerung der Arbeitsproduktivität (intensive Reproduktion des Kapitals) zu sichern vermochte [51]. Diese Entwicklung veränderte den Arbeitsprozeß und verlangte von den Arbeitenden neue Anstrengungen und Qualifikationen, wie sie aber auch ihre materielle Lage verbesserte.

Eine etwas genauere Betrachtung weist besonders günstige Konjunkturperioden in den Jahren 1950/51, 1955 und 1959/60 aus, in denen die Wachstumsraten des Bruttozialprodukts um 10,9 %, rsp. 12,0 %, rsp. 8,8 % stiegen. Auf dieses Dezennium des steilen Wachstums folgte dann in den sechziger Jahren eine gemäßigtere wirtschaftliche Entwicklung, die nur das Jahr 1968 mit einer Wachstumsrate des Bruttosozialprodukts von 8,1 % noch mit der vorangegangenen Prosperität konkurrieren ließ. Im Jahre 1967 nahm das Sozialprodukt sogar absolut (– 0,3 %) ab.

Abb. 5: Bruttosozialprodukt, Abschreibungen, Ind.Steuern, Volkseinkommen

Jahr	Bruttosozialprodukt in konstanten Preisen[a)]		Bruttosozialprodukt (BSP) in jeweiligen Preisen		Abschreibungen in jeweiligen Preisen		Indirekte Steuern (abzüglich Subventionen in jeweiligen Preisen		Nettosozialprodukt zu Faktorkosten (Volkseinkommen) in jeweiligen Preisen	
	Mrd. DM	1950 = 100	Mrd. DM	1950 = 100	Mrd. DM	in % des BSP	Mrd. DM	in % des BSP	Mrd. DM	1950 = 100
1950[b)]	143,6	100	98,1	100	8,3	8,5	12,8	13,0	76,9	100
51[b)]	158,6	110	120,0	122	10,1	8,4	16,6	13,8	93,2	121
52[b)]	172,7	120	137,0	140	11,6	8,5	19,7	14,4	105,7	137
53[b)]	186,9	130	147,7	151	12,0	8,1	21,8	14,8	113,9	148
54[b)]	200,8	140	158,6	162	12,7	8,0	23,4	14,8	122,5	159
1955[b)]	224,9	157	181,4	185	14,1	7,8	26,4	14,6	141,0	183
56[b)]	241,3	168	200,5	204	15,8	7,9	28,2	14,1	156,5	204
57[b)]	255,0	178	218,5	223	17,7	8,1	29,5	13,5	171,3	223
58[b)]	264,5	184	234,3	239	19,6	8,4	31,4	13,4	183,3	238
59[b)]	283,8	198	254,9	260	21,5	8,4	34,9	13,7	198,5	258
1960[b)]	309,4	215	284,7	290	24,3	8,5	38,2	13,4	222,3	289
1960	328,4	229	302,3	308	25,7	8,5	40,9	13,5	235,7	307
61	346,2	241	332,6	339	29,3	8,8	45,3	13,6	258,0	336
62	360,1	251	360,1	367	33,5	9,3	49,2	13,7	277,5	361
63	372,5	259	384,0	391	37,2	9,7	51,1	13,3	295,8	385
64	397,3	277	420,9	429	41,2	9,8	55,5	13,2	324,3	422
1965	419,5	292	460,4	469	46,2	10,0	58,9	12,8	355,5	462
66	431,7	301	490,7	500	50,7	10,3	62,9	12,8	377,1	490
67	430,8	300	495,5	505	53,8	10,9	65,7	13,3	376,0	489
68	462,3	322	540,0	550	57,4	10,6	65,7	12,2	416,9	542
69	499,3	348	603,4	615	63,8	10,6	80,5	13,3	459,1	597
1970	527,0	367	682,8	696	74,7	10,9	81,7	12,0	526,3	684

a) In Preisen von 1962 b) Bundesgebiet ohne Saarland und Westberlin

Abb. 6: Erwerbstätige nach der Stellung im Beruf

Jahres-durchschnitt	Erwerbs-tätige	davon (Spalte 1)				davon (Spalte 4)					
		Selbständige und mithelfende Familien-angehörige		Abhängig Beschäftigte		Beamte [4]		Angestellte		Arbeiter	
	in 1000	in 1000	in %	in 1000	in %	in 1000	in %	in 1000	in %	in 1000	in %
	1	2	3	4	5	6	7	8	9	10	11
1950 [1]	20 376	6 413	*31,5*	13 963	*68,5*	852	*4,2*	3 211	*15,8*	9 900	*48,6*
1960	26 247	5 916	*22,5*	20 331	*77,5*	1 504	*5,7*	5 835	*22,2*	12 992	*49,5*
1970	26 668	4 422	*16,6*	22 246	*83,4*	1 945	*7,3*	7 800	*29,2*	12 501	*46,9*
1971	26 650	4 254	*16,0*	22 396	*84,0*	1 950	*7,3*	8 126	*30,5*	12 320	*46,2*
1972 [2]	26 463	4 123	*15,6*	22 340	*84,4*	1 959	*7,4*	8 285	*31,3*	12 096	*45,7*
1977 [3]	26 484	3 647	*13,7*	22 837	*86,3*	2 009	*7,6*	9 075	*34,3*	11 753	*44,4*

1 ohne Berlin
2 vorläufig
3 geschätzt
4 Beamte im erwerbsstatistischen Sinn (abhängig Beschäftigte abzüglich Gesamtzahl der Arbeiter und Angestellten)

Die gemäßigtere Expansion dokumentierte sich auch in den drei großen Wirtschaftssektoren, wo im primären Bereich der Landwirtschaft das Wachstum von 35 % (1950–60) auf 14 % (1960–70) fiel, im sekundären Bereich der Industrie, wo die Wachstumsraten von 149 % auf 73 % sich senkten, und im tertiären Sektor der Dienstleistungsbetriebe, wo sich das Wachstum von 91 % auf 51 % verringerte. Mit dieser Entwicklung korrelierten die vorgängig bezeichneten Indikatoren der westdeutschen Ökonomie mehr oder minder heftig.

2.3.3. Die Entwicklung der Erwerbstätigkeit

Das konjunkturell schwankende Wirtschaftswachstum sicherte der bundesdeutschen Bevölkerung bis 1974 weithin die Vollbeschäftigung, nachdem die massenhafte Arbeitslosigkeit der ersten Nachkriegszeit relativ bald in einen Boom der Beschäftigung sich transformiert hatte (vgl. Abb. 6) [52]. Dabei kam es jedoch zu wichtigen Verschiebungen in der Struktur der Erwerbstätigkeit: Die Anzahl der Selbständigen und deren mithelfender Familiengehöriger sank rapide, während auf der anderen Seite die abhängig Beschäftigten gewaltig zunahmen. Veränderungen in der Wirtschaftsstruktur (Automatisierung, Erhöhung der Produktivität, wachsende Staatstätigkeit u. a.) bedingten die Zunahme der Tätigkeitsbereiche von Beamten und Angestellten sowie den relativen Bedeutungsschwund der Arbeiter. Daran wird deutlich, wie die Gesetzmäßigkeiten und Entwicklungen der bestehenden Wirtschaftsverfassung zu einer strukturellen beruflichen Mobilität führen (vgl. Abb. 7), die die Werktätigen zur flexiblen Anpassung an immer neue Tätigkeiten und Arbeitsbereiche zwingt (vgl. unten).
Eine andere Tendenz kapitalistischer Ökonomie verdeutlicht sich in der rapiden Abnahme der Erwerbstätigkeit in der Land- und Forstwirtschaft von 22,1 % im Jahre 1950 auf 8,4 % im April 1971. Der Anstieg der Erwerbstätigen im produzierenden Sektor zeigt sich im gleichen Zeitraum wesentlich geringer als jener im Bereich der Dienstleistungen, der sich bis Mitte der siebziger Jahre enorm vergrößert.
Auch die Strukturwandlungen innerhalb dieses Bereichs müssen vermerkt werden: So verkleinerte sich das Beschäftigungspotential im Bergbau, in der Textil- und in der Tabakindustrie, während es in der Chemie, in der Investitionsgüterbranche und in der Automobilindustrie (bis 1973) entscheidend anwuchs. Diese Entwicklung zwingt viele Arbeitende zu Stellenwechsel und Umschulung; Abb. 7 demonstriert die großen Veränderungen in der westdeutschen Berufsstruktur [53]. Bedeutsam ist schließlich, daß die durchschnittliche Zahl der Erwerbs-

Abb. 7: Strukturveränderung ausgewählter Berufsgruppen und -ordnungen, gemessen am Gesamtwachstum der Erwerbspersonen auf 112,9 v. H., in der BRD 1950–1961.

tätigen pro Betrieb von 1950 bis 1960 von 98 Personen auf 144 und von 1960 bis 1970 von 144 auf 153 ansteigt. Diese Daten reflektieren neben der eingangs bezeichneten Zunahme der Lohnabhängigen den Konzentrationsprozeß in der westdeutschen Ökonomie.

2.3.4. Der Konzentrationsprozeß in der Wirtschaft

Die Entwicklung in der Betriebsgrößenstruktur der Industrie zwischen 1950 und heute veranschaulicht die Reduzierung der Klein- und Mittelbetriebe zugunsten der Bedeutungszunahme der Mittel- und Großbetriebe. In letzteren konzentriert sich die arbeitende Bevölkerung. Während die 97 % der kleinen und mittleren Betriebe 1970 56,6 % aller Industriebeschäftigten auf sich vereinigen, ballen sich in den nur 3,0 % der Mittel- und Großunternehmen 53,4 % der Arbeiter und Angestellten in der Industrie. Berücksichtigt man des weiteren, daß heute mehrere Betriebe zu einem einzigen Unternehmen gehören, dokumentieren die dergestalt entstehenden Zahlen noch deutlicher den Konzentrationsprozeß in der westdeutschen Wirtschaft: 52,4 % aller Industriebeschäftigten finden sich in Unternehmen mit 1000 und mehr Arbeitenden, 63,1 % in Betrieben mit 500 und mehr Tätigen.
Deutlicher noch als durch die Betriebsgrößenstruktur wird der Konzentrationsprozeß durch die steigende Kapitalakkumulation in wenigen Unternehmen verständlich. So vereinigten 1970 die Betriebe mit 500 und mehr Beschäftigten 66 % und die 1127 Fabriken mit 1000 und mehr Arbeitenden 56 % des gesamten Industrieumsatzes auf sich. Abb. 8 veranschaulicht den Konzentrationsgrad in Umsätzen und Beschäftigtenzahlen der bundesdeutschen Ökonomie anhand der 25 umsatzstärksten Unternehmen [54].
Die Kapitalakkumulation der Großbetriebe zeigt sich klar in der Bran-

Abb. 8: Die 25 umsatzstärksten Industrieunternehmen der BRD

		(1) 25 Umsatzstärksten Unternehmen der BRD	(2) Industrie insgesamt	(3) (1) in % von (2)
Umsatz in Mill. DM	1960	68 170	266 373	26
Umsatz in Mill. DM	1970	170 000	528 867	32
Zunahme 1960/70 in %		150 %	98 %	.
Beschäftigte in 1000	1960	1.580	8081	20
Beschäftigte in 1000	1970	2.054	8603	24
Zunahme 1960/70 in %		30 %	6 %	.

chenkonzentration; wenige Unternehmen dominieren das Bruttoinlandprodukt und die Gewinne in den einzelnen Industriezweigen. So vereinigten drei Konzerne in der chemischen Industrie 1969 49 % des Umsatzes auf sich, 8 Konzerne in der Elektroindustrie 68 %, 4 Konzerne in der Stahlbranche 65 % und 5 Konzerne in der Automobilbranche 92 %. In anderen Branchen (Mineralölverarbeitung, Tabakindustrie, Feinmechanik-Branche, Schiffsbau, Papierbranche) ist die Lage ähnlich. Die wissenschaftlich-technische Revolution, die hohe finanzielle Anforderungen an die ständige Modernisierung und Invention der Produktionsmittel und Produkte stellt, wird diesen Konzentrationsprozeß in der Zukunft in ähnlichem Maße beschleunigen wie in den vergangenen Jahren, in denen sich die Konzentration in Form von Großfusionen auf horizontaler Ebene um 55 %, auf vertikaler Ebene um 2 % und diversifikatorisch um 43 % verstärkte.
Man wird aufgrund dieser wenigen Befunde, bei denen – um nur ein Beispiel zu nennen – die wichtige Rolle der Großbanken bei der Konzentrationsbewegung nicht erwähnt wurde, Joachim Hirschs folgender Bemerkung zustimmen können: »Die gesellschaftliche Struktur des ›späten‹ Kapitalismus ist klar durch die Existenz riesiger Unternehmereinheiten geprägt« [55].

2.3.5. Die Bedeutung der Wirtschaftstätigkeit des Staates

Diese riesigen Unternehmereinheiten können ihre Produktivität indessen nur erhalten und ausbauen, wenn der Staat ihnen dabei mannigfach hilft. Das geschieht in einem generellen Rahmen zunächst dadurch, daß der Staat gesamtwirtschaftliche Wachstumsziele mit den Monopolen koordiniert, so daß deren Investitionen und Expansionsraten risikolos realisierbar sind. Neben diese allgemein ökonomische Funktion des Staates für die hochkonzentrierte Wirtschaft tritt eine allgemeine politische: Er muß den Monopolen Bedingungen (Interessenausgleich mit den Arbeitenden durch Lohn- und Sozialpolitik; Gewährleistung von Ruhe und Ordnung durch Verwaltungs- und Kontrollorgane u. a.) sichern, unter denen sich ihre ökonomische Expansion ungestört vollziehen kann. Wünschenswert ist dabei von beiden Seiten, daß diese soziopolitischen Bedingungen die Form gegenwärtig vorherrschender Demokratien annehmen. Jedwedes Anzeichen ökonomischer Krise bedeutet hingegen, daß der politisch und ökonomisch mit den Monopolen verflochtene Staat offen und d. h. unter besonderen historischen Umständen: gewaltsam, zugunsten der großen Unternehmereinheiten tätig wird.

Die spezifizierte Förderung der hochkonzentrierten Wirtschaft durch den Staat besteht in der Ausweitung des Staatsverbrauchs und der damit stark anwachsenden Staatskäufe- und aufträge – insbesondere innerhalb des militärisch-industriellen Komplexes –, in der zunehmenden Investitionstätigkeit, der strukturpolitischen Förderung von Rationalisierungsmaßnahmen, in Staatskrediten und Subventionen, in der Entwicklung der Produktivkräfte durch die Finanzierung von Forschungs- und Technologieprogrammen, in der Steuer- und Preispolitik, im staatlichen Kapitalexport und im Aufbau der infrastrukturellen Bedingungen für das Kapital u. a. Diese wachsende Aufgabenbelastung des Staates bedingt u. a. die vorgängig bezeichnete Zunahme der Staatsbeschäftigten (Beamte u. a.).
Es ist nun jedoch keineswegs so, daß die Hilfspolitik des Staates zugunsten der Großwirtschaft deren Unabhängigkeit einschränkte; vielmehr bestimmen die Konzerne aufgrund ihrer Machtstellung, von der die ökonomische Stabilität (Wachstum, Vollbeschäftigung, internationale Konkurrenzfähigkeit u. a.) der gesamtgesellschaftlichen Entwicklung abhängt, die Interessen und Entscheidungen des Staates. Die Autonomie des Staates gegenüber den Produktionsverhältnissen kann deshalb nicht mehr länger behauptet werden; im Gegenteil ist es die Bewegung des Großkapitals, die jene des Staates, der staatlichen Institutionen und des ganzen sozialen Systems strukturell beeinflußt.

2.3.6. Zur Verteilung des Sozialprodukts

Auch innerhalb des ökonomischen Verteilungsprozesses in der BRD wächst die Bedeutung des Staates, da dieser sich über Lohnsteuer, Sozialabgaben u. a. einen zunehmenden Anteil am gesellschaftlichen Gesamtprodukt sichert, den er umverteilt. Abb. 9 dokumentiert global die Verteilung des Sozialprodukts in der Bundesrepublik Deutschland [56]. Aus diesen angeführten Daten läßt sich ablesen, daß der steigende Anteil der Bruttolohn- und Gehaltssumme am Volkseinkommen (Nettosozialprodukt zu Faktorkosten) nach der Umverteilung durch den Staat wesentlich relativiert werden muß: Ein Vergleich der Nettolohn- und Gehaltssumme von 1950 und 1970 weist ein gesunkenes Nettoeinkommen der Lohnabhängigen aus, was angesichts der Tatsache der großen Zunahme der Arbeitnehmer erst im besonderen bedeutungsvoll wird. Setzt man die Geldwertsummen von Selbständigen (Spalte 11) und von Lohnabhängigen (Spalte 13) in Beziehung zueinander, wird deutlich, daß zwischen 1950 und 1970 die Einkommen der Selbständigen und Mithelfenden um 616 % stiegen, während sich

Abb. 9: Die Verteilung des Sozialprodukts

Jahr	Nettosozialprodukt zu Faktorkosten		Verfügungsbereich »Staat«[a])		Ausgewiesene Unternehmereinkommen (Netto)[b])		Nettoeinkommen der Abhängigen[c]) Zusammen		Nettoeinkommen der Abhängigen[c]) Nettolohn- u. Gehaltssumme		Netto-Unternehmereinkommen pro Selbständigen u. Mithelf.		Netto-Einkommen pro Abhängigen		Differenz 13—11	
	Mill. DM	Veränderg. g. Vorjahr in %	Mill. DM	% v. 1	Mill. DM	% v. 1	Mill. DM	% v. 1	Mill. DM	% v. 1	DM	gegen Vorjr. in %	DM	gegen Vorjr. in %	DM	gegen Vorjahr in %
	1	2	3	4	5	6	7	8	9	10	11	12	13	14	15	16
1950[d])	76.940	.	9.720	12,6	31.460	40,9	35.760	46,5	34.920	45,4	5.000	.	2.613	.	2.387	.
51[d])	93.240	+ 21,1	12.660	13,6	37.810	40,6	42.770	45,9	41.750	44,8	.	.	.	.	.	.
52[d])	105.710	+ 13,4	14.900	14,1	43.500	41,2	47.310	44,8	46.170	43,7	.	.	.	.	.	.
53[d])	113.910	+ 7,8	16.320	14,3	45.270	39,7	52.320	45,9	51.060	44,8	.	.	.	.	.	.
54[d])	122.530	+ 7,6	17.440	14,2	47.620	38,9	57.470	46,9	56.080	45,8	.	.	.	.	.	.
1955[d])	140.980	+ 15,1	20.530	14,6	55.160	39,1	65.290	46,3	63.690	45,2	9.274	+ 85,5	3.877	+ 48,4	5.397	+ 126,1
56[d])	156.540	+ 11,0	23.060	14,7	60.570	38,7	72.910	46,6	71.100	45,4	.	.	.	.	.	.
57[d])	171.290	+ 9,4	26.090	15,2	65.810	38,4	79.390	46,3	77.410	45,2	.	.	.	.	.	.
58[d])	183.280	+ 7,0	29.620	16,2	69.110	37,7	84.550	46,1	82.510	45,0	.	.	.	.	.	.
59[d])	198.490	+ 8,3	30.930	15,6	76.640	38,6	90.920	45,8	88.840	44,8	.	.	.	.	.	.
1960[d])	222.260	+ 12,0	36.180	16,3	85.360	38,4	100.720	45,3	98.510	44,3	15.416	+ 66.2	5.281	+ 36,2	10.135	+ 87,8
1960	235.700	.	38.420	16,3	90.030	38,2	107.250	45,5	104.900	44,5	15.340	.	5.305	.	10.035	.
61	258.010	+ 9,5	43.980	17,0	94.110	36,5	119.920	46,5	117.420	45,5	16.098	+ 4,9	5.819	+ 9,7	10.279	+ 2,4
62	277.450	+ 7,5	49.020	17,7	96.390	34,7	132.040	47,6	129.360	46,6	16.908	+ 5,0	6.307	+ 8,4	10.601	+ 3,1
63	295.760	+ 6,6	53.200	18,0	101.590	34,3	140.970	47,7	138.210	46,7	18.351	+ 8,5	6.647	+ 5,4	11.704	+ 10,4
64	324.250	+ 9,6	58.160	17,9	111.900	34,5	154.190	47,6	151.350	46,7	20.730	+ 13,0	7.186	+ 8,1	13.544	+ 15,7
1965	355.250	+ 9,6	62.240	17,5	121.450	34,2	171.560	48,3	168.530	47,4	22.911	+ 10,5	7.890	+ 9,9	15.021	+ 10,9
66	377.090	+ 6,1	69.620	18,5	125.820	33,4	181.650	48,2	178.480	47,3	24.164	+ 5,5	8.343	+ 5,7	15.821	+ 5,3
67	375.990	— 0,3	70.220	18,7	124.990	33,2	180.780	48,1	177.630	47,2	24.619	+ 1,9	8.571	+ 2,7	16.048	+ 1,4
68	416.860	+ 10,9	79.170	19,0	146.930	35,2	190.760	45,8	187.270	44,9	29.486	+ 19,8	8.981	+ 4,8	20.505	+ 27,8
69	459.070	+ 10,1	93.490	20,4	155.080	33,8	210.500	45,9	206.600	45,0	31.720	+ 7,6	9.644	+ 7,4	22.076	+ 7,7
1970	526.320	+ 14,6	115.710	22,0	169.000	32,1	241.610	45,9	237.110	45,1	35.813	+ 12,9	10.787	+ 11,9	25.026	+ 13,4

a) Zu diesem Aggregat wurden zusammengefaßt: Einkommen d. Staates aus Unternehmertätigkeit u. Vermögen, Arbeitgeber- u. Arbeitnehmerbeiträge zur Sozialversicherung, Lohnsteuer

b) Umfaßt: Nettoeinkommen aus Unternehmertätigkeit u. Vermögen, unverteilten Gewinne (netto)

c) Nettoeinkommen = Nettolohn- u. Gehaltssumme zuzüglich »zusätzliche Sozialaufwendungen der Arbeitgeber«

d) Bundesgebiet ohne Saarland und Westberlin

jene der Lohnabhängigen nur um 313 % erhöhten. 1950 betrug der Einkommensabstand zwischen beiden personifizierten Kategorien pro Kopf DM 2387,–, im Jahre 1970 hatte er sich auf DM 25 026,– verzehnfacht. Die Differenz zwischen den Einkommen von Selbständigen und Mithelfern einerseits und Lohnabhängigen andererseits schnellte zwischen 1950 und 1970 um 948 % empor.

Obwohl diese Zahlen eindrücklich genug sind, spiegeln sie die Realität nur ungenügend wieder, da die Kategorien der konventionellen Daten der Sozialstatistik verschleiernd wirken. Ein deutliches Beispiel dafür ist, daß bei der Kategorie der Selbständigen auch die kleinen und kleinsten Gewerbetreibenden (Besitzer einer Praxis; ambulanter Händler u. a.) vertreten sind, während die Spitzen des Staatsapparates, die Manager der Großwirtschaft und sogar die Aufsichtsratsmitglieder von Aktiengesellschaften als Arbeitnehmer in der Kategorie der Lohnabhängigen erscheinen. Berücksichtigt man solche Sachverhalte, so verschiebt sich das sozialstatistische Bild weiter zuungunsten der Lohnabhängigen. *Kurt Lungwitz* [57] hat in einem Vergleich konstatiert, daß die Verteilung des Volkseinkommens in der BRD sich seit 1950 günstig für die Unternehmer und relativ ungünstig für die Arbeitnehmer entwickelt hat: 1950 entfielen 36,8 % des Volkseinkommens auf die Lohnabhängigen, 1960 nur noch 36,2 % und 1968 36,4 %; demgegenüber stieg, was *Lungwitz* den »Profit der Kapitalistenklasse« nennt, von 44,3 % im Jahre 1950 über 51,8 % 1960 auf 53,9 Prozent im Jahre 1968. Berücksichtigen wir dabei die Zunahme der Lohnabhängigen und die Abnahme der Selbständigen/Unternehmer, verschieben sich die vorgängig bezeichneten Daten beträchtlich: So fällt der prozentuale Anteil der Lohnabhängigen am Volkseinkommen von 36,8 % (1950) auf 25,4 % (1968), während jenes der »Kapitalistenklasse« von 44,3 % (1950) auf 60,6 % (1968) steigt.

Wie groß sich in der BRD die sozialen Differenzen zeigen, wollen wir im folgenden noch kurz am Beispiel der Ärmsten und der »Superreichen« zeigen [58]. In den sechziger Jahren verdienten 34 Unternehmer, die aus ihrem Vermögen Jahreseinkommen von mehr als 10 Millionen DM pro Kopf bezogen, insgesamt DM 680 Millionen. Weitere 2380 Unternehmer erhielten ein durchschnittliches Monatseinkommen von DM 190 000,–. Unternehmerisch Tätige verdienten allein als Vorstandsmitglieder pro Jahr durchschnittlich bei Karstadt DM 575 800,–, bei Daimler Benz DM 569 000,–, bei der Deutschen Bank DM 519 400,– und beim Kaufhof DM 517 500,–. Zur gleichen Zeit hatten in der BRD 457 000 Haushalte, bei einer Grenze von DM 800,–, ein monatliches Einkommen von weniger als DM 300,–.

2.3.7. Vermögensbildung und Bedürfnisbefriedigung

»Mit dem Einkommen verändert sich die Rolle des Geldes; niedriges Einkommen gibt Verfügung über Gebrauchsgüter für den jetzigen Gebrauch, höheres Einkommen sichert die Verfügung für späteren Verbrauch, noch höheres Einkommen gewährt Einkommen aus dem gebildeten Kapital, sehr hohes Einkommen gibt Verfügung über Menschen, gibt Macht und Ansehen in der Gesellschaft...« [59]. Die überwiegende Mehrheit der lohnabhängigen Bevölkerung in der BRD hat nur Konsumeinkommen, das heißt das verdiente Geld dient der direkten Reproduktion des alltäglichen Lebens. Selbst letztere geschieht massenhaft nur unter erschwerten materiellen Bedingungen, seit die Preise partiell lawinenartig gestiegen sind. Nach Berechnungen des »Wirtschaftwissenschaftlichen Instituts« (WWI) kletterten die Lebenshaltungskosten normal mittlerer Verbraucher zwischen 1958 und 1965 für die Wohnungsmiete um 46 %, für Ernährung um 20,4 % und für Bildung und Unterhaltung um 26,6 %. Seit 1971 hat sich die inflationäre Preisentwicklung verstärkt.

Dementsprechend muß der Großteil der Bevölkerung alles Einkommen für die Lebenshaltung verbrauchen und kann keine Ersparnisse bilden. Die Masse der Arbeitnehmer konnte dann auch zwischen 1948 und 1967 nur eine Ersparnissumme von DM 88,8 Mrd. bilden, während Unternehmer und Selbständige im gleichen Zeitraum DM 405,2 Mrd. akkumulierten. »Da die kleinen Einkommen fast vollständig zu Verbrauchsausgaben verwendet werden, während ein sehr erheblicher Teil der großen Einkommen vorwiegend aus Zins- und Gewinneinkommen bestehen, also Besitzeinkommen sind, fällt zwangsläufig der weitaus größte Teil des jeweils neu geschaffenen Volksvermögens denjenigen zu welche bereits besitzen« [60]. Solches dokumentiert auch die Studie, die *Jürgen Siebke* im Auftrag des Bundesministeriums für Arbeit und Sozialordnung über die Vermögensbildung der privaten Haushalte erstellte: Danach bildeten Rentner und Arbeiter zwischen 1950 und 1969 ein durchschnittliches Vermögen von DM 6000,–, Angestellte von DM 13 000,–, Beamte von DM 19 000,– und Selbständige von DM 121 000,–.

Der Vorsprung, den die Selbständigen vor den Lohnabhängigen besitzen, erhöht sich von Jahr zu Jahr in kumulativer Form, da hohe Einkommen Vermögen und Vermögen »automatisch« mehr Vermögen schaffen. Diese Entwicklung der zunehmenden Vermögenskonzentration, die den Anteil der Arbeitnehmer um mehr als die Hälfte verringerte, verdeutlicht Abb. 10 [61].

Abb. 10: Anteile am Realvermögen in %

	1950	1955	1960	1965
Arbeitnehmer	34,7	18,2	15,6	17,2
Rentner und Pensionäre	5,1	2,7	2,5	2,6
Selbständige und Unternehmungen	45,7	46,8	49,3	46,6
Öffentliche Haushalte	14,5	32,3	32,6	33,6

Noch eindringlicher wird diese Vermögenskonzentration, wenn in Betracht gezogen wird, daß sich zwischen 1960 und 1966 die Zahl der Millionäre mehr als verdoppelt hat. Die Vermögensmillionäre verfügten 1966 über nahezu die Hälfte der gesamten von der Vermögenssteuer kontrollierten Werte von Privatpersonen; 0,14 % der Privathaushalte besaßen dabei über 13,6 % des Gesamtvermögens, 2 % bereits 32 %.

Stärker noch als die Konzentration des Realvermögens weist sich jene des Produktivvermögens aus. Nach der Studie *Siebkes* verfügten 1960 1,7 % der Haushalte über 70 % des Produktivvermögens; 1966 war ihr Anteil bereits auf 74 % angewachsen und hat sich seither weiterhin erhöht. 0,14 % der Haushalte besitzen demnach schon nahezu die Hälfte des gesamten Produktivvermögens.

»Die Produktionsmittel in der kapitalistischen Gesellschaft, die privaten Betriebe und das private Kapital, sind monopolisiert bei denen, die als Unternehmer, Beamte oder höhere Angestellte hohe Einkommen beziehen und große, sich kumulativ selbst vermehrende Vermögen bilden können; die breite Masse der Bevölkerung bleibt wegen der diskriminierenden Einkommensstruktur entweder ganz von der Vermögensbildung ausgeschlossen oder kann sich allenfalls durch passives Sparen an ihr in geringem Umfange beteiligen. Die direkte und ertragreichste Anlage in der produktiven Investition bleibt ihr jedoch verwehrt« [62].

Die materielle Situation prägt auch die Bedürfnisbefriedigung der Bevölkerung auf der individuellen Ebene (Konsumgruppen Nahrung, Kleidung, Wohnung, Investitionsgüter, Freizeit) und auf kollektiver (Arbeitsbedingungen, Gesundheitswesen, Bildung, Infrastruktur). Einkommen und Vermögen der finanzstarken sozialstatistischen Gruppen bewirken, daß deren Haushalte sich keinerlei Beschränkungen auferlegen müssen, während die untersten Schichten der Gesellschaft (Deklassierte, Obdachlose, unregelmäßig Arbeitende) in einer Situation ständiger Bedürfnisversagung zu leben gezwungen sind. In den Arbeiter- und Angestelltenhaushalten bedingte die steigende Reallohn-

Entwicklung eine Zunahme der Ausgaben für den privaten Verbrauch. Ein Vergleich der Konsumgüterausstattung in den Haushalten von Selbständigen, Beamten, Angestellten und Arbeitern zeigt dennoch eine deutliche Privilegierung rsp. Unterprivilegierung in der genannten Reihenfolge. Gleichermaßen gilt diese Aussage für einen Vergleich der Wohnsituation, der Bildungsmöglichkeiten, des Freizeitverhaltens, der infrastrukturellen Begünstigung und vor allem der Arbeitsbedingungen (Leistungsdruck, Unfallraten u. a.).

2.3.8. Die Entwicklung der Arbeitskämpfe

Nachdem der nationalsozialistische Staat die Arbeiterbewegung ausgeschaltet und deren autonome Aktionen unmöglich gemacht hatte, rekonstitutierte sich die Arbeiterschaft nach 1945 unter den vorgängig bezeichneten Schwierigkeiten. Die antikapitalistischen Impulse der Basis wurden aber bald von der Gewerkschaftsführung domestiziert. »Der zunehmend verschärfte Kalte Krieg ... trug zu einem politischen Bewußtsein bei, das alle soziale Veränderung als Angriff auf die Grundfesten des Systems erscheinen ließ, weil jede Unruhe in den Basisstrukturen als Vorteil für den kommunistischen ›Gegner‹ ausgegeben werden konnte. Die beginnende Remilitarisierung der Bundesrepublik verstärkte nur noch die Fronten, die mit den gegebenen politischen Herrschaftsverhältnissen in Übereinstimmung gesehen wurden« [63]. Die wirtschaftliche Prosperität, die auch den Lebensstandard der Arbeiter deutlich verbesserte, verstärkte die Zustimmung der Basis zum bestehenden System sukzessive. In der Folgezeit artikulierte sich die Arbeiterschaft in Verbindung mit ihrer Gewerkschaftsführung fast nur noch bei lohntariflichen Auseinandersetzungen; selbst so entscheidende Fragen für das gesamte sozio-politische System wie die Wiederaufrüstung, die Atombewaffnung und die Notstandsgesetze aktivierten die Arbeiterschaft kaum, nachdem sie die Gewerkschaftsbürokratie zum Stillhalten ermuntert hatte. Doch selbst »die Lohnkämpfe, die in den folgenden Jahren stattfanden, boten durchweg das Bild zögernder Gewerkschaftsführungen, die rasch zu Spitzenverhandlungen bereit waren« [64].
Erst die Rezession von 1966/67 provozierte die Arbeiterschaft wieder zur Selbstorganisation, die insbesondere in den Septemberstreiks von 1969 wirksam wurde. Enorm wachsende Profite der Großunternehmen durch steigende Arbeitsproduktivität bei fiktiv bleibenden Lohnerhöhungen und deutliche Abnahme des Arbeiteranteils am Nationaleinkommen untergruben »die Illusionen über das ›Wirtschaftswunder‹

und die Sozialpartnerschaft ..., weil die Tatsachen allzu offensichtlich mit den propagandistischen Leitbildern in Widerspruch gerieten. Die Notwendigkeit der kollektiven Aktion wurde für die Arbeiterklasse wieder zur unabdingbaren Notwendigkeit, wenn sie ihre erreichten Reallöhne nicht der Profitmaximierung der Konzerne opfern wollte« [65]. Die neue Disposition, sich für die Verbesserung seiner wirtschaftlichen Lage einzusetzen, artikulierte sich auch im Dezember 1971 in einer Umfrage des »Instituts für Demoskopie« von Allensbach: 28 % der Gesamtbevölkerung hielt den Klassenkampf für notwendig (1950: 21 %), 32 % für schädlich (1950: 45 %). Im einzelnen bejahten 36 % der Facharbeiter, 30 % der angelernten Arbeiter und 36 % der nichtleitenden Angestellten die Notwendigkeit des Klassenkampfs.
Solche Aussagen dürfen freilich nicht so aufgefaßt werden, als ob insbesondere die Arbeiter die bestehende Gesellschaft ablehnten. »Für viele Arbeiter hat die gesellschaftliche Aufspaltung bereits naturwüchsigen Charakter. Deswegen bewegen sich die von der gesellschaftlichen Entwicklung erwarteten Verbesserungen im Rahmen eines verminderten Anspruchsniveaus, das sich bereits dann Zufriedenheit schafft, wenn die systemimmanenten Verteilungsmargen nur eingehalten werden. Gerade in dieser Verhaltensweise, in der Übernahme der gängigen gesellschaftlichen Spielregeln, die gewiß nicht den Interessen der Arbeiter entsprechen, wird ein wesentliches Moment jener Anpassung sichtbar, die das politisch-gesellschaftliche Denken der Arbeiter kennzeichnet; eine Anpassung, die deutlich den Zug der *Assimilation* und nicht der *Integration* trägt.« [66] Auch die Streikbereitschaft innerhalb der »Spielregeln« des Systems sollte nicht überschätzt werden; sie ist in der BRD um mehr als 500 % schwächer als in England oder Frankreich und um durchschnittlich 1200 % schwächer als in Italien, wenn man von der Gesamtzahl der von Streiks und Aussperrungen betroffenen Arbeitstage ausgeht. Das ist nicht zuletzt der Reflex wirtschaftlicher Verhältnisse in der BRD, die sich im Vergleich mit den europäischen Nachbarstaaten auch dann noch als stabiler ausweisen, wenn man den starken konjunkturellen Abschwung (rückläufige Wachstumsraten; mehr Arbeitslose; sinkende Auftragsbestände; abnehmendes Bruttosozialprodukt u. a.) seit 1974 berücksichtigt.
Mit dem Brüchig-Werden des »Wirtschaftswunders« hat sich die Toleranzspanne des Systems gegen Kritik und oppositionelle Abweichung verringert, was sich seit 1972/73 insbesondere in Konflikten im Ausbildungssektor verdeutlichte. Die Bedeutung der Loyalität, deren Vermittlung an die lernenden Individuen dem Ausbildungsbereich vom System als Funktion zugewiesen ist, dokumentiert sich negativ in der

gegenreformerischen Tendenz der Herrschenden, das kritische Bewußtsein und dessen allmähliche Institutionalisierung in Lehrinhalten, Curricula, Schul- und Studienreformen u. a. und in der zunehmenden Organisierung der linken Intelligenz zurückzudämmen. Dieser Versuch findet seinen Ausdruck auf den verschiedensten Ebenen der offiziellen Absage an Reformen, der Regierungsneubildungen mit dem ausdrücklichen Verzicht auf Minister, die Reformen getragen haben, der Liquidation von bereits reformierten Teilbereichen etwa in den Universitäten, der Berufsverbote und des »Radikalenerlasses«, der zunehmenden Diskriminierung von Demokraten, Reformern, Sozialisten und Kommunisten, u. a.

Diese gegenreformerischen Bestrebungen der Herrschenden betreffen verändernde Tendenzen, die das System z. T. sogar schon unter dem Druck reformwilliger Kräfte legitimieren mußte, und verändernde Individuen, die den gesellschaftlichen Verhältnissen der Bundesrepublik Deutschland kritisch gegenübertreten. Diese Kritik an sozialer Ungleichheit, den Produktionsverhältnissen, der Formalisierung demokratischer Postulate und Gesetze, der Meinungsmanipulation einflußreicher Gruppierungen und der Mißstände im Ausbildungssektor – um nur einige Beispiele zu nennen –, die Studenten, Lehrer, Sozialpädagogen u. a. äußern, attackiert in der Optik der Herrschenden das Loyalitätspotential der Bevölkerung und vor allem ihres heranwachsenden Teils. Damit besteht die politische Gefahr, daß die Zustimmung zur bestehenden Gesellschaftsordnung schwächer werden könnte. Ruhe, Sicherheit und Stabilität scheinen nicht mehr so offenkundig garantiert zu sein. Diese Befürchtung ist doppelt motiviert: Zum einen sind die kritischen Kräfte angewachsen und haben sich z. T. in oppositionellen Bewegungen organisiert; zum anderen zeigen sich wachsende sozioökonomische Schwierigkeiten auf der Basis der bestehenden systemimmanenten Widersprüche. Angesichts dieser doppelten, wenn auch gegenwärtig in ihrer verändernden Relevanz nicht zu überschätzenden Herausforderung sehen sich die Herrschenden gezwungen, vergleichsweise drastisch (»Radikalenerlaß«) gegen die Gefährdung der Massenloyalität zu reagieren.

2.4. Die gesellschaftliche Grundstruktur der BRD – Begriffe der Entwicklungen

Nicht wenige der vorgängig verwendeten Begriffe – insbesondere jene aus den herkömmlichen Sozialstatistiken – bleiben an der Oberfläche der Gesellschaft und verdecken deren Grundstruktur. Termini wie Lohn, Einkommen, Gewinn, Profit, Preis, Vermögen u. a., die sich allesamt in einer so objektiven und sachlichen Größe wie Geld ausdrücken lassen, vermitteln den Eindruck von sozialen Bedingungen, unter denen sich die Individuen, prinzipiell gleichgestellt (siehe: Grundgesetz der BRD), auf Grund ihrer individuellen Verschiedenheiten mit Leistung, Mut und Intelligenz mehr oder weniger erfolgreich durchsetzen können. Daß dabei alles mit rechten Dingen zugehe, regelt der über den Bürgern stehende Staat.

2.4.1. Die Dynamik der Profitabilität

Unser historischer Abriß hat die Scheinbarkeit solcher Darstellung gezeigt: Die »Stunde Null« der Bundesrepublik hat jenen Menschen, die damals Produktionsmittel (Fabriken, Industrieanlagen u. a.) ihr eigen nannten und/oder Waren gehortet hatten, einen essentiellen Vorsprung über jene geliefert, die neben den DM 40,– der Währungsreform nur ihre Fähigkeit zu arbeiten (Arbeitskraft) besaßen. So gerieten die letzteren in die Abhängigkeit der ersteren – nicht, weil sie dümmer oder weniger fleißig gewesen wären, sondern weil sie, um leben zu können, für jene arbeiten mußten, die sie für sich arbeiten lassen konnten, weil sie damals Fabrikherren, Geschäftsbesitzer, Großbauern u. a. gewesen sind. Neben den Lebensmitteln für sich selber erwirtschafteten diese Lohnabhängigen jenes Mehrprodukt, das den Eigentümern an Produktionsmitteln das persönliche Einkommen und das Kapital reproduzierend sicherte. Daß dergestalt eine Minderheit sich die wertbildende Arbeit der Massen aneignet und in ihrer stofflichen Form weiterverwertet, beruht auf rechtlich fixierten und staatlich garantierten Bedingungen in dieser Gesellschaft, die als normal akzeptiert, daß die Mehrheit der Menschen von ihren Produktionsmitteln und Produkten getrennt und daß die Herrschaft des Kapitals über die Arbeit legal erscheint.

Demnach ist der Prozeß von Arbeit und Kapitalbildung nicht bloß die Entwicklung und Herstellung von Gütern (Waren), sondern vor allem die Produktion und Reproduktion des besonderen gesellschaftlichen Verhältnisses von dominierendem Kapital und dominierter

Arbeit. Aus diesem ungleichen Kräfteverhältnis ergibt sich die Vorherrschaft des Verwertungs- über den Arbeitsprozeß. Die Produktion gestaltet sich durch das Prinzip der Profitmaximierung und nicht an den Bedürfnissen der Arbeitenden. Dabei wäre die Gesellschaft heute durchaus in der Lage, ihre enormen Potenzen in den Dienst der Vermenschlichung von Arbeitsprozessen zu stellen. Doch »restriktive Arbeitssituationen« werden weiterhin aufrechterhalten, »solange sich die Maßnahmen, die diese Arbeitsfolgen auslösen, durch das Prinzip der ökonomischen Rationalität legitimieren lassen, und sie (die Unternehmer, d. V.) realisieren Maßnahmen zur Humanisierung der Arbeit nur insoweit, als es ihrem Profitinteresse nicht abträglich erscheint ... Die fortdauernde Inhumanität der Industriearbeit ist insofern keine produktionstechnische Notwendigkeit, sondern Resultat und Ausdruck einer gesellschaftlichen Verfassung« [67]. Die Dominanz des Profitabilitätsprinzips betrifft freilich im expandierenden Kapitalismus nicht nur den Arbeitssektor, sondern die ganze Gesellschaft. So haben die kollektiven Bedürfnisse der Bildung, Gesundheit und der gesamten Infrastruktur hinter den Investitionsinteressen der Großwirtschaft zurückzustehen.

Solches zeigt an, wie sehr das ökonomische System die gesamtgesellschaftliche Entwicklung determiniert. Tatsächlich ist es das Prinzip des Kapitalismus, sich ständig zu erweitern und seine Dynamik auf die ganze Gesellschaft auszudehnen. Um sein gewaltiges Wachstum in der BRD zu realisieren, konnte das Kapital nach 1945 zunächst auf das große Arbeitskräftereservoir und die unausgeschöpften Produktionskapazitäten zurückgreifen und durch den Einsatz von Wissenschaft und Technologie die Produktivität erhöhen. Diese Veränderung der Produktionsweise (Mechanisierung, Automatisierung) blieb nicht ohne Auswirkungen auf die Arbeitenden selbst; sie verbesserte gewisse Tätigkeitsbereiche (stoffumwandelnde Arbeit) und verschlechterte andere (Montagearbeit). Überdies zwang sie nach Angaben des BIT bis 1970 rund 7 Millionen Arbeiter und Angestellte, ihren Arbeitsplatz zu wechseln. Andererseits bedingte das enorme wirtschaftliche Wachstum in der BRD eine allgemeine Erhöhung des Lebensstandards.

Die Expansion des Kapitals führte dabei insbesondere in den »Wachstumssektoren« der Chemie, Mineralölverarbeitung, Elektrotechnik, Automobil- und Kunststoffindustrie zur wachsenden Konzentration von Beschäftigten, Produktivität und Kapital. Derart entstanden riesige Unternehmenseinheiten, deren Stabilität rsp. Instabilität die gesamte Volkswirtschaft touchiert. Gegenüber der sich weiterhin selbst regulierenden Konkurrenzwirtschaft überschaubarer Unternehmen benötigt die hochkonzentrierte Wirtschaft (Monopole) zu ihrer Sicherung die Steuerung ihrer Investitions- und Verwaltungspolitik, die der Staat in zunehmendem Maße zugunsten der Großunternehmer gewährleisten muß und die in den Versuch mündet, das gesamtwirtschaftliche Wachstum global zu sichern. Die Expansion der hochkonzentrierten Wirtschaft wird damit vom Staat »sachzwangartig« mit dem ökonomischen Gemeinwohl verknüpft, d. h., daß die Monopole die politischen Prioritäten setzen und sogar »– wie etwa im Bereich der Wissenschafts- und Technologiepolitik ... – spezifische *Teile* des Staatsapparates faktisch fest okkupiert haben« [68]. Dergestalt wird aber nicht nur der Staatsapparat für die hochkonzentrierten Unternehmen vermehrt verfügbar, sondern die Monopole zwingen auch die gesamtgesellschaftliche Entwicklung immer mehr in ihr ökonomisches Autoritätssystem. Einer der ausdrücklichsten Indikatoren für diesen Prozeß ist die zunehmende soziale Polarisierung, die aus immer mehr selbständigen Existenzen Lohnabhängige werden läßt, was insbesondere für die Sektoren des kleinbetrieblichen Handels, der Landwirtschaft und der Handwerker gilt. Zwischen 1950 und 1970 verringerte sich dann auch die Zahl der Selbständigen und mithelfender Angehöriger um mehr als 2 Millionen, während die Zahl der Lohnabhängigen um 6,5 Millionen zunahm. Bemerkenswert in diesem Zusammenhang ist auch jene Entwicklung, die die Klein- und Mittelunternehmer nur noch als spezialisierte Zuliefererbetriebe der Monopole am Leben läßt.

2.4.2. Zur Vielfältigkeit sozialer Positionen

Der Antagonismus von Lohnarbeit und Kapital verdeutlicht sich also immer mehr. Entgegen mancher Theorie impliziert solches jedoch nicht die automatische Vereinheitlichung der Arbeits- und Lebensbedingungen und auch nicht die Verschärfung sozialer Auseinandersetzung. Die gesellschaftliche Position der Individuen ergibt sich – in der sozialen Wirklichkeit einmal konkret besehen – für die Schaffenden nicht direkt aus den antagonistischen Produktions- und Distributionsverhältnissen, sondern wird durch Stellung und Funktion im betreffenden Arbeitsprozeß vermittelt. In unsrer komplex arbeitsteiligen Gesellschaft zeigt sich dieser Arbeitsprozeß in seiner Differenzierung, Funktionalisierung und Hierarchisierung so variantenreich, daß ein breites horizontales und vertikales Spektrum von Berufen und Berufspositionen entsteht. Neben dem deutlichen Antagonismus von Kapitalisten und Arbeitern erscheinen jene abgeleiteten sozialen Verhältnisse, in denen sich – wie etwa im Berufsstand der Beamten – Kapital und Lohnarbeit nur indirekt begegnen. Außerhalb des bezeichneten Antagonismus befinden sich beispielsweise auch die freiberuflichen Tätigkeiten (Künstler, Notare, Journalisten u. a.). Doch selbst das unmittelbare Produktionsverhältnis von Kapitalist und Arbeiter spaltet sich in vielfältigen Funktions- und Hierarchiebereichen auf. Dabei erscheint sowohl das Kapital wie die Lohnarbeit fraktionell differenziert. Insbesondere in den Großunternehmen ist das einfache Verhältnis der beiden sozialen Pole durch verschiedenartige Aufgaben der Planung, Leitung und Kontrolle, die die einzelnen Tätigen mehr oder minder in die Nähe des Kapitals rücken, kompliziert worden. Prinzipiell gleiche Positionen wie all jene ohne Eigentum an Produktionsmitteln können sich also konkret gesellschaftlich in der Höhe des Lohns, im sozialen Status, in Wertorientierungen und Gesellschaftsbildern u. a. durchaus different zeigen.

Die Entwicklung der Produktivkräfte und die dadurch bedingte Arbeitsteilung erklären diese Differenzierung in der Berufs- und Sozialstruktur. Primär bedeutsam für Konstitution und Reproduktion des Kapitals sind dabei zunächst jene manuell Tätigen, die produktive Arbeit leisten, d. h. deren Arbeitsprodukte sich in Waren umsetzen lassen. Mit der wachsenden Produktivität der Arbeit zeigen sich indessen wichtige Änderungen in der Berufs- und Sozialstruktur. Der Einsatz hochentwickelter Produktionsmaschinen, insbesondere die Automatisierung von Herstellungsvorgängen, führt zur Reduktion der produktiv Arbeitenden und zur Konzentration der unternehmerisch Tätigen. Gleichzeitig wächst die Bedeutung der technischen Intelligenz, die Invention und Konstruktion der produktionsfördernden Maschinen leitet. Die mit dieser Entwicklung verbundene Zunahme der Warenproduktion benötigt Menschen, die für Zirkulation und Distribution der Produkte sorgen; also vermehren sich die Angestellten in den Sektoren des Handels, des Verkehrs, des Geldwesens, der Wartung, des Marketing u. a. Andererseits vermindert der Konzentrationsprozeß die Bedeutung mittelständischer Berufskreise in Handwerk, Landwirtschaft und Handel. Die zunehmende Wichtigkeit der globalen Regulierung für die monopolistische Industrie fördert schließlich die Staatsaktivitäten in Planung, Administration, Ausbildung, Verkehr u. a.

Diese allgemeine Entwicklung der Sektoren und Berufe muß indessen noch in sich unterschieden werden. Der Konzentrationsprozeß hat zur Differenzierung der Einzelkapitale geführt. Da die besonders hohen Profite der Großunternehmen die Profitraten der mittleren und kleinen Unternehmen schmälern, haben sich partielle Gegensätze zwischen dem Monopolkapital (Großbankiers, Großunternehmer, Großaktio-

näre) und der Fraktion der mittleren und kleineren Kapitalherren herausgebildet. Die Trennung von Kapitaleigentum und Kapitalfunktion hat überdies eine Gruppierung von Spitzenangestellten (Management) geschaffen, deren jeweilige Stellung von der Streuung der Aktienbesitzer (Minderheits- oder Mehrheitsbesitz) abhängt.
An der Basis bewirkt die industrielle Produktivitätssteigerung eine Differenzierung der Arbeitstypen. *Kern* und *Schumann* unterscheiden zwischen der handwerklichen Arbeit am Produkt, den repetitiven Teilarbeiten (Bandarbeit, Maschinenbedienung), den Steuer- und Führungsarbeiten (Maschinen- und Anlagenführung), der Automatenkontrolle, den qualifizierten Automationsarbeiten und die Meßwartentätigkeit. Diese Arbeitstypen differieren im Grade des Dispositionsraumes, der Qualifikation, der Belastung und der Verantwortung für den Schaffenden. Neben dieser »qualifikatorischen« Unterscheidung industrieller Arbeit ist jene andere zu nennen, derzufolge bestimmbare Gruppierungen von Schaffenden Kapitalfunktionen in der Hierarchie des Arbeitsprozesses (Meister, Vorarbeiter, Kontrolleure u. a.) übernehmen. Schließlich gliedert sich die Arbeiterschaft in industriell und nicht-industriell Tätige; letztere arbeiten im Staatssektor, im Baugewerbe, im Handwerk u. a.
Da die wachsende Produktivität nicht zuletzt auf der Integration wissenschaftlicher Erkenntnisse in die materielle Produktion beruht, hat die Bedeutung der Intelligenz quantitativ und qualitativ zugenommen. Die Arbeitsleistung der technisch-naturwissenschaftlichen Intelligenz ist dabei zum Faktor geworden, von dem die Höherentwicklung der Produktion abhängt. Indirekt, d. h. in ihrer reproduktiven Sphäre, bedingt die zunehmende Produktivität freilich auch die ansteigende Wichtigkeit der anderen Intelligenzgruppen (Lehrer, Ärzte u. a.), die für Qualifikation und Reproduktion der Arbeitskraft zu sorgen haben. Bedeutet geistige Arbeit in fast allen Gruppierungen der Intelligenz auch mittlerweile Lohnarbeit, so müssen innerhalb letzterer doch verschiedene Ausprägungen produktiver und reproduktiver Form wie auch ideologischer Funktionen, gesellschaftlicher Interessen und der Nähe zu den Grundklassen unterschieden werden.
Mit der bezeichneten Erweiterung der Staatstätigkeit hat sich der Berufskreis der Beamten wesentlich vergrößert. Wenn auch mit der Loyalitätsverpflichtung gegenüber dem Staat den Beamten eine strukturierende Gemeinsamkeit gesetzt wurde, erscheint die Beamtenschaft trotzdem als eine sozialheterogene Gruppierung in der stark arbeitsteiligten Bürokratie. Die differente Nähe zu den Grundklassen und die Hierarchisierung des Staatsapparates lassen auch in diesem Berufskreis

eine Vielfalt von Interessen und Funktionen feststellen und bedingen gleichzeitig sozial wirksame Unterschiede gegenüber anderen Lohnabhängigen im gesellschaftlichen Arbeitsprozeß (z. B. Arbeitsplatzsicherheit).

Schließlich haben sich mit der Steigerung der Produktivität und der damit verbundenen Notwendigkeit wachsender Verwaltung, Kontrolle, Werbung u. a. und wachsenden Geldverkehrs, Transports und Handels die Berufsgruppen der Angestellten vergrößert. Schon die konventionelle Gliederung nach Leistungsgruppen I (Management), II und III (Spezialisten) IV und V (einfache Arbeiten/Tätigkeit) dokumentiert bedeutende Unterschiede in der Angestelltenschaft. Die unteren Leistungsgruppen haben sich in Abhängigkeit, Qualifikation, Belastung und Arbeitsgestaltung (Großbüros; Rationalisierung) unzweifelhaft den objektiven Bedingungen der Arbeiterschaft angenähert, ohne daß man daraus indessen eine Koalitionstendenz von Angestellten und Arbeitern ableiten könnte. Nach wie vor gibt es ein »Angestelltenbewußtsein«, das, ob nun berechtigt oder nicht, auf einem anderen Berufs- und Karrierebild beruht als das des Arbeiters.

Opfer der Polarisierung von Kapital und Lohnarbeit wurden insbesondere die traditionellen Berufskreise des Mittelstands. So reduzierten sich beispielsweise von 1960 bis 1968 die Handwerksbetriebe um 74 000; in der gleichen Zeitspanne gaben ca. 30 000 Einzelhandelsbetriebe auf. Auch hier wäre der Schluß indessen falsch, daß die zunehmende Ruinierung des traditionellen Mittelstands durch das Kapital ein Interessenbündnis von Handwerkern, Kleinbauern u. a. mit den lohnabhängigen Angestellten und Arbeitern gebracht hätte. Der Bewußtseinsstand der traditionellen Berufskreise hat hier offen sogar zu einer verschärften Abgrenzung geführt. Da auf manueller Ebene (Bauern, Handwerker) wie auf intellektueller (Ärzte, Advokaten mit eigener Praxis) die soziale Ambivalenz dieser gleichzeitig arbeitenden und Produktionsmittel besitzenden Berufskreise spezifisch groß ist, zeigt sich auch das Spektrum der hierarchischen Abstufungen, der verschiedenen Gesellschaftsbilder u. a. besonders farbig. Nicht außer acht zu lassen ist z. B. die starke Hoffnung vieler Mittelstandsangehöriger, den Sprung in die Gruppierung der Kapitalisten noch zu schaffen. Andererseits muß über solche Besitzformen wie Kleinaktien, Grundstücke und Häuser die Interessenverquickung von traditionellem Mittelstand und manchen Angestellten- und Arbeiterhaushalten erwähnt werden.

Das alles sind Bemerkungen, die weder den Anspruch erheben, vollständig, noch sehr systematisch zu sein. Sie erfüllen trotzdem unseren

Zweck, deutlich aufzuzeigen, daß Menschen und soziale Gruppierungen in dieser Gesellschaft eine enorme Bandbreite objektiver materieller Verortungen und noch mehr subjektiver Orientierungen aufweisen. Gedacht ist damit vor allem an jene Richtungen von Sozialisationstheorie, die etwa die Individuen und deren gesellschaftliche Erziehung als bloße Manifestation ökonomischer Kategorien betrachten, die die gesamte Gesellschaft global in Unter- und Mittelschicht zu trennen wagen, die stereotyp von den Arbeitern, den Angestellten u. a. zu schreiben pflegen.

2.4.3. Zur allgemeinen Differenzierung der Gesellschaftsstruktur

Wir haben versucht, anhand wichtiger Indikatoren die sozio-ökonomische Entwicklung der BRD darzulegen, deren bewirkende Kräfte zu skizzieren und daraus einige Folgen für die großen Berufskreise anzuzeigen. Aus den bisherigen Befunden soll nun auf die soziale Verortung der Individuen und Gruppierungen geschlossen werden. Als Begriffe, die dabei die »stigmatisierenden« Konsequenzen der sozio-ökonomischen Verhältnisse für die Menschen bezeichnen, wählen wir »Klasse« und »Schicht«. *Klasse* bedeutet für uns das Ensemble von Menschen in einer spezifischen Gesellschaft, das aufgrund des Besitzes oder der direkten Verteidigung ökonomischer Macht herrscht oder aufgrund ökonomischer Machtlosigkeit beherrscht wird. Realer Ausdruck dieser Definition sind die Personifizierungen von Kapital auf der einen und lohnabhängiger Arbeit auf der anderen Seite. Dieses unmittelbare Klassenverhältnis wird aber aufgrund der in den bestehenden Produktionsverhältnissen vorgegebenen Arbeitsteilung und deren Verstärkung durch die Delegierung von Herrschaftsfunktionen durch die je Mächtigen in sich hierarchisch gegliedert. Erscheinen diese Abstufungen im sozialen Aufbau der Gesellschaft in einer spezifischen Präsenz, die sich durch Indikatoren wie Vermögen, Funktion (Aufsicht, Befugnisse), Qualifikation (Ausbildung, Bildung), Arbeitsplatzsituation und Einkommen (Lohn, Lebensniveau) vermittelt, sprechen wir von *Schichten.* Schichten fraktionieren also durch bestimmbare Gemeinsamkeiten die Klassen innerhalb deren grundsätzlicher Merkmalsstruktur und Grenzen.

Entscheidendes Kriterium dieser Merkmalsstruktur von Klasse, das auch gleichzeitig ihre charakterisierenden Grenzen setzt, ist die Verfügungsmöglichkeit über die systemprägenden Produktionsmittel einer spezifischen Gesellschaft. Die Qualität der Verfügungswirklichkeit (exklusiver Besitz; beschränkter Besitz; delegierte Verfügungsdisposi-

tion; offensive Verteidigungsbereitschaft u. a.) bestimmt dabei den Grad von Macht. Besehen wir solches näher, so müssen wir generell jenen Individuen, die die für eine Gesellschaft strukturierenden Systementscheidungen treffen, das Maximum an Macht zumessen. An qualitativ erster Stelle wären hier jene Großbankiers, Großunternehmer und Großaktionäre zu nennen, die exklusiv oder in Form von Mehrheitsbeteiligungen über die wichtigsten Produktionsmittel verfügen. Aufgrund ihrer ökonomischen Privilegien können diese Personen Machtbefugnisse in Form von Kapitalfunktionen (z. B. Management) verteilen und Machtinteressen in Form von Systemfunktionen (z. B. wirtschaftliches Wachstum; Stabilität) gegenüber dem Staatsapparat so vertreten, daß dieser seine Herrschaft mit der Macht des Kapitals stimmig koordinieren muß und dabei eine Position offensiver Verteidigungsbereitschaft für das Kapital bezieht. In bezug auf die Kapitalfunktion bildet sich eine Machtkette, die vom Management über die Direktion bis zu den Aufsehern und Vorarbeitern der Arbeiterklasse selber reicht. Wir unterscheiden in dieser »Kette« indessen zwischen wesentlicher Macht, die eine Verfügungsdisposition über die Produktionsmittel gewährleistet (z. B. für das Management), und akzidentieller Macht, die den Kontrolldruck nach unten verstärkt, ohne prägenden Einfluß im Arbeitsprozeß zu haben. Auch derart akzidentielle Macht bleibt allerdings im Aneignungsprozeß nicht folgenlos, in welchem die Stellung/Funktion des Schaffenden im arbeitsteiligen Produktionsprozeß der Gesellschaft materiell vergolten wird. Innerhalb der Arbeitsteilung der Betriebe werden dabei Kapitalfunktionen nach der Qualität ihrer Wirksamkeit honoriert, was nicht nur die verfügende Klasse gliedert, sondern auch Angestellte und Arbeiter gegen- und ineinander (Einkommen / Sparfähigkeit / Vermögen / Status).
Diesem Beschriebenen und Definierten liegt freilich die stete Bewegung der Gesellschaft zugrunde. Klassen und – noch mehr – Schichten verändern sich mit der Entwicklung der Produktionsweise, der Arbeitsteilung und mit dem Engagement der Menschen in den sozialen Auseinandersetzungen. Solch objektive und subjektive Triebkräfte der gesellschaftlichen Entwicklung lassen Klassen und Schichten keine statischen Größen sein.

2.4.4. Die soziale Verortung der Individuen in der BRD [69]

Entsprechend unserer allgemeinen Differenzierung der Gesellschaftsstruktur stellt sich die vergleichsweise konkrete soziale Verortung in der BRD folgendermaßen dar (vgl. Abb. 11): Ein Teil der Bevölkerung, der etwa 800 000 Personen umfaßt, ist aus der produzierenden Gesellschaft herausgefallen und lebt als sozial Verachtete und Deklassierte randständig. Zur großen Grundklasse der lohnabhängigen Bevölkerung zählen etwa 19 Millionen der erwerbstätigen Bevölkerung (Arbeiter, Angestellte, Beamte); sie differieren schichtmäßig aufgrund der angegebenen Kriterien (Qualifikation; Funktion u. a.) und der sich daraus ergebenden Position im gesellschaftlichen Aneignungsprozeß.

Abb. 11: Sozialpyramide: Die Verortung der Erwerbstätigen

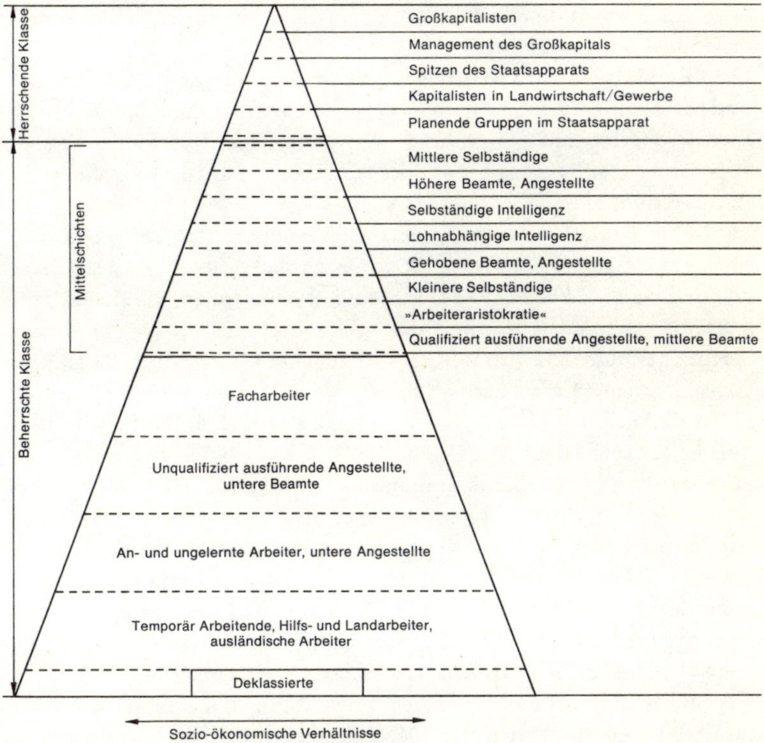

Als Mittelschichten abgehoben zählen wir zu dieser Grundklasse schlußendlich auch die Intelligenz sowie die selbständig agrarisch und gewerblich Tätigen, da sie nicht über die für die Macht- und Herrschaftsverhältnisse unserer Gesellschaft konstituierenden Produktionsmittel verfügen. Insgesamt macht der numerische Anteil dieser »Mittelschichten« an der erwerbstätigen Bevölkerung etwa 8 Millionen aus.

Beide Großgruppierungen der beherrschten Grundklasse gliedern sich in temporär Arbeitende, das Gros der ausländischen Arbeiter, Hilfs- und Landarbeiter; an- und ungelernte Arbeiter und Angestellte; unqualifiziert ausführende Angestellte und untere Beamte; Facharbeiter. In den Mittelschichten unterscheiden wir hierarchisch: qualifiziert ausführende Angestellte und Beamte; »Arbeiteraristokratie« (Arbeiterspezialisten mit Beaufsichtigungsfunktion; kontrollierende Angestellte und Beamte); kleinere Selbständige in Landwirtschaft und gewerblicher Wirtschaft; gehobene Beamte und Angestellte der Leistungsklasse II; lohnabhängige Intelligenz; selbständige Intelligenz; höhere Beamte und höhere (leitende) Angestellte; mittlere Selbständige in Handel und Industrie.

Die Grundklasse der Herrschenden zählt rund 700 000 Personen und umfaßt die planenden Gruppen im Staatsapparat; die Kapitalisten in Landwirtschaft und gewerblicher Wirtschaft; die Spitzen des Staatsapparates; das Management des Großkapitals; das Großkapital (Großaktionäre und Großbankiers).

Für diese Bemerkungen zur sozialen Verortung der erwerbstätigen Menschen in der Bundesrepublik wie noch mehr für deren graphische Darstellung (s. Abb. 11, S. 91) gilt einmal mehr unsere »Gebrauchsanweisung« zu diesem Kapitel, derzufolge die hier vorgelegten Interpretationen nur sehr vorläufigen und annäherungswertigen Charakter haben können. Sie erfüllen indessen – mit unserer prophylaktischen Einschränkung versehen – den Zweck, das simpel dichotomische Bild von Unterschicht und Mittelschicht in den Sozialisationstheorien aufzuheben. Um dieses ebenso unbrauchbare wie unrichtige Gesellschaftsmodell der Sozialisationsforschung noch deutlicher zu bestreiten, gehen wir im folgenden noch auf einige für unser Thema wichtige Befunde aus den IMSF-Materialien ein, die die bislang materialreichste und zuverlässigste Studie zur Sozialstruktur der BRD darstellen. Numerisch genauer betrachtet [70] bietet sich in diesen Materialien die soziale Verortung der Bevölkerung wie folgt dar (Abb. 12, S. 93).

Gegenüber unserem grobmaschigen Schema sind einige differenzierende und relativierende Daten der IMSF-Studie wichtig. Bedeutsam ist so die Erkenntnis, daß ein zunehmender Teil der Arbeiter »im unmittelbaren Macht- und Gewaltapparat angewendet wird. Diese Gruppen befinden sich in einer der Arbeiterklasse vergleichbaren Situation, sie fallen jedoch infolge ihrer Funktionen, die sie gegen die Arbeiterklasse stellen, aus der Arbeiterklasse heraus« (S. 618). Innerhalb der Lohnabhängigen-Klasse nimmt die Arbeiterschaft ab; bemerkenswert ist die Umschichtung von 2,5 Millionen Arbeitern in Angestelltentätigkeiten bis zu Beginn der 70er Jahre. »Diese Strukturverlagerungen sind für die Formierungsbedingungen der Arbeiterklasse in der BRD und Westberlin von großer Tragweite. Sie beruhen sowohl auf Veränderungen innerhalb der Sphäre der materiellen Produktion als auch auf einer relativ schnelleren Ausweitung jener Wirtschaftsabteilungen, wie Handel-, Kredit- und Versicherungsgewerbe, Dienstleistungen ... Der Anteil der Arbeiter ist von 1950 = 78 % auf 1970 = 63 % zurückgegangen. Daran zeigt sich auch ein Rückgang des traditionellen Typs manueller Arbeitsverausgabung in der Arbeiterklasse« (S. 620). Eine Abnahme tritt allenfalls bei den ungelernten Arbeitern ein. »In absoluten Zahlen ist diese Gruppe allerdings 1970 noch dreimal größer

Abb. 12: Erwerbs-, Nichterwerbsbevölkerung und Bevölkerung insgesamt der Arbeiter- und Kapitalistenklasse sowie der Mittelschichten insgesamt 1950, 1961 und 1970 in der BRD und Westberlin

Klasse / soziale Schicht		Erwerbspersonen		Nichterwerbspersonen		Bevölkerung insgesamt	
		1000	%	1000	%	1000	%
		1	2	3	4	5	6
Arbeiterklasse [a]	1950	15.345	65,3	18.368	67,2	33.713	66,3
	1961	19.015	70,7	20.094	68,6	39.109	69,6
	1970	20.410	75,6	23.750	70,6	44.160	72,8
Mittelschichten [b]	1950	7.386	31,4	7.598	27,8	14.984	29,5
	1961	7.163	26,7	7.885	26,9	15.048	26,8
	1970	6.022	22,3	8.556	25,4	14.578	24,0
Kapitalistenklasse	1950	758	3,2	1.354	5,0	2.112	4,2
	1961	698	2,6	1.330	4,5	2.028	3,6
	1970	579	2,1	1.334	4,0	1.913	3,2
	1950	23.489	100	27.320	100	50.809	100
Zusammen	1961	26.876	100	29.309	100	56.185	100
	1970	27.011	100	33.640	100	60.651	100

a Einschl. Arbeiterklassengruppen im Repressionsapparat
b Einschl. Intelligenz

als die Arbeiterklassengruppe der technischen Angestellten« (S. 622 f.). Die Gliederung der Arbeiterklasse nach sozialökonomischen Sektoren ergibt, daß die Arbeitenden in der Landwirtschaft, in den Privathaushalten und in der Heimarbeit nur noch von sehr geringer Bedeutung sind, während die für die gewerblichen Mittelschichten Arbeitenden

1970 immerhin noch 11 % der Lohnabhängigen ausmachen: »Es handelt sich um Lehrlinge, Gesellen, Arbeiter, Verkaufspersonal, Köche, Kellner usw. in kleinen Handwerks-, Handels-, Dienstleistungs-, Bau-, Verkehrsbetrieben. Diese Gruppe der Arbeiterklasse ist stark zersplittert; die Ausbeutung ist noch patriarchalisch verbrämt; vielfach handelt es sich um Verwandte und Familienmitglieder der Betriebsinhaber, die im Lohnverhältnis beschäftigt werden. Die bezeichneten Lehrlinge, Köche etc. stehen unter dem sozialen Einfluß der selbständigen Mittelschichten. Schon die gewerkschaftliche Organisierung stößt hier auf beträchtliche Schwierigkeiten« (S. 624).

Jeder fünfte Angehörige der Arbeiterklasse ist heute im Staatsbereich tätig; 65 % der Arbeiter sind im privatkapitalistischen Sektor beschäftigt, davon allein 25 % in den Großunternehmen. »Von zunehmender Bedeutung innerhalb der Arbeiterklasse der BRD sind die ausländischen Arbeiter und Angestellten. Schon 1970 betrug ihr Anteil ... 9,2 % ... Die ausländischen Arbeiter und Angestellten sind eine in ihrem Rechtsstatus und ihren Arbeits- und Lebensbedingungen besonders diskriminierte Gruppe. Das staatsmonopolistische System hat sie in eine Gettosituation gedrängt und sie zum Spielball arbeitsmarkt- und sozialpolitischer Manipulationen gemacht« (S. 627). Gruppierungen von ca. 0,25 Mio Arbeitern, 1,45 Mio Angestellten und 0,1 Mio Beamten bilden »obere Randgruppen der Arbeiterklasse, die unter verschiedenen Merkmalen (Einkommen, Aufsichtsfunkionen u. a.) aus der Arbeiterklasse herauswachsen und unter den heutigen Bedingungen in der Arbeiterklasse eine ähnliche Rolle spielen, wie früher die Arbeiteraristokratie ... Sie sind die sozialen Verbindungsgruppen vor allem zu den lohnabhängigen Mittelschichten ... Individuelle Aufstiegsillusionen sind hier stark ausgeprägt« (S. 628). Bemerkenswert erscheint, daß in der zweiten Hälfte der 60er Jahre etwa 75 000 Arbeiter selbständig wurden; vielfach erbten sie Kleinbetriebe.

Eine noch entscheidendere Rolle als Arbeitgeber spielt der Staat für die Beschäftigung der zunehmenden mittelschichtigen Intelligenz, insbesondere im Bildungs- und Erziehungswesen. Vermindert hat sich zwischen 1950 und 1970 die Bedeutung der selbständigen Intelligenz; gleichgeblieben ist der Umfang der lohnabhängigen Mittelschichten: »In die Qualifikation der lohnabhängigen Mittelschichten gehen in höherem Maße die sogenannten Sozialqualifikationen ein, also die spezifischen Einstellungen und Verhaltensnormen, die das Kapital und der Staat von seinen ausführenden Leitungs- und Aufsichtskräften verlangt. Diese ›Qualifikations‹-Komponente – Firmenverbundenheit und positive Einstellung und Haltung zum kapitalistischen System muß berücksichtigt werden« (S. 635). Stark abgenommen haben die selbständigen Mittelschichten in der BRD, die aber trotz »massenhaften Ruins« soziale und ideologische Positionen vertreten, die ihrer objektiven Lage entgegengesetzt sind. Ähnliches gilt für die Beschäftigten »im unmittelbaren Macht- und Gewaltapparat« (S. 647) der BRD.

In der verfügenden Klasse, die vor allem aufgrund des starken Rückgangs der Eigentümerkapitalisten in der Landwirtschaft absolut sich auf 2,1 % der erwerbstätigen Bevölkerung verringerte, wuchs der Anteil der Manager und der Spitzenbeamten. Der »Machtkern« umfaßt ca. 6000 Personen aus Großwirtschaft und Staatsapparat; in ersterem unterscheiden die Autoren des IMSF noch eine »staatsmonopolitische Oligarchie« (S. 656).

Diese Daten über Unterschiede und Funktionsdifferenzen innerhalb von Berufsgruppierungen ergänzen unseren Bedingungszusammenhang von Gesellschaft und Sozialisation und dokumentieren darüber hinaus einmal mehr unsere Aussagen über Vielfältigkeit und Komplexität eben dieses Bedingungszusammenhanges. Für die Ab- und Erklärung von Sozialisationsprozessen reicht es indessen nicht aus, die soziale Verortung der Individuen und die ihr von uns zugrunde gelegten Kriterien zu kennen. Es bedarf der präziseren Beschreibung der Verhältnisse, in denen die Individuen leben und arbeiten. Neben diesen und den bisher vorgelegten objektiven Daten müssen wir uns auch endlich um die so wichtige subjektive Seite des gesellschaftlichen Bedingungszusammenhanges kümmern, nämlich um Selbst- und Gesellschaftsbilder, Hoffnungen und Illusionen u. a. der Individuen. Allerdings sind wir dabei nur in der Lage, die Lebens- und Arbeitsverhältnisse ausgewählter sozialstatistischer Gruppen zu beschreiben. Die je individuellen Abweichungen können nur empirische Einzeluntersuchungen bestimmen, für die unsere Bemerkungen allenfalls Annäherungswerte darstellen (vgl. Kap. 6. 1. ff.).

Anmerkungen zu Kapitel 2

1 Vgl. *Marx*, 1974; *Rubinstein*, 1962; *Karras* 1972.
2 *Inkeles* 1968.
3 *Aberle/Naegele*, 1953; *Rosen*, 1973; *Kohn*, 1969; *Pearlin/Kohn*, 1966.
4 Institut für Demoskopie, 1974; O. *M. Hall*, 1934; *Lazarsfeld-Jehoda/Zeisl*, 1933.
5 *McKinley*, 1964.
6 *Pearlin/Kohn*, 1966.

7 *Kohn*, 1969.
8 *Popitz*, u. a., 1957; vgl. *Bolte* u. a., 1967, S. 313.
9 *Kern/Schumann*, 1970.
10 *Rolff*, 1969, S. 31.
11 *Heinz/Korn*, 1973, S. 15.
12 *Huch*, 1972.
13 *Kohn*, 1969.
14 *Brechstein*, 1971, S. 6.
15 *Szèll*, 1972, S. 9.
16 *Gottschalch* u. a., 1971.
17 *Caesar*, 1972, S. 112.
18 *Vinnai*, 1973, S. 28.
19 *Oevermann*, 1968.
20 *Rolff*, 1969, S. 29; *Huch*, 1972, S. 50.
21 *Caesar*, 1972, S. 38.
22 *v. Werder*, 1972, S. 32.
23 *Brückner*, 1972, S. 108.
24 z. *B. Nusser*, 1973, S. 22 ff.
25 *Vinnai*, 1973, S. 28 ff.
26 *Grauer*, 1971, S. 51.
27 z. *B. Vinnai*, 1973; *Rolff*, 1969.
28 *Voets*, 1972, S. 11.
29 *Huch*, 1972, S. 50.
30 *Gottschalch* u. a., 1971, S. 76.
31 *Gottschalch* u. a., 1971, S. 23.
32 *Bolte* u. a., 1967, S. 316.
33 *Milhoffer*, 1973, S. 153 f.
34 *Gorz*, 1967, S. 91.
35 *Hirsch*, 1970, S. 67.
36 *Hirsch*, 1970, S. 244 f.
37 *Gorz*, 1967, S. 118.
38 *Kris/Leites*, 1947; *Horn*, 1972, S. 198.
39 *Hirsch*, 1970, S. 270 f.
40 *Agnoli*, 1967, S. 18.
41 *Goldthorpe* u. a., 1969; *Schumann* u. a., 1971.
42 *Gorz*, 1967, S. 41.
43 *Horn*, 1968, S. 79.
44 *Stammer*, 1965, S. 89; vgl. *Treue*, 1956.
45 *E. Schmidt*, 1970, S. 100.
46 *Kuczynski*, 1972, S. 509; *E. Schmidt*, 1970.
47 *Huffschmid*, 1969, S. 138.
48 *E. Schmidt*, 1970, S. 181.
49 *Wallich*, 1955, S. 253; *Tjaden-Steinhauer/Tjaden*, 1973, S. 84.
50 IMSF, 1973, II, S. 29.
51 IMSF, 1973, II, S. 57.
52 Sozialbericht, 1972, S. 52.
53 *Stooß*, 1968.
54 IMSF, 1973 II, S. 53; vgl. *Huffschmid*, 1969, Institut für Gesellschaftswissenschaften, 1971.
55 *Hirsch*, 1970, S. 42.

56 IMSF, 1973, S. 36.
57 *Lungwitz*, 1970, S. 30.
58 *Roth*, 1974; *Jungblut*, 1971.
59 *Kozlik*, 1968, S. 26.
60 *Föhl*, 1964.
61 *Gleitze*, 1968, S. 6.
62 *Huffschmid*, 1969, S. 34; *Tjaden-Steinhauer/Tjaden*, 1973, S. 120 ff.
63 *E. Schmidt*, 1970, S. 224.
64 *E. Schmidt*, 1971, S. 47.
65 *Jung* u. a., 1970, S. 873.
66 *Schumann* u. a., 1971, S. 58.
67 *Kern/Schumann*, 1970, S. 279.
68 *Hirsch*, 1974, S. 376.
69 Es handelt sich im folgenden um eine grobmaschige Schätzung unsererseits, die auf den Daten des Statistischen Bundesamtes, der Sozialberichte und der Untersuchung des IMSF beruhen.
70 Wir beziehen uns im folgenden auf die Studie des IMSF (2. Band), 1973, die – zum Zeitpunkt unserer Ausführungen – die umfassendste ihrer Art war, über die wir verfügen konnten.

3. Stabilität und Veränderbarkeit frühkindlicher Erfahrungen

In keinem Lebensalter verändern sich die körperlichen und geistigen Leistungsmöglichkeiten des Menschen in einem solchen Ausmaß wie im ersten Lebensjahr. Der Säugling, bei Geburt ein uneingeschränkt hilfloses Wesen, hat im Verlaufe eines Jahres aufrecht stehen und sich eigenständig fortbewegen gelernt; er hat zahlreiche Bedürfnisse erworben, die er anderen mitteilen kann, und gelernt, Hinweise, die zur Bedürfnisbefriedigung führen, ihr vorausgehen oder sie begleiten, zu erkennen. Er unterscheidet zwischen bekannten und unbekannten Personen, zeigt Gefühle der Zuneigung und Abwehr und bemächtigt sich, indem er handelnd Probleme löst, seiner Umwelt.

Andererseits gibt es Kinder, bei denen sich im Verlauf des ersten Lebensjahres entsprechende Fähigkeiten in einem oder mehreren Bereichen nicht entwickeln konnten. Im Rahmen der Sozialisationsforschung ergeben sich daher die nachfolgenden Fragestellungen:

- Durch welche Bedingungen wird die Art und Richtung der emotionalen, sozialen und geistigen Entwicklung im ersten Lebensjahr bestimmt?
- Wie weitreichend wirken die im ersten Lebensjahr aufgebauten Persönlichkeitsmerkmale? Beeinflussen die im ersten Lebensjahr erworbenen Ängste und Bedürfnisse den Sozialisationsverlauf stärker und nachhaltiger als die zu anderen Lebensabschnitten herangebildeten Persönlichkeitsmerkmale? Sind die in dieser Lebensperiode entstandenen Entwicklungsbeeinträchtigungen stabil und irreparabel?

Die Annahme lebenslanger Wirkung frühkindlicher Erfahrungen könnte theoretisch folgendermaßen erhärtet werden: Alle Fähigkeiten, die im Laufe des ersten Lebensjahres erworben werden, stellen grundlegende Voraussetzungen zum Aufbau zahlreicher, unterschiedlichster weiterführender Leistungsmöglichkeiten dar: Die Fähigkeit, sich ohne fremde Hilfe fortzubewegen, eröffnet dem Kind vielfache Möglichkeiten zur Erweiterung seiner Umwelterfahrung (kognitive Entwicklung), erleichtert darüber hinaus selbständige Kontaktaufnahme mit anderen Personen (soziale Entwicklung), fördert das Unabhängigwerden von erwachsenen Personen und die Überwindung der eigenen Hilflosigkeit (emotionale Entwicklung) und vermittelt Erfolgserlebnisse bei selbständiger Befriedigung von Bedürfnissen (motivationale

Entwicklung; Aufbau von Selbstwertgefühl).
Beim Fehlen derartiger grundlegender Voraussetzungen dürfte der Aufbau weiterführender, spezieller Fähigkeiten erschwert oder z. T. unmöglich sein [1]*. Dem Kind, das mangels Spielmaterial nicht lernen konnte, runde von eckigen Gegenständen (Bauklötzen) zu unterscheiden, fehlt damit nicht nur eine wesentliche kognitive Voraussetzung zum weiterführenden Bauen und Konstruieren. Zugleich können Mißerfolge bei ersten Beschäftigungen mit solchem Material die Motivation zum »Nachlernen« verhindern sowie zum Aufbau eines negativen Selbstbildes beitragen. Damit wird es in der Tat zunehmend schwieriger, derartige »Entwicklungsschäden« zu beheben.
Andererseits dürfen neben diesen eher »inneren« Bedingungen langwährender Stabilität frühkindlich erworbener Persönlichkeitsmerkmale nicht all jene Veränderung einschränkenden »äußeren« Bedingungen unterschätzt werden, die durch die Lebenssituation der Betroffenen erzeugt werden. Die »Unfähigkeit« eines 15jährigen, langdauernde Bindungen einzugehen, darf nicht ausschließlich auf dessen erfahrene Vernachlässigung im ersten Lebensjahr zurückgeführt werden. Um zu ermitteln, welche Gelegenheiten, Bindungen erfolgreich aufzubauen, überhaupt geboten waren oder gegenwärtig möglich sind, müßte die Geschichte der Bindungsunfähigkeit über alle Lebensjahre des Betroffenen verfolgt werden. Es wäre z. B. herauszufinden, ob die Umwelt es dem Betroffenen gestattet, langfristige Bindungen aufzubauen oder dies durch Maßnahmen wie Heimeinweisungen, Erzieherwechsel, Verlegung in andere Institutionen und Trennung von »falschen« Freunden verhindert.
Die Frage, ob bisher nicht aufgebaute Fähigkeiten und Erfahrungen »nachgelernt« werden können, wird also zumindest auch durch die nachfolgenden »äußeren« Bedingungen entschieden:
- Das Alter des Kindes, in dem die betreffende Fähigkeit gewöhnlich erworben wird: Je früher die Mangelsituation erfolgt ist, um so eher werden grundlegende Voraussetzungen in allen Lernbereichen in Mitleidenschaft gezogen sein und um so weitreichender dürften die Wirkungen solcher Fehlentwicklung sein.
- Das Alter des Kindes, in dem eine Veränderung von Außenbedingungen, z. B. durch Adoption, eintritt: Je jünger das Kind ist, desto leichter wird es den neuen Bezugspersonen fallen, Lernsituationen herzustellen, die dem Kind gestatten, wie ein Säugling versäumte Erfahrungen nachzuholen. Das Alter des Kindes wirkt hierbei also

* Anmerkungen s. S. 119

nicht als Variable »an sich«, sondern als Bedingung, die bei der Umwelt spezifische Reaktionen und Erwartungen hervorruft: Bei einem dreijährigen – u. U. auch körperlich retardierten – Kind duldet die Umwelt durchaus solche Verhaltensweisen und Ansprüche, die bei einem älteren Kind als »babyhaft« verurteilt werden und deshalb entwicklungseinschränkende Mißerfolge und Enttäuschungen zur Folge habe.

– Die Art und Weise der veränderten Lebensbedingungen: Eine Veränderung der Lebensbedingungen des betroffenen Kindes bedeutet in vielen Fällen nicht eine Adoption durch verständnisvolle Bezugspersonen, sondern läuft auf eine Verschlechterung oder Verfestigung der entwicklungseinschränkenden Situation hinaus. Durch Verlegung in ein anderes Heim, Aufnahme in eine Pflegefamilie, Rückkehr zu den leiblichen Eltern können sich anbahnende Bindungen zerstört werden, ohne daß ein Ausgleich in Gestalt dauerhafter Beziehungen geschaffen wird. Zur Abwehr neuerlicher Enttäuschungen stabilisieren sich im betroffenen Kind gerade jene Erwartungen und Verhaltensweisen, die eine aktiv lernende Auseinandersetzung mit der Umwelt vereiteln.

Die weitreichende Verflechtung unserer Fragestellung mit sozial- und familienpolitischen Zielsetzungen führt häufig zu einseitiger Auswahl und Auswertung entsprechender »Befunde«, wie erst kürzlich am Beispiel der Auseinandersetzung mit dem Tagesmüttermodell deutlich wurde. So werden z. B. Retardierungen bei Heimkindern vielfach deren »Mutterentbehrung« angelastet, nicht aber den Bedingungen im Heim. Die Beantwortung dieser Fragen darf sich nicht nur auf psychologische Untersuchungen der frühen Kindheit beschränken, sondern sollte unter Berücksichtigung des gesamten Sozialisationsverlaufs erfolgen. Nicht zuletzt sind auch jene die Bezugssysteme und Normen schaffenden Bedingungen zu erfassen, die sich unmittelbar in der Definition von Entwicklungsrückständen widerspiegeln: Ist es z. B. wirklich ein »Rückstand« zu nennen, wenn sich bei einem Kleinkind, das durch mehrere Bezugspersonen betreut wurde, kein »einheitliches Mutterbild« [2] nachweisen läßt?

3.1. Erste Erfahrungen

Vom ersten Lebenstage an ist der Säugling lernfähig [3]. Wiederkehrende Erfahrungen in Verbindung mit jenen Lust- und Unlustempfindungen, die die Nahrungsaufnahme begleiten, bilden Erwartungen und formen Bedürfnisse. Diese ersten Erfahrungen sind weitgehend an innere Reize, Körperempfindungen, gebunden, »deshalb eignet sich der Mund besser als jede andere Zone dazu, als Brücke zwischen Innen- und Außenwahrnehmung zu fungieren« [4]. Der Mund als Ort erster Erfahrungen dient nicht nur unmittelbarer Bedürfnisbefriedigung, sondern bahnt lange vor der Hand und dem Auge als Organ, mit dem Objekte der Außenwelt erkannt und »begriffen« werden, kognitive Prozesse an. Die Tätigkeiten des Säuglings (Saugen, Greifen) sowie die sie auslösenden und begleitenden Wahrnehmungen (Lustempfindungen, das Gesicht der Mutter) bilden die Grundlage erster Orientierungen. Sie leiten einen langandauernden Prozeß ein, indem allmählich eine Trennung zwischen Bekanntem und Unbekanntem, zwischen Ich und Außenwelt vollzogen werden kann.

Aus der Qualität dieser ersten Erfahrungen lassen sich direkt zu beobachtende und gezielt zu verändernde Schädigungen nachweisen [5]. Ob diese Erfahrungen darüber hinausgehend eine Quelle unauslöschbarer, ursprünglicher Phantasien, Ängste und Wünsche darstellen, dürfte sich nur schwer belegen lassen. »Vom Gesichtspunkt der Organisation und Funktionen des Ichs aus ist die schwere psychomotorische Unreife des Kindes bei der Geburt eine biologische Kondition, die geeignet scheint, Primärerfahrungen der Machtlosigkeit vor der Gefahr hervorzurufen. Gewisse Angsterlebnisse Erwachsener können hier einen Anhaltspunkt für das Verständnis der frühen Erfahrungen des Kindes liefern ... Man muß annehmen, daß diese Situation der Impotenz, welche auf das Unvermögen zurückgeht, bei Gefahr über Motilität zu verfügen (anzugreifen oder zu fliehen), in der menschlichen Psyche einen unauslöschlichen Eindruck hinterläßt, ist doch eine der am weitesten verbreiteten Angsttraumvorstellungen die Situation, daß das Individuum sich von einer hereinbrechenden Gefahr verfolgt und überwältigt vorkommt und davonzulaufen versucht, sich jedoch wie gelähmt fühlt – so, als kehre es in die Position des Neugeborenen zurück und habe keine willentliche Verfügung über seine Motilität« [6]. Das allgegenwärtige Erleben der eigenen Unfähigkeit, sich sofortige Bedürfnisbefriedigung zu verschaffen, und das Ausgeliefertsein an allmächtige, riesengroße Personen stellt sicher eine Bedingung für die Bildung von Unterlegenheitsgefühlen und Allmachtwünschen dar. Ob diese Ängste und Gefühle sich verfestigen oder aber verändern, wird von den weiteren Sozialisationsbedingungen, auf die sie treffen, bestimmt. Zum Verständnis der Bedeutung »innerer« Bedingungen gilt es festzuhalten, daß gesellschaftliche Zwänge und Herrschaftsstrukturen zwar nicht die einzige Ursache derartiger Ohnmachtsgefühle und Omnipotenzphantasien darstellen, andererseits aber die Muster zu deren Verarbeitung, Überwindung oder auch Verfestigung bereitstellen.

Als sehr viel spekulativer können Aussagen um das »Geburtstrauma« gelten [7]. Das unüberprüfbare Zurückführen jeder Art von Angst auf das »Geburtstrauma« bedeutet eine Vernachlässigung vielfältiger angstauslösender Bedingungen und Möglichkeiten ihrer Überwindung. Andererseit stellt wiederum die Geburt ein Ereignis dar, zu dem die bisher gleichbleibende Bedürfnisbefriedigung unterbrochen wird und den Beginn des »passiven Überwältigtwerdens durch Unlusterfahrung« [8]. Durch aggressives Wutschreien auf derartige Zustände kann Atemnot als eine physiologische Begleiterscheinung von Angstgefühlen erzeugt werden [9].

Die neue Umwelt des Säuglings wird also zunächst als unlusterzeugend erlebt. Zugleich beginnen aber auch mit dem Tage der Geburt jene Lernprozesse, durch die die bedürfnisbefriedigenden Qualitäten zunehmend besser erfaßt und entsprechenden Situationen zugeordnet werden können. Die orale Phase bildet also beim Kind die Ursprünge des Grundgefühls des Vertrauens und des Grundgefühls des Schlechten aus, die durch das ganze Leben Quelle der Urangst und der Urhoffnung bleiben« [10]. Die Voraussetzung zum Aufbau eines Gefühls des Urvertrauens ist das »Erleben des Konstanten, Kontinuierlichen und Gleichartigen der Erscheinungen ...; es scheint dies davon abhängig zu sein, daß das Kind eine innere Welt erinnerter und voraussehbarer Empfindungen und Bilder in fester Korrelation mit der äußeren Welt vertrauter, zuverlässiger wiedererscheinender Dinge und Personen ›weiß‹« [11].

Aus zunächst diffusen Lust- und Unlustäußerungen differenzieren sich während der ersten Lebensmonate im Wechselspiel zwischen Reifung und Lernvorgängen voneinander zu unterscheidende Gefühlszustände, wie z. B. Angst, Freude und Wut [12]. Aussagen über die Entstehungsgeschichte von Gefühlen erfahren ihre Relativierung daher, weil der Beobachter alle unbestimmbaren Gefühlsäußerungen des Säuglings nur nach kulturell vorgegebenen und beschränkten Mustern interpretieren kann: der Beobachter wird also nur jene Gefühlszustände wahrnehmen können, die er selbst zu erkennen gelernt hat.

3.2. Folgen der Heimunterbringung von Säuglingen

Die Untersuchungen *R. Spitz'* zur Entstehung erster Objektbeziehungen [13] und seine Beobachtungen in unterschiedlichen Säuglingsheimen führten zu folgenden, weitverbreiteten Annahmen:

- Ebenso wesentlich wie Nahrung ist eine kontinuierliche »affektive Zufuhr« durch eine Mutter oder Ersatzmutter für die optimale Entwicklung des Säuglings.
- Entbehrt der Säugling während des ersten Lebensjahres über einen längeren Zeitraum (mehr als 5 Monate) diese emotionale Zuwendung, so kann es zum körperlichen und seelischen Verfall des Säuglings kommen. Dieser als »Hospitalismus« bezeichnete Zustand äußert sich in einer verzögerten körperlichen, geistigen und emotional-sozialen Entwicklung.
- Als langfristige Wirkungen im sozial-emotionalen Bereich sollen zu erwarten sein: mangelnde soziale Unterscheidungsfähigkeit, undifferenzierter Kontakthunger oder auch soziale Apathie und Gefühlslosigkeit sowie Verwahrlosung als Spätfolge [14].

Die Verwertung dieser Befunde und Schlußfolgerungen zur Untermauerung von Thesen zur Wesensbestimmung der Frau als Mutter sowie Warnungen vor einer Berufstätigkeit von Müttern verbietet sich angesichts differenzierender Untersuchungen sowohl zu Folgen von Heimunterbringung, zur Versorgung durch mehrere Bezugspersonen und zur Situation berufstätiger Mütter.

Meierhofer und *Keller* arbeiteten in einer Untersuchung in Schweizer Kinderheimen folgende Entwicklungsstörungen verursachende Bedingungen des Heimmilieus heraus [15]:

- Mangelnder körperlicher Kontakt: Um Infektionskrankheiten zu vermeiden, werden die Säuglinge weitgehend voneinander getrennt. Ebenso sind die Pflegerinnen angehalten, engen Körperkontakt zu vermeiden. Die Erfahrung emotionaler Zuwendung in Gestalt körperlicher Kontakte stellt eine wesentliche Bedingung für den Aufbau der Grundgefühle des Vertrauens und der Sicherheit dar (s. o.).
- Fehlende Kontinuität: Ein ständiger Wechsel des Pflegepersonals, bedingt durch Versetzung von Abteilung zu Abteilung und Verlegung der Kinder wirkt auf zweifache Weise entwicklungshemmend: Im *kognitiven* Bereich wird der Aufbau des Unterscheidungsvermögens zwischen Bekanntem und Unbekanntem erschwert. Durch das Fehlen regelmäßig wiederkehrender Wahrnehmungen bleibt der Säugling orientierungslos. Wahrnehmungen können nur unzu-

reichend mit entsprechenden Gefühlszuständen verknüpft werden, so daß wesentliche Voraussetzungen zum Aufbau von Lernprozessen fehlen. Für den *emotionalen* Bereich stellt der Wechsel des Pflegepersonals eine Quelle für Enttäuschungen dar oder verhindert sogar gänzlich das Entstehen minimaler Bindungen.

– Reizarmut: *Meierhofer* und *Keller* ermittelten, daß die von ihnen beobachteten Säuglinge bis zu 23 Stunden täglich sich selbst überlassen blieben. Das Fehlen von Farbe und Spielmaterial beeinträchtigt die wahrnehmende und handelnde Auseinandersetzung mit der Umwelt und damit den Aufbau grundlegender kognitiver Systeme. Wegen der engen Verflechtung kognitiver und motivationaler Prozesse in diesem Alter darf nicht geschlußfolgert werden, daß mit Farben und Anhäufung von Spielmaterial allein schon eine wesentliche Verbesserung der kognitiven Entwicklung gegeben sei: Ein potientiell wahrnehmbarer Außenreiz wird erst in Verbindung mit einer Bedürfnissituation zu einer bedeutsamen Lernanregung.

Die erwähnten einschränkenden Heimbedingungen belegen in keiner Weise die Notwendigkeit der Versorgung durch eine einzige Mutter sowie die Schädlichkeit kollektiver Erziehung in diesem Lebensabschnitt.

Alle genannten Bedingungen lassen sich auch im Rahmen heimähnlicher Situationen weitgehend verbessern. Schon eine einstündige intensive Zuwendung, die über die schematische »fließbandähnliche« Versorgung hinausgeht, führte bei 6 Monate alten Säuglingen zu einer im Normbereich liegenden Entwicklung [16].

Nach umfangreichen Untersuchungen über Kinder, die in israelischen Kibbutzim aufgewachsen sind, lassen sich keine nachhaltig schädigenden Wirkungen kollektiver Erziehung von Säuglingen durch mehrere Bezugspersonen ermitteln. Abgesehen von unterschiedlichen Bedingungen in den einzelnen Kibbutzim zu verschiedenen Zeitabschnitten, gewähren vor allem jene Bedingungen ausreichende Anregungen, Körperkontakt und Kontinuität: kleine Gruppen (ca. vier Säuglinge), die durch eine Erzieherin im Säuglingshaus betreut werden, und die räumliche Nähe von Arbeitsplatz und Wohnbereich, die es der Mutter ermöglicht, mehrmals den Säugling zu besuchen und bei den Mahlzeiten zu füttern. Allerdings wird gerade aus z. T. widersprüchlichen Ergebnissen über Kibbutzerziehung deutlich, daß längerfristige Wirkungen dieser Erziehungsform nicht als ausschließlich abhängig von diesen Außenbedingungen interpretiert werden dürfen.

Die Einstellung der Mütter zur Lebens- und Arbeitsform im Kibbutz sowie zur eigenen Geschlechtsrolle kann den Erfolg oder Mißerfolg dieser Erziehungsform entscheidend beeinflussen. Widerstände, Unzufriedenheit und Schuldgefühle der Mutter können z. B. bei den täglichen Trennungszeremonien die Orientierungs- und Entscheidungsfähigkeit des Kindes erschweren [17].

Vergleichbare Probleme können erzeugt werden bei Rivalitäten zwischen einer berufstätigen Mutter und Pflegemutter durch erschwerte Orientierung des Kindes, wie an einem Ausschnitt aus den entsprechenden Lernprozessen verdeutlicht werden kann:

- Lernsituatuin a): Pflegemutter – Kind:
  Aufgrund vielfacher befriedigender Kontakte mit der Pflegemutter zeigt das Kind bei deren Anblick Freude. Dies wiederum wird von der Pflegemutter mit weiterer Zuwendung (Streicheln, Lächeln, Sprechen etc.) beantwortet. Das Kind beginnt die Erwartung aufzubauen, in Zukunft bei gleichem Verhalten ähnliche Reaktionen zu erzielen.
- Lernsituation b): Mutter – Kind (ähnlich wie a)
- Lernsituation c): Pflegemutter – Kind – Mutter:
  Beim Abholen des Kindes beobachtet die Mutter die freundliche Zuwendung des Kindes zur Pflegemutter. Rivalitätsängste und Schuldgefühle der Mutter, die weitgehend nicht bewußt wirken müssen – können ein Verhalten hervorrufen (z. B. Unsicherheit, Abwehr, Erschrecken), das vom Kind als störend und widersprüchlich zu den übrigen Verhaltensweisen der Mutter und damit als angstauslösend erlebt wird. Ähnliche Reaktionen der Pflegemutter können die Orientierunslosigkeit des Kindes steigern. Reagiert das Kind darauf mit Schreien, so dürften sich die angstbedingten Verhaltensweisen der Mutter verstärken, während die Pflegemutter das Schreien u. U. als Angst des Kindes vor der bevorstehenden Trennung und damit als Liebesbeweis und Selbstbestätigung interpretieren wird. Bei großen Rivalitätsängsten der Pflegemutter könnte diese in Zukunft gerade jene Verhaltensweisen zeigen, die ein Schreien des Kindes provozieren.

Die sich in diesem Kreislauf von Wechselwirkungen anbahnenden Störungen des Kindes lassen sich nicht auf die Betreuung durch zwei Bezugspersonen zurückführen, sondern auf deren an emotionale Zuwendung gebundene Besitzansprüche und Ängste. Widersprüchliche Einstellungen gegenüber dem Kind und der Pflegesituation lassen sich aber nicht ausschließlich aus dem je individuellen Sozialisationsverlauf der beteiligten Personen verstehen, sondern werden geprägt von eben-

so widersprüchlichen Normen und Anforderungen, die das Bild der Frau in unserer Gesellschaft bestimmen.
Bei allen Aussagen über negative Folgen einer Erziehung durch mehrere Bezugspersonen wird also genauso zu erforschen sein, welche Bedingungen für welche Folgen tatsächlich bestimmend sind. Wenn z. B. in einer Diskussion um neue Familienmodelle behauptet wird, eine männliche Bezugsperson des Kleinkindes könne später zu dessen »sexueller Verwirrung« führen, spiegelt sich darin das Klischee von der Wesensbestimmung der Frau als Mutter wider: Das Kind, das von einer »verwirrten« – weil u. U. von allen Seiten verunsicherten – Bezugsperson versorgt wird, baut dann tatsächlich unter erschwerten Bedingungen eine gesellschaftlich gebilligte Geschlechtsrollenorientierung auf: Die Verwirrung ist in dem Augenblick nicht mehr zu erwarten, wo es »relativ klare und und lebensfähige Alternativen gibt« und Sexualität nicht mit bestimmten Pflegeverhaltensweisen verknüpft wird [18].

3.3. Mystifizierung der Mutter in der Kleinfamilie

Eine kontinuierliche Erziehung durch mehrere Bezugspersonen (ca. 2–6) (Mutter, Kindermädchen oder Amme, Verwandte etc.) ist zu keiner Zeit als Quelle für Fehlverhaltensweisen angesehen worden, sofern es sich um privilegierte Familien der Oberschicht (z. B. Aristokratie) handelte. Auch in Beschreibungen traditioneller Großfamilien fehlen derartige Hinweise. Die idealistische Überhöhung der Mutter-Kind-Beziehung läßt sich zunächst auf deren ökonomischem Hintergrund verstehen: Die immer schon vorhandene Notwendigkeit zum zusätzlichen Gelderwerb in unterprivilegierten Familien sowie Arbeitskräftemangel, aber auch Konsumwünsche und Streben nach Selbstverwirklichung werden als Gründe für die Berufstätigkeit von Müttern genannt. Alle möglichen Verhaltensauffälligkeiten von Kindern erwerbstätiger Mütter werden weniger ungünstigen Arbeitsbedingungen noch sozialpolitischen Versäumnissen in Gestalt mangelnder und unzureichender Betreuungsmöglichkeiten für Kinder, als vielmehr dem Verlust »natürlicher« Mütterlichkeit angelastet. Derartige Erklärungen und Appelle provozieren Schuldgefühle und bremsen den Aufstiegswillen vieler Frauen. Auf diese Weise verbleibt ein Heer frei disponibler, sich bescheidender Arbeitskräfte [19].
Dabei konnte *Lehr* [20] in einer umfassenden empirischen Untersuchung zur Situation berufstätiger Frauen feststellen, daß die bio-

graphische Gesamtsituation (Alter, sozialer Status, Familienstand, Ausbildung) die Verhaltens- und Erlebensweise im Beruf stärker prägen als die Geschlechtszugehörigkeit. Die berufliche Zufriedenheit wächst mit steigendem sozialen Status und Ausbildungshintergrund. Es werden positive Korrelationen zwischen den Variablen »Zufriedenheit im Beruf« und »positiv erlebter Partnerschaft« genannt [21], so daß sich Gerüchte vom Beruf als »Ersatzbefriedigung« und »zweitbester Lösung« kaum aufrechthalten lassen. *Thalmann* [22] fand in einer Untersuchung über Verhaltensstörungen bei Kindern (ebenso wie *Lehr*) keine Anhaltspunkte für nachteilige Folgen mütterlicher Berufstätigkeit. Wenn andere Faktoren, wie z. B. niedriger sozio-ökonomischer Status, ausgeschlossen wurden, zeigten berufstätige Mütter sogar freundlichere Einstellungen und weniger Feindseligkeit den Kindern gegenüber als nicht berufstätige Mütter.

Eng verflochten mit den wechselnden, ökonomisch begründeten Wesensbestimmungen der Frau als Mutter sind die Klischees, die der Beschreibung von »Mütterlichkeit« dienen. Verordnete Glücksgefühle in Form von Werbeschriften und Ratgebern hindern die Mutter und andere »Betroffene« ebenso wie Erwartungen opferbereiter Selbstaufgabe an bewußter Verarbeitung widersprüchlicher Wünsche und Befürchtungen bei der Geburt eines Kindes. Für kaum einen anderen Lebensbereich werden so zahlreiche Rationalisierungen angeboten wie zur Verschleierung und Verdrängung von Abwehr und Ängsten bei der Entstehung neuen Lebens, von der Glorifizierung der Geburtsschmerzen bis hin zur Tarnung von Grausamkeiten als unerläßliche Erziehungsmaßnahmen. In kaum einer anderen Lebenssituation erfahren die Betroffenen eine vergleichbare Häufung von Ursachen für ambivalente Gefühle, Liebe, Angst, Freude und Abwehr:

- Die Hilflosigkeit des Säuglings kann einerseits Pflegeverhalten der Eltern hervorrufen. Andererseits provoziert sie – von der Realität des Alltags längst unterdrückte – Machtwünsche und Phantasien. Unterstützt werden derartige Machtansprüche durch die gesetzlich abgesicherte, nahezu uneingeschränkte Verfügungsgewalt der Eltern über ihre Kinder (»Elternrecht«).
- Der unsoziale Säugling als »Triebwesen« kann mit seinen ursprünglichen Lust- und Unlustäußerungen verbotene, unter Strafe verdrängte Wünsche wachrufen [23]. Das Wiederaufleben ungenügend bewältigter Vergangenheit erzeugt Angst und Abwehrhaltungen, die sich auch auf die Verursachung von Unsicherheit und Ängsten beim Säugling erstrecken können.
- Neben diesen eher unbewußt ablaufenden Prozessen begründet die

massive Veränderung äußerer Lebensbedingungen weitere, eher bewußte Befürchtungen. Unzureichende materielle Versorgung, Einschränkung der Außenkontakte bei Aufgabe der Berufstätigkeit und Isolation in der Kleinfamilie, Unsicherheit hinsichtlich Erziehungs- und Pflegepraktiken, Krankheit und Schmerzen infolge der Schwangerschaft und Geburt stellen nur einige der Außenbedingungen dar, die eine ungetrübt positive affektive Aufnahme des Kindes einschränken und verhindern, daß das Kind von der Mutter als Bereicherung und Anreiz zur Weiterentwicklung bisher aufgebauter Fähigkeiten erlebt werden kann [24].

Als sichtbarste Form feindseliger Einstellungen gelten körperliche Mißhandlungen des Kindes. *Brückner* [25] schätzt die Zahl strafbarer Kindesmißhandlungen auf 7000 pro Jahr. Die verursachenden Bedingungen führt er auf ökonomisch begründete Abhängigkeits- und Ohnmachtserfahrungen zurück, die generelle Bestrafungs- und Unterdrükkungstendenzen gegenüber Schwächeren fördern [26].
Nicht nur offen feindselige Ablehnung dem Kind gegenüber, sondern oft auch gleichzeitig ein Erschrecken vor dessen maßlosen Triebansprüchen und eigenen sadistischen Regungen führen zu einem Wechsel von Zuneigung und Verwöhnung einerseits und harter Bestrafung andererseits, die das Kind orientierungslos lassen und den Aufbau von »Urvertrauen« behindern.
Feindselige Haltungen dem Kind gegenüber können auch in verschiedenen Graden der Überbehütung (»overprotection«) zum Tragen kommen. Indem die Pflegeperson allen Bedürfnisäußerungen des Kindes durch Befriedigung und Verwöhnung zuvorkommt sowie dessen Eigenaktivitäten bremst, erzeugt sie im Kind jene Unselbständigkeit und Unfähigkeiten (z. B. die Unfähigkeit, Bedürfnisse Außenstehenden verständlich zu machen), die eine Rechtfertigung für ihre einschränkenden Maßnahmen liefern sollen. Neben Schuldgefühlen wegen ablehender Einstellung dem Kind gegenüber bewirken Ängste, es zu verlieren, entsprechendes Erzieherverhalten. Äußere Bedingungen für solch überbehütendes Verhalten sind einmal dann gegeben, wenn der Pflegeperson – zumeist der Mutter in der Kleinfamilie – jede weitere Möglichkeit, Selbstbestätigung und Selbstverwirklichung zu gewinnen, fehlt. Zum zweiten erfordert die Praktizierung solchen Pflegeverhaltens einen beträchtlichen Zeitaufwand und die Abwesenheit weiterer gleichberechtigter Pflegepersonen, also alles Bedingungen, die in Kleinfamilien zu finden sind. Der Zwang zur Verdrängung negativer Einstellungen zum Kind kann schließlich zu einer Unterdrückung

aller Gefühle und Gefühlsäußerungen führen. Über die Folgen der Unfähigkeit von Müttern, eigene Gefühle auszudrücken, emotionale Reaktionen beim Kind hervorzurufen oder solche wenigstens zu beantworten, berichtet *Robertson* [27]. Schon nach wenigen Wochen oder Monaten wiesen solche Kinder einen auffälligen Mangel an Gesichts- und Gefühlsausdruck, sowie Körperbewegungen auf. Selbst bei Schmerzen zeigten diese Kinder kaum mehr Reaktionen. Diese nur aus der Sozialisationsgeschichte der Mütter verstehbaren Unfähigkeiten, hätten bei Beteiligung weiterer Personen an der Pflege des Kindes wohl kaum derartige Gefühlsdrosselungen zur Folge gehabt.

Die Frage, ob eine einzige oder mehrere Bezugspersonen einem Kind optimale Entwicklungschancen bieten, kann nicht unabhängig von den übrigen Lebensbedingungen der Betroffenen gestellt und beantwortet werden. Mehrere Bezugspersonen können ebenso wie eine einzige unter bestimmten Bedingungen [28] günstige Entwicklungsmöglichkeiten für ein Kind garantieren. Sie können unter anderen Bedingungen (s. o.) entwicklungseinschränkend und desorientierend wirken. Die gültigen Gesetze, Wertvorstellungen, Lebens- und Arbeitsbedingungen schaffen dabei nicht nur den institutionellen Rahmen (z. B. Kleinfamilie), der bestimmte Formen mütterlichen Fehlverhaltens begünstigt, sondern stellen darüber hinaus auch spezielle Muster zur Verarbeitung individuell bedingter Konflikte bereit.

3.4. Sozialpädagogische Praxis: Zur Wirkung einzelner Außenbedingungen

Nach unseren Ausführungen zum Modell (Kap. 1) darf an dieser Stelle kein Katalog erwartet werden, aus dem abzulesen ist, welche Außenbedingungen entsprechenden Persönlichkeitsmerkmalen des heranwachsenden Kindes zuzuordnen sind. Wie am Beispiel der äußeren Bedingung »Erziehungspraktiken« [29] nachzuweisen ist, führen diese zu unterschiedlichen Wirkungen, je nachdem mit welchen konstitutionellen und anderen Bedingungen sie zusammentreffen. Andere »äußere« Bedingungen, wie z. B. die »Wohnungsgröße«, wirken vielfach – wenigstens zu Anfang und mit Ausnahme extremer Einschränkungen – nicht unmittelbar auf den Säugling, sondern spiegeln sich, je nachdem wie sie von einzelnen Müttern erlebt werden, in unterschiedlichen Einstellungen zum Kind und entsprechenden Erziehungspraktiken wider. Aus der Tatsache, daß ein Kind in einer 2-Zimmer-Wohnung oder in einem 8-Zimmer-Haus aufwächst, lassen sich ohne zusätzliche

Daten keine Schlußfolgerungen über die Entwicklung bestimmter Persönlichkeitsmerkmale ziehen noch über die Einschränkungen, denen das Kind bei der Erforschung seiner Umwelt unterworfen sein wird. Wahrscheinlich fällt es der Mutter in der 2-Zimmer-Wohnung schwerer, dem Kind Bereiche zu überlassen, in denen es, ohne durch Verbote behindert zu werden, neue Lern- und Leistungsmöglichkeiten entwikkeln und erproben kann. Ob aber eine Mutter angesichts beengender Wohnverhältnisse einschränkende Vorschriften und Erziehungspraktiken anwenden muß oder diese als Motivation erlebt, dem Kind ausreichende Anregungen zu verschaffen, läßt sich erst nach Kenntnis ihrer übrigen Einstellungen, Wünsche, Befürchtungen und Lebensbedingungen voraussagen. Ebensowenig gehen allein von einer einzelnen, sehr grob klassifizierenden »äußeren« Bedingung, wie z. B. der Schichtenzugehörigkeit des Vaters, festgelegte persönlichkeitsprägende Wirkungen auf den Säugling aus [30].
Die in den folgenden Abschnitten dargestellten Bedingungsgruppen werden deshalb nur ein recht lückenhaftes Bild über die Wirkungszusammenhänge von Außenbedingungen vermitteln können. Das läßt sich u. a. auf fehlende empirische Befunde zurückführen, die über die Erfassung isolierter Einzelbedingungen hinausgehen. Die Darstellung der Wirkungsweise von Außenbedingungen erfüllt also nicht den Zweck, abgesicherte Befunde zur Speicherung in Form von Kenntnissen bereitzustellen; sie dient vielmehr der Veranschaulichung eines Modells zur praxisnahen Erforschung von Bedingungen in ihrer Wechselwirkung zueinander.

3.4.1. »Ziele« als Außenbedingungen

Sozialisationsziele und Lernziele, schriftlich fixiert in »Rahmenplänen«, steuern in allen Bereichen institutionalisierter Erziehung die Planung und Durchführung des Erziehungsgeschehens. Derartige Zielvorstellungen wirken auch beim Aufbau elterlicher Vorstellungen davon, wie ein Kind zu werden hat, was es können muß, meinungsbildend mit. Allerdings orientieren sich die erziehenden Eltern dabei in den wenigsten Fällen an den gegenwärtig gültigen Richtlinien, sondern an Erinnerungen an ihre – zumeist sehr viel restriktiveren – eigenen Schul-, Ausbildungs- und Arbeitserfahrungen. Das erklärt sicher die große Diskrepanz zwischen den relativ fortschrittlichen »offiziellen« Zielsetzungen (z. B. Förderung des Selbstwertgefühls und des Selbstvertrauens) [31] und den einschränkend wirkenden Formulierungen nach ihren Zielen befragter Eltern (z. B. Gehorsam als wichtigstes Ziel) [32]. Außerdem ist nicht sichergestellt, daß die in den betreffenden Institutionen arbeitenden Erzieher und Lehrer die formulierten Ziele im Alltag realisieren können. Zuweilen kollidieren die Erzieher beim Umsetzen dieser Richtlinien in die Praxis mit vorgesetzten Behörden.

Für den Bereich institutionalisierter Kleinkindererziehung (»Krippenerziehung«) liegt ein erster Zielkatalog vor [33], in dem die übergeordneten Lernziele (»Angstfreiheit, emotionale Stabilität, Mitgefühl, Bindungsfähigkeit, Gemeinschaftsfähigkeit, Anpassungsfähigkeit, Kontaktfähigkeit, vitale Erlebnisfähigkeit, Sauberkeit, lebenpraktische Selbständigkeit, Durchsetzung, Selbstbehauptung, Selbstvertrauen, kritisches Denken, Selbstkritik, sprachliche Ausdrucksfähigkeit, Interesse am Lernen, Konzentrationsfähigkeit, kreatives Spielverhalten, Körperbeherrschung, Umweltwissen«) nicht nur genau beschrieben werden, sondern der Erzieher detaillierte Handlungsanweisungen erhält zur Realisierung zielgerechten Verhaltens. Das ist angesichts der personellen Situation und des Ausbildungsstandes der Beschäftigten in solchen Einrichtungen eine sinnvolle, realitätsangemessene Arbeitsgrundlage und hilfreicher als Formeln von der Erziehung zur »Emanzipation« [34]. Ergänzungsbedürftig dürfte dieser Katalog in wenigstens zwei Punkten sein:

- Es fehlen Hinweise auf die zielbestimmenden gesellschaftlichen Interessen oder Interessengegensätze. Dieses Versäumnis bleibt für die alltägliche Krippenarbeit zunächst ohne Folgen, auch was die Entwicklung von Persönlichkeitsmerkmalen betrifft, die von weitreichendem Einfluß auf die spätere Arbeitsfähigkeit der Kinder sind. Denn über die langfristige Verwertbarkeit angebahnter Eigenschaften wie »emotionale Stabilität« oder selbst »Sauberkeit« können angesichts unterschiedlichster Möglichkeiten der Weiterentwicklung kaum Voraussagen getroffen werden [35]. Schwerer ins Gewicht fallen und unmittelbar von Einfluß auf die Erziehungstätigkeit wird dieses Versäumnis, sobald die Erzieherin durch fehlende Ausbildung, mangelhafte Ausstattung des Arbeitsplatzes, fehlende Vorbereitungszeiten etc. bei der Realisierung dieser Handlungsanweisungen beeinträchtigt wird und diese »Unfähigkeit« individuellem Unvermögen anlastet, statt auf dem Hintergrund politisch ökonomischer Bedingungen zu verstehen und verändern lernt.
- Ein weiteres Versäumnis liegt in dem Aussparen jener Ziele, die der Erziehende durch seine Arbeit für sich selbst zu verwirklichen sucht. Jedem Erzieher, ob als Mutter in der eigenen Familie oder als Angestellter in einer Institution arbeitend, dienen die Kinder auch der

Befriedigung individueller Bedürfnisse; die Kinder sollen z. B. Zärtlichkeits- und Machtansprüche erfüllen; sie können helfen, Rollenvorschriften gerecht zu werden und als Adressaten von Selbstaufopferung Schuldgefühle lindern. Derartige – zumeist unbewußt wirkende – Ziele steuern die Erziehungstätigkeit in stärkerem Maße als offizielle Richtlinien und beeinflussen Bewertung, Zuwendung und Umgang mit jedem einzelnen Kind. Solange Hilfestellungen zur bewußten Verarbeitung dieser »individuellen« Ziele fehlen, werden Verbesserungen in den Arbeitsbedingungen nicht ohne weiteres eine Verbesserung der »Erziehungsbedingungen« garantieren (so z. B., wenn bereitgestellte »Spielzeiten« für Aufräumarbeiten genutzt werden) [36].

Da die im ersten Lebensjahr aufgebauten Fähigkeiten Grundlagen für unzählige – später zu erwerbende – Eigenschaften, Bedürfnisse und Einstellungen bilden, geht es bei der Planung der Säuglingserziehung weniger darum, spezielle Lernziele zu formulieren, als vielmehr Erziehung steuernde Leitsätze, die diesem Tatbestand gerecht werden. Diese Leitsätze in Verbindung mit handlungsbezogenen Maßnahmen sollten folgenden Kriterien genügen:

- Es sollen Grundlagen zur Entwicklung zahlreicher Bedürfnisstrategien und Fähigkeiten geschaffen werden. Da spätere Fähigkeiten und Eigenschaften des Kindes nie ausschließlich durch dessen Konstitution und Anlagen bestimmt sind [37], sind alle Maßnahmen zu vermeiden, die zu einer frühzeitigen Festlegung des Säuglings führen und den Aufbau nur einiger weniger Bedürfnisse und Eigenschaften gestatten. Eine solche Festlegung begleiten immer auch entwicklungseinschränkende Vernachlässigungen im Aufbau anderer, möglicher Persönlichkeitsmerkmale. So kann es z. B. bei einer Erziehung gemäß geschlechtsspezifischer Rollenklischees geschehen, wenn dem Jungen weniger zärtliche Zuwendung gewährt wird als dem Mädchen und dadurch emotionale Grundlagen für zahlreiche Bedürfnisse verschüttet werden.
- Eine wesentliche Voraussetzung zur Ausbildung notwendiger Grundlagen stellt der Aufbau von Vertrauen dar: Vertrauen in kontinuierliche Bedürfnisbefriedigung, Vertrauen in andere Menschen (Erwachsene und Kinder) als Quelle von Bedürfnisbefriedigungen. Die Verwirklichung dieser Zielvorstellung ist gebunden an die Vermeidung aller angstfördernden Maßnahmen und die Befähigung des Säuglings, sich zunehmend besser in seiner Umwelt zu orientieren. Die Verbindung von Angstfreiheit und Orientierung verlangt dem

Erzieher nicht uneingeschränkte Bedürfnisbefriedigung des Säuglings ab; sie erfordert vielmehr die Vermittlung von Erfahrungen, wann und wann nicht Bedürfnisbefriedigung zu erwarten ist.

- Auf diesem Hintergrund können Grundlagen zum Aufbau weiterer kognitiver Fähigkeiten und motorischer Fertigkeiten gelegt werden, die zurückwirken auf das sich bildende Selbstwertgefühl des Kindes.

Wenn die Planung spezieller Ziele der Säuglingserziehung an diesen Leitsätzen erfolgt, dürfte die Formulierung sich ausschließender Ziele zu vermeiden sein. Darüber hinaus lassen sich Hinweise über Umfang eines Zieles und Mittel und Wege zu seiner Verwirklichung ableiten.
Beispiel: Im erwähnten Zielkatalog zur Krippenerziehung wird u. a. das Ziel »Sauberkeit« genannt, ein Begriff, der je nach Sozialisationsgeschichte bei den Beteiligten entweder Zustimmung (zumeist Eltern) oder Ablehnung (zumeist Studenten) provoziert. Da Erziehungsziele nicht gegen die Lebenssituationen [38] und Bedürfnisse der Betroffenen geplant werden können, geht es bei der Diskussion dieses Ziel nicht um dessen Ablehnung oder Befürwortung, sondern nur darum, wie es unter Berücksichtigung der Leitsätze verwirklicht werden kann. Wenn wir das Bedürfnis der Eltern nach »sauberen« Kindern akzeptieren, bedeutet das weder eine Kapitulation vor den Lebenssituationen und Ansprüchen der Eltern, noch läuft es auf eine einseitige Unterdrückung kindlicher Bedürfnisse hinaus. Die geplanten Veränderungsprozesse betreffen sowohl das Kind wie auch die Mutter, der Aufklärung und Anleitung hilfreicher sein dürften als eine pauschale Ablehnung dieses Ziels. Damit die Mutter keine das Kind überfordernden Erfolgserwartungen entwickelt (»Angstfreiheit«), sollte sie wissen, daß auch ein frühzeitiger Beginn der Sauberkeitserziehung (vor Ende des 1. Lebensjahres) kaum zu dauerhaften Erfolgen vor dem 3. Lebensjahr führen wird. Wenn sie weiß, daß erste Erfolge im Laufenlernen (sich eigenständig fortbewegen) ein längeres Sitzen auf dem Topf erschweren, wird sie u. U. als Beginn dieser Prozedur einen anderen Zeitpunkt wählen oder das Kind wählen lassen. Wenn sie Anleitung erfährt, wie sie bei ihren Sauberkeitsforderungen dem Kind nicht gleichzeitig alle begleitenden Befriedigungsmöglichkeiten entzieht (z. B. Kontakt der Mutter, lustvolle Empfindungen beim Gewickeltwerden), können Sauberkeitsleistungen als wertvolle Erfahrungen des Kindes zur Steigerung seines Selbstwertgefühls beitragen. Anregungen zum Planschen, Schmieren und Gestalten können verhindern, daß diese Prozedur entwicklungseinschränkende, erstarrte Ordnungsansprüche des Kindes zur Folge hat.

3.4.2. Institutionen als Außenbedingungen

Der institutionelle Rahmen, in dem das Erziehungsgeschehen abläuft, kann in mehrfacher Weise persönlichkeitsprägend wirken: Arbeitsplatzgestaltung, Schichtdienst, Status und Ausbildung der im Erziehungsbereich Tätigen beschneiden oder erweitern das Ausmaß und die Qualität der Zuwendung zum Kind. Indem sie das Selbstverständnis der Beteiligten prägen, beeinflussen sie oft in stärkerem Maße als schriftlich fixierte Erziehungsziele die Wahrnehmung und Bewertung der Kinder. Allerdings gilt auch für diese Außenbedingung, daß sie selten allein, sondern nur im Rahmen zahlreicher anderer gesellschaftlicher und individueller Bedingungen zum Tragen kommt. Deshalb können allein aus Kenntnis der Institution, in der Erziehung stattfindet, allenfalls Hypothesen über das Auftreten oder Fehlen bestimmter Persönlichkeitsmerkmale gestellt werden: Erziehung in der Kleinfamilie *kann* Isolation der Betroffenen bedeuten und damit auf eine emotionale Überbeanspruchung des Kindes hinauslaufen. Diese Isolation ist aber niemals ausschließlich eine Folge der Institution Kleinfamilie »an sich«, sondern einer Kleinfamilie, bestehend aus Personen mit in langer Sozialisationsgeschichte entwickelten Ansprüchen, Ängsten und Fähigkeiten, unter genau zu beschreibenden gesellschaftlichen Bedingungen.

Am Beispiel der Institution »Säuglingsheime« wurden institutionelle Bedingungen beschrieben, die so stark einschränkend wirkten, daß weitere Bedingungen, z. B. Einstellungen der Erzieher, von geringerem Einfluß blieben. Andere institutionelle Rahmenbedingungen, z. B. Familie oder Kinderhaus im Kibbutz, eröffnen anderen Einflüssen einen prinzipiell größeren Spielraum. Es wird daher immer nur möglich sein, Tendenzen in der Persönlichkeitsentwicklung aufzuzeigen, die durch einen bestimmten institutionellen Rahmen stärker gefördert oder eingeschränkt werden.

Es soll an einem Beispiel veranschaulicht werden, welchen Beitrag jeweils unterschiedliche Rahmenbedingungen zur Ausprägung und Bewertung eines Persönlichkeitsmerkmals leisten können:

Beispiel: Institutionen: Großfamilie – Kleinfamilie

Persönlichkeitsmerkmal: Angst vor dem Alleinsein

In der Kleinfamilie beklagen Eltern häufig, daß sie Kleinkinder abends nicht allein zu Hause lassen können oder möchten. Das dauernde Gebundensein ans Haus führt zu einer Überbewertung der Angst des Kindes vor dem Alleinsein: Die Überbewertung dieses Problems erzeugt ängstliche Erwartungshaltungen bei Eltern und Kind, die bei letzterem die Trennungsangst noch vergrößern. – In der Großfamilie [39] besteht für einzelne Mitglieder keine Notwendigkeit, jeden Abend zu Hause zu verbringen. Eltern können also einer möglichen Angst des Kindes vor dem Alleinsein mit größerer Gelassenheit begegnen. Das Kind selbst wird kaum schmerzliche Trennungserfahrungen durchlebt haben müssen und die Zuversicht aufgebaut haben, daß irgendeine bekannte Person immer erreichbar ist, wenn es allein ist. Es wird daher weder panische Angst vor dem Alleinsein erwarten und entwickeln, noch lernen, Eltern mit dieser Angst zu beherrschen.

Das Persönlichkeitsmerkmal des Kindes »Angst vor dem Alleinsein« ist hierbei nicht unmittelbar eine Folge der institutionellen Rahmenbedingungen, sondern entwickelt sich erst aus Wechselwirkungen mit elterlichen Verhaltensweisen und Ängsten, die durch entsprechende Rahmenbedingungen beeinflußt werden.

Es ist durchaus denkbar, daß bei anderen elterlichen Einstellungen (Gelassenheit, andere Bedürfnisse) zu diesem Problembereich die vorgegebenen Rahmenbedingungen weniger zum Tragen kommen, bzw. die Beteiligten im Rahmen der Institution Lösungen finden (z. B. durch Vereinbarungen mit Nachbarn).

3.4.3. Erziehungspraktiken als Außenbedingungen

Der Säugling trifft mit seinen Verhaltensweisen und Ansprüchen auf eine Reihe elterlicher Erwartungen, Wünsche und Lebensbedingungen, die sich manefestieren in fördernden oder einschränkenden Erziehungspraktiken. Der Versuch, einzelne schädigende oder fördernde Einflüsse in ihrer Wirkung zu erfassen, um gezielt Handlungsanweisungen für eine optimale Erziehung zu erarbeiten, scheitert an folgenden Gründen:

Eine einzelne Erziehungspraktik, eine ganz spezielle elterliche Angst oder Wunschvorstellung wirkt niemals losgelöst vom übrigen Gefüge aller anderen Erziehungspraktiken, Wünsche und Befürchtungen sowie den sonstigen Lebensbedingungen (vgl. Kap. 5). Darüber hinaus läßt sich die Wirkung einer einzelnen elterlichen Verhaltensweise kaum vorhersagen, ohne Kenntnis der konstitutionellen und weiteren aufgebauten »inneren« Bedingungen des Säuglings, mit denen sie in Wechselwirkung tritt. Auch das Kind beeinflußt und verändert die Pflegepersonen. *Yarrow* [40] ermittelte folgende Wechselbeziehung zwischen Mutter und Kind: »Dem Kind, das einen höheren Wachheits- und Aktivitätsgrad und stärkere Reaktionen auf soziale Reize zeigte, wurde mehr unmittelbare Befriedigung seiner Bedürfnisse und mehr Körperkontakt mit der Pflegeperson gewährt als dem anderen (ruhigeren – d. Verf.) Kind«. Auch für die biologisch zu definierende Bedingungsgröße »Konstitution« gilt, daß sie als Vorläufer einzelner Persönlichkeitsmerkmale immer erst im Zusammenspiel mit den Erwartungen, Bedürfnissen und Erziehungspraktiken der Pflegepersonen zum Tragen kommt. Ein und dieselbe konstitutionelle Variable kann, bei unterschiedlichen äußeren Bedingungen, auf die sie trifft, zu nahezu konträren Persönlichkeitsmerkmalen führen, wie etwa im folgenden Beispiel: Ein Kind, das mit einer schweren Hörbehinderung geboren wird, könnte z. B. mit den folgenden beiden unterschiedlichen Außenbedingungen konfrontiert werden: *Bedingungsgefüge a:* Vier ältere Geschwister, ein Jahr nach der Geburt des Kindes werden Zwillinge geboren; bei Eintritt in den Kindergarten fällt die starke Verzögerung der Sprachentwicklung auf, ebenso eine mangels Anregungen und Übungsmöglichkeiten eingeschränkte kognitive Leistungsfähigkeit; die Mutter des Kindes hat bisher nichts Störendes bemerkt; sie äußert sich lobend über dieses, im Gegensatz zu den übrigen Geschwistern, sehr ruhige Kind.

Bedingungsgefüge b: Das Kind trifft als Erstgeborenes in eine Familie, in der die Mutter, bisher als Lehrerin tätig, ihre Berufstätigkeit eingestellt hat. Sie erhält nach Besuch in einer Spezialklinik die Bestätigung ihrer Vermutungen über die Hörschädigung ihres Kindes. Da sie über genügend Zeit, Vorbildung und im Beruf erworbene Interessen verfügt, eignet sie sich in kurzer Zeit alles Wissenswerte über Förderungsmöglichkeiten so behinderter Kinder an. Im Alter von vier Jahren zeigt das Kind überdurchschnittliche kognitive und altersentsprechende verbale Leistungsfähigkeit. (Dieselbe Mutter hätte übrigens mit dem gleichen Erziehungsverhalten ein gesundes Kind überfordern und dessen Lernmotivation beeinträchtigen können.)

Wenn es schon kaum gelingt, persönlichkeitsprägende Wirkungen relativ objektiv zu ermittelnder konstitutioneller Variablen vorherzusagen, lassen sich noch weniger Einflüsse, die von speziellen Erziehungspraktiken ausgehen, erfassen. Eine ganz spezielle Aufzuchtspraktik, z. B. das Festwickeln des Säuglings, kann beruhigend oder auch einengend beängstigend wirken, je nach den begleitenden Äußerungen und Handlungen der Pflegeperson [41]. »Oft wird irrtümlich angenommen, daß eine bestimmte Praktik (oder die ihr zugrundeliegende Einstellung) ein späteres Persönlichkeitsmerkmal verursacht, nur weil es ihm zeitlich vorausgeht. Erstens ist aber zu bedenken, daß jede allgemeine Einstellung der Eltern eher in *vielen* als nur in einer Kinderaufzuchtspraktik allein zum Ausdruck kommt. Deshalb kann nie eine Praktik allein entscheidend sein. Wenn sie mit der Gesamttendenz der Einstellungen übereinstimmt, ist sie nur eine von viele Praktiken, die demselben Ziel dienen. Stimmt sie nicht damit überein, wird ihr Einfluß durch das Übergewicht der anderen Praktiken aufgehoben« [42].

Bei der Erarbeitung von Handlungsanweisungen für die Erziehung von Säuglingen wird der Sozialpädagoge deshalb zunächst kaum einen Katalog »richtiger« und »falscher« Praktiken erstellen können. Es wird immer darum gehen, die Lebensbedingungen und Bedürfnisse der beteiligten Eltern und Pflegepersonen zu erfassen, um solche konkreten »Ratschläge« vermitteln zu können, die zu keiner Überforderung der Betroffenen führen. Sollte eine Mutter z. B. unfähig sein, Gefühle zu zeigen oder eine konfliktbesetzte Einstellung zu körperlichen Zärtlichkeiten haben, so könnte die Aufforderung, zärtlich zu ihrem Kind zu sein, von ihr u. U. gar nicht oder in einer Weise, die das Kind ängstigt, befolgt werden. Durch die Empfehlung, nach Anleitung bestimmte Gymnastikübungen mit dem Säugling durchzuführen, könnten dessen Bedürfnisse nach Hautkontakt auf einen für die Mutter weniger konfliktreichen Bereich verschoben werden.

Eine der am häufigsten gestellten Fragen zu Erziehungspraktiken betrifft die Abstände zwischen den Mahlzeiten des Säuglings. Die Untersuchungen von *Sears* [43] ergaben, daß weniger bestimmte Einstellungen der Mütter als vielmehr entsprechende Empfehlungen der Kinderärzte dieses Pflegeverhalten regelten. Während in Deutschland bis in jüngste Zeit die strenge Einhaltung eines »Fütterungsplanes« mit festgelegten Abständen zwischen den Mahlzeiten die Entwicklung von Ordnungsliebe und Pünktlichkeit garantieren sollte, gilt es neuerdings als Folge »antiautoritärer« Aufklärung, den Säugling nach seinem Verlangen zu füttern. Beide Praktiken dürften, sofern sie primär entsprechende Weltanschauungen demonstrieren sollen, dem Säugling kaum gerecht werden. Der Wach-Schlaf-Rhythmus und damit gekoppelt die Nahrungsbedürfnisse unterscheiden sich von Kind zu Kind. Dieser individuelle Rhythmus des Kindes entspricht zwar nicht immer dem üblichen 4-Stunden-Rhythmus, ist aber selten so chaotisch, daß ihm ein ordnungsstiftendes Korsett übergestülpt werden muß. Andererseits ist es für die Mutter in den ersten Lebenswochen des Säuglings oft unmöglich, die Ursache jeden Schreiens richtig zu interpretieren. Längst nicht jedes Schreien drückt ein Nahrungsbedürfnis aus, es könnte sich dabei auch um Kontaktwünsche, Schmerzen (u. U. wegen Überfütterung) handeln. Die Beantwortung jeder Unlustäußerung mit Füttern führt neben möglichen Gesundheitsschädigungen zu einer einseitigen Orientierung des Säuglings, indem sie einschränkend auf andere Äußerungsformen von Bedürfnissen und Gefühlen wirkt. Solange jede Bedürfnisartikulation nur zu einer einzigen Befriedigungsform (Nahrung) führt, besteht für den Säugling keine Notwendigkeit, Unterscheidungen zwischen verschiedenen Gefühlszuständen und Bedürfnissen (Hunger, Kontaktwünsche) und ihren entsprechenden Äußerungsformen zu erlernen. Anfängliche Beantwortung jeden Schreiens führt also nicht zu lernhemmenden Verwöhnungen, solange sich diese Beantwortungen voneinander, entsprechend den vermuteten Bedürfnissen des Säuglings, *unterscheiden* und neues Lernen anregen: Der satte Säugling, der seine Kontaktwünsche durch Schreien mitteilt, braucht nicht einmal jedesmal von der Pflegeperson umhergetragen zu werden; er kann in ein Zimmer, in dem sich andere Personen aufhalten, gelegt werden und dadurch allmählich lernen, durch Wahrnehmung akustischer und visueller Reize, Gefühle der Langeweile zu überwinden.

Ein optimaler Nahrungsrhythmus kann also aufgebaut werden, wenn es der(n) Pflegeperson(en) gelingt, den Rhythmus des Säuglings wahrzunehmen und mit dem eigenen Tagesplan zu koordinieren. Läßt sich eine derartige Übereinstimmung nicht erreichen (z. B. wegen Arbeitszeiten der Pflegepersonen), so sind keine nachhaltigen Schäden zu erwarten, wenn die Angleichung des Säuglingsrhythmus nicht abrupt, sondern allmählich erfolgt.

Eine Reihe von Unsicherheiten besteht auch darüber, ob und wie lange ein Säugling gestillt werden sollte. Aussagen über persönlichkeitsprägende Wirkungen des Stillens lassen sich vielfach nur auf dem Hintergrund einer idealistischen Überhöhung der Mutter verstehen, handelt es sich hierbei doch um ein Pflegeverhalten, das wie kein anderes geeignet scheint, die Wesensbestimmung der Frau als Mutter zu belegen. (Man vergegenwärtige sich nur einmal den Leistungszwang, unter dem viele Mütter stehen, wenn auf einer Entbindungsstation ihre Mutterliebe an der Milchproduktion gemessen wird.) Bei einer Mystifizierung des Stillvorgangs wird vernachlässigt, daß die Mutter auch hier – wie bei jedem anderen Pflegeverhalten – durch die Art und Weise, wie sie sich dem Kind zuwendet, es anfaßt und es ansieht, unzählige Möglichkeiten hat, feindselige und ablehnende Gefühle zu vermitteln. Andererseits ermöglicht auch die Flaschenfütterung zwei wesentliche Funktionen des Stillens: Hautkontakt und optimale Zusammensetzung der Nahrung (sofern nicht verdünnte Kuhmilch, sondern spezielle Säuglingsnahrung verwandt wird).

Darüber hinaus bieten Baden und Wickeln des Säuglings zahlreiche

Möglichkeiten für Hautkontakt. Es läßt sich durch nichts rechtfertigen, eine Mutter, die aus welchen Gründen auch immer nicht stillen kann oder mag, mit Schuldgefühlen zu belasten, anstatt sie dabei zu unterstützen, die Bedürfnisse des Säuglings optimal zu befriedigen.

Anmerkungen zu Kapitel 3

1 Vgl. *Gagné* 1969.
2 *Schmalohr* 1968.
3 Vgl. *Ausubel/Sullivan* 1974, S. 234.
4 *Fornari* 1970, S. 138.
5 Vgl. Kap. 3.2 und 3.3.
6 *Fornari* a. a. O., S. 138 und 145.
7 a. a. O.
8 a. a. O.
9 a. a. O.
10 *Erikson* 1968, S. 74.
11 a. a. O., S. 241.
12 *Nickel* 1972, S. 149.
13 *Spitz* 1969.
14 *Schmalohr* a. a. O.
15 *Meierhofer/Keller* 1970, S. 203 ff.
16 Vgl. *Rheingold* 1956.
17 Vgl. *Liegle* 1971 und *Bettelheim* 1969.
18 Vgl. *Fox, R.*: Ein Vergleich verschiedener Familienmodelle, mit Diskussionsbeiträgen von *Miller* und *Rapoport*, 1971, S. 23.
19 Vgl. *Menschik* 1971.
20 *Lehr* 1969, S. 365 ff.
21 a. a. O., S. 384.
22 *Thalmann* 1974.
23 Vgl. Kap. 5.3.
24 Vgl. auch die Kritik an *Lorenzers* Darstellung der »Mutter-Kind-Dyade« durch *v. Plato* 1974.
25 *Brückner* 1972.
26 a. a. O., S. 82.
27 *Robertson* 1971.
28 Vgl. 3.4.2.
29 Vgl. 3.4.3.
30 Kap. 6.
31 Vgl. Berliner Rahmenplan/Vorklasse 1973.
32 *Kemmler* 1961.
33 *Teigeler/Stoellger* 1974.
34 Vgl. *Mollenhauer* 1971.
35 Vgl. auch die Diskussion um die »kompensatorische Erziehung« im Abschnitt 4.4..
36 Vgl. *Meierhofer/Keller* a. a. O. und *Eckensberger* 1971.
37 Vgl. Kap. 3.4.3 und 4.2.1.
38 Vgl. Kap. 4.4.

39 Es kann sich dabei auch um Gruppen handeln, in denen mehrere Mitglieder unterschiedlich intensiv, aber gleichbleibend die Betreuung einzelner Kinder übernommen haben.
40 Zit. nach *Ausubel/Sullivan* 1974, S. 240.
41 Vgl. *Greenacre* 1971.
42 *Ausubel/Sullivan* a. a. O., S. 245.
43 *Sears* et al. 1957.

4. Zur Entwicklung intellektueller Lernmöglichkeiten

4.1. Einführung

In diesem Kapitel wird die Entwicklung »Intellektueller Lernmöglichkeiten« dargestellt. Dieser Begriff umfaßt alle kognitiven Verhaltensweisen und Verhaltensdispositionen (Persönlichkeitsmerkmale), die unter verschiedenen Bezeichnungen im Rahmen denkpsychologischer und intelligenzdiagnostischer Forschungsvorhaben untersucht worden sind. Während bei denkpsychologischen Fragestellungen vorwiegend die Analyse des Verlaufs von Denkprozessen Gegenstand der Untersuchungen ist, interessiert bei intelligenzdiagnostischen Erhebungen allein das Endprodukt eines solchen Problemlösungsprozesses, die intellektuelle Leistung.

Denkpsychologie und Intelligenzdiagnostik haben sich während der letzten fünfzig Jahre weitgehend unabhängig voneinander entwickelt. So blieb z. B. die Frage ausgespart, welcher Art Denkprozesse eigentlich zum Lösen der Aufgaben eines Intelligenztests notwendig sind [1]*. Erst seit Mitte der sechziger Jahre setzten sich Autoren mit diesem Zustand kritisch auseinander [2]. Diese Kritik wird von unterschiedlichen Gründen bestimmt: In den kapitalistischen Ländern sind es vor allem Zweifel an der Gültigkeit herkömmlicher Intelligenztests und ein Unbehagen über das Fehlen eines theoretischen Konzepts über Intelligenz, aus dem sich empirisch überprüfbare Hypothesen zur Messung wie auch zur Entstehung, Wirkung und Veränderbarkeit intellektueller Leistungsmöglichkeiten ableiten lassen. Außerdem wird die Auseinandersetzung mit jenen Kritikern geführt, die entweder methodische [3] oder politische Argumente [4] anführen.

Nachdem in der DDR die Testpraxis als Ausdruck »bürgerlicher Begabungstheorien« lange Zeit abgelehnt wurde (*Guthke* 1972), wird die Intelligenzthematik neuerdings einbezogen in eine marxistisch begründete Theorie zur Persönlichkeitsforschung (s. u.). *Guthke* meidet den Gebrauch des mit bürgerlicher Theorie befrachteten Begriffs »Begabung« und verwendet statt dessen den weitergehenden Begriff der »allgemeinen Lernfähigkeit« [5], der alle Lernbereiche, Kunst, Sport etc. betrifft. Der Begriff »intellektuelle Lernfähigkeit« bezieht sich demnach auf den intellektuellen Lernbereich und eignet sich zur präziseren Bestimmung dessen, was gewöhnlich unter »Intelligenz« verstanden wird [6].

* Anmerkungen s. S. 158

Diese Begriffe rücken die Blickrichtung von Anfang an auf jene Lernprozesse, die die intellektuellen Leistungen eines Menschen bestimmen. Vergegenwärtigen wir uns die klassische Definition von Lernen als »Verhaltensänderung« [7], so wird deutlich, daß der Umgang mit diesem Begriff wohl kaum zur Annahme größtenteils stabiler intellektueller Persönlichkeitsmerkmale führen kann. So geht es z. B. in *Guthkes* Untersuchungen primär nicht um die Messung der intellektuellen Lernfähigkeit zu einem einzigen Zeitpunkt, um vom Ergebnis her langfristige Prognosen zu stellen, wie es in der »traditionellen« Intelligenzdiagnostik üblich ist [8]. Vielmehr beabsichtigt er, Lern- und Denkprozesse während einer sogenannten längerfristigen »Pädagogisierungsphase« zu erfassen, in der der »Getestete« zum »Lernenden« wird und alle Möglichkeiten erhält, seine Anfangsleistung zu verändern. *Guthke* räumt ein, daß der Begriff »Fähigkeit« durchaus noch mißverständlich interpretiert werden könnte, und verwendet daher synonym zur Lernfähigkeit den weniger eingängigen Begriff »Lernpotenz«. Wir haben in der Überschrift zu diesem Kapitel eine Übersetzung dieses Begriffs vorgenommen, weil sich mit diesem Begriff der »Lernmöglichkeit« [9] nicht nur die Lernfähigkeit eines Individuums beschreiben läßt, sondern auch gleichzeitig die von der Umwelt vermittelten Lernanregungen. Dadurch soll die enge Verflechtung individueller mit außerindividuellen Lernmöglichkeiten hervorgehoben werden.

Im Rahmen unserer Aufgabenstellung müßten die folgenden Fragen zu klären sein:

- Unter welchen Bedingungen entstehen Lernmöglichkeiten (intellektuelle, künstlerische u. a.)? Unter welchen Bedingungen sind sie zu verändern? In diesem Zusammenhang werden wir die Wirkung von Anlagebedingungen, vom Sprachgebrauch, von außerintellektuellen Persönlichkeitsmerkmalen und gezielten Trainingsprogrammen diskutieren.
- Warum und wie sind intellektuelle Lernmöglichkeiten zu bewerten?
- Mit welcher Berechtigung soll die Veränderung intellektueller Lernmöglichkeiten begründet werden? Welche Konsequenzen ergeben sich für die sozialpädagogische Praxis?

4.2. Entstehungsbedingungen für Lernmöglichkeiten

Zur Frage, wie Persönlichkeitsmerkmale entstehen, liefert unser Modell (Kap. 1) eine erste orientierende Übersicht. Danach können zu einzelnen Zeitabschnitten neue Persönlichkeitsmerkmale entstehen oder schon bestehende modifiziert werden, und zwar als Resultat von Wechselwirkungen zwischen den Bedingungen: Konstitution des Individuums – Erziehungsverhalten der primären Bezugspersonen – Lebensbedingungen der primären Bezugsgruppe – gesellschaftliche Normen/bezugsgruppenrelevante Normen – bisher entstandene Persönlichkeitsmerkmale des Individuums – situative Bedingungen – etc.. Zur Entwicklung von Lernmöglichkeiten im sportlichen Bereich könnten z. B. die folgenden Bedingungen von Einfluß sein:

- *Konstitution:* Mittleres bis hohes Aktivitätsniveau; anatomische Voraussetzungen, z. B. Körpergröße, Herz-Kreislauf-System; möglich wäre aber auch die folgende Ausgangslage: niedriges Aktivitätsniveau oder kränklicher Gesundheitszustand, der die primären Bezugspersonen provoziert, mittels Bewegungsangeboten Ausgleich zu schaffen. Nach einem Bericht der »Neuen Zürcher Zeitung« (vom 5. 4. 1974 über das Kolloquium zur Talentsuche) haben Versuche, sportliche Leistungen primär durch anatomische und physiologische Gesetzmäßigkeiten des menschlichen Körpers bestimmt zu sehen, fehlgeschlagen. Nach Aussagen von Sportärzten der DDR sei vor allem das »gesellschaftlich bedingte Motivationsmilieu« von entscheidender Bedeutung. Andererseits ist wohl selbstverständlich, »daß ein 1,65 m großer Athlet kaum Aussichten hat, jemals die $7^1/_4$ kg Kugel 23 m weit zu stoßen«.
- *Erziehungsverhalten / Primäre Bezugspersonen:* Es können an dieser Stelle kaum alle Erziehungsbedingungen aufgeführt werden, die zur Ausbildung sportlicher Lernmöglichkeiten nützlich sind. Zur Veranschaulichung seien nur einige – unserer Meinung nach – relevante genannt: Lernanregungen durch Bezugspersonen: sowohl Übungsangebote wie auch motivierende Zustimmung oder wenigstens Vermeidung von Einschränkungen und angstauslösenden Forderungen.
- *Persönlichkeitsmerkmale / Individuum:* Motorische Bedürfnisse; entwickelte Fertigkeiten zur Bewältigung motorischer Aufgaben; entwickelte Erwartungen (Einstellungen), durch bestimmte Bewegungsabläufe entsprechende Leistungen (Erfolge) zu erzielen, bzw. im ungünstigen Fall, den Spott der anderen und/oder körperliche Schmerzen zu erreichen.

- *Lebensbedingungen:* Die Wohnverhältnisse müssen eine sportliche Betätigung gestatten. Bei zu starker räumlicher Einschränkung können die Bedürfnisse des Kindes, sich zu bewegen, so stark werden, daß das Kind außerhalb der Wohnung nur noch zu chaotischen Bewegungsabläufen fähig ist und Lernangebote, die zunächst eine Unterdrückung irrelevanter Bewegungsabläufe erfordern, nicht nutzen kann.
- *Bereich: gesellschaftliche und individuelle Normen:* Sportliche Betätigungen erfahren in unserer Gesellschaft sicher eine weit verbreitete Wertschätzung. Ein »unsportliches« Kind wird gewöhnlich größeren Diffamierungen ausgesetzt sein als ein »unmusikalisches« Kind. So wird das unsportliche Kind spätestens im Schulalter wegen der großen Mißerfolgserwartungen, die für diesen Lernbereich fast die gesamte Persönlichkeit umfaßt (»Schlappschwanz«), eher Techniken entwickeln (Persönlichkeitsmerkmale), um überhaupt nicht mit sportlichen Lernangeboten konfrontiert zu werden, als das unmusikalische Kind, dessen fehlende musikalische Lernmöglichkeiten sich in einer Persönlichkeitsbeurteilung durch andere – und damit in seinem Selbstbild – nicht so umfassend niederschlagen.

Unsere recht lückenhafte Aufstellung kann immerhin schon folgendes verdeutlichen:
- Jede einzelne sportliche Leistung zu einem bestimmten Zeitpunkt ist immer Resultat der Wechselwirkung zwischen zahlreichen inneren und äußeren Bedingungen.
- Die individuellen Lernmöglichkeiten im Bereich »Sport« werden nicht nur durch die entwickelten sportlichen Fertigkeiten bestimmt, sondern auch durch die diesen Bereich betreffenden erworbenen Motivationsbedingungen (Bedürfnisse, Ängste, Erwartungen).
- Durch einen Test, der die sportliche Leistung nur zu einem einzigen Zeitpunkt erfaßt, kann das gesamte, die sportlichen Lernmöglichkeiten repräsentierende Bedingungsgefüge nicht annähernd ermittelt werden. Wenn z. B. zwei Personen zwar die gleiche schlechte Anfangsleistung, nicht aber die gleiche Lerngeschichte haben (Person A: angstmotiviert / Person B.: motivational unvorbelastet, bisher keine Trainingsangebote), werden für sie zum Zwecke der Leistungssteigerung unterschiedliche Lernangebote optimal sein. Die bedeutsamen Unterschiede im entsprechenden Bedingungsgefüge können also nicht durch einen einzigen Test zu Anfang, sondern erst während einer sogenannten »Pädagogisierungsphase« erfaßt werden [10].

Beim Versuch, die am Beispiel »sportliche Lernmöglichkeiten« erarbeiteten Grundlagen auf den Bereich »intellektuelle Lernmöglichkeiten« zu übertragen, ergeben sich aber Probleme. Die intellektuellen Lernmöglichkeiten eines Individuums erstrecken sich auf eine Vielzahl kognitiver Lernbereiche im Gegensatz zu dem relativ einheitlichen Lernbereich Sport. Die Vielfalt intellektueller Lernmöglichkeiten spiegelt sich u. a. auch in herkömmlichen Klassifizierungen intellektueller Leistungen wider: So kam z. B. *Thurstone* anhand von 60 faktorenanalytisch untersuchten Tests zu dem Ergebnis, »daß der größere Anteil der geistigen Fähigkeiten des Menschen durch 7 primäre Fähigkeiten interpretiert werden könne«, und zwar »Umgang mit Zahlen«, »Wortflüssigkeit«, »Verbale Intelligenz (Sprachverständnis)«, »Gedächtnis«, »Schlußfolgerndes Denken«, »Räumliche Wahrnehmung«, »Wahrnehmungsgeschwindigkeit« [11]. *Guilford* unterscheidet nicht weniger als 120 intellektuelle Fähigkeiten, die voneinander unabhängig von Person zu Person variieren sollen. Alle diese Fähigkeiten sollen dasjenige ausmachen, was man Intelligenz nennt [12]. Ohne die methodischen und theoretischen Probleme solcher Annahmen an dieser Stelle zu erörtern [13], können wir feststellen, daß die intellektuellen Lernmöglichkeiten eines Individuums kein einheitliches Persönlichkeitsmerkmal sind. Sie lassen sich vielmehr unterscheiden hinsichtlich

- ihres Gegenstandsbereichs: z. B. Lerngegenstände wie »Zahlen«, »Wörter«, »soziale Situationen«;
- ihres Handlungsbereichs: z. B. Handlungen wie »sprechen«, »wahrnehmen«, »Analogien bilden«, »Vergleiche ziehen« etc.

Es könnte sinnvoll sein, bei den Handlungsbereichen noch einmal zu unterscheiden zwischen Handlungen, die unmittelbar der Lösung des Problems dienen (also »denkerische« Handlungen, wie klassifizieren), und Handlungen, durch die das Ergebnis des Denkprozesses ausgedrückt wird (z. B. Ankreuzen einer Zahl, Sprechen eines Satzes etc.). Zwischen allen genannten Bereichen bestehen Wechselwirkungen: So könnte allein die Aufforderung, ein beliebiges mathematisches Problem mittels schriftlicher Äußerungen zu lösen, bei einer im Schreiben wenig geübten Person zur Unterdrückung der lösungsrelevanten Denkprozesse führen oder diese beeinträchtigen [14]. Die Darstellung der Entstehungsbedingungen intellektueller Lernmöglichkeiten wird demnach nur über die Beschreibung eines höchst komplexen Bedingungsgefüges einfacher und komplexer Lernbedingungen für unterschiedliche Handlungs- und Gegenstandsbereiche erfolgen können. Wir werden uns das immer vergegenwärtigen müssen, auch wenn wir bei der Diskussion der folgenden Probleme auf vereinfachende Formulierungen zurückgreifen.

4.2.1. »Anlagen« als Entstehungsbedingungen für intellektuelle Lernmöglichkeiten

Nach den Grundlagen unseres Modells [15] verbietet sich die Frage, zu welchen Anteilen »Erbanlagen« und »Umweltfaktoren« die intellektuellen Lernmöglichkeiten bestimmen. Eine solche Fragestellung, in der Erbanlagen und Umweltfaktoren als relativ voneinander unabhängige Größen verstanden werden, vernachlässigt das Moment der Wechselwirkung zwischen den einzelnen Bestimmungsgrößen: »Anlage und Umwelt werden also nicht in ihrem dialektischen Wechselverhältnis gesehen, sondern statt dessen dient das unzutreffende mechanistische Modell der Additivität als Erklärungsgrundlage für das Zusammenwirken der beiden Vektoren« [16].

Die genaue Bestimmung dessen, was Anlage beinhaltet und wie sie wirkt, erfolgt gewöhnlich in der »Begriffssprache der Biologie bzw. Genetik und nicht in der Psychologie« [17]. Das erschwert allerdings die Veranschaulichung der Wirkung von Anlagen im Rahmen von Persönlichkeitsmerkmalen, die vorwiegend mittels psychologischer Begriffe definiert werden.

Wir können zwei Arten von Anlagevariablen, denen bei der Ausbildung intellektueller Lernmöglichkeiten Einfluß zukommt, unterscheiden:

a) physiologisch/chemisch zu definierende Variablen: Es handelt sich dabei um Substanzen (z. B. Enzyme), die u. a. für die Weiterleitung von Impulsen über Nervenbahnen von Bedeutung sind und damit auch die Lerngeschwindigkeit beeinflussen können. Ein solches Enzym ist »Cholinesterase«, das *Krech* u. a. [18] in höheren Konzentrationen in den Hirnrinden solcher Rattenstämme fanden, die sich über Generationen positiv von anderen Rattenstämmen in der Geschwindigkeit unterschieden, mit der sie ein Labyrinth zu durchlaufen lernten.

b) Es handelt sich dabei um biologische Grundlagen psychischer Bedingungen, wie sie u. a. von sowjetischen Psychologen am Beispiele des Temperaments aufgezeigt wurden. Nach *Pawlow* [19] beeinflussen »Temperamentsbesonderheiten« wie z. B. »psychisches Tempo, Erregbarkeit und Sensibilität« die Lernfähigkeit eines Menschen. Diese allgemeinen biologischen Bedingungen können aber zu recht unterschiedlichen Persönlichkeitsmerkmalen führen, je nach Außenbedingungen, mit denen sie in Wechselwirkung treten. »Diese Sensibilität stellt also eine Anlage bzw. ›natürliche Fähigkeit‹ dar, aus der im Leben dann freilich ganz Verschiedenes werden kann, z. B. künstlerische Empfindsamkeit auf der einen und ständig nervöse Reizbarkeit auf der anderen Seite« [20].

Die Wirkungsweise solcher biologischer Außenbedingungen ist bisher noch kaum erforscht. Die empirische Untersuchung eines solchen Problems, etwa der Frage, welche Außenbedingungen (Erziehungsverhalten der primären Bezugspersonen) für unterschiedliche biologische Bedingungen optimal sind, müßte in einem sehr frühen Stadium menschlicher Entwicklung ansetzen; denn selbst die ersten Äußerungen eines Säuglings sind immer schon als Ergebnis einer Wechselwirkung zwischen biologischen Bedingungen, zahlreichen Außenbedingungen und zunehmend differenzierter werdender Persönlichkeitsmerkmale zu verstehen. Die Ergebnisse solcher Untersuchungen würden immer nur vorläufige sein; denn durch Veränderung der Außenbedingungen in Gestalt von Verbesserungen der Trainingsmethoden dürften sich auch andere Ergebnisse der Wechselwirkung zwischen innen und außen einstellen. Diese Einschränkungen gelten in noch stärkerem Maße für jene empirischen Befunde, denen keine vergleichbaren sozialisationstheoretischen Voraussetzungen zugrunde liegen. Unabhängig von den – oft unreflektierten – theoretischen Grundannahmen und politischen Zielvorstellungen solcher Berichte weisen diese Untersuchungen zahlreiche methodische Mängel auf, so daß ihre Ergebnisse zu keinen weiterreichenden Schlußfolgerungen berechtigen. Die genannten methodischen Mängel betreffen wenigstens drei Untersuchungsbereiche:

a) *Mängel der Meßinstrumente:* Wenn die Frage der Anlage-Umwelt-Abhängigkeit von Intelligenz geklärt werden soll, muß die Intelligenz auf irgendeine Weise gemessen werden. Dies geschieht mittels Intelligenztests, die zu einem einzigen Zeitpunkt nur einen kleinen Ausschnitt dessen erfassen, was an intellektuellen Lernmöglichkeiten tatsächlich auffindbar wäre [21].
b) *Mängel in der Beschreibung von »Umwelt«:* Diese Mängel betreffen vor allem jene Untersuchungen, in denen die intellektuellen Leistungen eineiiger Zwillinge, die in unterschiedlichen Umwelten aufwuchsen, miteinander verglichen werden. Dabei bedeutet »unterschiedliche Umwelt« oft nur »unterschiedliche Familie«, ohne daß die zahlreichen Bedingungen, nach denen sich Familien unterscheiden können, analysiert sind [22]. Daher verwundert es

nicht, wenn derartige Vergleiche recht widersprüchlich ausfallen [23]. Da in diesen Untersuchungen immer mehr Familien aus kulturell ähnlichem Milieu als aus total abweichendem Milieu teilnehmen, ist es unsinnig, aus den gewonnenen unterschiedlichen Vergleichswerten Durchschnittswerte zu bilden, um zu beweisen, daß die Umwelteinflüsse auf das Ausmaß der Intelligenz gering seien. Wie differenziert »Umweltfaktoren« erfaßt werden können, verdeutlicht eine Untersuchung von *Majoribanks* [24]: Hier werden allein acht bedeutsame Umweltfaktoren genannt, die lediglich die motivationsbestimmenden Erziehungspraktiken der Eltern betreffen: »Anforderungen an Leistung, Anforderungen an Aktivität, an Intellektualität, an Selbständigkeit, an Sprache (Englisch), an Sprache (Nicht-Englisch), Dominanz des Vaters, Dominanz der Mutter« [25].

c) *Mängel bei intelligenzfördernden Programmen:* Wenn Kinder einem umfangreichen Training unterzogen werden und das Ziel, eine Steigerung ihres Intelligenzquotienten, nicht erreicht wird, darf ein solches Ergebnis nicht als Beweis für die Existenz stabiler, anlagebedingter intellektueller Eigenschaften gewertet werden. Das Ergebnis könnte ebenso auf eine unzureichende Trainingsmethode zurückzuführen sein. Die in den letzten Jahren aufsehenerregenden »Ergebnisse« des amerikanischen Psychologen *Jensen*[26], die den Beweis für eine überwiegend erbliche Bestimmung der Intelligenz liefern sollen, beruhen mindestens auf zwei fragwürdigen Grundlagen:
   - einer ungeprüft als intelligenzfördernd deklarierten Trainingsmethode, und zwar den amerikanischen Vorschulprogrammen, und
   - Vergleichen der Intelligenzwerte von Zwillingen, Geschwistern, verwandten Personen, die in »unterschiedlichen« Umwelten aufwuchsen (s. o.).

Intelligenzfördernde Programme sind also zur Beweisführung für die Anlagebedingtheit der Intelligenz nicht geeignet. Ihr Einsatz rechtfertigt sich nur immer dann, wenn es um die Frage geht, welches Trainingsprogramm für welchen Personenkreis optimale Ergebnisse bringt. *Jensens* Veröffentlichungen verdeutlichen unmittelbar die enge Verflechtung wissenschaftlicher Fragestellungen mit politischen und ökonomischen Bedingungen: Seine polemische Kritik an der überflüssigen, kostspieligen Förderung von Unterschichtkindern (in USA oft gleichbedeutend mit Negern) wird gerade zu dem Zeitpunkt aktuell, zu

dem die Kosten für vorschulische Förderungsprogramme drastisch eingeschränkt werden [27].
Die wissenschaftlichen Fragestellungen zum Anlage-Umwelt-Komplex werden also auch immer von politischen Zielvorstellungen geprägt sein.

4.2.2. Der Sprachgebrauch bei der Entwicklung intellektueller Lernmöglichkeiten

Zu den einzelnen Themen dieses Abschnitts steht eine Fülle leicht zugänglicher Fachliteratur bereit. Wir werden uns darauf beschränken, wesentliche Aspekte nur kurz aufzuzeigen, um daran Orientierungshilfen und Bewertungskriterien zum Umgang mit entsprechender Fachliteratur zu gewinnen.

4.2.2.1. Emotionale Grundlagen der Kommunikation

Die Entwicklung intellektueller Lernmöglichkeiten vollzieht sich zu großen Teilen unterstützt durch sprachliche Mittel. Die Auseinandersetzung mit Sprache als Element von Denkprozessen hat in den Hintergrund treten lassen, daß wesentliche Wurzeln des verbalen Verhaltens im emotional-sozialen Bereich liegen.
Die Entwicklung kommunikativen Verhaltens erfolgt in enger Verbindung mit der Bildung erster Objektbeziehungen [28]. Das Kind, das in der zweiten Hälfte des ersten Lebensjahres die bekannte Bezugsperson (1. Objekt) von unbekannten zu unterscheiden gelernt hat, versucht die Abwesenheit des geliebten Objekts ertragen zu können, indem es ein Ersatzobjekt wählt (z. B. eine Puppe, einen Teddy oder ein bestimmtes Kissen). Die Wahl des Ersatzobjektes kann als Abschnitt in einem Prozeß zur Symbolbildung verstanden werden [29].
Erste sprachliche Laute – Symbole – weisen ähnliche Qualitäten auf wie Ersatzobjekte. Die Fähigkeit, sprachliche Symbole als Ersatzobjekte zu verwenden, ist als Ergebnis eines Geschehens zu verstehen, in dessen Verlauf Wechselwirkungen zwischen undifferenzierten Handlungen (z. B. saugen, Laute bilden) und entsprechenden Empfindungsgruppen (z. B. angenehme Empfindung des Sattsein, Empfindung der Laute) stattfinden [30].
Die Existenz befriedigender emotionaler Beziehungen zu(r) primären Bezugsperson(en) stellt also eine wesentliche Bedingung des Spracherwerbs dar. Weitere emotionale Grundlagen des Spracherwerbs nennt *Bittner* [31]. Er weist auf die Rolle von Frustrationen als »Motor der

sprachlichen Entwicklung« [32]. Für Kinder, denen jeder Wunsch von den Augen abgelesen wird, besteht nicht die Notwendigkeit, Bedürfnisse in Wörtern auszudrücken. Allerdings muß der Bedürfnisartikulation auch eine Bedürfnisbefriedigung – wenigstens zu Anfang – folgen.
Die enge Verknüpfung von Bedürfnissen mit Sprache äußert sich in zahlreichen »affektiv determinierten Wortbildungen« [33]. Diese beziehen sich weniger auf den bezeichneten Gegenstand als auf das mit diesem Gegenstand verbundene Bedürfnis. Das Kind sagt z. B. »Keks«, nicht um auszudrücken, »das ist ein Keks«, sondern »ich möchte einen Keks« und wird das Wort »Keks« u. U. auch verwenden, wenn es einen Apfel oder ein Bonbon wünscht.
Neben der Befriedigung sozialer, emotionaler und materieller Bedürfnisse kommt der Sprache auch zunehmend die Funktion des Bewußtmachens und damit der Kontrolle von Gefühlen zu. »Die frühe Verbalisierung ist Objektivierung des Affekts« [34]. Bei diesem Vorgang ist allerdings nicht sichergestellt, daß durch Sprache entsprechende Gefühle nur bewußt werden; die Sprache kann ebenso dazu dienen, Gefühle zu verschleiern oder vorzuspiegeln. Ein Kind hört z. B., während es ein Verbot der Mutter mißachtet, von dieser den Kommentar: »Das machst du, weil du böse bist.« Dabei wird es wohl kaum das subjektive Gefühl des Böse-Seins erleben, sondern eher dieses sprachliche Etikett mit dem Fehlen bestimmter Anpassungsleistungen verbinden. Das Kind, das gebeten wird, so »freundlich« zu sein, ins Bett zu gehen, weil es »müde« ist, obwohl die Mutter durchaus »Verständnis« hat etc., erlernt dabei die Unterdrückung und Verschleierung eigener und fremder Gefühle mittels verbal abstrakter Formeln. Komplizierter Satzbau und die Verwendung »verbalisierter Gefühle« garantieren keineswegs eine Objektivierung und Bewußtmachung von Bedürfnissen und Gefühlen [35].

4.2.2.2. Gemeinsame Ursprünge von Sprache und Denken

Einen Einblick in die Wechselwirkungen zwischen Sprechen und Denken liefert die Erforschung der individualgeschichtlichen Sprachentwicklung ebenso wie Theorien über den gesellschaftlichen Ursprung der Sprache. Nach *Wygotski* [36] entstand die Sprache »aus dem Bedürfnis heraus, sich im Arbeitsprozeß zu verständigen«. Hierbei wird neben dem sozialen Aspekt der Sprache gleichzeitig auf eine enge Verknüpfung von Sprechen und Handeln hingewiesen. Im Verlauf der Entwicklung des Individuums lassen sich die vielfältigen Beziehungen zwischen Denken und Sprechen nur dann verstehen, wenn deren gemeinsame Ursprünge im Handeln erkannt werden. Dabei sind folgende Momente als wesentlich zu beachten:

- Das Kind ist zu kognitiven (»denkerischen«) Leistungen fähig, bevor es sprechen kann: Es erkennt z. B. die Begriffe »eckig« und »rund«, lange bevor ihm entsprechende verbale Bezeichnungen zur Verfügung stehen. Es kann handelnd erfahren, daß zwei Würfel übereinander zu stapeln sind, nicht aber zwei runde Bälle, daß Bälle rollen, nicht aber Würfel [37]. Aus der Verarbeitung von Erfahrungen, die das Kind bei Handlungen an Gegenständen gewinnt, erwirbt es erste Begriffe, vollzieht es erste »Abstraktionsleistungen«: Um runde von eckigen Gegenständen unterscheiden zu können, muß es sich von allen übrigen Merkmalen dieser Gegenstände – z. B. Farbe und Material – lösen und nur einen einzigen gemeinsamen Aspekt der Gegenstände, das »Runde« beachten und verallgemeinern [38].
- Die sprachliche Bennennung von Gegenständen kann als Ergebnis eines Abstraktionsprozesses verstanden werden [39]: Wenn ein Kind eine bestimmte Gruppe von Gegenständen mit dem Wort »Apfel« benennen kann, unabhängig davon, ob diese groß oder klein, rot oder grün, süß oder sauer sind, muß es zu Abstraktionsleistungen (»Verallgemeinerungen«) fähig sein. Zu Beginn der Sprachentwicklung verfügt das Kind zwar schon über Wörter und Laute, nicht aber über die »entsprechenden Begriffe und Verallgemeinerungen, ohne die ein Verstehen unmöglich ist« [40]. Allerdings dürften auch die kindlichen Wortproduktionen als Ergebnisse von Verallgemeinerungen zu verstehen sein, nur eben nicht allgemeinverbindichen Verallgemeinerungen. Das Kind verallgemeinert zunächst unter anderen Aspekten als der Erwachsene, wahrscheinlich unter solchen, die für die Befriedigung seiner Bedürfnisse und die Ausübung von Handlungen bedeutsam sind. Während sich also zu Beginn Sprache und Denken getrennt voneinander entwikkeln, gehen sie später vielfältige Verbindungen miteinander ein: Sprachliche Begriffe erfüllen zunehmend die Funktion, das Denken von den anschaulichen Elementen der Handlung zu entlasten [41]. Dadurch wird der Denkablauf erleichtert; es stehen zahlreiche Begriffe zur Verfügung »für die Erweiterung menschlicher Wirklichkeitserfassung« [42]. Die Steuerung der Wirklichkeitserfassung durch sprachliche Mittel kann aber auch auf deren Einschränkung hinauslaufen. Letzteres darf aber nicht so mißverstanden werden, als sei die Sprache Ursache eingeschränkter Wirklichkeitserfassung. Noch

weniger trifft das auf Formen eingeschränkten (»restringierten«) [43] Sprachgebrauchs zu (s. u.). Wenn Angehörige unterschiedlich privilegierter Gruppen die Realität unterschiedlich erfassen, so müssen dafür zuallererst Unterschiede in deren Realität verantwortlich gemacht werden. Die unterschiedlichen Lebensbedingungen dieser Gruppen erfordern entsprechende Handlungen, prägen das Denken wie auch die Entstehung und Verwendung sprachlicher Begriffe.

4.2.2.3. *Wirkungen schichtenspezifischen Sprachgebrauchs*

Obwohl wir im letzten Abschnitt darstellen konnten, daß Sprache die Denkleistungen nur mittelbar bestimmt, können wir nachweisen, daß bestimmte Formen des Sprachgebrauchs die Entwicklung optimaler Lernmöglichkeiten indirekt erschweren. Es konnte zwar bisher für den deutschen Raum keine »Unterschichtssprache« identifiziert werden [44], dennoch kann mit einiger Berechtigung angenommen werden, daß bestimmte Merkmale des Sprachgebrauchs von Angehörigen unterprivilegierter Schichten deren Schulerfolg beeinträchtigen. Dabei liegt die Beeinträchtigung zunächst weniger im intellektuellen Bereich (s. o.) als vielmehr im sozial-motivationalen. Die Erfahrung, die gewohnte Sprache nicht gebrauchen zu können, wirkt negativ auf die Motivation des Kindes [45].

Ein Nachlassen in der Kommunikation mit dem Lehrer verhindert schließlich auch die Verarbeitung von Lerninhalten und wirkt zurück, sowohl auf die Lernmotivation als auch auf die Erweiterung intellektueller Lernmöglichkeiten. Dieser Prozeß wird aber vor allem dann in Gang gesetzt und verstärkt, wenn von den Lerninhalten keine motivierenden Wirkungen ausgehen, da diese für die Bewältigung aktueller Probleme des Kindes irrelevant sind.

Die Tatsache, daß in unserer Gesellschaft die Vergabe von Chancen an bestimmte Formen des Sprachgebrauchs gebunden ist, darf nicht dazu verleiten, »Unterschichtssprache« generell als »defizitär« oder weniger leistungsfähig zu betrachten. Was eine Sprachform zu leisten vermag, ist zunächst abhängig von der *Situation,* in der gesprochen wird. Die Leistung der Sprache kann weiterhin vom Bewertungsmaßstab des Hörers bestimmt werden. Beide Aspekte sind von *Bühler* [46] im Rahmen einer empirischen Untersuchung an Schulanfängern berücksichtigt worden. Dabei bestimmt er die Leistung einer Sprachform von deren »Informationsgehalt« her. Er unterscheidet »kommunikativ-dysfunktionales Sprechen« (»niedriger Informationsgehalt der Wörter«, »unökonomisch eingesetzte Sprachmittel«, häufiger von Mittel-

schichtenangehörigen verwandt) von »kommunikativ-funktionalem Sprechen« (»hoher Informationsgehalt der Wörter«, »ökonomische Verwendung«, häufiger von Unterschichtenangehörigen gebraucht). Zur Veranschaulichung dieser Unterschiede im Sprechverhalten gibt er folgendes Beispiel: »Ein Autofahrer fährt zum Tanken. Er sagt zum Tankwart: ›Würden Sie bitte so nett sein und den Tankdeckel an meinem Auto öffnen, das Zapfventil von der Zapfsäule nehmen, dasselbe in den Einfüllstutzen einführen, danach einschalten und schließlich mit Super volltanken? Danach können Sie sicher sein, daß ich prompt bezahlen werde.‹ Ein anderer sagt: ›Super, bitte voll‹« [47].
Zur Situationsgebundenheit sprachlicher Äußerungen führte *Cazden* [48] zahlreiche Untersuchungen durch. Die sprachlichen Leistungen in einer gegebenen Situation sind danach abhängig von der gestellten Aufgabe, dem zu bearbeitenden Thema und dem Zuhörer. Der Sprecher bringt in eine solche Situation seine erworbenen Erfahrungen ein, die er bei der Auseinandersetzung mit entsprechenden Themen, Gegenständen und Menschen gewonnen hat. Unterschiede im Sprachgebrauch sind wiederum primär zurückzuführen auf unterschiedliche Erfahrungen mit den betreffenden Aufgabengegenständen, vor allem auch auf Unterschiede in Ängsten und Bedürfnissen, die durch die Person des Zuhörers hervorgerufen werden. *Labov* kommentiert ein Gespräch zwischen einem Versuchsleiter im Klassenzimmer und einem Kind, das entweder gar nicht oder nur einsilbig antwortet, folgendermaßen: »Die soziale Situation, die ein solches defensives Verhalten produziert, ist diese: Ein Erwachsener stellt einem isolierten Kind Fragen, deren Antworten er offensichtlich schon kennt, während alles, was das Kind sagt, sich ihm zum Nachteil auswirken kann. Tatsächlich ist dies das Paradigma der Schulsituation, die so lange vorherrscht, wie das Lesen gelehrt (aber nicht gelernt) wird« [49]. In Untersuchungen, in denen die »Sprechsituationen« berücksichtigt wurden, konnten schichtenspezifische Sprachdefizite nicht ermittelt werden [50]. *Labov* wendet sich in einer linguistischen Analyse des »Non-Standard-Neger-Englisch« (NNE) gegen die Annahme, es handele sich hierbei um eine primitivere Sprache als das offizielle »Standard-Englisch«. NNE besteht nach *Labovs* Ergebnissen [51] aus mindestens ebenso komplexen Regelsystemen wie Standard-Englisch, nur sind es eben andere Regeln. Die Unterschiede zwischen NNE und Standard-Englisch sind den einzelnen schichtenspezifischen Formen des Sprachgebrauchs in Deutschland kaum vergleichbar. Es fehlen wesentliche empirisch belegte Befunde als Voraussetzungen zur differenzierteren Untersuchung des

Einflusses sprachlicher Leistungen auf den Erwerb intellektueller Lernmöglichkeiten. Wir müssen nach der Diskussion der letzten Abschnitte einen direkten Einfluß der Sprache bezweifeln. Die »Zahl der Nebensätze«, ... »der Gebrauch ungewöhnlicher Adjektive« gestatten weder »Rückschlüsse über die logische Komplexität gesprochener Sprache« [52] und wir fügen hinzu, noch über die Komplexität kognitiver Systeme des Sprechers [53]. Diese sprachlichen Merkmale können aber unter bestimmten schulischen Bedingungen den Erwerb weiterführender kognitiver Lernmöglichkeiten beeinträchtigen.

4.2.3. Wirkungen außerintellektueller Persönlichkeitsmerkmale

»Der Begriff ›außer-‹ bzw. ›nichtintellektuelle‹ Eigenschaften ruft vielleicht Widerspruch hervor, da bekanntlich auch die Lernmotivation, die Ausdauer, das Interesse usw. sehr eng mit intellektuellen Prozessen verwoben sind. Trotz der Verflechtung aller psychischen Prozesse und Eigenschaften erweist es sich aber immer wieder als notwendig, sowohl in der Forschung als auch in der Wissenschaftssprache Abgrenzungen vorzunehmen, da die Ganzheitlichkeit des Psychischen letztlich nur dann umfassend untersucht werden kann, wenn man zunächst analysierend und hierbei notgedrungen manchmal vielleicht auch isolierend vorgeht ... Außerintellektuelle Eigenschaften in unserem Sinne sind also alle Eigenschaften der Person mit Ausnahme der Intelligenz« [54].

Demnach müßten wir an dieser Stelle alle jenen Bedingungen erwähnen, die in den anderen Kapiteln, insbesondere aber im Kapitel 5, aufgeführt werden, oder eine Darstellung dieser Bedingungen würde sich an dieser Stelle erübrigen. Letzteres könnte wiederum als Abspaltung der nicht-intellektuellen Bedingungen interpretiert werden oder gar zu einer Gleichsetzung dieser Bedingungen mit »Störvariablen« oder »Fehlerquellen« bei der Messung von Intelligenz führen [55]. Wir werden deshalb am Beispiel der motivationalen Bedingungen deren Wirkungsweise veranschaulichen. Andere Persönlichkeitsmerkmale, die unter dem Begriff »Wahrnehmungsstile« zusammengefaßt sind, rechnen wir nicht zu den außerintellektuellen. Wahrnehmung als »sinnliche Erkenntnistätigkeit« [56] kann als kognitive Leistung verstanden werden.

Die Wirkung der motivationalen Bedingungsgruppe erstreckt sich über den gesamten Zeitraum des Aufbaus intellektueller Lernmöglichkeiten. Ein weiterer kurzfristiger Aspekt betrifft die jeweilige aktuelle Situation, in der ganz spezielle Aufgaben zu lösen sind. Die meisten empirischen Untersuchungen über motivationale Bedingungen haben die Lern- und Leistungsmotivation in Abhängigkeit von den Lebens- und Arbeitsbedingungen sowie den daraus resultierenden Erziehungspraktiken und Wertorientierungen der Eltern zum Gegenstand [57]. Weniger Aufmerksamkeit wird den motivierenden Kräften der Lerngegenstände gewidmet, mit denen sich das Kind handelnd und lernend zur Bewältigung seiner Probleme auseinandersetzt. Einen Einblick in die lernmotivierenden Wirkungen, die aus dem Bedürfnis nach Bewältigung aktueller Probleme erwachsen, vermittelt eine Untersuchung von *Denis* [58] mit einem Bericht über Heimkinder im Iran: Diese Kinder, die sowohl in der geistigen, körperlichen und sozialen Entwicklung retardiert waren, zeigten in einem isolierten Bereich überdurchschnittliche Leistungen. »Das Verlangen nach Nahrung schien im Heim II am stärksten zu sein. In diesem Heim wurde vor den Mahlzeiten sehr viel geweint. Kinder dieser Gruppe konnten mit Tassen und Löffeln geschickt umgehen. Im allgemeinen wurde von diesen Kindern sehr wenig Nahrung verschüttet. Tassen mit Milch wurden gierig ergriffen, vorsichtig gehalten und schnell ausgetrunken . . .« [59].

Lernmotivierende Erfolgserlebnisse werden Kindern also nicht nur durch Anerkennung von seiten der Erzieher vermittelt, sondern entstehen unmittelbar aus der Erfahrung, ein bedeutsames Problem bewältigt zu haben. Ein Kind, das in Abwesenheit der Mutter einen Stuhl an den Tisch schiebt, daraufklettert, von dort auf den Schrank steigt, ein bestimmtes Fach aufschließt und das Problem löst, eine »verbotene« Bonbondose zu erreichen, gewinnt aus diesem Erlebnis sicher lernmotivierende Erfahrungen. In diesem Beispiel ist das zu lösende Problem ein Problem des Kindes und nicht ein durch andere Personen aufgezwungenes Problem, wie es sie in zahlreichen sog. »intelligenzfördernden« Aufgabenbüchern gibt (vgl. die Aufgaben bei *Ott* [60], z. B. S. 35: an dieser Stelle soll das Kind lernen, »Erfahrungen zu sammeln«, »Verantwortung zu übernehmen« und als Voraussetzung dazu seine »praktische Intelligenz« schulen, indem es aufgefordert wird, »Striche mit dem Lineal zu ziehen«, »Striche wegradieren« etc). Diese Art von außen aufgezwungener Probleme ist nicht zu verwechseln mit Problemen, die sich das Kind in der Kooperation mit anderen zu eigen macht (vgl. Kap. 5).

Eine enge Verflechtung zwischen den Bedürfnissen des Kindes, den Forderungen der Bezugspersonen, der Art des Problems und der Lernmotivation läßt sich aus den Berichten von *Singer* [61] erkennen. Als Psychoanalytiker verweist er auf die prägende Wirkung von Erfahrungen aus dem Verlauf der frühkindlichen Libidoentwicklung [62].

Eines seiner Beispiele aus der oralen Phase soll hier anhand der vorangegangenen Diskussionsergebnisse interpretiert werden.
Unter der Überschrift »orale Verwöhnung und Lernpassivität« wird eine Mutter geschildert, die auf jedes Weinen des Kindes mit Füttern antwortet. Die Zuwendung der Mutter äußert sich in ständig zu umfangreichen Essensportionen. »So wird das Essen zur Pflicht, der man nachkommen muß, wenn man die Liebeszuwendung der Mutter nicht verlieren will. Für die Entwicklung des kindlichen Gesamtverhaltens ist es bedeutsam, täglich mehrmals zu erleben, daß man mit einer Leistung nur mühsam oder gar nicht fertig wird. Dem Kind, das bei jeder Mahlzeit etwas auf dem Teller lassen muß, weil es schon vollgestopft ist, bleibt die einprägsame Erfahrung zurück: ich werde mit nichts fertig; ich kann die mir gestellte Aufgabe nicht bewältigen ... Die kindliche Aktivität weicht mehr und mehr einer passiven Erwartungshaltung. Die Kinder – nicht gewohnt zuzugreifen – warten ab, was ihnen geboten wird. Sie können sich nicht selbst etwas aneignen ... Die Passivität kann gesteigert werden zur Abwehr des Lernstoffes. So wie das ständig übersättigte Kind einen Ekel vor dem Essen entwickeln kann und damit von vornherein sich weigert zu essen, können solche Schüler aus diesen Erfahrungen heraus das Aufnehmen von Wissen verweigern« [63].
Ergänzende Interpretation:
- Das Problem: die Aufgabe, den Teller vollständig zu leeren, wird dem Kind von außen aufgezwungen. Wäre es der Mutter gleichgültig, wieviel das Kind ißt, bestünde dieses Problem nicht. Es ist also unsinnig, aus *Singers* Bericht zu folgern: Kinder, denen zu viel auf den Teller gelegt wird, sind in der Entwicklung von Lernmotivation beeinträchtigt. Der nur halb geleerte Teller wird erst durch die Ansprüche der Mutter zum Problem: Die Essenssituation wird dadurch zur bedrohlichen Leistungssituation, weil sie mit Angst vor Liebesverlust verknüpft wird.
- Die Verallgemeinerung der Erfahrung: Unter welchen Bedingungen überträgt das Kind die Erfahrungen der Essenssituation auf andere Leistungssituationen? Wie entsteht aus dem Erlebnis: »Ich kann beim Essen die Forderungen der Mutter nicht erfüllen« das Selbstbild: »Ich kann Leistungsanforderungen generell nicht erfüllen«? Die Entwicklung eines solchen Selbstbildes wird um so wahrscheinlicher, je stärker die Erfahrungen der Essenssituation in Mimik und Gestik und Kommentaren der Mutter den übrigen Tagesablauf bestimmen, und je weniger Gelegenheiten sich dem Kind bieten, in anderen Bereichen erfolgreich Probleme zu lösen. Verallgemeinerungen können

auch als Ergebnisse von Wechselwirkungen auftreten: Durch die große emotionale Abhängigkeit des Kindes von der Mutter – vor allem, wenn sie die einzige Bezugsperson für das Kind ist – könnte das Kind durch die unerfüllbaren Forderungen so stark verunsichert werden, daß es unfähig wird, Gelegenheiten zur erfolgreichen Problemlösung in anderen Bereichen wahrzunehmen. Das Selbstbild des Kindes beeinflußt sowohl die Nutzung von Chancen zur Entwicklung weiterer intellektueller Lernmöglichkeiten als auch die Demonstration schon bestehender Lernmöglichkeiten [64].

4.2.4. Die Veränderung intellektueller Lernmöglichkeiten durch Trainingsprogramme

Seit mehr als 50 Jahren wird in experimentellen Anordnungen die Frage überprüft, in welchem Ausmaß vorangegangene Lernprozesse das Erlernen neuer Fertigkeiten oder neuen Materials erleichtern [65]. In diesen Untersuchungen erfassen die Lernaufgaben gewöhnlich nur einen äußerst kleinen Verhaltensausschnitt, anders als in Untersuchungen mit Trainingsprogrammen, in denen die Verbesserung eines hochkomplexen Persönlichkeitsmerkmals – Intelligenz – angestrebt wird. Dennoch lassen sich die Erfolge solcher Trainingsprogramme als Ergebnisse von sehr komplexen Prozessen interpretieren, die in gleicher, wenn auch einfacherer Weise bei den sog. »Transferuntersuchungen« ablaufen [66]. Gegenwärtig Gelerntes kann neues Lernen erleichtern, wenn dabei notwendige kognitive Systeme aufgebaut oder schon bestehende erweitert, differenziert oder nur aktualisiert werden. Die nachstehenden Untersuchungen sind zu verschiedenen Zeiten und unter unterschiedlichen theoretischen Voraussetzungen durchgeführt worden. Wir werden bei der Interpretation dieser Untersuchungen erarbeiten, welche Bedingungen bei gezielter Veränderung intellektueller Lernmöglichkeiten zu beachten sind.

4.2.4.1. Der Einfluß kurzfristiger, kontrollierter Lernphasen

Die Kennzeichnung einer Lernphase als »kurzfristig« bedeutet hier keine zeitliche Begrenzung auf eine oder zwei Stunden, wie es in den genannten Transferversuchen üblich ist, sondern dient der Abhebung von solchen Untersuchungen, die sich über mehrere Jahre erstrecken.
Klauer [67] unterzog sog. »schwachbegabte« Kinder einem mehrwöchigen Intelligenztraining, dessen Aufgaben weitgehend dem Schulreifetraining von *Baar* angepaßt sind [68]. Er konnte auf diesem Wege

nachweisen, »daß Intelligenzleistungen (Anm.: Leistungen im Intelligenztest) im Kindesalter durch Übung von Aufgaben, die nicht selbst im Test enthalten sind, beeinflußt werden können« [69]. Die Untersuchungsergebnisse weisen auf eine Abhängigkeit der Trainingseffekte vom Alter der Probanden, »wobei das Wirkungsoptimum ... keineswegs bei den jüngsten, sondern bei der mittleren Altersgruppe der etwa Elfjährigen lag« [70]. Die Trainingserfolge anderer Autoren ergeben ebenfalls unterschiedliche Effekte bei einzelnen Gruppen: »den größten Fortschritt erzielten Kinder aus sozial schwachen, anregungsarmen Familien, den geringsten hirngeschädigte Kinder« [71]. Die Art der Trainingserfolge läßt sich nicht immer aus der Art der Trainingsaufgaben ableiten: »ein ganzjähriges Sporttraining bei schwachbegabten Sonderschülern führte zu hochsignifikanten Steigerungen in der Norden-Version des Binetariums, welche bekanntlich stark verbal geprägt ist« [72].

Interpretation: Die Bedeutung von *Klauers* Untersuchungen liegt vor allem in dem Nachweis, daß durch gezielte Unterweisung Veränderungen der intellektuellen Lernmöglichkeiten erreichbar sind. Es kann nicht hinreichend geklärt werden, welche Lernprozesse durch das Training angeregt werden, welche unterschiedlichen Wirkungen von den einzelnen Lerngegenständen ausgehen, wie stabil die erzielten Fortschritte bleiben werden. Sowohl in *Klauers* Untersuchungen, wie auch in den von ihm zitierten zeichnet sich eine unspezifische Wirkung des Trainings ab; d. h. die Beschäftigung mit einem bestimmten Lerngegenstand (z. B. Figuren nach Vorlagen zusammensetzen) kann auch zu Veränderungen in ganz anderen Lernbereichen führen (z. B. verbale Aufgaben lösen) [73]. Das Ausmaß und die Richtung dieser unspezifischen Effekte variieren von Versuchsgruppe zu Versuchsgruppe. Im Verlauf einer Bedingungsanalyse vor und während solcher Lernphasen müßten demnach sowohl möglichst viele der inneren Bedingungen jedes einzelnen Probanden sowie alle erfaßbaren äußeren Bedingungen der Lernphase aufgeführt und deren Wechselwirkung miteinander erforscht werden. Als innere Bedingungen des Probanden wären also nicht nur dessen Erfahrungen in einem bestimmten Lerngegenstand zu berücksichtigen, sondern alle seine Persönlichkeitsmerkmale, die auf die neue Lernsituation wirken und durch sie verändert werden könnten. So wäre insbesondere auch den motivierenden äußeren Bedingungen (verstärkte positive Zuwendungen; vom Material ausgehende aktivierende Anreize etc.) in Wechselwirkung mit den bisher entwickelten sozialen und kognitiven Mißerfolgserwartungen des Probanden Aufmerksamkeit zuzuwenden. Dabei werden Unterschiede in den Persön-

lichkeitsmerkmalen der Probanden nicht gleich zu Beginn der Lernphase, sondern oft erst in deren Verlauf zutage treten.
Guthke [74] hat zu diesem Zweck »Lerntests« entwickelt, um – orientiert an *Wygotski* – jeweils auch die »Zone der nächsten Entwicklung« erfassen zu können. Damit sollen Kinder ermittelt werden, die bei gleicher Anfangsleistung, aber aufgrund unterschiedlicher Lerngeschichte, die gegebenen Lernhilfen unterschiedlich gut nutzen können. Diese Kinder könnten anschließend mit je individuellen Hilfen konfrontiert werden [75].

4.2.4.2. *Zur Wirkung langfristiger Trainingseinflüsse*

Veränderungen der Lernanregungen über Zeiträume von mehreren Jahren konnten bisher noch weniger systematisch kontrolliert werden, als das bei kurzfristigen Trainingseinflüssen möglich ist. Deshalb bleibt die Interpretation über Ablauf und Wirkungsweise des Lerngeschehens weitgehend hypothetischer Natur. Die folgenden Untersuchungen belegen also nur die grundsätzliche Möglichkeit der Veränderbarkeit intellektueller Lernmöglichkeiten auch über die frühe Kindheit hinaus; sie demonstrieren weder das Ausmaß noch die einzelnen Ursachen dieser Veränderungen.
Eine Trainingsphase über einen längeren Zeitraum stellt das Lernen in der Schule dar, ohne daß etwas über die langfristige Wirkungsweise schulischen Lernens im einzelnen bekannt ist. *Anastasi* [76] berichtet in einem Sammelreferat über Untersuchungen, in denen Personengruppen, jeweils gleicher Intelligenzleistung, nach mehreren Jahren (bis zu 20) erneut getestet wurden. Dabei zeigte sich, daß längerer Schulbesuch zu einem Ansteigen der Testleistungen führte, während frühzeitiges Beenden der schulischen Ausbildung (bei gleichzeitigem Eintritt in die Arbeitswelt) ein Stagnieren, z. T. auch einen Abfall der Testleistung zur Folge haben konnte.
Zur Interpretation können wir einige der Bedingungen veranschaulichen, die für zwei solcher Probanden mit gleicher Anfangs- und unterschiedlicher Endleistung in dem betroffenen Lebensabschnitt von Bedeutung gewesen sind: Eine Übereinstimmung der IQ-Werte von zwei Personen zu einem bestimmten Zeitpunkt spiegelt nicht ohne weiteres gleichlaufende Sozialisationsbedingungen wider. Die Tatsache, daß die eine Person eine Entscheidung für eine weiterführende Schule, die andere für den Eintritt ins Berufsleben getroffen hat, läßt Unterschiede sowohl in den entsprechenden inneren motivationalen und kognitiven Systemen vermuten, wie auch in den äußeren Bedingungen:

Erworbene Aufstiegsmotivationen, Wertorientierungen und Erfolgserwartungen als innere Bedingungen, Statuserwartungen und Förderung der Eltern, Freisein vom Zwang, sofort Geld zu verdienen, als äußere Bedingungen und die Anerkennung des Schulwissens als unentbehrlich für das individuelle Fortkommen werden die Entscheidung zugunsten der Schule bestimmt haben. Für eine Veränderung der intellektuellen Lernmöglichkeiten nach dem Zeitpunkt der ersten Messung dürften vor allem die folgenden Bedingungen ausschlaggebend sein: Diejenigen Personen, die eine Arbeit aufgenommen haben, können – wenn überhaupt – ihre Lernmöglichkeiten gewöhnlich nur noch in einem einzigen Lernbereich weiterentwickeln, nämlich dem für die Arbeit relevanten. Für die Verbesserung der Lernmöglichkeiten in anderen Lernbereichen bleibt wenig Zeit und Gelegenheit. Je isolierter und einfacher der arbeitsrelevante Lernbereich und je stärker die körperliche und seelische Belastung durch die Arbeit ist, desto eher wird eine Einschränkung oder sogar ein Abbau anderer Lernmöglichkeiten zu erwarten sein. Der Rückgang in der Testleistung wird noch dadurch verstärkt werden, daß eine Verbesserung in den arbeitsrelevanten Lernbereichen im Test u. U. gar nicht honoriert wird, wenn diese Lernbereiche – z. B. bstimmte handwerkliche – in den Testaufgaben nicht repräsentiert sind. Dagegen erfahren Personen mit längerem Schulbesuch eine gleichbleibende – wenn auch sicher nicht optimale – Förderung in zahlreichen testbezogenen Lernbereichen; vor allem aber bleiben sie mit allen situativen Bedingungen des Testens vertraut: Sie sind geübt darin, Fragen zu verstehen, zu akzeptieren, in geforderter Form zu beantworten, und sie trauen es sich zu. Eine spätere berufliche Ausbildung und Tätigkeit dürfte die Lernmöglichkeiten weniger stark einschränken, als das bei Berufen mit Hauptschulabschluß der Fall ist.

Eine andere Personengruppe, an der Veränderungen intellektueller Lernmöglichkeiten wahrgenommen werden kann, stellen die Adoptivkinder dar. Die Verfasser konnten die Entwicklung einiger Kinder verfolgen, die ihre ersten Lebensjahre (-monate) unter extrem ungünstigen Bedingungen verbracht hatten (z. B. während des Krieges in Südvietnam) und anschließend zur Adoption in sehr anregungsreiche Familien kamen.

Die sichtbare Veränderung dieser Kinder übertrifft die gängigen Vorstellungen über Stabilität und Veränderbarkeit von Eigenschaften. Kinder, die zum Zeitpunkt der Adoption im Alter von 12–18 Monaten körperlich und geistig etwa drei Monate alten Säuglingen vergleichbar waren, erzielten im Alter von drei Jahren in allen kognitiven Bereichen mindestens der Altersgruppe entsprechende Leistungen.

Über ähnlich erfolgreiche Veränderungen der intellektuellen Lernmöglichkeiten von Heimkindern berichtet *Clarke* [77]. Nach seinen Ausführungen scheint weniger die kognitive Anregung als vielmehr die emotionale Zuwendung für die Steigerung der intellektuellen Leistung ausschlaggebend zu sein: Bei Kleinkindern, die in allen Bereichen weit unterdurchschnittliche Leistungen zeigten, konnte auch bei intensiver Betreuung durch geistig behinderte Pflegepersonen ein überraschender Anstieg des Intelligenzquotienten auf Durchschnittswerte beobachtet werden [78]. Alle Ergebnisse, die an Adoptivkindern gewonnen werden, kranken allerdings an folgendem methodischen Problem: Die exakte Messung der Veränderung intellektueller Lernmöglichkeiten bei Adoptivkindern konnte bisher nicht zufriedenstellend gelingen, da es weder zuverlässige noch gültige Intelligenztests für diese frühe Altersgruppe gibt. Ob ein sehr junges Kind eine Leistung, zu der es fähig ist, auch tatsächlich erbringt, ist abhängig von zahlreichen situativen Momenten, die kaum in kurzer Zeit unter Kontrolle zu bringen sind. Weiterhin können Kinder unter zwei Jahren entsprechende Testaufgaben meistens nur handelnd lösen, während ältereKinder verbale und zeichnerische Lösungen erbringen müssen. Dadurch wird die Vergleichbarkeit so gewonnener Testleistungen eingeschränkt.

4.2.4.3. Das Alter als Veränderungsbedingung

Die Veränderung intellektueller Lernmöglichkeiten mit dem Älterwerden einer Person ist Gegenstand entwicklungspsychologischer Fragestellungen vor allem für den Zeitraum der Kindheit. Nach unseren grundlegenden Ausführungen zum Sozialisationsverlauf dürfte ein Ansteigen der intellektuellen Lernmöglichkeiten mit dem Alter nicht ohne weiteres als ausschließliche Abhängigkeit der intellektuellen Lernmöglichkeiten vom Alter interpretiert werden. Es gilt zunächst zu klären, welche einzelnen Bedingungen durch das Alter einer Person entstehen oder das Alter begleiten: Älterwerden bedeutet anatomisch-physiologische Reifung des Gehirns, Vervielfachung der Verbindungen zwischen den Nervenzellen. Allerdings ist der überwiegende Teil dieser anatomisch-physiologischen Veränderungsprozesse nur für den Abschnitt der ersten beiden Lebensjahre bestimmend [79]. Der Versuch, die Zunahme intellektueller Leistungsmöglichkeiten im Vorschulalter ausschließlich durch Reifungsprozesse zu erklären, scheitert aufgrund zahlreicher Erfolge gezielter Trainingsprogramme [80]. Nach letzteren Untersuchungen erfolgt das Anwachsen intellektueller Lernmöglichkeiten vornehmlich aus Lernprozessen und dem Aufbau kognitiver

Systeme. Die Bedeutung des Alters ist hiernach eine sekundäre: Je älter ein Kind ist, desto größer ist die Anzahl der Lernprozesse, die es für den Aufbau notwendiger kognitiver Systeme durchlaufen konnte. Ob diese Lernprozesse auch tatsächlich alle wahrgenommen und genutzt werden können, wird entschieden von all jenen Sozialisationsbedingungen, die in diesem und den übrigen Kapiteln aufgeführt werden. Wegen der Verknüpfung des gesamten Sozialisationsgeschehens mit der Entwicklung intellektueller Lernmöglichkeiten dürfte das Trainieren isolierter Teilfähigkeiten, wenn überhaupt, dann nur kurzfristige »Erfolge« einbringen. Aus der Überzeugung, daß ein Kind in jedem Alter einen jeden Lernstoff aufnehmen, verarbeiten und verstehen kann, wenn die dafür notwendigen kognitiven Systeme aufgebaut wurden [81], darf nicht geschlußfolgert werden, ein Kind könne als eine Art passiver Informationsverwerter mit jedem beliebigen Lernstoff »gefüttert« werden. Eine derartige mechanistische Betrachtungsweise vernachlässigt die aktive, auswählende Lerntätigkeit des Kindes, die durch die Wechselwirkung zwischen seinen Bedürfnissen, Problemen, Kenntnissen und Lebensbedingungen gesteuert wird. Darüber hinaus bleibt dabei die politisch und sozial bedeutsame Frage der Priorität von Lernzielen ausgespart.

Ein weiterer Gesichtspunkt des Alters als Bestimmungsgröße für die Entwicklung intellektueller Lernmöglichkeiten betrifft die sog. »kritischen« oder »sensiblen« Perioden der Entwicklung. »Offensichtlich gibt es eine Zeit, in der der Mensch und das Tier bestimmte verpaßte Lernmöglichkeiten nicht mehr oder nur mit großer Mühe nachzuholen vermögen« [82]. So scheint z. B. der günstigste Zeitpunkt für den Erwerb der Sprache in den ersten Lebensjahren zu liegen, spätestens aber bei Eintritt in die Pubertät abgeschlossen zu sein. Anatomisch-physiologische Erklärungsversuche, in denen »kritische Perioden« auf die größere »Plastizität für das in Reifung begriffene Nervensystem« zurückgeführt werden [83], haben wohl nur für einfache Lernprozesse Gültigkeit. Für alle Formen höherer Lerntätigkeit müßten zur Interpretation solcher »kritischer Perioden« auch die äußeren Sozialisationsbedingungen herangezogen werden. Es gilt z. B. zu fragen, ob ein Mensch, der bis zum Vorschulalter bestimmte Lernbedingungen nicht nutzen konnte, 15jährig tatsächlich gleiche Lernbedingungen vorfindet wie ein Dreijähriger. Gestattet man dem 15jährigen zu fragen, zu lernen, zu antworten wie ein Dreijähriger? Erfährt er eine vergleichbare emotionale Zuwendung, Toleranz? Selbst wenn sich eine solche Bezugsperson fände, die ein entsprechendes Lernklima zu schaffen bereit ist, wäre es wohl kaum möglich und sinnvoll, den betroffenen Jugendlichen

von Anregungen und Forderungen Dritter fernzuhalten. Auch die inneren Sozialisationsbedingungen des Jugendlichen, seine Interessen, Ansprüche und Fähigkeiten ständen u. U. im Widerspruch mit den bereitgestellten Lernbedingungen. Wir vermuten, daß all diese Sozialisationsbedingungen für das zunehmend erschwerte Nachholen versäumter Lernprozesse mit steigendem Alter ausschlaggebend sind.
Das Gesamt der Sozialisationsbedingungen dürfte auch für den sog. »Intelligenzabbau« im Alter in stärkerem Maße von Bedeutung sein als biologisch bedingte Alterungsprozesse. Das Erreichen und Überschreiten des Leistungshöhepunktes in herkömmlichen Intelligenztests um das 23. Lebensjahr kann weniger als Stillstand intellektueller Veränderungsprozesse schlechthin verstanden werden, denn als Verlernen breit gestreuter, testrelevanter Lösungsstrategien bei zunehmender Spezialisierung auf berufsrelevante Aufgaben. Auch für die höheren Altersstufen (7./8. Lebensjahrzehnt) gilt, daß weniger biologische »Alterungsprozesse« als vielmehr das Gesamt der inneren und äußeren Sozialisationsbedingungen die Verschlechterungen in den Lern- und Leistungsmöglichkeiten bestimmt, vor allem die fehlenden Übungsmöglichkeiten durch das Enden der Berufstätigkeit bei gleichzeitig durch einseitige Arbeitsvorgänge mangelhaft ausgebildeten anderweitigen Lern- und Motivationsstrategien [84]. Daneben wirkt die Verinnerlichung von Erwartungen über einen Leistungsabbau im Alter zurück auf die Motivation der Betroffenen: Man traut sich nichts mehr zu; man gibt schneller auf. Durch Gesundheits- und Familienstand bedingte Einengungen des Erfahrungsfeldes können als weitere intelligenzhemmende Bedingungen gewertet werden. Diese genannten Bedingungen begleiten den Alterungsprozeß nicht notwendigerweise, sondern sind für viele Mitglieder unserer Gesellschaft als Folge langfristiger Lebens- und Arbeitsbedingungen entstanden.

4.3. Zur Messung intellektueller Lernmöglichkeiten

Ein Überblick über die Entwicklung der Intelligenzdiagnostik verdeutlicht die enge Verflechtung zwischen testmethodischem Fortschritt und militärischen und wirtschaftlichen Erfordernissen. »Der enge Zusammenhang zwischen gesellschaftlicher Notwendigkeit einer ökonomischen Klassifikation von Menschen nach Leistungsklassen und der Entwicklung von Intelligenztests zeigt sich erstmals in größerem Ausmaß durch die Sachzwänge des ersten Weltkrieges. ... Insbesondere sollte die Psychologie bei der schwierigen Aufgabe helfen, riesige Zahlen von

Rekruten und Offiziersanwärtern in kürzester Zeit auszuwählen und optimal innerhalb des Militärs zu plazieren« [85]. Diese Bedürfnisse prägen auch heute noch den überwiegenden Anteil der Testpraxis in der BRD. »Heute ist ihre (Verf.: Tests) Anwendung in der Bundeswehr obligatorisch. Man fragt sich daher mit Recht, warum objektive pädagogisch-psychologische Beurteilungsmethoden nicht auch längst in den Schulen eingeführt sind ...« [86]. Die Anwendung von vergleichbaren Ausleseverfahren im Schulbereich ist ausdrücklich durch ein Urteil des Bundesverwaltungsgerichtes gebilligt. »Das Bundesverwaltungsgericht hat dazu den Leitsatz formuliert, daß landesrechtliche Zulassungsvoraussetzungen, nach denen Kinder nicht in Gymnasien aufzunehmen sind, wenn sie dort mit an Sicherheit grenzender Wahrscheinlichkeit ihre Mitschüler empfindlich hemmen würden, nicht gegen Bundesrecht verstoßen und auch nicht das Elternrecht im Sinne des Artikels 19, Abs. 1 Satz 2 des Grundgesetzes einschränken« [87]. Eine solche Testpraxis dient nicht nur der Dokumentation verhinderter Lernchancen, sondern auch deren Stabilisierung [88]. Die Veränderung intellektueller Lernmöglichkeiten kann mit solchen Intelligenzkonzepten kaum erwogen werden.
Unabhängig von politischen und sozialen Argumenten gegen die Testpraxis haben die folgenden beiden – systemimmanenten – kritischen Fragen die Testpraxis beeinflußt:

1. Welchen Vorhersagewert haben die unzähligen, täglich angewandten Intelligenz-, Leistungs- und Kenntnistests tatsächlich?

Eine Wiederholungsuntersuchung mit derselben Testbatterie nach 7–10 Jahren führte *Althoff* [89] an 65 Revierförstern durch, die sich zu Beginn ihrer Ausbildung einer umfangreichen »Eignungsuntersuchung« unterzogen hatten. Für alle dargebotenen Tests gilt, daß sich die Leistungen verbesserten, bedingt vor allem durch »Schulungseffekte der Berufstätigkeit« [90]. So hatten z. B. Anwärter, die wegen schlechter Kenntnisse in Physik und Chemie nur »bedingt eingestellt« wurden, diese fehlenden Kenntnisse durch ihre Berufstätigkeit nachholen können, so daß sie sich bei der Wiederholungsuntersuchung in diesen Tests nicht mehr von den übrigen Eingestellten unterschieden.
Der Intelligenztest erfaßt also nur die – wie auch immer aufgebaute – Fähigkeit, bestimmte Aufgabentypen bearbeiten zu können. Das Ergebnis gestattet keine Schlußfolgerungen darüber, welche einzelnen Bedingungen am Aufbau dieser speziellen Problemlösungsfähigkeit mitgewirkt haben. Die Lerngeschichte einer speziellen Problemlösungsfähigkeit kann aber auf unterschiedlichste Bedingungen zurückgeführt

werden und nach dem Zeitpunkt der Messung einen unterschiedlichen Verlauf mit unterschiedlichen Endergebnissen nehmen. Im folgenden Beispiel werden nur einige Situationen aufgezeigt, die für die Entwicklung einer ganz speziellen Testleistung, z. B. Puzzles zusammenlegen, ausschlaggebend gewesen sein können:

- Im Alter von drei Jahren hat die betreffende Person (weiblich) nur »geschlechtsspezifisches« Spielzeug, Puppen etc., zur Verfügung; es fehlen Spielmaterialien und Grundlagen zum Aufbau räumlichen Vorstellungsvermögens.
- Im Alter von sechs Jahren lernt das Mädchen andere Kinder kennen, die mit Puzzles und Bauklötzen spielen. Ob es dieses »Lernangebot« nutzen wird, könnte u. a. von den folgenden Bedingungen bestimmt werden:
  a) Da es die Aufgaben auf Anhieb nicht so gut lösen kann wie die übrigen Kinder, die schon länger Umgang mit diesem Material pflegen, erlebt es Mißerfolge und wendet sich jenen Tätigkeiten zu, mit denen es bisher Erfolge hatte. Das Lernangebot wird also nicht genutzt.
  b) Das Mädchen nutzt das Lernangebot, weil es mit anderen, ebensowenig geübten Kindern allmählich Lernfortschritte beobachten kann oder weil es die Motivation nicht in erster Linie vom Endprodukt der Leistung her erfährt, sondern vom Umgang mit dem farbigen Material etc.
- Das Mädchen (Fall a)) ist vergleichbaren »Lernangeboten« aus dem Weg gegangen. Im Alter von 16 Jahren befreundet es sich mit einem Architekturstudenten, dem es beim Bauen von Modellen helfen will. Die Lerngeschichte dieser »Fähigkeit« könnte jetzt folgendermaßen weiter verlaufen:
  a1): Das Mädchen fürchtet sich, den Anforderungen des Freundes beim Modellbauen nicht zu genügen. Vor lauter Furcht (angstmotiviert) kann es auch einfachste Aufgaben nicht lösen. Das Mädchen erhält dadurch eine Bestätigung für seine Meinung, daß ihm »so etwas nicht liege«, daß es dafür »unbegabt« sei.
  Hierbei wäre noch die Lerngeschichte der Angst vor Liebesverlust, die an solche Leistungen gebunden ist, zu untersuchen.
  a2): Das Mädchen wird durch keine Angst vor Liebesverlust blokkiert, sondern kann aufgrund der bisher ungenügend entwickelten Lernmöglichkeiten in diesem Bereich die Lernanregungen (»Training«) seines Freundes nicht verstehen und nutzen.

a3): Die Hilfestellungen und Lernanregungen des Freundes sind gerade so optimal, daß das Mädchen seine Leistungen in diesem Bereich zunehmend verbessert.

2. Welche intellektuellen Leistungen werden durch die Intelligenztests erfaßt?

Anhand einer sehr differenziert angelegten Untersuchung konnte *A. Rohr* die meisten Aufgaben der Intelligenztests als einfach und anschaulich hinsichtlich der geforderten Denkprozesse charakterisieren. Abstrakt und unanschaulich ist nach seinen Analysen lediglich die Formulierung der Aufgaben [91].
Das von *Rohr* praktizierte Verfahren zur Anlayse von Denkprozessen [92] gewährt Einblick in die schrittweise Veränderung der Denkinhalte des Getesteten und ermöglicht diesem, sein Wissen, seine Denkstrategien und Lösungsschritte zu verändern. Bei diesem Verfahren erhält der Getestete alle erforderliche Information zur Lösung eines komplizierten Problems, in Form von zahlreichen lösungsrelevanten Fragen, aus denen er diejenigen auswählen kann, deren Antwort er für seine Problemlösung benötigt. Aus der Wahl der Fragen (und Antworten), sowie aus deren Reihenfolgen lassen sich Denkprozesse umfassender erschließen, als das aus dem Endprodukt – der Lösung – möglich wäre. Dieses – sicher noch nicht optimale – Verfahren stellt einen Anfang dar zur Messung aber auch Beeinflussung komplizierterer Denk- und Lernprozesse als das in herkömmlichen Intelligenztests der Fall ist. Noch gezielter wird die Veränderung der Anfangsleistung intendiert bei Messungen der Veränderungsprozesse durch Verfahren, die den programmierten Lerntechniken vergleichbar sind [93]. In *Guthkes* Trainingsprogrammen wird jeder Abschnitt der Pädagogisierungsphase als Teilziel im Rahmen der gesamten Persönlichkeitsbildung entworfen. Daher verbietet sich die schematische Einübung irgendwelcher, vom Autor willkürlich als erwünscht bewerteter Verhaltensschritte. Es gibt längere Einführungen, ausführliche Erklärungen falscher oder halbrichtiger Antworten, Übungsbeispiele und weitere Denkimpulse [94]. Intelligenzmessung als Planung und Kontrolle von intellektuellen Veränderungsprozessen erfährt ihre Legitimation von den propagierten Sozialisationszielen her, u. a. im Dienste der Verwirklichung von Chancengleichheit. Die Grenzen der Planung solcher Veränderungsprozesse liegen weniger in den psychischen Strukturen als vielmehr in den politischen und ökonomischen Lebensbedingungen der Betroffenen. Daher darf die Realisierung intellektueller Veränderungsprozesse nicht auf ein meßtechnisches Problem reduziert werden.

4.4. Sozialpädagogische Praxis: Die Veränderung von Lernmöglichkeiten am Beispiel der Elementarerziehung

Eine Förderung ausschließlich intellektueller Lernmöglichkeiten dürfte wegen der Verflochtenheit vielfältiger Persönlichkeitsmerkmale und Lebensbedingungen mit kognitiven Leistungen weder machbar noch im Hinblick auf unsere Sozialisationsziele wünschenswert sein. Abgesehen von den zahlreichen, trivialen und wohl auch ziemlich unwirksamen, aber damit nicht ungefährlichen kommerziellen Dressurprogrammen [95], dürfte das Konzept isolierter kognitiver Förderung auch in den meisten verbreiteten Plänen zur Elementar- und Vorschulerziehung – wenigstens dem Papier nach – aufgegeben sein [96]. Auch die meisten aus (Mittelschichten)elterninitiativen entstandenen Berliner Eltern-Kinder-Gruppen [97] streben in ihren Richtlinien zuallererst die »soziale Erziehung« der Kinder an, wobei allerdings in der alltäglichen Kinderarbeit die Diskrepanz zwischen solchen verbalen Bekenntnissen und den tatsächlichen Ansprüchen offenkundig wird. Die Bedürfnisse der Arbeitereltern, die ihre Kinder in derartige Gruppen schicken, sind, über das Anliegen, die Kinder versorgt zu wissen, hinausgehend, eindeutig: Sie wünschen eine Förderung der Kinder, damit diese dem Schicksal entgehen, über kurz oder lang in die Sonderschule abgeschoben zu werden. Wir haben gelernt, dieses Bedürfnis in der Arbeit mit solchen Eltern-Kinder-Gruppen als legitim und lebenswichtig für diese Eltern zu akzeptieren. Dabei mußten wir ein Gutteil unserer Überheblichkeit abbauen, um den Eltern nicht unsere Prioritäten in Lernzielen (»Selbstbestimmung«, »Solidarität«; vgl. *Speichert* 1972) aufzupfropfen bei gleichzeitigem Aussparen schulähnlicher Übungsaufgaben. Für Eltern, denen Selbstbestimmung in keinem ihrer Lebens- und Arbeitsbereiche überhaupt denkbar, wünschenswert oder erfahrbar ist, stellt die Verwirklichung eines solchen Lernziels allenfalls einen Störfaktor in der Auseinandersetzung mit ihren Kindern dar und wird darüber hinaus als Mißachtung ihrer Interessen zur Sicherung eines minimalen materiellen Status verstanden.

Wenn wir vor den Eltern die Garantie dafür übernehmen, daß ihre Kinder die Schulreifeprüfung »bestehen« und diese Versprechen einlösen, so bejahen wir damit weder die vielfach kritisierte Praxis der Intelligenzdressur [98], noch schließen wir die Verwirklichung der oben erwähnten, übergreifenden Lernziele damit aus.

Unsere Zielvorstellungen sind weitgehend von den Begriffen »Autonomie« und »Kompetenz« bestimmt, d. h. die Kinder sollen befähigt werden, »in Situationen der Gegenwart und näheren Zukunft ihren *Anspruch auf Selbstbestimmung* – der ja zugleich der Anspruch aller Menschen ist und auch so verstanden werden muß – *in kompetenter Weise* zu vertreten« [99]. Dabei können wir allerdings die folgenden Probleme nicht befriedigend lösen:

- Wir wissen nicht, wieweit es zulässig und machbar ist, trotz gegenteiliger Alltagserfahrung der Betroffenen, »Selbstbestimmung« im Schonraum der Kindergruppe zu fördern, den Wunsch nach Selbstbestimmung im Bereich der Familie zu wecken. Je einschränkender die Lebens- und Arbeitsbedingungen sind, desto seltener dürfte die Praktizierung selbstbestimmender Verhaltensweisen auch im Bereich der primären Bezugsgruppe gelingen. Entscheidungen, die ein Kind im komfortablen Einfamilienhaus bei entsprechender Einsicht einer ausgeruhten Mutter selbstregulierend treffen kann, scheitern in der 2-Zimmer-Wohnung u. U. an den grundlegenden Bedürfnissen strapazierter Eltern und Nachbarn sowie an den Ansprüchen der übrigen Geschwister. Verschmutzte Kinderkleidung kann im vollautomatisierten Haushalt toleriert werden, sofern nur die betreffende Mutter eventuelle Widerstände gegen Schmutz notfalls in »therapeutischen« Elterngruppensitzungen verarbeiten gelernt hat. Die gleiche »Therapie« erzeugt in der unter beengten materiellen Bedingungen lebenden Mutter Schuldgefühle und überfordert sie.
- Es ist nicht ausgeschlossen, daß die geförderten schulbezogenen Lernmöglichkeiten später einmal in einer Weise verwertet werden, die unseren Zielvorstellungen zuwiderläuft, daß z. B. der zum individuellen Aufstieg Befähigte nicht die Autonomie der anderen vorantreibt, sondern, wenn auch in bescheidenem Rahmen, Herrschaft über andere ausüben wird. Wir teilen *Heinsohns* Prognose nicht, wenn er schreibt: »Die erworbenen Dispositionen und Fähigkeiten dürften für eine intensive Auseinandersetzung mit dem System, das auf einen Schlag verweigern will, was in langen Erziehungsprozessen zu schätzen gelernt wurde, eingesetzt werden ... Auf der psychischen Ebene stellen nämlich Abstraktionsvermögen und Planungsfähigkeiten wesentliche Bedingungen von Klassenbewußtsein dar« [100]. Eine solche Prognose läßt sich, so wünschenswert ihr Eintreffen sein mag, nicht stellen; denn
  - – Klassenbewußtsein erwächst weniger aus den genannten, individuellen Persönlichkeitsmerkmalen denn aus konkreten Erfahrungen in Auseinandersetzungen am Arbeitsplatz (vgl. Kap. 6).
  - – Persönlichkeitsmerkmale (Einsichten, Bedürfnisse, Fähigkeiten), die im Alter zwischen 3 und 6 Jahren erworben werden, unter-

liegen – wie wir sahen – bis zum Erreichen des Erwachsenenalters und darüber hinaus so zahlreichen verändernden Einflüssen, daß nichts über deren Stabilität ausgesagt werden kann.

– – Wir können nicht einmal garantieren, daß die im Zitat genannten Persönlichkeitsmerkmale durch unsere geplanten Eingriffe überhaupt erzeugt werden. Selbst wenn es gelänge, ein optimales Erziehungsmilieu für unsere Kindergruppen zu schaffen, wird der Einfluß anderer Gruppen und Institutionen mit allen entsprechenden Anregungen und Forderungen u. U. immer noch so prägend sein, daß wir unsere Ansprüche hinsichtlich der Verwirklichung von Zielen reduzieren müssen auf die Linderung des gegenwärtigen unmittelbaren Leidensdrucks, dem diese Kinder unterliegen.

4.4.1. Die Planung und Durchführung der Arbeit in der Kindergruppe im Rahmen des Situationsansatzes

Die gesamte Arbeit in der Kindergruppe wird von dem Ziel bestimmt, Kinder zur autonomen und kompetenten Bewältigung von Lebenssituationen zu befähigen [101]. Das Gelingen der Situationsbewältigung ist abhängig von der Berücksichtigung aller relevanten Aspekte, d. h. Situationen gelten nur dann als bewältigt, wenn die technische Problemlösung durch »das Bewußtsein vom sozialen Kontext ihrer Anwendung« bezogen auf »gesamtgesellschaftliches Interesse« geleitet wird [102]. »Erste Absprachen über als bedeutsam eingeschätzte Lebenssituationen lassen sich zwischen pädagogischen Praktikern, Eltern und Wissenschaftlern vergleichsweise einfach erzielen, sie leisten zunächst nicht mehr als nominal-definitorische Vorklärungen: Vorschulkinder kommen in die Schule und erleben die Konfrontation mit einer ihnen nicht geläufigen sozialen Einrichtung, Kinder verlaufen sich im Kaufhaus oder in der Stadt und wissen sich nicht zu helfen, deutsche Kinder im Kindergarten verhalten sich abweisend gegenüber Gastarbeiterkindern, Kinder zu Hause haben allabendlich Schwierigkeiten mit dem Ritual des Zubettgehens« [103].
Die vielfältigen Gelegenheiten (Rollenspiel, Besichtigungen, Interviews, Erzählungen), in denen Kinder ihre konkrete Situationsbewältigung erproben und ihre Handlungsfähigkeit erweitern, erleichtern den Erwerb zahlreicher instrumenteller auch schulrelevanter Fertigkeiten, ohne daß deren Einübung in Form sinnentleerter Rituale abläuft. Die Bewältigung der meisten Situationen schließt Interaktionen mit anderen beteiligten Personen (Eltern, Nachbarn, Behördenvertre-

tern) mit ein. Auf diese Weise nähert sich die Methode des Situationsansatzes Vorstellungen, die denen der Entschulungstheoretiker vergleichbar sind [104].

Damit werden allerdings auch einige, bisher offenbar vernachlässigte, Grenzen dieses Ansatzes deutlich:

- Die Motivation der Kinder und beteiligten Erwachsenen zur Teilnahme an den geplanten Aktivitäten soll aus ihrem Bedürfnis erwachsen, bisher unbewältigte Situationen aktiv zu meistern. Dabei wird außer acht gelassen, daß die Situationen, die Kinder und Erwachsene in ihrer Interaktion miteinander als »unbewältigt« erleben, sich stark voneinander unterscheiden können. Die Grenzen liegen zum einen in den individuellen Bedürfnissen und Handlungsmöglichkeiten der Betroffenen; die Eltern und die Kinder wollen z. B. gar nicht bessere Beziehungen zu Gastarbeitern aufnehmen, sie brauchen jemanden, der von ihnen als »minderwertig« erlebt wird; eine Mutter lehnt ihr Kind ab, auch wenn dieses sich noch so einsichtig und verständnisvoll handelnd verhält; etc. Zum anderen verhindern die objektiven Lebensbedingungen der Betroffenen optimale Situationsbewältigungen; z. B. die Wohnsituation, fehlende Mittel zum Bau von Spielplätzen und zur Einrichtung kleiner Schulklassen etc. Vor allem bei unterprivilegierten Gruppen (Randgruppen) dürfte die Situationsbewältigung nicht primär an deren Handlungsunfähigkeit scheitern. Die individuelle Unfähigkeit zur Bewältigung vieler untragbarer Situationen muß erkannt und verarbeitet werden, sollen die sich entwickelnden, erweiterten Wahrnehmungs- und Handlungsmöglichkeiten nicht von vornherein als unwirksam erlebt und damit zugunsten eingeschliffener Strategien verlernt werden.
- Die Planung der Situationen hat ihren Ausgangspunkt in den Bedürfnissen und Interessen der betroffenen Kinder, respektive Schüler. Diese Interessen als Antworten auf unbewältigte Situationen korrespondieren nicht ohne weiteres mit den Vorstellungen der Erzieher über zu erarbeitende Lösungsstrategien. Erzieher und Kinder sind sich, wenn überhaupt, einig darüber, daß eine konkrete Situation bewältigt werden muß; in der Einschätzung darüber, wie das gelingen soll, werden sie sich unterscheiden. Die Motivation zur Erweiterung und Differenzierung des Handlungs- und Bedürfnisrepertoires wird auch hier nicht allein durch den Leidensdruck der unbewältigten Situation erzeugt. Die Planung »äußerer« motivierender Bedingungen muß auch in diesem methodischen Ansatz bejaht, reflektiert und nicht verschämt kaschiert werden (s. u.).

– Die Praktikabilität dieses Ansatzes, wird er zum methodischen Prinzip des Lernens in jedem Alter erhoben, könnte sehr schnell auf die Grenzen der Mobilisierbarkeit aller Beteiligten stoßen. Wer sich z. B. nur einmal den Tagesablauf eines einzigen Lernenden im Parkway Programm in Philadelphia vergegenwärtigt [105], einschließlich der dort besichtigten Stationen, Kontaktgruppen, und die zurückgelegten Wege multipliziert mit der Anzahl der Lernenden einer Großstadt, erlebt die Vision von Scharen mobiler Lerner in einem zusammenbrechenden Verkehrssystem. Nicht jede Erfahrung, die nicht vor Ort gewonnen wurde, ist damit »sinnentleert«. Auch wenn der Situationsansatz nicht zu »einfachen Varianten von Erlebnispädagogik und Anlaßdidaktik verkümmern« will [106], sei an dieser Stelle ein Verweis auf die längst abgeschlossene Diskussion um das Prinzip der »Anschauung« in der Didaktik gestattet [107]. Anschaulich und konkret erfahrene Probleme und Lösungen garantieren weder die Verarbeitung dieser Erfahrungen, solange entsprechende kognitive und motivationale Kategorien nicht ausgebildet sind, noch ist zu erwarten, daß allein der Besuch und die Diskussionsbeiträge der Lerngruppe ohne weiteres entscheidende Lernprozesse bei den beteiligten Kontrahenten (z. B. Behördenvertretern) in Gang setzen.

4.4.2. Die Analyse der Veränderungsprozesse

Der Erwerb situationsadäquater Handlungsstrategien erfolgt in den seltensten Fällen abrupt; es werden vielmehr gewöhnlich verschiedene Stadien durchlaufen, Handlungsstrategien ausprobiert, die z. T. in Widerspruch zu den späteren stehen, und wieder verworfen, bis sich allmählich solche herausbilden und stabilisieren, die eine optimale Situationsbewältigung gestatten. Durch Kenntnisse über einige Gesetzmäßigkeiten beim Aufbau relevanter Bedürfnis- und Verhaltensstrategien kann der Veränderungsprozeß beobachtet und beeinflußt werden. Für den Laien ist es oft schwierig, bestimmte neu auftretende Verhaltensmuster als Fortschritt auf dem Wege zu optimaler Situationsbewältigung zu interpretieren: Das aggressive Protestieren eines bisher eher passiven, resignativen Kindes, könnte z. B. als Ablehnung oder gar als Rückschritt mißverstanden werden, nicht aber als wesentlich zur Entwicklung von Selbstbehauptung. Die berechtigte Kritik an der »Zergliederung von Lernprozessen« [108] oder der Darbietung kleinster Lerneinheiten [109] darf nicht zu einer generellen Ablehnung der schrittweisen Planung und Überprüfung solcher Veränderungsprozesse führen.

Die Planung der Veränderung von Lernmöglichkeiten schließt die Erstellung eines möglichst vielfältigen, entscheidungsrelevanten Bedingungsgefüges mit ein: Die inneren Bedingungen des Lernenden, seine entwickelten Eigenschaften, Bedürfnisse und Erwartungen müssen soweit wie möglich erschlossen und interpretiert werden als Ergebnis der Auseinandersetzung mit den ebenfalls zu registrierenden äußeren Bedingungen (vgl. Kap. 1). Die äußeren Bedingungen sind differenzierter zu erfassen, als es z. B. durch die üblichen Klassifizierungen der Schichtenzugehörigkeit geschieht (vgl. Kap. 6). Aus der Tatsache, daß z. B. die meisten Väter einer Kindergruppe »Arbeiter« sind, lassen sich noch kaum hinreichende Informationen gewinnen über Art und Übereinstimmung von Erziehungspraktiken und emotionales Engagement der Eltern. Die Wohnsituation der Eltern und deren Lebensgewohnheiten lassen sich nicht aus simplifizierenden Darstellungen zur Sozialisation des Arbeiterkindes erfahren, sondern durch Beobachtungen an Ort und Stelle. Die Planung der zu erwartenden Veränderungsschritte wird entwickelt aus der Kenntnis des Entstehens der jeweiligen spezifischen Persönlichkeitsmerkmale im Rahmen des für den betreffenden Fall bekannten Sozialisationsgefüges.
In den folgenden vier Beispielen werden zu verschiedenen Lernbereichen Ausschnitte aus den geplanten und durchgeführten Veränderungsprozessen dargestellt. Es geht an dieser Stelle nicht um die bis ins Detail führende Auflistung aller wesentlichen Bedingungen in ihrer Wechselwirkung zueinander; es soll lediglich ein grobes Raster für jeweils unterschiedliche Lernsituationen vermittelt werden.

Beispiel 1: Entwicklung von Lernmöglichkeiten im Bereich »Kommunikation« [110]:

- *Situation:* »Ein 2½jähriger Junge kommt zum ersten Mal in eine Kindergruppe. Bisher ausschließlich von wohlwollenden Erwachsenen umgeben, ist die Erfahrung, geschlagen zu werden, neu, unverständlich und angstauslösend. Er ist deshalb kaum zu Kontakten mit der Gruppe zu bewegen.«
- *Bedingungsgefüge Sozialisation:* (außen) Vater von Beruf Ingenieur, Mutter: Lehrerin; Erziehungspraktiken: generell akzeptierend, tolerierend; Wohnmöglichkeiten bieten großen Freiraum; Einzelkind; sehr viele intensive Freundschaften mit kinderlosen Nachbarn; offene Aggressionen in der Auseinandersetzung mit Kindern werden nicht angewandt;
  (innen) entwickelte Persönlichkeitsmerkmale, Erwartungen, Bedürfnisse, relevante Handlungsstrategien: Sicherheit und Vertrauen im

Umgang mit Erwachsenen; keine Trennungsängste, erwartet überall freundliche Aufnahme, emotionale und interessierte fördernde Zuwendung; kaum Erfahrungen im Umgang mit Kindern; wenn Kinder mit weniger verständnisvollen Ansprüchen auf ihn treffen, zieht er sich zurück, so daß entsprechende Strategien nicht erfolgreich erprobt werden können; körperlich durchschnittlich kräftig; verhält sich eher reflektiert als impulsiv; gute verbale Leistungen; aktiv spielend; darf Erwachsene schlagen und beißen, ohne daß entsprechend stark zurückgeschlagen wird.

- *Geplante und durchgeführte Schritte:* »Im ersten Stadium einer Trainingsphase lernt er zusammen mit einem Erwachsenen, der die Rolle eines Kindes übernimmt, das Empfangen von Schlägen und wird zum Zurückschlagen ermuntert. Dieses neu gelernte Verhalten trägt er in die Gruppe, der er jetzt nicht mehr hilflos gegenübersteht. Damit hat sich überhaupt erst eine Möglichkeit eröffnet, mit Angehörigen der Gruppe einigermaßen angstfrei in Kommunikation treten zu können. Er entwickelt zunehmend Freude an aggressiven Verhaltensweisen und beginnt auch mit Schlagen, ohne angegriffen worden zu sein. Diese Phase dauert etwa 14 Tage an. In einem 2. Stadium wird jetzt das »Sich-Wehren« auf differenziertere Weise in der gesamten Gruppe geübt: Die Kinder lernen, die Stärke der Gegenwehr am Angriff zu orientieren. Ein Kind, das leicht geschlagen wird, braucht den Angreifer nicht mehr gleich die Treppe hinunterzuwerfen. Damit sind erste Schritte zur bewußten Kontrolle aggressiver Impulse eingeleitet« [111].
- *Günstige äußere Gruppeneinflüsse:* keine extrem großen Unterschiede in Körperkraft und aggressiven Tendenzen bei den Kindern; geringe verbale Erfahrungen der Kinder, so daß die Erzieher gezwungen waren, das Problem weitgehend handelnd zu lösen.
- *Verarbeitete Fachkenntnisse:* (u. a.) Zusammenhänge zwischen »gekonnter Aggression« [112] und »kommunikativer Kompetenz« [113]; verhaltenstherapeutische Grundlagen [114].

Beispiel 2: Wechselwirkungen zwischen Lernmöglichkeiten im kognitiven und sozialen Bereich

- *Situation:* Kindergruppe; 14 Kinder; Alter zwischen 3 und 6 Jahren; die Kinder spielen häufig Indianer und kommen mit Spielzeugpistolen oder Federschmuck in die Gruppe.
- *Sozialisationsbedingungen (außen):* Berufe der Väter: Arbeiter; die Mütter sind z. T. gar nicht, z. T. aushilfsweise berufstätig, zwei haben eine Hauswartsstelle; alle Kinder bis auf eins haben mehrere

Geschwister; in diesen Familien geht mindestens ein Kind auf die Sonderschule; die meisten Eltern hoffen, durch Teilnahme an der Kindergruppe bei den betreffenden Kindern den Besuch der Sonderschule verhindern zu können. Das Erziehungsverhalten schwankt zwischen hilflosem Tolerieren kindlicher Unarten, strengem Eingreifen, Schimpfen und Schlagen, aber auch liebevoller Zuwendung. Alle Eltern sind bestrebt, daß aus ihren Kindern »etwas Ordentliches« wird; sie möchten mehr über Erziehung wissen und »nichts falsch« machen.

- *Innere Bedingungen der Kinder* (auf die Lernsituation bezogen): Die Kinder orientieren sich hinsichtlich ihres »Imponiergehabens« weitgehend an den älteren Geschwistern, denen sie sich körperlich unterlegen fühlen. Da in den meisten Familien aber auch noch jüngere Geschwister vorhanden sind, können sie auch nicht die Rollen der verwöhnten Jüngsten einnehmen. Kleine, sich bildende Spielgruppen werden häufig von einzelnen tobenden »Indianern« gestört und fallen auseinander, weil z. B. Auseinandersetzungen um Spielzeug nicht so sehr zu Schlägereien, als vielmehr zum Rückzug des unterlegenen Kindes führen, das dann eine andere Gruppe als ein »Indianer« oder »Cowboy« schießend oder heulend erschreckt. Geringe sprachliche Ausdrucksmöglichkeiten verhindern verbale Problemlösungsstrategien. Es gelingt selten, die gesamte Kindergruppe oder auch nur Gruppen von mehr als vier Kindern länger als 10 Minuten spielen zu lassen.
- *Lernziele und Veränderungsprozesse:* Da in Gesprächen mit Kindern deren großes Interesse an der Lebensweise der Indianer aufgefallen war, wurden Indianergeschichten vorgelesen. Dabei hörte fast die gesamte Gruppe zu. Die Kinder berichteten über Indianerfilme im Fernsehen (verbale Lernmöglichkeiten). Es erfolgten Indianerspiele, Indianertänze (motorische Lernmöglichkeiten); Indianerverständigungszeichen (intellektuelle Lernmöglichkeiten, Symbole, Unterscheidungen), der Besuch einer Indianerausstellung im Völkerkundemuseum. Als eine Veränderung im sozialen Verhalten konnte eine Abnahme der Störbarkeit durch »Indianer« beobachtet werden. Ein Kind, das jetzt z. B. ein bestimmtes Spielzeug nicht erkämpfen konnte und sich mit Störabsichten einer anderen Gruppe zuwandte, trug weder zu deren Auseinanderfallen bei, noch wurde es abgewiesen; statt dessen antworteten die Kinder häufig mit Indianergrüßen und -zeichen, so daß sich manchmal neue Spiele entwickeln konnten. Beim Basteln von Indianerkleidern und Schmuck aus Papier übten sich die Kinder im Umgang mit Scheren, Bleistiften, Far-

ben und lernten nach Vorlagen arbeiten, ohne stupide Bastelaufgaben »an sich« bewältigen zu müssen.

- *Bemerkungen:* Im Rahmen der Lerneinheit »Indianer« konnten die Kinder unterschiedliche Qualifikationen erwerben, die zur Bewältigung aktueller und späterer Situationen dienen, eingebunden in ein Thema, das zunächst nur einen Aufhänger für entlastende Aktivitäten der Kinder darstellte. Der Erwerb von Kenntnissen über Lebensweise und Geschichte der Indianer dürfte den Kindern wohl in keiner zu erwartenden »Lebenssituation« von Nutzen sein.

  Bei der Planung von Lerneinheiten sollten auch solche Themen miteinbezogen werden, die zwar in kaum einem Zusammenhang mit späteren Situationsbewältigungen stehen, bei deren Erarbeitung aber die notwendigen situationsbezogenen Qualifikationen erworben werden können.

  Eine Beschränkung der Themenauswahl auf lediglich lebensgeschichtlich bedeutsame Situationen könnte von vornherein auf eine Vernachlässigung all jener Interessen der Kinder hinauslaufen, die im bisherigen Sozialisationsverlauf entstanden sind. Die Belastung situationsrelevanter Themen mit überhöhten Ansprüchen hinsichtlich deren »lebensbewältigender Anteile« kann schließlich zu einer Geringschätzung all dessen führen, was Kindern einfach nur Spaß macht, aus welchen Gründen auch immer. Die Bewältigung vielschichtig zu begründender Sozialisationsdefizite kann nicht einzelnen Bestandteilen der Vorschulerziehung abverlangt werden, seien es Themen, Kinderbücher oder Fernsehsendungen.

Beispiel 3: Lernmöglichkeiten im Rahmen von Elternarbeit

Es handelt sich hierbei um dieselbe Elterngruppe wie beim letzten Beispiel beschrieben. Die Eltern sollten ermutigt werden, ihre Interessen und Ansprüche hinsichtlich der Kindergruppenarbeit zu äußern. Ein weiteres Ziel war es, ihnen ihre Interaktionsmuster mit Kindern bewußt und kontrollierbar zu machen.

a) Veränderungsprozesse zur Förderung des verbalen (kommunikativen) Verhaltens der Eltern:

- *1. Phase:* Geringe verbale Beteiligung auf den Elternabenden, höchstens Einzelgespräche mit den Erziehern beim Abholen der Kinder oder der gelegentlichen Mitarbeit in der Gruppe;
- Verhalten der Erzieher: Jede mögliche Gelegenheit wird genutzt, die Eltern zum Sprechen zu ermutigen (»Verstärkung«); keine »Bestrafungen«, Belehrungen; Anhören und Respektieren der elterlichen Meinungen.

- *2. Phase:* Zunahme der Einzelgespräche mit Erziehern und anderen Eltern während der Elternabende;
- Verhalten der Erzieher: Die Eltern werden fortlaufend ermutigt, das, was sie leise zu anderen gesagt haben, wegen dessen Bedeutung den anderen mitzuteilen. Es kommen erste Diskussionen in Gang.
- *3. Phase:* Diskussionen in der Gesamtgruppe; die Eltern stellen Fragen, üben Kritik, bestimmen Themen und Verlauf der Elternabende; zunehmende Kontaktbedürfnisse der Eltern untereinander, wachsende gegenseitige Hilfsbereitschaft.
- *Anmerkungen:* Die von den Erziehern ausgehende Verstärkung des Elternverhaltens ist zunächst in keiner Weise »Autonomie-fördernd«, im Gegenteil: wird diese Phase nicht als zwar notwendige aber auch zu überwindende geplant, birgt sie die Gefahr des Abhängigwerdens vom Erzieher in sich. Unter den vorgefundenen äußeren Bedingungen, den Interessen und Gewohnheiten der Eltern, bereitet dieses Verhalten den Beginn der geplanten Veränderungsprozesse vor. Daß solches Verstärkungsverhalten die Betroffenen nicht losgelöst von Lernzielen und Sozialisationsgefüge in jedes beliebige Schema preßt, dürfte spätestens in der 2. Phase deutlich werden: wenn die Erzieher die erklärten Bedürfnisse der Eltern akzeptieren, zum Ausgangspunkt ihrer Arbeit machen und zur Korrektur ihrer eigenen Intentionen heranziehen.

b) Veränderung elterlicher Erziehungspraktiken – am Beispiel des Schlagens:

- Viele Diskussionen an Elternabenden in dieser oder vergleichbaren Gruppen berühren das Thema »Strafen«, insbesondere auch körperliche Strafen. Für die beteiligten Studenten und pädagogischen Mitarbeiter ist »Schlagen« so weitgehend tabuisiert, daß sie die Eltern entweder durch unbedachte Äußerungen in die gewünschte Richtung drängen oder aber inquisitorisch dabei zu ertappen suchen, doch wieder geschlagen zu haben. Nur selten gelingt es, die Mitarbeiter zu einer angstfreien, weiterführenden Auseinandersetzung mit der Problematik zu ermutigen. Ohne die negativen Folgen von Schlägen für die Interaktion zwischen Eltern und Kindern herunterspielen zu wollen, müssen wir zunächst zur Kenntnis nehmen und akzeptieren, daß zum Verhaltensrepertoire dieser Eltern das Schlagen der Kinder als übliches Mittel der Auseinandersetzung gehört. Verbale Ersatzangebote der Erzieher in Gestalt nicht weniger fragwürdiger Formen von Bestrafung (vgl. Kap. 5) könnten von den Eltern aufgrund deren Erfahrung des Erzogen-Werdens und ihren gegenwärtigen Lebensbedingungen sowie mangelnder Übung nicht im Alltag erprobt werden und trügen zur Vergrößerung der Kluft zwischen Eltern und Erziehern bei. Zur befriedigenderen Interaktion zwischen Eltern und Kindern kann in einem ersten Schritt versucht werden, mit den Betroffenen zu diskutieren, was zu tun sei, damit unmittelbar nach dem Schlagen das gestörte Vertrauensverhältnis wieder aufgebaut werden kann, daß keine Schuldgefühle (auf beiden Seiten) verbleiben, daß die Unsicherheit um das Angenommenwerden ausgeräumt wird. Eine solche Planung birgt das Risiko des Einschleifens von Erziehungspraktiken in sich, die mit den oben genannten Sozialisationszielen unvereinbar sind. Sie eröffnet andererseits überhaupt erst die Möglichkeit, in angstfreier Diskussion selbstbestimmend Wege des veränderten Umgangs mit Kindern zu suchen und zu erproben.

Beispiel 4: Lernmöglichkeiten im motivationalen Bereich
Im folgenden Beispiel sollen die einzelnen Phasen von Veränderungsprozessen beschrieben werden, in denen Kinder, nachdem sie zeitweilig extremen Einschränkungen in ihren Befriedigungsmöglichkeiten ausgesetzt waren, unter völlig veränderten äußeren Bedingungen lernen, ihre Bedürfnisse zu äußern und im Einzelfall selbstentscheidend auf sofortige Befriedigung zu verzichten. Es handelt sich dabei um Adoptivkinder aus Vietnam oder Korea, die, von ihren Angehörigen ausgesetzt, in Heimen aufwuchsen und im Alter zwischen 3 und 6 Jahren nach Deutschland unter optimale Familienbedingungen gekommen sind.

- *1. Phase:* Schreckreaktionen beim Erleben eines Bedürfnisses: Ein Kind hat z. B. beim Mittagessen eine Portion aufgegessen und reagiert auf die Frage der Mutter, ob es noch etwas essen wolle, mit Blässe und Starrwerden. Ähnliche Reaktionen wurden bei einem anderen Kind im Supermarkt beobachtet, als es einen Stand mit Süßigkeiten erblickte.
- Elternverhalten in dieser Phase: Beobachtung des Kindes; Befriedigung seiner Bedürfnisse, ohne es zu überfordern; Vermittlung von Sicherheit, daß Bedürfnisse nicht mit Liebesverlust und Verlassenwerden verbunden sind.
- *2. Phase:* Die Kinder äußern jetzt maßlos vor allem orale Bedürfnisse; sie haben einen sehr großen Nachholbedarf an oraler Befriedigung; dabei versuchen sie fortlaufend die Tragfähigkeit der liebevoll Befriedigung gewährenden elterlichen Haltung zu überprüfen; z. B. durch Steigerungen in den Forderungen; mehrmaliges nächtliches Aufstehen und Nachsehen, ob die Eltern auch noch anwesend sind;

Schreien und Wutanfälle, wenn auf die kindlichen Forderungen nicht umgehend reagiert wird.

- Elternverhalten in dieser Phase: Soweit es der Gesundheitszustand der Kinder zuläßt, möglichst viele der oralen Bedürfnisse befriedigen; kann ein Wunsch nicht erfüllt werden, gleichzeitig emotionale Zuwendung spenden, damit die Kinder lernen, ihre emotionalen Bedürfnisse nicht nur mittels Essen zu befriedigen; Anregungen, Beschäftigungen und Erfolgserlebnisse in anderen Bereichen vermitteln; Anreize für die Entstehung oraler Bedürfnisse gering halten.
- *3. Phase:* Die 2. Phase verlangt den Eltern kaum tragbare physische und psychische Leistungen ab. Allmählich entsteht Unsicherheit, ob eine so weitgehende Bedürfnisbefriedigung nicht negative Folgen für die Kinder spätestens zu dem Zeitpunkt nach sich zieht, zu dem sie den elterlichen Schonraum verlassen. Es fällt schwer, die Überzeugung zu gewinnen, daß ein Ertragen einzelner Versagungen erst dann möglich wird, wenn die Sicherheit erworben wurde, daß Bedürfnisse generell befriedigt werden. Je vielfältiger sich die Lern- und Erfolgsmöglichkeiten der Kinder, vor allem auch im kognitiven Bereich (Sprache, Sich-zurecht-Finden in der neuen Umwelt), zu entwickeln beginnen, desto eher werden sie bereit, Zuwendung und Sicherheit nicht ausschließlich mittels oraler Befriedigung zu suchen. In dieser Phase ist sehr sorgfältig auszuloten, in welchem Bereich Aufschiebung von Bedürfnisbefriedigungen kleinsten Ausmaßes am leichtesten zu ertragen sind. Das wird wahrscheinlich weniger im konfliktbeladenen oralen Bereich als im sich anbahnenden, erfolgsbesetzten kognitiven Bereich möglich sein.
- *4. Phase:* In dieser als letzter beschriebenen Phase können die Kinder es ertragen, den Wunsch nach Nahrung über einen kleinen Zeitraum aufzuschieben, z. B. bis zu einer Zwischenmahlzeit oder bis eine bestimmte Arbeit der Mutter erledigt ist. Die Phasen 2, 3, 4 sind nicht abgeschlossen aufeinander folgende, sondern treten eher gleichzeitig auf, wobei sie jeweils durch die überwiegenden Reaktionen der Eltern und Kinder gekennzeichnet sind.

Anmerkungen zu Kapitel 4

1 Vgl. 4.3.

2 z. B. *Holtzmann* in den USA; *Ertel, A. Rohr, Greif* in der BRD; *Guthke, Klix* u. a. in der DDR.

3 *Drenth* 1969.

4 Vgl. *Bruder* 1973 und *Bernal* 1970.
5 *Guthke* a. a. O., S. 17.
6 a. a. O., S. 46.
7 *Hilgard* 1956.
8 Vgl. *Althoff* 1973.
9 Im Rahmen der in Kap. 1 dargestellten Grundlagen (»innere Systeme«) sind »Lernmöglichkeiten« folgendermaßen zu definieren: Der Begriff »Lernmöglichkeit« umfaßt das Gesamt der entwickelten inneren Systeme (Wissensbestände, Problemlösungs- und Handlungsstrategien) für einen bestimmten Handlungsbereich.
10 Vgl. *Guthke* a. a. O.
11 *Krech/Cruchfield* 1971, S. 491.
12 *Herrmann* 1969, S. 264.
13 Vgl. Abschnitt 4.3.
14 Vgl. *Meinhold* 1973 a).
15 Vgl. Kap. 1.
16 Ref. »Kräfte« – *Guthke* a. a. O., S. 19.
17 a. a. O., S. 32.
18 zit. nach *Krech/Crutfield* a. a. O., S. 219.
19 zit. nach *Guthke* a. a. O., S. 29/30.
20 a. a. O.
21 Vgl. 4.3.
22 Vgl. *Aebli* 1969, S. 172.
23 *Krech/Crutchfield* berichten in einer Untersuchung von *Newman* u. a. über in getrennten Familien aufwachsende eineiige Zwillinge, bei denen z. T. kaum, z. T. sehr bedeutsame Leistungsunterschiede auftraten. Der größte Unterschied fand »sich zwischen zwei Schwestern, die im Alter von 18 Monaten getrennt worden waren. Eines der Mädchen war im primitiven Hinterlande aufgewachsen und hatte lediglich zwei Jahre formaler Schulbildung genossen, während die Schwester unter günstigen Verhältnissen in einer Landgemeinde aufgewachsen war und einen College-Abschluß hatte. Bei der Intelligenzprüfung im Alter von 35 Jahren erzielte die letztgenannte Schwester einen Intelligenzquotienten, der um 24 Punkte höher lag als der ihrer Zwillingsschwester.« (S. 221)
24 *Majoribanks* 1973.
25 a. a. O., S. 196.
26 Vgl. *Fathke* 1971.
27 Vgl. *Iben* 1971, S. 51 ff.
28 Vgl. *Spitz* 1969.
29 Vgl. »Übergangsobjekt« *Winnicott* 1973.
30 Vgl. *Lorenzer* 1972, S. 68.
31 *Bittner* 1969.
32 a. a. O., S. 69.
33 a. a. O., S. 31.
34 a. a. O., S. 34.
35 Vgl. Kap. 4.2.2.3.
36 *Wygotski* 1969, S. 12.
37 Vgl. Kap. 1 Exkurs »Zum Aufbau innerer Systeme«.
38 Vgl. auch die Untersuchungen über »sensomotorische« Intelligenz bei *Piaget* 1969.

39 *Wygotski* a. a. O., S. 10 ff.
40 a. a. O., S. 13.
41 Vgl. *Aebli* 1963.
42 *Holzkamp* 1973, S. 154.
43 *Bernstein* 1972.
44 Vgl. *Bühler* 1972 und *Gloy* 1973.
45 Vgl. *Deutsch* 1972, S. 50/51.
46 *Bühler* a. a. O.
47 a. a. O., S. 133.
48 *Cazden* 1972.
49 zit. nach *Cazden* a. a. O., S. 302.
50 Vgl. *Bühler* a. a. O. und *Cazden* a. a. O.
51 *Labov* 1972, S. 104 ff.
52 *Holzer/Steinbuch* 1972, S. 335.
53 Kap. 1/Exkurs.
54 *Guthke* a. a. O., S. 43/44.
55 *Lienert* 1967, S. 210.
56 *Holzkamp* a. a. O.
57 Vgl. Kap. 6.
58 *Denis* 1973.
59 a. a. O., S. 188.
60 *Ott* 1970.
61 *Singer* 1970.
62 Vgl. Kap. 3.
63 *Singer* a. a. O., S. 49/50.
64 s. auch Kap. 5.
65 Vgl. *McGeoch/Irion* 1952.
66 Vgl. *Klauer* 1969.
67 a. a. O.
68 Aufgabenklassen: Optische Differenzierung; akustische Differenzierung; Form- und Raumerfassung; Gedächtnis; Denken in Sachgebieten; Zahlbegriffsbildung; *Baar*, zit. nach *Klauer* a. a. O., S. 51.
69 a. a. O., S. 172.
70 a. a. O., S. 174.
71 a. a. O., S. 20.
72 a. a. O., S. 21.
73 Vgl. *Chansky* und *Taylor*, zit. nach *Klauer* a. a. O., S. 22/23.
74 *Guthke* a. a. O.
75 a. a. O., S. 93 und Kap. 4.3.
76 *Anastasi* 1967.
77 *Clarke* 1972.
78 a. a. O., S. 59.
79 Vgl. *Aebli* 1969, S. 174.
80 Vgl. *Nickel* 1972 und *Lompscher* 1968.
81 Vgl. *Bruner* 1960 und *Gagné* 1969.
82 *Aebli* a. a. O., S. 178.
83 a. a. O., S. 178.
84 *Lehr* 1972, S. 55 ff.
85 *Greif* a. a. O., S. 16.
86 *Düker* in Einführung zu *Tent* 1968.

87 *Tent* a. a. O., S. 21.
88 Vgl. die Testkritik von *Sonnemann* 1969 und *Bernal* 1970.
89 *Althoff* 1973.
90 a. a. O.
91 *Rohr, A.*, S. 132 ff.; vgl. auch *Kaminski* 1970 S. 369–372 und *Greif* a. a. O.
92 *Rimoldi/Erdmann* 1967.
93 Vgl. *Holtzmann* 1971 und *Guthke* a. a. O.
94 *Guthke* a. a. O., S. 106/107 und 145 ff.
95 *Ott* 1971; *Engelmann* 1969; *Kratzmeier* 1970.
96 Vgl. Vorläufiger Rahmenplan für die Vorklasse, Berlin 1973.
97 Vgl. *Rinne* 1973.
98 u. a. *Heinsohn* 1971; *Auernheimer/Krösche* 1973.
99 *Zimmer* 1973, S. 28.
100 a. a. O., S. 146.
101 a. a. O., Arbeitsgruppe Vorschulerziehung 1973.
102 a. a. O., S. 31.
103 a. a. O., S. 37; Beispiele für die Planung und Durchführung situationsbestimmter didaktischer Einheiten vgl. *Bambach* und *Gerstacker* 1973 und Arbeitsgruppe Vorschulerziehung 1973.
104 Vgl. *Illich* 1972, *Feire* 1972.
105 *Geissler* 1974.
106 *Hemmer* 1973.
107 *Skowronek* 1968, S. 49 ff.
108 *Auernheimer/Krösche* a. a. O.
109 Vgl. »Taylorisierung« des Unterrichts, *Bruder* 1971.
110 Vgl. *Meinhold* 1974.
111 weitere Lernschritte, insbesondere für die gesamte Lerngruppe, s. a. a. O., S. 129 ff.
112 *Mitscherlich* 1968.
113 *Horn* 1972.
114 Modell des Lernens am Erfolg, vgl. Kap. 1/Exkurs und *Florin/Tunner* 1971.

5. Die Entwicklung sozialer, emotionaler und motivationaler Lernmöglichkeiten am Beispiel der Gewissensbildung

Es soll untersucht werden, ob und mit welchen Konsequenzen der im letzten Kapitel dargestellte Begriff der Lernmöglichkeit auch im vorwiegend sozial-motivationalen Bereich genutzt werden kann. Der Begriff der sozial-motivationalen Lernmöglichkeit umfaßt alle inneren Bedingungen, die das Wie und Warum der Interaktion mit anderen Menschen und Dingen steuern. Unter diesem Oberbegriff sind also eine Vielzahl oft gleichlautender, aber dennoch unterschiedlich definierter Begriffe angesiedelt, die sowohl Zielgerichtetheit wie auch Bewertung menschlichen Handelns, Denkens und Fühlens betreffen. Es sind in diesem Begriff eingeschlossen die Gruppe der erworbenen Bedürfnisse, des Gewissens, der Einstellungen zu sich selbst und zu anderen Personen und Dingen. Diese geläufigen Bezeichnungen sollen nicht aufgegeben werden; statt dessen wird versucht, sie auf einen gemeinsamen Nenner zu bringen. Am Beispiel des Begriffs »Gewissen« kann dargestellt werden, ob ein so weit gefaßter Oberbegriff etwas zu leisten vermag, was über die Tragfähigkeit der bekannten Bezeichnungen hinausgeht.
Der mit theologischem und umgangssprachlichem Vorwissen befrachtete Begriff »Gewissen« wird auch in der psychologischen Fachliteratur häufig wie eine nahezu verdinglichte Einheit beschrieben, wenn auch mit recht unterschiedlichen Äußerungsformen: Ist es wirklich ein und dieselbe »Instanz«, die das Verhalten eines Kindes beim Befragen über Spielregeln steuert [1]* oder Schuldgefühle beim Onanieren hervorruft? Erfahren die höchst widersprüchlichen Verhaltensweisen, Entscheidungen und Befürchtungen eines Individuums aus einer einzigen Quelle ihre Bewertung? Das vereinfachende Verständnis von Gewissen als einer relativ einheitlichen, unveränderlichen Instanz birgt die Gefahr in sich, das höchst komplexe Zusammenspiel innerer und äußerer Bedingungen zu vernachlässigen.
Ein Beispiel: Ein 9jähriges Kind läßt in der Schule seinen Nachbarn beim Diktat abschreiben; es wird vom Lehrer ertappt, bekommt daraufhin Herzklopfen und errötet. Sind diese Reaktionen Anzeichen von Schuldgefühlen als Indikatoren von Gewissen [2] oder sind sie Ausdruck von Wut über die Übermacht des Lehrers, Angst vor einer realen Gefahr, Enttäuschung über die Blockierung des Wunsches, einem ande-

* Anmerkungen s. S. 196

ren zu helfen, oder darüber, daß die vom anderen versprochene Gegenleistung gefährdet ist? Welche inneren Bedingungen steuerten die Entscheidung, den anderen abschreiben zu lassen? War es das Wissen um dessen Unfähigkeit, Zuneigung zum anderen, gute Erfahrungen mit entsprechenden Gegenleistungen, Gruppendruck oder die Erkenntnis, daß der Nachbar beim Abschreiben eher die Chance hat, richtige Rechtschreibung zu lernen als beim Erhalten einer schlechten Zensur? Als äußere Bedingungen könnte die günstige Sitzkonstellation oder die vom Lehrer geschaffene Konkurrenzsituation von Einfluß gewesen sein.

Es gibt zahlreiche Versuche, den Begriff Gewissen in eine Terminologie einzubeziehen, die eine Beschreibung aller dabei wirkenden Denk- und Handlungsabläufe gestattet. Erwähnt seien hier nur als Vertreter amerikanischer Sozialpsychologie *Secord* und *Backman* [3], die Gewissen als ein System zur Bewertung von Normen definieren. Relativ angepaßtes Verhalten entspringt danach dem Wunsch, die einzelnen Systemelemente (z. B. unterschiedliche Bedürfnisse, Einstellungen, Forderungen, Fakten) miteinander zu vereinbaren, um das innere Gleichgewicht aufrechtzuerhalten. Derartiges Streben nach Stabilität ist vielfacher Kritik ausgesetzt worden, so z. B., weil damit von vornherein die Tendenz zur »Stabilisierung des Verhaltens und Sicherung gegen die Unberechenbarkeiten ständiger Veränderungen« postuliert wird [4]. Diese Kritik betrifft aber nur Theorien älteren Datums, wie etwa *Festingers* Konzept von der »kognitiven Dissonanz« [5], nicht aber generell kognitive Persönlichkeitstheorien, wie die Arbeiten von *Schroder* und Mitarbeitern [6]. Ohne den Zustand der Instabilität oder dauernden Veränderungsbereitschaft unreflektiert zu glorifizieren, geben wir solchen theoretischen Ansätzen den Vorzug, aus denen sich Veränderungsmöglichkeiten zu jedem Lebensalter ableiten lassen.

Der von *Steinert* [7] verwendete Begriff der »Verhaltensstrategie« reicht für die Erklärung der meisten durch das »Gewissen« gesteuerten Phänomene aus und gestattet von vornherein die Einbeziehung vieler sowohl entwickelter innerer wie auch länger und kurzfristiger wirkender äußerer Bedingungen bei der Interpretation von Entscheidungen. Es werden »im Prozeß der Sozialisation nicht Werte internalisiert, sondern bestimmte Verhaltensstrategien entwickelt, die von der Umwelt (und vom Handelnden selbst) als Ausdruck bestimmter Werthaltungen interpretiert und eventuell entsprechend sanktioniert werden. Beobachtete Verhaltensweisen sind aber oft nicht eindeutig mit einer bestimmten Werthaltung in Zusammenhang zu bringen. Eine Handlung gewinnt auch ihren Wertaspekt erst aus der Strategie, in der sie steht« [8]. Solche »Strategien« können also verstanden werden als entwickelte innere (kognitive) Systeme, die allerdings nicht nur das von außen beobachtbare Verhalten des Individuums steuern, sondern auch dessen Wahrnehmung und Erleben. Als innere Bedingungen des Individuums sind diese Strategien oder inneren Systeme (vgl. Kap. 1) relativ stabile Ergebnisse der individuellen Auseinandersetzung mit der Umwelt. Dem Begriff »Lernmöglichkeit« kommt qualitativ keine andere Bedeutung zu; durch ihn werden jeweils eine Reihe aufgebauter innerer Systeme beschrieben, die die Auseinandersetzung mit Personen und Gegenständen sowie deren Bewältigung steuern [9]. Der Begriff »Lernmöglichkeit« betont die Veränderungsfähigkeit des Individuums bei jeder Entscheidung: Jede Entscheidungssituation birgt als potentielle Lernsituation die Möglichkeit zur Veränderung innerer Bedingungen in sich. Gewissen als primär »wertbezogene« Lernmöglichkeit steuert einmal die bewertende Auseinandersetzung mit der Umwelt und mit dem Individuum selbst; zum anderen stellt diese Auseinandersetzung eine Lernsituation dar, die zur Veränderung des Gewissens führen kann.

In diesem Zusammenhang einen weiteren Begriff – »Bedürfnisse« – als primär motivationale Lernmöglichkeiten zu interpretieren, heißt einmal, deren Ziele, Mittel und Wege als handlungs-, denk- und erlebnissteuernd zu verstehen, zum anderen aber auch, eben diese als durch Handlungen, Denken und Erleben veränderbar anzuerkennen [10]. Gleiches gilt für »emotionale« Lernmöglichkeiten (bezogen auf Gefühle) wie auch für »soziale« Lernmöglichkeiten (bezogen auf die inneren Systeme, die primär die Auseinandersetzungen mit anderen Menschen bestimmen).

Wie schon im vorangegangenen Kapitel veranschaulicht, funktionieren die einzelnen Bereiche der Lernmöglichkeiten nicht unabhängig voneinander. So erfolgt z. B. die Auseinandersetzung mit anderen Personen gesteuert und rückwirkend auf motivationale Lernmöglichkeiten (Bedürfnisse hinsichtlich dieser Personen), kognitive Lernmöglichkeiten (Wissen über den Umgang mit diesen Personen), emotionale Lernmöglichkeiten (Gefühle betreffend diese Personen) und wertbezogene Lernmöglichkeiten (Bewertung der Auseinandersetzung und deren Ergebnisse). Es wird an diesem Beispiel deutlich, daß die Abgrenzung nach Bereichen für Lernmöglichkeiten ziemlich beliebig erfolgt. Gewöhnlich wird eine übergreifende Aufteilung in emotionale, soziale, motivationale, handlungsbezogene und kognitive Lernmöglichkeiten ausreichend sein. Die wertbezogenen wie auch alle anderen Lernmöglichkeiten enthalten jeweils unterschiedliche Anteile von diesen genannten fünf Lernmöglichkeiten (vgl. Exkurs/Kap. 1). Diese Betrachtungsweise gestattet eine Interpretation über Aufbau und Veränderbarkeit von Gewissen und Bedürfnissen nach den gleichen Gesetzmäßigkeiten, wie sie für die intellektuellen Lernmöglichkeiten bereits diskutiert wurden (vgl. Kap. 4). Das gilt insbesondere für die Frage nach dem Verhältnis von »Anlage und Umwelt« und den Einflüssen von Trainingsprogrammen.

5.1. Gewissen und Anpassung

Der Erwerb und die Veränderung wertbezogener Lernmöglichkeiten vollzieht sich über das ganze Leben des Individuums. Wieweit Chancen zur Veränderung genutzt werden können, ist nach unserem Modell abhängig von äußeren Bedingungen sowie von inneren Bedingungen, d. h. weitgehend von allen bisher entwickelten kognitiven, sozialen und und motivational emotionalen Lernmöglichkeiten. Insbesondere wird aber auch durch die bisher aufgebauten wertbezogenen Lernmöglichkeiten (also »Gewissen«) bestimmt, ob eine notwendige Weiterentwicklung erfolgen kann oder ob lediglich passive Anpassungsleistungen erbracht werden. »Angepaßte« Handlungen müssen nicht in jedem Fall auf eine Unterdrückung menschlicher Entwicklungschancen hinauslaufen: »*aktive* Anpassung nach außen erreichen wir dann, wenn es uns gelingt, unsere Mitwelt durch unsere Impulse soweit auf uns einzustimmen, daß sie auf uns eingeht, daß unsere Absichten die mit ihnen geschaffenen Situationen aktiv gestalten« [11]. Im optimalen Fall lassen sich vielfältige individuelle Bedürfnisse und die Erfordernisse der Umwelt (soziale und gegenständliche) miteinander vereinbaren, zumal wenn sich eine Reihe von Bedürfnissen auf die Aneignung und Bewältigung von Umwelt erstrecken. Dazu ein einfaches Beispiel: Eine Person erreicht abends im Dunkeln, mit voll bepackten Taschen beladen, die Haustüre und findet den passenden Schlüssel nicht. Eine sowohl hinsichtlich der Umwelt (Dunkelheit, keine anderen Personen im Hause) wie auch des Bedürfnisses (ins Haus zu gelangen) unangepaßte Handlung wäre: wütendes Hämmern gegen die Türe oder ein Ausschütten der Taschen. Allein das »angepaßte« (besser: »situationsadäquate«) Verhalten (systematisches Durchsuchen der Taschen) garantiert hier Bedürfnisbefriedigung. Allerdings sind die Bedürfnisse des Handelnden oft mit der Realität unvereinbar, in einer Umwelt, in der einseitige Machtansprüche zum Tragen kommen (z. B. autoritärer Chef – abhängiger Untergebener). In diesen Fällen bleibt den Betroffenen nur die Unterdrückung all ihrer übrigen Bedürfnisse zugunsten des einen nach Sicherung der materiellen Existenz oder Fluchtreaktionen. Situationsangemessene Bedürfnisbefriedigung bleibt auch immer dann unerreichbar, wenn im Rahmen der inneren Bedingungen des Handelnden einzelne Bedürfnisse oder Befürchtungen dauernd dominieren: So kann z. B. die aus ungünstigen Erfahrungen entstandene Trennungsangst jene Handlungen verhindern, die zur Befriedigung des Bedürfnisses nach Selbständigkeit sinnvoll wären, oder aber dieses Bedürfnis erst gar nicht aufkommen lassen. Auch in diesem Fall handelt es sich um »unangepaßte« Verhaltensweisen. Es wird wiederum deutlich, daß Bedürfnisse und entsprechende Befriedigungsstrategien nicht losgelöst von »Umwelt« als Ausdruck aller äußeren Bedingungen wirken: Die »unangepaßten« Handlungen des Untergebenen (im vorletzten Beispiel) sind zwar primär außenbedingt, können aber zur Ausbildung und Verfestigung einseitig einschränkender Bedürfnishierarchien führen, die später unter veränderten Außenbedingungen u. U. primär innenbedingte unangepaßte Handlungen wie im letzten Beispiel zur Folge haben. Die wertbezogenen Lernmöglichkeiten (Gewissen) eines Handelnden liefern in diesem Anpassungsprozeß Kriterien für die Auswahl verschiedener miteinander z. T. konkurrierender Bedürfnisse und die Bevorzugung entsprechender Strategien zur Verarbeitung der Anforderungen von außen. Dabei ist zunächst einmal der *Inhalt* einer verinnerlichten, handlungssteuernden Regel (Strategie) von Bedeutung: Fördert oder behindert der Inhalt einer Regel situations- und bedürfnisadäquates Handeln? Ein Kind, das die Regel verinnerlicht hat, »ich darf mich nicht schmutzig machen«, wird in der Kindergruppe bei der Anregung, mit Fingerfarben zu malen, u. U. nicht zu situations- und bedürfnisangepaßtem Verhalten fähig sein. Bedürfnisangemessene Handlungen werden aber nicht nur vom Inhalt einer verinnerlichten Regel erleichtert oder verhindert. Gleichermaßen einflußstark wirken Anzahl, innere Gliederung und Stellung der einzelnen Regelsysteme zueinander; d. h. in unserem Beispiel: Wenn für die Entscheidung im betreffenden Fall mehr Regeln (Unterregeln) zur Verfügung stehen, wird eine bedürfnisangemessene Handlung eher möglich sein. Die absolute Regel: »Ich darf mich nicht schmutzig machen« würde befriedigende Handlungen erschweren. Stehen aber gleichzeitig zwei oder mehrere Unterregeln zur Verfügung, wie »Wenn ich ein gutes Kleid trage, darf ich mich nicht schmutzig machen«, »Wenn ich mit schmutzigen Sachen spiele, muß ich sorgfältig mit ihnen umgehen«, »Wenn ich dabei nicht vorsichtig sein will, muß ich einen Kittel tragen«

etc., wird eine befriedigende Entscheidung leichter zu erreichen sein (s. auch Kap. 5.2).

5.2. Kognitive Aspekte der Gewissensbildung: Der Aufbau differenzierter Systeme

In der Fachliteratur wird der Begriff »Struktur« von Regelsystemen verwandt, um Anzahl der verfügbaren Regeln und Unterregeln sowie deren Beziehungen zueinander und Verbindungsmöglichkeiten zu kennzeichnen [12]. Je mehr Regeln und Handlungsstrategien zur Verfügung stehen, je größer die Anzahl der Verbindungen zwischen den einzelnen Strategien ist, desto mehr Aspekte kann der Handelnde bei seiner Entscheidungsfindung berücksichtigen. Einfach strukturierte Regeln werden flexibles Handeln erschweren, hoch strukturierte dagegen erleichtern (s. o.). Allerdings dürfte die Struktur eines Regelsystems keineswegs völlig unabhängig von deren Inhalt wirken. Eine Person A hat z. B. die Regel verinnerlicht »Ich darf meine Mutter nicht schlagen; sie schlägt zurück, weil sie dabei Schmerzen empfindet«. Person B hat die Regel verinnerlicht: »Ich darf die Mutter nicht schlagen, weil ich dann ihre Liebe verliere«. Beim Inhalt der Regel, die für Person A gilt, dürfte das Wahrnehmen und Erlernen von Unterregeln (»Wenn ich nur leicht schlage, passiert nichts«) leichterfallen als bei der Regel von Person B, deren Inhalt so existenzbedrohend sein kann, daß jede Wahrnehmung von Alternativen Angst auslöst und deshalb vermieden wird.

Wir konnten feststellen: Je vielfältiger (differenzierter) die verinnerlichten Regeln und Regelsysteme sind, je zahlreicher die Verbindungen zu anderen Regeln und Wissensbeständen sind, desto flexibler wird ein Individuum mit ihnen umgehen können. Wenn auch der flexible Umgang mit Gewissensinhalten sicher eine wesentliche Voraussetzung für autonome Entscheidungen darstellt, so darf nicht ungeprüft angenommen werden, die fortlaufende Steigerung der Differenzierung von Regeln stelle ein optimales Ziel der Gewissensbildung dar. Ein Mensch, der alles berücksichtigt, zueinander in Beziehung setzt, Widersprüche anerkennen und Ungewißheit ertragen kann, wird, wenn nicht in seiner Handlungs- und Entscheidungsfähigkeit eingeschränkt, so doch u. U. unfähig sein, eine vorläufig abschließende, gegebenenfalls einseitige Wertung vorzunehmen, um überhaupt und rechtzeitig zum Handeln zu kommen [13]. Die differenzierte Berücksichtigung aller möglichen Aspekte einer Situation darf nicht in »wertfreie« Handlungsunfähigkeit münden. Es gibt Situationen, in denen einseitige, parteiliche Handlungen gefordert werden, z. B. Solidarität bei Streiks o. ä., um nicht in blinden Aktionismus zu münden; allerdings sollte auch derartige Handlungsfähigkeit nicht über eindimensionale Regelsysteme aufgebaut werden, sondern autonom erfolgen, d. h. hier: Entscheidungen können trotz Wissen um die Risiken getroffen werden.

5.2.1. Probleme bei der Erforschung von Erziehungspraktiken als Bestimmungsgrößen für wertbezogene Lernmöglichkeiten

An dieser Stelle kann nicht die kaum mehr zu übersehende Zahl von Untersuchungen über den Zusammenhang zwischen Erziehungspraktiken und Persönlichkeitsmerkmalen der Erzogenen referiert werden. Statt dessen sollen im Abschnitt 5.2.2. wenige typische Beispiele im Rahmen unserer Modellvorstellungen dargestellt und für die Planung praxisbezogener Arbeit ausgewertet werden (vgl. auch 5.3.). Zuvor werden einige grundsätzliche Probleme zu erörtern sein.
Widersprüchliche Ergebnisse über die Wirung einzelner Erziehungspraktiken rühren von einer Reihe methodischer und theoretischer Probleme her:

- Erziehungspraktiken werden als losgelöst vom Gesamtgefüge des Sozialisationsverlaufs verstanden. Die Bedeutung vielfältiger Einflußgrößen wird vernachlässigt (z. B. Wohnsituation, Geschwisterzahl, Arbeitssituation der Eltern etc.). Dabei kann jedoch eine Erziehungsmaßnahme, wie z. B. »Hausarrest«, je nach Wohnungsgröße und Ausstattung mit Spielmaterial sowie Aufsicht durch die Eltern zu recht unterschiedlichen Ergebnissen sowohl im kognitiven als auch im motivational-sozialen Bereich führen.
- Einzelne Erziehungspraktiken wirken nicht unabhängig von den übrigen Interaktionen zwischen Eltern und Kindern: Schläge von einer sonst liebevoll helfenden Mutter haben u. U. andere Auswirkungen als die von einer ablehnend vernachlässigenden Mutter. Deswegen werden seit längerem Gruppen von Erziehungspraktiken auf ihr Zusammenauftreten hin untersucht, um voneinander unabhängige Dimensionen erzieherischen Verhaltens zu gewinnen. Am bekanntesten ist gegenwärtig das dreidimensionale Modell von *Becker* [14], nach dem sich elterliches Verhalten nach seiner Ausprägung auf den drei Dimensionen »Wärme–Feindseligkeit«, »Strenge–Milde« und »ängstlich emotionales Engagement – ruhige Distanz« klassifizieren läßt. Sorgfältig erarbeitete Skalen zur Erfassung der beiden voneinander unabhängigen Dimensionen »Elter-

liche Strenge« und »Elterliche Unterstützung« liegen von *Stapf* und Mitarbeitern [15] vor. Danach kann ein elterliches Verhalten durchaus gleichzeitig streng und auch unterstützend sein, also das befragte Kind bejaht z. B. zahlreiche Fragen wie »Wenn ich etwas Vorlautes sage, schlägt er mir auf den Mund« und »Manchmal beobachte und höre ich Dinge, die ich nicht verstehe; mein Vater erklärt sie mir dann« [16]. Allerdings kommen auch bei diesen Modellen über die elterlichen Handlungen hinausgehende und sie z. T. begründende Sozialisationsbedingungen nur wenig zum Tragen. So könnte geschlußfolgert werden, Eltern seien beliebig fähig, ihren Erziehungsstil zu verändern; was angesichts nachfolgender Schlußbemerkungen der Autoren zu ihren Untersuchungsergebnissen naheliegend sein dürfte: »Wer ›brave Menschen‹ haben will, möge streng, wer sie nicht haben will, möge mild erziehen. Wer ›clevere Menschen‹ haben will, möge den zu Erziehenden stark unterstützen; wer sie nicht haben will, möge die elterliche Unterstützung einschränken. Wer ›brave und clevere‹ Menschen haben will, möge mit großer Erziehungsintensität erziehen; wer sie nicht haben will, möge die Erziehungsintensität senken« [17].

– Eine zusätzliche Ursache widersprüchlicher Ergebnisse stellen methodische Mängel im Untersuchungsaufbau dar. Fehlerquellen liegen einmal in Erinnerungslücken und Verfälschungen der befragten Eltern, besonders wenn es sich um weit zurückliegende Ereignisse handelt. Außerdem kann die Formulierung der Fragen nach elterlichen Meinungen und Persönlichkeitsmerkmalen der Kinder vage und mißverständlich ausfallen. »Es kann dann oft gezeigt werden, daß uneinheitliche Befunde darauf beruhen, daß in Wahrheit Unterschiedliches in unterschiedlicher Weise untersucht wurde. So ist etwa die Strenge des Vaters gegenüber dem zwölfjährigen Sohn etwas anderes als die Strenge der Mutter gegenüber der zweijährigen Tochter; Strenge ist etwas Verschiedenes, wenn sie sich als körperliche Züchtigung aufgrund der Folgen kindlichen Fehlverhaltens darstellt oder wenn sie sich im zeitweiligen Entzug der elterlichen Zuneigung mit dem Ziel offenbart, folgenlose böse Absicht des Kindes zu bestrafen« [18]. Angesichts dieser Ausführungen besteht kaum eine Rechtfertigung, aus der Vielzahl von Einzelaussagen über die Wirkung von Erziehungspraktiken verallgemeinernde Schlußfolgerungen für die Erziehungsarbeit abzuleiten.

5.2.2. Der Aufbau flexibler Systeme in Abhängigkeit von der Erziehungssituation

Einige Grundannahmen des Ansatzes von *Schroder* und Mitarbeitern wurden im vorletzten Abschnitt dargestellt. Trotz kritischer Hinweise wird der Aufbau differenzierter [19] wertbezogener Lernmöglichkeiten bejaht. Über herkömmliche Untersuchungen hinausgehend zeichnen sich *Schroders* Arbeiten durch folgende Vorteile aus:
Es werden nicht nur eine Reihe einzelner Erziehungspraktiken aufgezählt und in Beziehung zu entsprechend einfachen oder differenzierten Systemen der Erzogenen gesetzt. Statt dessen soll die gesamte Erziehungssituation auf ihre Differenziertheit hin untersucht werden. – Veränderungen werden als Prozesse interpretiert. Hierbei gelingt es nicht nur, einzelne Phasen in diesem Prozeß aufzuführen, sondern das für die Überwindung dieser Phasen jeweils unterschiedlich optimale Erziehungsklima zu beschreiben [20]. – Das Erziehungsklima wird nicht eindimensional definiert: es wird eine Wechselwirkung zwischen Erzieher und Erzogenem beachtet: der Erzieher erzieht nicht nur das Kind, sondern dieses wirkt auf ihn verändernd zurück.
Einzelheiten [21]: Zusammenhänge zwischen Differenziertheitsgrad der Systeme und Erziehungsklima:
Niveau 1: Niedriger Differenziertheitsgrad der Systeme; einzelne unverbundene, nicht weiter untergliederte Regeln; Auswirkungen im Verhalten des Zöglings: kategorisches Schwarz-Weiß-Denken; es gibt nur Gut oder Schlecht; die Regeln brauchen daher weder begründet noch gerechtfertigt zu werden; Konflikte können auch kurzfristig nicht ertragen werden; man sucht nach endgültigen, autoritätsbegründeten Antworten; Widerstand gegenüber Veränderungen [22].
Entstehungsbedingungen zu Niveau 1: Der Erzogene lernt unumstößliche Regeln als isolierte Einheiten, ohne Einsicht in ihre Mittel-Ziel-Beziehung; d. h. er weiß gerade nur, was er tun muß, nicht aber warum; er erfährt eine vollständige Verhaltenskontrolle durch die Belohnung oder Bestrafung gebenden Erzieher; er ist passives »Erziehungsobjekt« [23].
Niveau 2: Mäßig differenzierte Systeme; es existieren schon Unterregeln, aber wenige Verbindungen zwischen ihnen und den entsprechenden Handlungsstrategien; daher wirkt das Verhalten des Zöglings u. U. widersprüchlich; von einem Extrem ins andere fallend; er ist entweder autoritätshörig oder entwickelt Tendenzen, jede Abhängigkeit zu meiden; geringes Selbstvertrauen [24].
Entstehungsbedingungen zu Niveau 2: Inkonsistentes Erziehungs-

klima: Wechsel von harter Strafe und übermäßiger Verwöhnung; der Zögling wird verunsichert durch die Unvorhersagbarkeit der Reaktionen des Erziehers und der Ereignisse in seiner engeren Umwelt.

Niveau 3: Mäßig hoher Differenziertheitsgrad: Es gibt mehrere gegliederte Regelsysteme, es bestehen Verbindungen zwischen ihnen und zu anderen kognitiven Systemen. Auswirkungen im Verhalten des Zöglings: Er erlebt sich selbst als Verursacher seines Wohlergehens oder Unbehagens, nicht eine höhere Autorität; er ist anpassungsfähig, besonders wenn es zu seinem Vorteil gereicht, zur Änderung seines Urteils bereit [25].

Entstehungsbedingungen für Niveau 3: Vorherrschend ist ein verwöhnendes, beschützendes Erziehungsklima; der Zögling kann viele Erfahrungen in seiner beschützten Welt gewinnen, kaum aber außerhalb seiner abgeschirmten, alles gewährenden Wirklichkeit Erfahrungen sammeln, so daß sich eine starke Anspruchshaltung entwickeln dürfte; der Erzieher stellt sich dem Zögling nicht als allmächtig dar, sondern wird von dessen steigenden Forderungen beeinflußt.

Niveau 4: Hoher Differenziertheitsgrad: zahlreiche gegliederte Systeme, zahlreiche Verbindungen zu anderen Systemen; durch Kombination von einzelnen Regeln können selbständig neue Alternativen erzeugt werden; offen gegenüber Veränderungen; Belohnung und Bestrafung werden aus der Bewältigung oder dem Scheitern bei Problemen in der Auseinandersetzung mit der Umwelt gewonnen, nicht aber durch das Beachten isolierter Vorschriften; bei Entscheidungen werden viele Aspekte gleichzeitig berücksichtigt, also z. B. nicht nur technische oder ökonomische, sondern etwa auch soziale Belange.

Entstehungsbedingungen für Niveau 4: Der Akzent liegt auf der Wechselwirkung zwischen Aktivitäten des Erziehers und Zöglings. Je nachdem, welche Entscheidungen der Zögling getroffen hat, erweitert der Erzieher den Spielraum, in dem der Zögling selbständige Entscheidungen treffen muß, stellt notwendige Entscheidungshilfen bereit. Die Eigenaktivität des Zöglings wird hier nicht nur berücksichtigt, sondern stellt ein Korrektiv für die Handlungen des Erziehers dar. Der Erzieher selbst ist gezwungen, bei der Planung des Erziehungsprozesses sein Verhalten nach einer Vielzahl von Wenn-Dann-Beziehungen zu orientieren [26].

Werden diese Niveaus nicht als Endpunkte sondern als zu verändernde verstanden, so wird für jedes Niveau ein anderes optimales Erziehungsklima beschrieben, das ein Fortschreiten zum nächsthöheren Niveau ermöglicht, ebenso auch solche Erziehungsmilieus, die eine

Überforderung oder Einschränkung bedingen können (vgl. Abb. 13) [27].

Abb. 13: Einfluß des Erziehungsklimas auf die Niveau-Entwicklung

Gegebene Stufe	Umwelt		Bewertung		Erwartete Auswirkung
1 aber schon offen nach 2	Betonung von Autonomie innerhalb normativer Regeln	→	optimal	→	Übergang zu 2
	Klar organisiert innerhalb normativer Regeln	→	Unterforderung	→	verfestigt Stufe I
	Starke Betonung von Autonomie	→	Überforderung	→	Stoppt Übergang zu Stufe 2 wegen Verunsicherung des Zöglings

5.2.3. Sozialpädagogische Praxis: Zum Aufbau flexibler Systeme am Beispiel: Begründung von Verboten

Die Empfehlung, Gebote und Verbote durch Erklärungen zu begründen, wird vielfach ohne weitere Bedenken als günstig für die Gewissensentwicklung beschrieben. Dieses bei Mittelschichteneltern offenbar verbreitete Verhalten führt aber nicht notwendigerweise zu einem bewußten, autonomen Umgang mit dem Gewissen. Verbale Begründungen von Verboten können nur unter folgenden Bedingungen sinnvoll sein:

- Erklärungen begleiten den gesamten Lebensbereich des Kindes; z. B. Ermunterung des Frageverhaltens von Anfang an. Falls Erklärungen nur dazu dienen, Verbote schmackhaft zu machen, wird das Kind u. U. lernen, Erklärungen zu meiden.
- Erklärungen dürfen nicht nur die Bedürfnisse des Erwachsenen verdeutlichen; ebenso sollte das Kind Gelegenheit haben, seine Bedürfnisse zu erklären und ggfs. durchzusetzen oder Kompromisse zu finden. Erst dadurch wird das Kind überhaupt motiviert, Begründungen anzunehmen, zu verwenden. Allerdings kann nicht von der Voraussetzung ausgegangen werden, daß jeder Konflikt zwischen Erzieher und Kind prinzipiell lösbar ist, sofern nur intensiv genug alle »Gründe« aufgeführt werden. Es wird immer Situationen geben, wo das aufzuschiebende und aufzugebende Bedürfnis des Kindes bzw.

des Erwachsenen auf Befriedigung drängt, wo Bedürfnisse des Kindes und des Erwachsenen sich konträr gegenüberstehen. Deshalb müssen Kind und Erwachsener fähig sein, begrenzt Konflikte zu ertragen, z. B. das Risiko eingehen können, vom anderen kurzfristig abgelehnt zu werden. Anderenfalls werden sich bei einem Partner Nachgiebigkeit und Verzichtshaltungen entwickeln; verbale Begründungen und tatsächliche Gefühle und Bedürfnisse werden zunehmend voneinander getrennt, so daß ein bewußter Umgang mit ihnen in Frage gestellt ist.

- Erklärungen müssen einen hohen Wahrheitsgehalt aufweisen. Dadurch wird der Erwachsene gezwungen, Inhalt und Notwendigkeit eines Gebots zu überprüfen, und daran gehindert, Erklärungen lediglich als verbale Etiketten zur Verschleierung von Gefühlen und Bedürfnissen zu verwenden.
- Problematisch können Erklärungen aus folgenden Gründen werden: Es gibt Verbote, für die sich keine sinnvollen Begründungen finden lassen: Je ungünstiger die äußeren Lebensbedingungen sind (z. B. Wohnsituation), desto größer werden die Einschränkungen sein müssen und desto schwieriger und unsinniger wird es sein, akzeptable Erklärungen für Verbote zu finden. Außerdem sind die Betroffenen in solchen Situationen emotional kaum in so ausgeglichener Stimmung, um Erklärungen abgeben zu können. Damit wird eine weitere problematische Auslassung des theoretischen Ansatzes von Schroder offenbar: die Wechselwirkung zwischen Lebensbedingungen und den Interaktionspartnern im Erziehungsprozeß. Zwar treffen Schroder und seine Mitarbeiter eine Reihe von überprüften Vorhersagen über Umwelteinflüsse auf das Differenziertheitsniveau eines Menschen. Es handelt sich dabei aber immer um relativ isolierte Variablen, wie z. B. die bereitgestellte Informationsmenge oder Streß, nicht aber um langfristige, auf alle Beteiligte wirkende Lebensbedingungen. So kann auch hier nicht der Eindruck ausgeräumt werden, der Differenziertheitsgrad werde vom beliebig erlernbaren Stil und Geschick des Erziehers bestimmt. Was aber veranlaßt den Zögling bei seiner Entscheidung, möglichst viele Aspekte zu berücksichtigen, Ungewißheit zu ertragen, Erklärung und Gegenerklärungen abzuwägen? Wir vermuten: Es ist die gelernte Erwartung, daß Probleme auf diese Weise besser gelöst, Bedürfnisse optimaler befriedigt werden. Das bedeutet: Ein flexible Systeme förderndes Erziehungsklima läßt sich nur in einer Umwelt realisieren, die so gestaltet ist, daß differenzierte Problemlösungen angemessener und erfolgreicher sind als einfache. Wenn der Druck äußerer Lebensbedingungen durch keinerlei

Erklärungen veränderbar ist, dürften die Bemühungen des Erziehers, falls er sie überhaupt unternehmen kann, an den täglichen Mißerfolgen des Zöglings scheitern.

- Je stärker das einzuschränkende Bedürfnis ist und je öfter es eingeschränkt werden muß, desto eher sind bei dem Betroffenen die folgenden Reaktionen zu erwarten: Das Gebot wird höchstens dann beachtet, wenn reale Gefahr droht, z. B. durch Anwesenheit der Eltern; es werden Ersatzbefriedigungen gesucht; oder der Betroffene kann dieses Bedürfnis nur unter starken Schuldgefühlen und Ängsten befriedigen. Diese Reaktion ist zu erwarten, wenn die Angst vor Liebesverlust sehr groß ist (vgl. Kap. 5.3).
- Ein Individuum wird um so eher zum Aufschub oder zur Aufgabe von Bedürfnissen bereit sein, je größer seine Sicherheit ist, daß Bedürfnisse generell befriedigt werden. Erst dann können schrittweise Veränderungsprozesse in Richtung auf sozial angemessenere Formen der Bedürfnisbefriedigung eingeleitet werden [28].
- Es gibt Situationen, die schnelle, spontane Entscheidungen verlangen. Je stärker die Tendenz ausgeprägt ist, den gesamten Lebensbereich durch Erklärungen interpretieren zu lassen, desto größer kann die Gefahr werden, daß das Individuum unfähig wird, spontan zu handeln. Es könnte sein, daß so sozialisierte Individuen ihren emotionalen Bereich ignorieren und damit nicht mehr unter Kontrolle halten können. Als Folge davon würden sie zu Rationalisierungen neigen, die u. U. ihre Wahrnehmung der Realität einschränken.

Es wurde schon im vorletzten Abschnitt erwähnt, daß ein alle Aspekte beachtender, alles verstehender Mensch nicht in jeder Situation aktiv verändernd handeln kann, selbst wenn es die Situation erfordert. Der bewußte Umgang mit dem Gewissen setzt den Aufbau differenzierter wertbezogener Systeme voraus. Bewußtes Entscheiden erfordert die Wahrnehmung einzelner Ereignisse und Handlungen in ihrem Zusammenhang mit zahlreichen anderen, sie tangierenden Aspekten und Konsequenzen [29]. Ob diese Voraussetzungen in distanziertes, »wertneutrales« Beobachten münden oder aber Parteilichkeit und veränderndes Handeln zur Folge haben, wird nicht nur von der Differenziertheit und den Inhalten der wertbezogenen Lernmöglichkeiten bestimmt, sondern weitgehend auch von dem mit ihnen verbundenen sozial-emotionalen Engagement (Identifikation und Solidarität) sowie von den aktuellen Ereignissen gesteuert (vgl. Kap. 5.3 und 5.4).

5.3. Emotional-motivationale Aspekte der Gewissensbildung: Psychoanalytische Beiträge

Welche Motive bewegen ein Individuum dazu, auf die Befriedigung verbotener Wünsche zu verzichten, selbst in Abwesenheit der verbietenden, strafenden Autoritäten? Bewirkt allein das *Wissen* (kognitive Anteile) um Verbotenes und Erlaubtes das Entstehen von Schuldgefühlen beim Verstoß gegen ein Gebot, auch wenn man eigentlich weiß, daß mit diesem Verstoß keine unmittelbare Gefahr verbunden ist? Die Existenz von Schuldgefühlen wider besseres Wissen zwingt zur Annahme innerpsychischer Prozesse, die nicht ausschließlich aus den entwickelten kognitiven Lernmöglichkeiten erklärt werden können.
Psychoanalytische Modellvorstellungen über den Aufbau des »Über-Ich« (»Gewissen«: verinnerlichte Elternrepräsentanzen) in Wechselwirkung mit »Triebregungen« (aus dem »Es« kommend) und der bewußt vermittelnden Instanz »Ich« liefern Erklärungen, die die primär emotional-motivationalen Anteile des Gewissens erklären [30]. Diese Erklärungen sind so häufig referiert worden, daß an dieser Stelle auf eine ausführliche Darstellung verzichtet werden kann [31]. Allerdings erkennen wir die Gefahr, die aus der verkürzten Wiedergabe psychoanalytischer Theorie entsteht: Vereinfachung bis zur Verdinglichung der »Instanzen« (Es, Ich, Über-Ich) des psychischen »Apparats«. Deshalb sei auf *Mitscherlich* verwiesen, der wiederholt auf die »Symbolfunktion« psychoanalytischer Begriffe im Rahmen von Arbeitshypothesen hingewiesen hat [32]. Die Entstehung des »Über-Ich« (beim Jungen) aus der Aufgabe inzestuöser Wünsche an die Mutter (»Ödipuskomplex«) aufgrund von »Kastrationsangst« und nachfolgender Identifikation mit dem Vater ist auch von psychoanalytischer Seite kritisiert und modifiziert worden [33]. Eine erweiterte Interpretation der Kastrationsangst als Trennungsangst, Angst vor Liebesverlust, ermöglicht die Verbindung zu sozialpsychologischen Erklärungen der Identifikation, ohne daß wesentliche psychoanalytische Positionen aufgegeben werden müssen [34].
Eine solche wesentliche Position psychoanalytischer Theorienbildung betrifft die Konzipierung des Systems das »Unbewußte« (ubw): Im Unbewußten wirken die Triebrepräsentanzen des »Es« wie auch weite Anteile des »Über-Ich«. »Das Über-Ich wird so nicht nur die Strenge der Forderungen und Einschränkungen widerspiegeln, die ursprünglich von den Eltern auferlegt wurden, sondern auch die relative Unreife des Stadiums, währenddessen sie auferlegt wurden. So behält das menschliche Gewissen, selbst während es bewußten Idealen dient, eine

gewisse unbewußte und infantile Primitivität bei« [35]. Bedingt durch die Zensur des Über-Ich können wiederum bestimmte Triebregungen gar nicht oder nur stark verfremdet ins Bewußtsein (Ich) gelangen. Diese Triebregungen werden vom Ich abgewehrt, ins Unbewußte verdrängt und wirken unkontrolliert weiter: Das Individuum hat zu Teilen »die Herrschaft über sein Gefühlsleben verloren« [36]. Zahlreiche Handlungen des Individuums werden nur verstehbar vom Ziel her, deformierte, der Verdrängung entgangene Reste von Triebregungen zu befriedigen. Als solche werden sie vom Betroffenen nicht erkannt und erfahren nachträglich eine Rechtfertigung (Rationalisierung). Als Beispiel seien hier Formen von »Strafe« erwähnt. »Das Mißtrauen und die Tendenz auszuweichen, die zu der Alles-oder-Nichts-Qualität des Über-Ichs hinzukommt, macht den moralischen Menschen zu einer großen potentiellen Gefahr für sich selbst und seine Mitmenschen. Die Moral kann zu einem Synonym der Rachsucht und der Unterdrückung anderer werden« [37]. Vor allem bei den eigenen Kindern unterliegen strafende Eltern leichter den Tendenzen des Unbewußten als bei erwachsenen Personen. »Das, was wir als Kinder abgewehrt und überwunden haben, weil es auszuleben peinlich und beängstigend war, und uns in Konflikte mit unseren Eltern und Erziehern und unserem Gewissen gebracht hätte, das versuchen wir auch unseren Kindern zu verwehren: wir benehmen uns unseren Kindern also so wie unsere Eltern sich uns gegenüber benahmen, wir treiben sogar mit unserem Verhalten die Kinder in Konflikte, die wir selbst hatten, um dann ihnen gegenüber unsere Eltern zu spielen, häufig sogar deren Strenge zu übertreiben« [38]. Ein solches Verhalten wird bei jenen Eltern zu erwarten sein, deren Über-Ich zu großen Teilen unbewußt wirkt. Die Äußerungsformen der Bedürfnisse von Kindern bieten dem Erzieher also einerseits Möglichkeiten zur Ersatzbefriedigung verbotener Wünsche, andererseits auch zu deren Bestrafung.

Der Eindruck vom Über-Ich als ausschließlich »feindlicher«, verbietender Instanz läßt in den Hintergrund treten, daß eine Vielzahl kindlicher Identifikationen Orienteriungsfunktion hat: Das durch Abwesenheit der Bezugsperson (»Liebesobjekt«) verunsicherte Kind versucht um jeden Preis so zu sein, wie das »verlorene Liebesobjekt« [39], nicht nur um damit wenigstens einen Teil des Liebesobjekts wiederzuerlangen, sondern auch, um der Realitätsbewältigung gewachsen zu sein. Die Identifikationen bilden darüber hinaus Grundlagen für Orientierungen des Kindes über sich selbst; sie formieren das, was *Freud* als Ich-Ideal bezeichnet, dem ähnlich leitende Funktionen wie dem Über-Ich zukommen [40].

Es ist jetzt zu untersuchen, wie und bis zu welchem Grad sich die beschriebenen Phänomene im Rahmen unseres Modells begrifflich verankern lassen. Wir gehen davon aus, daß die von *Freud* bearbeiteten konfliktreichen Geschehnisse ihrem Inhalt nach nicht unter allen äußeren Bedingungen die gleichen sind: Was schließlich den Motor zur Aufgabe verbotener Wünsche und zur Verinnerlichung elterlicher Gebote darstellt – sei es Kastrationsangst, sei es Angst vor Liebesverlust oder etwas anderes –, ist selbst als Ergebnis eines Sozialisationsprozesses zu verstehen und damit einzuordnen in ein weitgehend erfaßbares Bedingungsgefüge: Kastrationsangst kann nur entstehen auf dem Boden entsprechender Drohungen und durch die Vermittlung von Interpretationsmustern für Frauen als minderwertige, schon »kastrierte« Wesen. Angst vor Liebesverlust und der Wunsch, sie zu überwinden, setzt das Erlebnis der Trennung von dem (meist einzigen) Liebesobjekt voraus. Stehen mehrere Liebesobjekte zur Verfügung (Kap. 3), kann auf eine Programmierung, befriedigende emotionale Geborgenheit ausschließlich in der Zweierbeziehung zu erwarten, verzichtet werden. Dann dürfte die Trennung von einem Liebesobjekt kaum als so lebensbedrohlich empfunden werden, daß alle Eigenstrebungen aufgegeben, unterdrückt oder verformt werden. Das Erleben des Über-Ich als »strafender« Instanz läßt sich nur über die Wahrnehmung weitreichender Wirkungen von Strafe verstehen.

Vergegenwärtigen wir uns an einem Beispiel einige der Bedingungen, unter denen die einzelnen Instanzen bei aufkeimender Geschwisterrivalität wirken können: In einem 6jährigen Kind können z. T. unbewußt die folgenden Geschehnisse ablaufen: »Ich möchte meinen Bruder weg haben (töten, aus dem Fenster werfen), ich möchte ihn wenigstens verletzen« (ubw) – Erleben diffusen Unbehagens beim Anblick der Mutter, wenn sie den Bruder versorgt; Unbehagen und Angst, wenn die verbotenen Wünsche beim Anblick des Bruders aktualisiert werden – Entwicklung von Abwehrmechanismen: z. B. »Reaktionsbildung«: das betroffene Kind verkehrt seine Tendenzen ins Gegenteil: es wird überfürsorglich, schaut alle Augenblicke nach dem Bruder, ob ihm (endlich) etwas passiert ist; oder/und Provokation von Selbstbestrafung: das Kind erlebt wegen der teils bewußt gewordenen Ablehnung des Bruders starke Schuldgefühle und begeht irgendeine Untat, um bestraft zu werden [41]. Derartige Schuldgefühle und Abwehrmechanismen setzten eine Vielzahl bisher entwickelter innerer Bedingungen (Bedürfnisse, Erfahrungen, Reaktionstendenzen, kognitive und emotionale Systeme etc.) voraus, ebenso wie äußere Bedingungen (Normen, Erziehungspraktiken, innere Bedingungen der Erzieher).

Äußere Bedingungen/Normen: z. B. Gebot der Geschwisterliebe; Negation ambivalenter Haltungen; Kleinfamilie, in der Kinder als Privateigentum betrachtet werden; Horney [42] erwähnt in diesem Zusammenhang den »Mangel an Wärme und den Geist des allgemeinen Wettbewerbs.«
Erziehungspraktiken/innere Bedingungen der Erzieher: z. B. Liebe und Liebesbedürfnisse wurden bisher auf ein Kind gerichtet; Liebesbeziehung Bezugsperson–Kind wird als Besitzverhältnis gewertet, unbewußte Motivationen der Mutter betreffs der Geburt des zweiten Kindes: u. a. sollte es besser sein als das erste; überschreitet das Kind ein Verbot, so wird nicht die entsprechende Sache, sondern das gesamte Kind als Person abgewertet; Strafen durch Androhung von Liebesverlust;
Innere Bedingungen des Kindes: z. B. Erfahrungen der Trennung, des Allein-gelassen-Seins; Erfahrung, daß Liebesbedürfnisse ausschließlich durch eine einzige Person befriedigt werden; entwickelter »Narzißmus«: in der Kleinfamilie können sich die emotionalen Bedürfnisse und die Zuwendung in so großem Maße auf die Person des Kindes konzentrieren, daß dessen Ansprüche nach Aufmerksamkeit ins Unermeßliche anwachsen und eine realitätsferne Selbstüberschätzung fördern. Damit wird einmal die zur sozialeren Einstellung notwendige Überwindung narzißtischer Bedürfnisse verunmöglicht [43], zum anderen werden Bedingungen geschaffen, die eine »Entthronung« durch Geschwister und die damit verbundenen Verluste an Zuwendung zur lebensbedrohlichen Katastrophe werden lassen. Weitere Bedingungen: eindimensionale kognitive Systeme (entweder nur gut oder nur schlecht), dadurch zusätzliche Vereinfachung dessen, was an elterlichen Geboten verinnerlicht wurde (hiermit wird die kognitive Seite dessen erfaßt, was Erikson »infantiles Über-Ich« nannte).
Lernpsychologische Erklärungen für psychoanalytisch beschriebene Vorgänge liefern die Autoren *Dollard* und *Miller* [44]. Danach entsteht Unbewußtes vor allem aus der Erfahrung, daß bestimmte Wünsche, Befürchtungen und Reaktionen nicht verbalisiert werden können, weil nicht sein kann, was nicht sein darf. Das betroffene Individuum kann die entsprechenden verbalen Begriffe nicht lernen und keine Klarheit darüber gewinnen, was in ihm vorgeht, warum es etwas getan oder gedacht hat. Das Fehlen verbaler Bezeichnungen für Gefühlszustände und Reaktionstendenzen verstärkt seine Orientierungslosigkeit, verhindert das bewußte, kontrollierbare Sich-zurecht-Finden in der Umwelt und in sich selbst. Damit ist sicher eine – die mehr kognitiv bedingte – Quelle der Angst beim diffusen Erleben entsprechender

Gefühle erfaßt. Die zahlreichen Versuche des Individuums, diese angstauslösende Orientierungslosigkeit zu bewältigen, scheitern aber nicht nur an den Sprach- und Denkbarrieren der Umwelt, sondern vor allem an deren emotionalen Widerständen selbst: Jeder Anlauf des Kindes, Orientierung in tabuisierten Bereichen über die Mutter zu gewinnen, aktualisiert deren eigene konfliktreiche Geschichte der partiellen Orientierungslosigkeit und ruft Abwehr und Bestrafung des »Störenfrieds« hervor. Das Kind aus unserem Beispiel, das sich Klarheit über seine Haßgefühle gegenüber seinem Bruder verschaffen will, verstößt damit nicht nur gegen das Gebot der Geschwisterliebe, sondern mobilisiert in der Mutter u. a. durch Verdrängung »bewältigte« Konflikte mit eigenen Geschwistern oder mit der eigenen Mutter um die Gunst des Vaters. Weiterhin könnte der gesamte Bereich »ambivalenter« Gefühle aktualisiert und bewußt werden, daß einer Person sowohl zärtliche wie auch feindliche Regungen entgegengebracht werden können; dies anzuerkennen, würde bedeuten, sich selbst als nicht ausschließlich vom Partner oder Kind geliebt zu erleben und damit auch den Ausschließlichkeitsanspruch der Zweierbeziehung in Frage stellen zu müssen. Das betroffene Kind erlebt in seinem Suchen nach Orientierung gleich zweifache Bestrafung: Einmal unmittelbar aus den abwehrenden, strafenden Reaktionen der Mutter, zum anderen aus dem Erlebnis einer ängstlichen, verunsicherten, orientierungslosen Bezugsperson, die bisher weitgehend für unfehlbar und Sicherheit vermittelnd gehalten wurde. Als Auswege bieten sich dem Kind an: Verdrängung und Abwehr aller inneren und äußeren Hinweise, die eine ähnliche Situation heraufbeschwören können; Verinnerlichung jener Teile der Bezugsperson, die als unfehlbar und Sicherheit gewährend erlebt werden, um sich gegen deren Verlust abzusichern.

Die erfolgte Abwehr angstauslösender, bedrohlicher Wünsche bleibt nur so lange erfolgreich, wie Erinnerungen an sie vermieden werden können. Jeder Hinweis auf sie kann Panik, Bestrafungs- und Vermeidungstendenzen auslösen. So werden gerade jene Personen und Ereignisse gemieden werden, die in irgendeiner Form Erinnerungen an unbewältigte Konflikte mobilisieren; also z. B. Personen, die im Ruf stehen, sexuell potent zu sein, wenn sexuelle Wünsche verdrängt werden mußten; Personen, denen Schlampigkeit nachgesagt wird, wenn das Bedürfnis nach Sauberkeit unter großen Opfern aufgebaut wurde. Gewissensbildung legt auf diesem Wege auch immer den Grundstein zu der Entwicklung von Vorurteilen [45]. Allerdings darf auch hierbei nicht der Eindruck entstehen, als seien die erwähnten Prozesse schicksalhaft mit der Gewissensbildung verbunden. Ebenfalls dürfen diese

Prozesse nicht ausschließlich als Ergebnis mißglückter Interaktion zwischen Erzieher und Zögling interpretiert werden: Sowohl Inhalt wie auch Intensität konfliktreicher Gewissensbildung werden bestimmt von den äußeren Lebensbedingungen der Betroffenen. Was, wie und warum abgewehrt und verdrängt werden muß und somit Ausgangspunkt vorurteilsbereiten Handelns und Fühlens ist, läßt sich häufig unmittelbar aus den äußeren Lebensbedingungen herleiten. Alle Kenntnisse über Angstabwehr und Verdrängungsmechanismen dürfen nicht vergessen lassen, daß diese Mechanismen nur unter entsprechenden politisch-ökonomischen Bedingungen wirksam werden. *Harding* und Mitarbeiter [46] liefern Berichte, die die materielle Basis von Vorurteilen veranschaulichen: »Als die Chinesen als Fabrikarbeiter und Hauspersonal etc. begehrt waren und die Nachfrage größer war als das Angebot, wurden die Chinesen als besonnen, gutartig und friedliebend beschrieben. Nach der Verschlechterung der Arbeitslage, die zur Folge hatte, daß sich auch Teile der einheimischen Bevölkerung um solche Arbeitsplätze bewerben mußten, die zuvor den Chinesen zugebilligt wurden, änderte sich das Stereotyp radikal in der Weise, daß die Chinesen jetzt als kriminell, nationalistisch, geistig und moralisch minderwertig, hinterlistig etc. beschrieben wurden.«

5.4. Sozialpädagogische Praxis: Über-Ich-Entwicklung und Ich-Stärke

»Die psychoanalytischen gebildeten Erzieher verfolgen ein bestimmtes Erziehungsziel: Sie wollen dem Kind ein optimal gesundes Ich vermitteln. Ein Ich, das die Forderungen der Triebwünsche, der Außenwelt und des Über-Ichs meistern kann, ein Ich, das in Konfliktfällen nicht mit Fluchtreaktionen und Ausfallerscheinungen antwortet, nicht triebfeindlich und nicht für die Lebensleistung eingeschränkt wird« [47]. Dieses Erziehungsziel kann grundsätzlich bejaht werden, wenn anerkannt wird, daß seine Realisierung entsprechende Außenbedingungen zur Voraussetzung hat und nicht allein durch Erziehungstechniken und Fähigkeiten der primären Bezugspersonen garantiert wird (vgl. Die Diskussion zum Begriff »Anpassung«, Kap. 5.1). Wo extreme Außenbedingungen (z. B. Wohnen im Obdachlosenasyl, Wechsel der Bezugspersonen im Heim) nicht einmal minimale Bedürfnisbefriedigung gewähren, kann die Forderung, »Triebwünsche zu meistern« und Fluchtreaktionen abzubauen, von den Betroffenen nur als Ausdruck zynischer Verachtung erlebt werden.

5.4.1. »Repressionsarme« Gewissenserziehung

Der Aufbau eines Ichs, das fähig wird zu bewußter Vermittlung zwischen unterschiedlichen eigenen Bedürfnissen und den Ansprüchen der anderen, erfolgt über den Weg schrittweiser Verarbeitung von Frustrationen sowie der Modifizierung bestehender und der Entwicklung neuer Bedürfnisse. Er mißlingt in einem einseitig unterdrückenden »triebfeindlichen« Klima ebenso wie in einem Erziehungsmilieu, das frei von Forderungen und Grenzen ist. Letzteres ist als Reaktion auf repressive Erziehungspraktiken manchmal vernachlässigt worden. Das Kind, das frei von Forderungen und Grenzen lebt, bleibt orientierungslos, sich selbst überlassen bei der Interpretation vielfältiger Umweltereignisse und wird all jene Lernmöglichkeiten, die ein bewußt steuerndes Ich ausmachen, nur unzureichend entwickeln können. In Verbindung mit kognitiver Orientierungslosigkeit tritt eine emotionale Verunsicherung auf, deren Folgen oft denen triebfeindlicher Erziehung vergleichbar sind.

G. Ammon konnte in ihrem psychoanalytischen Kindergarten bei Kindern, die Märchen bevorzugen, diese Beobachtung folgendermaßen auswerten: »Man könnte annehmen, daß der Märchenkönig deswegen benötigt wird, weil auf ihn alle Sehnsüchte nach einem starken und mächtigen Vater, dem man sich anvertrauen kann, projiziert werden können, da sich die jungen Väter mit ihrer als demokratisch verbrämten Teilnahmslosigkeit ganz einer Auseinandersetzung entzogen haben« [48]. »Ein Kind, das nicht gelernt hat, mit altersspezifischen Frustrationen fertig zu werden, weil es ein verzärtelnder, überängstlicher Erzieher auf Watte bettet und jeden Widerstand aus dem Weg räumt, steigert seine Ansprüche ins Maßlose und bleibt unfähig zu einer gegenseitig befriedigenden Beziehung. Seine durch ein kaum entwickeltes Realitätsprinzip wenig gedämpften Triebbedürfnisse werden mit zunehmendem Alter immer weniger befriedigt, was wiederum ein gesteigertes, rücksichtsloses Aggressionsverhalten zur Folge haben kann« [49]. Es geht also nicht darum, dem Kind jede Bedürfnisunterdrükkung zu ersparen, sondern ihm zu helfen, solche Bedürfnisse auszuformen, die der Entwicklung befriedigender Lebensbedingungen dienen, und es zu befähigen, solche einzuschränken, die diesem Ziel hinderlich sind [50].

Im Interaktionsfeld: Primäre Bezugspersonen–Kind müssen als Voraussetzung befriedigende emotionale Beziehungen gegeben sein, damit entsprechende Veränderungsprozesse eingeleitet werden und erfolgreich verlaufen [51]. Es wurde schon erwähnt, daß ein Individuum zeitweilig Bedürfnisbefriedigung aufschieben oder aufgeben kann, wenn es die Sicherheit erworben hat, daß Bedürfnisse generell befriedigt werden. Dabei fällt die Befriedigung der Bedürfnisse nach emotionaler Zuwendung am stärksten ins Gewicht. »Aber nur dort kann mit dem Verzicht ein *Sinn* verknüpft, kann Verzicht selbst befriedigend erlebt werden, wo die Mitwelt Bedeutung für den einzelnen hat« [52]. *Die Notwendigkeit emotionaler Bindungen für den Aufbau von Frustrationstoleranz darf aber nicht so einseitig interpretiert werden, als würde sich der Anlaß zum Verzichten aus diesen Bindungen begründen lassen.* Appelle wie »weil du mich lieb hast, mußt du dieses oder jenes unterlassen«, führen schnell zu »wenn du dieses oder jenes nicht unterläßt, habe ich dich nicht mehr lieb.« Damit kann neben der Angst vor Liebesverlust als Grundlage der Gewissensbildung gleichzeitig auch eine Angst vor emotionalen Bindungen aufgebaut werden, da der Ich-einengende, Verzicht fordernde Aspekt solcher Bindungen überwertig wird [53]. Dieser Gefahr kann in keiner emotionalen Bindung generell begegnet werden; sie kann unter folgenden Bedingungen gemildert und weitgehend bedeutungslos werden: Es sollten emotionale Beziehungen zu mehr als einer Person bestehen. Erfährt das Kind emotionale Befriedigung über zwei oder mehrere gleichwertige Bezugspersonen, so wird der zeitweilige Liebesverlust als weniger existenzbedrohend und daher ertragbar erlebt. Damit wird auch der Aufbau übersteigerter Harmonieerwartungen überflüssig. Die teilweise Unlösbarkeit von Konflikten zwischen den Interaktionspartnern kann dann auch anerkannt und ertragen werden. Als wichtigste Bedingung kann aber folgendes gelten: *Der Verzicht sollte grundsätzlich die Entwicklung neuer – erweiternder – Lernmöglichkeiten zulassen.*

Dazu ein Beispiel: Ein 2½jähriges Kind kommt in die Küche zur Mutter und möchte ein Bonbon. Eine sofortige Bedürfnisbefriedigung – bevor das Kind seinen Wunsch überhaupt ausgesprochen hat – beraubt das Kind seiner Möglichkeiten des erfolgreichen Sprachgebrauchs, fördert die Abhängigkeit von der Mutter und ist damit in starkem Maße Ich-einschränkend. Eine andere Mutter könnte das Kind, nachdem dieses den Wunsch ausgesprochen hat, anweisen, sich das Bonbon selbst aus dem Küchenschrank zu holen. Sofern das Kind die einzelnen »Lösungsschritte« (– einen Stuhl an den Tisch schieben – auf diesen und von dort auf den Schrankvorsprung steigen – Öffnen der Schranktür etc. –) noch nicht hat erproben können, dürfte diese Anweisung eine Überforderung darstellen und das Kind seine eigene Ohnmacht sowie die Abhängigkeit von der Mutter schmerzhaft erleben lassen. Auch in diesem Fall ist die Forderung Ich-einschränkend. Erst wenn

dem Kind Gelegenheit geboten wird, die einzelnen Lösungsschritte zunächst mit Hilfestellungen erfolgreich zu üben, eröffnet der Verzicht sowohl neue intellektuelle Lernmöglichkeiten wie auch eine Erweiterung des kindlichen Selbstbewußtseins. »Unserer Erfahrung nach gelingt die Anpassung an die Realität am leichtesten Kindern mit starkem Selbstbewußtsein und Unabhängigkeitsgefühl. So würde also ein Weg zur Anpassung auch über die Hebung des Selbstbewußtseins führen« [54]. Die Realisierung solcher angstfreien, die Persönlichkeit erweiternden Gewissensentwicklung wird für den Erzieher selbst einen das Gewissen beeinflussenden Lernprozeß darstellen. »Der Erzieher, der selbst einer auf Gehorsam als oberstes Prinzip ausgerichteten Straferziehung ausgeliefert war, ..., steht gleichsam unter dem Zwang, Straferziehung tradieren zu müssen. Seine bewußten Ich-Vorstellungen von der Intention der Erziehung werden immer boykottiert von unbewußt-automatisierten Über-Ich-Zwängen, die sich am Über-Ich seiner eigenen Erziehung orientieren« [55]. Alle Äußerungen des Kindes, die der Erzieher abgewehrt hat, weil sie mit seinem Ich-Ideal unvereinbar sind, mobilisieren Angst, Ablehnung und Strafbedürfnisse. Deshalb kann die folgende Regel, die *V. Schmidt* ihren Erziehern vermittelte, erste Ansätze zur Erweiterung der Lernmöglichkeiten einleiten, die die eigene Person betreffen: »Die analytisch gebildete Erzieherin, auf die gewisse Eigenschaften eines Zöglings besonders abstoßend und aufreizend wirken, so daß eine Abneigung in ihr gegen das Kind erwachen will, wird darum versuchen, sich diese Verdrängungsarbeit an der eigenen Person bewußt zu machen und damit die Herkunft der überstarken Abneigung aufdecken« [56].
Damit sind aber längst nicht alle Möglichkeiten, heftig und »unvernünftig« auf kindliche Ansprüche zu reagieren, abgedeckt. Die vielfältigen, aus augenblicklichen Situationen entstehenden, Ärger hervorrufenden Handlungen eines Kindes wecken nicht immer abgewehrte Konflikte, sondern können auch auf aktuelle konträre Bedürfnisse des Erziehers treffen. Dies zu leugnen, etwa vom Erzieher dauerndes Zurückstellen eigener Ansprüche zugunsten des Kindes zu fordern, würde gerade beim Erzieher wieder jene Abwehr- und Verdrängungsprozesse in Gang setzen, die seine Interaktion mit dem Kind bewußter Steuerung entziehen. Auch – oder gerade – ein sich aufopfernder Erzieher kann ein Kind einengen. Kind und Erzieher müssen ertragen lernen, daß einige ihrer Bedürfnisse nicht in Einklang zu bringen sind, und Handlungsstrategien entwickeln, durch die das Betroffensein des anderen in solchen Situationen möglichst gering bleiben kann.

5.4.2. Die Bedeutung der Sexualerziehung für die Gewissensentwicklung

Wie erwähnt, werden die Inhalte der Verdrängung geprägt von den jeweils gültigen Normen. Da zur Zeit *Freuds* in dessen Klientenkreis und auch heute noch weitgehend die Unterdrückung oder nur partielle Duldung sexueller Bedürfnisse vorherrschend ist, werden im Verlauf des Über-Ich-Aufbaus zu großen Teilen sexuelle Ansprüche verdrängt oder verändert werden. Eine repressionsarme Sexualerziehung stellt sicher eine notwendige, keineswegs aber hinreichende Bedingung zur Entwicklung ich-starker Individuen dar. Eine Verabsolutierung der folgenden, sicher nicht unrichtigen Thesen von *Haensch* [57] ließe wesentliche Ursachen von Autoritätsgläubigkeit und Entfremdung verkennen: »Die Verdrängung der genitalen Sexualität erzeugt autoritätsgläubige, untertanenhafte Charaktere und garantiert damit die Aufrechterhaltung der herrschenden, gesellschaftlichen Verhältnisse, Herrschaftsstrukturen und Produktionsverhältnisse ... Die sexualverneinende Psychostruktur erzeugt die Disposition zu entfremdeter Arbeit« [58]. Die Disposition zu entfremdeter Arbeit wird zuallererst unter entsprechenden Produktions- und Arbeitsbedingungen entstehen. Für besonders privilegierte Gruppen ist eine weitgehend befreite Sexualität immer schon möglich gewesen, ohne daß dadurch das Bedürfnis entstehen mußte, den Zustand der Unterprivilegierung anderer aufzuheben. Ebenso problematisch ist es, Sexualerziehung isoliert von der Entwicklung anderer Persönlichkeitsbereiche zu betreiben: Sexualerziehung isoliert von der Förderung sozialen Verhaltens, der Erweiterung von jeder Art Kommunikationsfähigkeit, der Ausbildung emotionaler Erlebnisfähigkeit und Befähigung zur aktiven Umweltbewältigung verkümmert zur Sexualtechnik, wie durch einschlägige »Aufklärungsfilme« dokumentiert wird.

Die Steigerung und Erweiterung sexueller Genußfähigkeit ohne Einschränkung entsprechender Möglichkeiten für andere kann als Erziehungsziel bejaht werden [59]. Angesichts der immer noch praktizierten Sexualunterdrückung wird aber zu überprüfen sein, wie weit die Realisierung dieses Erziehungsziels die Verwirklichung übergeordneter Ziele gefährdet. Gelingt es z. B. Erziehern in einer Kindergruppe nicht, die unter Versagungen und Strafen aufgebauten Abwehrhaltungen der Eltern aufzuarbeiten und sexuelle Ansprüche der Kinder, wenn nicht gar zu fördern, so doch wenigstens angstfrei zu tolerieren, müssen die Erzieher u. U. entscheiden, ob ihre eigenen Vorstellungen repressionsfreier Erziehung es wert sind, die gesamte Erziehungsarbeit zu gefährden. Wenn sich die Eltern z. B. an der Nacktheit der Kinder stören, lohnt es sich wohl kaum, dies zu einer Frage über Fortführung oder Abbruch der gesamten Eltern-Kinder-Arbeit zu machen. Ähnliche Situationen bieten außerdem eine Gelegenheit zum Lernen, flexibel mit Normen umzugehen: »Zu Hause oder in der Schule ist etwas verboten, hier in der Gruppe ist es erlaubt.« Ein derartiges Zurückschrauben eigener Ansprüche auf seiten der Erzieher führt nicht zur Aufgabe wesentlicher Positionen, sondern bedeutet lediglich ein Anerkennen elterlicher Wünsche und Befürchtungen, was wiederum eine wesentliche Voraussetzung zur Einleitung von (Gewissen verändernden) Lernprozessen bei den Eltern (und Erziehern) darstellt. Eine unaufgebbare Position wird immer da berührt, wo Tabuisierung und Unterdrückung bei den Betroffenen Angst und Verdrängung hervorrufen. Jede Vermittlung elterlicher Ansprüche an die Kinder sollte auf einer bewußten Ebene erfolgen, um die Chance des Zurückgewiesen-Werdens nicht generell auszuschließen.

Jede Sexualerziehung hat die Tatsache zu berücksichtigen, daß es eine »natürliche« Sexualität nicht geben kann, daß jedes sexuelle Bedürfnis wie auch die Formen seiner Befriedigung Ergebnisse von Sozialisationsprozessen sind. Auch die gegenwärtig propagierten und für gut befundenen Ziele einer Sexualerziehung spiegeln nur den – wohl noch recht begrenzten – Stand der in unserer Kultur denkbaren Kenntnisse über Genuß- und Erlebnismöglichkeiten wider. Da die Befriedigung sexueller Bedürfnisse nicht in einem Vakuum erfolgt, wird es sinnvoll sein, sie im Bereich der Entwicklung sozial-emotionaler Lernmöglichkeiten anzusiedeln und insbesondere als einen Aspekt der Erweiterung kommunikativer Fähigkeiten zu verstehen. Die Förderung nichtverbaler Kommunikationsmöglichkeiten betrifft nicht nur unmittelbar sexuelle und zärtliche Handlungen, sondern aktives, gekonntes Herangehen an den anderen, und stellt damit auch ein Lernfeld zum Umgang mit eher destruktiven, aggressiven Impulsen dar.

Sexualerziehung wird wohl auch auf eine Sublimierung zunächst unsozialer Ansprüche hinwirken. Sublimierung darf hier nicht verstanden werden als Ablenkung sexueller Triebe auf nicht-sexuelle Ziele [60], sondern im Sinne einer nicht-repressiven Sublimierung: »Die Sexualität wird weder abgelenkt noch in ihren Zielen gehemmt; vielmeht transzendiert sie, indem sie ihr Ziel erreicht, auf der Suche nach vollerer Befriedigung zu weiteren Zielen« [61].

Sexualerziehung müßte auch den Abbau einengender, einseitiger Geschlechtsrollenerwartungen zum Gegenstand haben. Dabei wird vor allem eine Erweiterung emotionaler Ausdrucksmöglichkeiten im Mittelpunkt zu stehen haben, ebenso wie eine Veränderung der Erwartung, absolute Befriedigung materieller, emotionaler, sozialer und sexueller Bedürfnisse ausschließlich in einer einzigen Zweierbeziehung zu suchen. Die Realisierung erweiterter kognitiver Lernmöglichkeiten für Mädchen ist heute primär nicht eine Frage des Geschlechts, sondern der Klassenzugehörigkeit (s. auch Kap. 3).

5.4.3. Verhalten in Konfliktsituationen

Das Ausmaß, mit dem in der Fachliteratur Hinweise zum Umgang mit kindlichen Widerständen gegeben werden, könnte den Eindruck entstehen lassen, als vollziehe sich Gewissensentwicklung weitgehend nur durch Reaktionen auf kindliche Verbotsmißachtungen. Der weite Bereich positiv motivierter Identifikationen im Dienste der Umweltbewältigung bleibt dabei ausgespart (vgl. Kap. 5.5). Kritik an autoritären Reaktionen auf kindliche Widerstände wurde in Deutschland vor allem durch die Veröffentlichungen der *Tauschs* und ihrer Mitarbeiter verbreitet [62]. Die von *Tausch* zur Erläuterung des »sozial-integrativen« Erziehungsstils gegebenen Beispiele lassen aber Zweifel daran aufkommen, ob es sich hierbei um bewußte, vom betroffenen Kind mit gesteuerte Konfliktlösung handelt. Es entsteht vielmehr der Eindruck, als dienen diese Maßnahmen der reibungslosen Anpassung an unumstößliche Regeln eines Erwachsenen, wie es im folgenden Beispiel aus *Tausch R.* und *A.* [63] hervorgeht. »Ein Junge hat auf dem Weg zur Schule gebummelt. Als er auf den Schulhof kommt, sieht er, daß schon alle Kinder in ihren Klassen sind und Unterricht haben. Schnell läuft er in seine Klasse. Da sagt der Lehrer zu dem Jungen: (sozial-integrative Antw.) »Es fällt manchmal schwer, zur richtigen Zeit zur Schule zu kommen. Aber man kommt nicht zu spät in die Schule.« Zu Recht erwarten die Autoren: »Gefühle der Opposition und Auflehnung sind vermutlich seltener.« Die Äußerung des Verständnisses für den Schüler erfüllt hier die Funktion eines verbalen Etiketts mit angenehmer »Verpackung« für einen nicht in Frage zu stellenden Anspruch. Die Kriterien für einen sozial-integrativen Stil, die der nicht-direktiven Therapie [64] entstammen, insbesondere die Merkmale »Verständnis« und »Verbalisierung emotionaler Erlebnisinhalte« des betroffenen Kindes, erfahren ihren Sinn erst dann, wenn sie, statt in eindimensionaler Richtung ausschließlich vom Erzieher auf das Kind zuzulaufen, zur Klärung der Ansprüche und Emotionen beider Seiten dienen. Dabei muß grundsätzlich auch eine Änderung der Ansprüche des Erziehers möglich sein. Deshalb kann sich eine Veränderung des Erzieherverhaltens nicht nur durch ein Einüben sozial-integrativer Verhaltensmerkmale einstellen. Es ist vielmehr im Rahmen von Interaktionen zwischen den Betroffenen zu arbeiten. Das kann vorbereitet werden durch entsprechende Rollenspiele der Kinder; Diskussion dieser Spielabläufe mit den Eltern; Vermittlung elterlicher Emotionen an die Kinder, zunächst über den Erzieher, später in gemeinsamen Aktionen. Dabei sollten die Beteiligten lernen:

- ihre Bedürfnisse und Wege zum Ziel zu artikulieren;
- die Ansprüche des anderen zu verstehen; diese, soweit möglich, in die eigene Zielplanung einzubeziehen oder sie ggfs. bewußt und angstfrei zurückzustellen, wenn eine Konfliktlösung nicht möglich ist;
- Strategien entwickeln, um wieder zueinander zu finden, wenn das Vertrauensverhältnis durch Mißachtung kindlicher oder elterlicher Ansprüche gestört wurde.

Diese Lernprozesse setzen keineswegs »mittelschichtentypische« Sprach-, Denk- und Erziehungsgewohnheiten voraus. Wir haben die Erfahrung gemacht, daß sowohl »Mittelschichten-« wie auch »Unterschichteneltern« dergleichen abstrakt formulierte Regeln nicht in entsprechende Handlungen umsetzen können. Bei beiden Elterngruppen ist die Erarbeitung detaillierter Handlungsanweisungen notwendig. Bewährt haben sich folgende Hilfestellungen:

1. Phase: Zu Anfang, wenn bei einigen Eltern die Einstellung vorherrschend ist: »Mein Kind tut ausschließlich Verbotenes, Böses«, kann als Aufgabe gestellt werden, jeden Tag zwei bis fünf Ereignisse aufzuschreiben, bei denen das Kind »vernünftig«, »erlaubt« gehandelt hat. Auf diese Weise verändert sich die Wahrnehmung des Kindes und damit auch die Einstellung zu ihm, bis hin zur Bereitschaft, Ansprüche des Kindes nicht ausschließlich als feindlich, bedrohlich zu erleben (Anm.: Der Terminus: Aufgabe stellen, könnte als zu direktiv empfunden werden. Wir verweisen auf eine ähnliche Diskussion in Kap. 4. Wir arbeiten grundsätzlich auf eine Veränderung der elterlichen Eigenaktivität hin, können es aber nicht riskieren, die Anfangserwartungen der Eltern gänzlich zu mißachten mit dem Erfolg, die Eltern an weniger enttäuschende Fernsehprogramme zu verlieren. Außerdem ist es realistisch, von einer kontinuierlichen Arbeit auszugehen, die sich nicht länger als über maximal ein Jahr erstreckt, wegen Einschulung der Kinder, Umzugs etc.)

2. Phase: Für den Fall, daß »unartiges« Verhalten des Kindes die Eltern zu Schimpfen und Schlägen provoziert hat: Überlegen, was getan werden kann, um ein gutes Verhältnis wiederherzustellen [65]; sich fragen, ob das Kind jetzt weiß, was es in Zukunft in solcher Situation tun oder lassen soll; kann das, was geschehen ist, auch anders beurteilt werden? (Wenn das Kind nicht »aufs Wort hört«, falls die Mutter ruft, könnte dieses Verhalten z. B. auch als Konzentrationsfähigkeit und Ausdauer [läßt sich nicht leicht ablenken] interpretiert werden). Darüber hinaus kann erforscht werden, wie sich die Beteiligten in dieser Situation gefühlt haben, welche anderen, vorausgegangenen Ereignisse den Ärger hervorgerufen haben. Wir sind uns aber nicht sicher, ob es sinnvoll ist, darauf hinzuarbeiten, daß die Absicht und die Folgen einer Handlung voneinander getrennt beurteilt werden (was als »mittelschichtentypisch« gilt). Wir kennen zuviele Gelegenheiten, in denen ein anderer »mit bester Absicht« geschädigt wird.

3. Phase: Zur Verdeutlichung von Abwehrmechanismen könnte an der Frage gearbeitet werden »Welchen Nutzen hat das Fehlverhalten des Kindes für mich?« Diese Phase kann aber zunächst auch entfallen, wenn die Eltern dadurch zu stark verunsichert werden.

Nach diesen Vorbereitungen könnten evtl. Rollenspiele zwischen Eltern und Kindern durchgeführt werden. Der Abbau elterlicher Harmonieerwartungen gestaltet sich bei »Mittelschichteneltern« gewöhnlich schwieriger, weil letztere wohl häufiger selbst durch Liebesentzug gestraft wurden und diese Gefahr schwerer ertragen können. Außerdem verfügen sie über ein größeres Repertoire konfliktverschleiernder Techniken, u. a. auch, da ihre Wirklichkeit weniger offen sichtbare Disharmonien enthält als die der »Unterschicht«-Eltern und Kinder.

5.5. Soziale Aspekte der Gewissensentwicklung: Der Aufbau von Fähigkeiten zu selbständigem, verantwortungsbewußtem Handeln

Im Rahmen der bisher diskutierten Modellvorstellungen zur Gewissensentwicklung sind Einflüsse von außerfamilialen Gruppen vernachlässigt worden. Da vor allem nach psychoanalytischen Aussagen die entscheidenden Phasen der Gewissensentwicklung vor Schuleintritt ablaufen sollen – also in einer Zeit, in der der überwiegende Teil der Kinder ausschließlich in Familien lebt –, beschränkt sich die Beschreibung der entsprechenden Prozesse auf Interaktionen zwischen (meist nur einem) Erzieher und einem Kind. Es entsteht der Eindruck, als seien später eintretende Ereignisse für den Aufbau der moralischen Beurteilungssysteme von zweitrangiger Bedeutung.

Ein theoretischer Ansatz, der über die so verkürzte Auffassung von Gewissensentwicklung hinausweist, bildet die Grundlage der pädagogischen Arbeit in der DDR: Danach stellt die »Entwicklung des Menschen in der *Gesellschaft*« den Ausgangspunkt aller pädagogischen Prozesse dar [66]. Für den Aufbau und die ständige Erweiterung wertbezogener Lernmöglichkeiten im Verlauf der gesamten Persönlichkeitsentwicklung gewinnen die Erzieher-Kollektiv-Beziehungen größere Bedeutung als die Erzieher-Zögling-Beziehungen [67]. Die Vorteile dieser Theorie, aber auch die Probleme bei deren Umsetzung in Praxis lassen sich an den Untersuchungen von *Kossakowski* und Mitarbeitern [68] «Zur Entwicklung von Fähigkeiten zu selbständigem und verantwortungsbewußtem Handeln« veranschaulichen.

»Selbständigkeit« und »Verantwortungsbewußtsein« werden nicht – wie so oft in amerikanischen Untersuchungen – als relativ isolierte Persönlichkeitsmerkmale, losgelöst von der Frage nach ihren Zielen, beschrieben. Ihre Darstellung erfolgt vielmehr eingebettet in das gesamte Persönlichkeitsgefüge und in Abhängigkeit von den Aufgaben des arbeitenden Kollektivs. Es werden also einmal die wesentlichen kognitiven, emotionalen, sozialen und motivationalen Grundlagen selbständigen„ verantwortungsbewußten Handelns aufgeführt. Zum andern wird auf die Zielrichtung diesen Handelns verwiesen: »Verantwortungsbewußtsein zeigt sich an der Bereitschaft und der Fähigkeit des Schülers zu folgekritischem Handeln, das sich an grundlegenden gesellschaftlichen Normen orientiert. Die höchste Form verantwortungsbewußten Handelns ist klassenbewußtes Handeln« [69].

Die Erforschung fördernder Bedingungen für Selbständigkeit und Verantwortungsbewußtsein erfolgt nicht über lebensfremde (kurzfristige) Laborsituationen, sondern im Rahmen konkreter, langfristiger Arbeitsvorhaben, in unserem Beispiel: der »Lernarbeit« in der Schule. Auf diese Weise lassen sich unterschiedlichste innere und äußere Bedingungen in ihrer Wechselwirkung zueinander erfassen:

- *innere Bedingungen* (z. B.): Erfolgserlebnisse, Kenntnisse, Einstellungen des Individuums;
- *äußere Bedingungen (Kollektiv):* Zusammensetzung, Gruppenstruktur, Kollektivbewußtsein;
- *äußere Bedingungen (Erzieher):* Führungsstil, Organisation;
- *äußere Bedingungen:* Elternhaus;
- *äußere Bedingungen:* Aufgabe, gesellschaftliche Bedingungen, Entwicklungsstand der schulischen Bedingungen; etc.

Dadurch wird ausgeschlossen, daß nur einzelne, aus dem Ereignisgefüge herausgelöste Bedingungen in ihrer Beziehung zueinander erfaßt und verabsolutiert werden. So könnten kaum weitreichende Schlußfolgerungen aus Untersuchungen gezogen werden, die nur ein einziges Persönlichkeitsmerkmal (z. B. Leistungsmotivation) in seiner Abhängigkeit von den Sozialbeziehungen der Gruppe zum Gegenstand haben, wenn dabei die Aufgaben und Tätigkeiten der Gruppe, die ja die Gestaltung der Sozialbeziehungen entscheidend bestimmen, vernachlässigt werden [70]. Ebensowenig sinnvoll dürfte es sein, das Persönlichkeitsmerkmal »Selbständigkeit« in nur einer Aufgabensituation zu erfassen. »Für die Erziehung ist es z. B. nachteilig, wenn ein Schüler während der Pausen aktiv in den Ordnungsdienst einbezogen wird, im Unterricht aber nur wenig Möglichkeiten zu selbständigem Handeln erhält« [71].

Die theoretische Planung der Untersuchung *Kossakowskis* erfüllt also wesentliche Bedingungen, die wir häufig bei Untersuchungen zum Sozialisationsgeschehen vermißt haben, insbesondere auch, weil die gewonnenen Untersuchungsergebnisse unmittelbar für die Verbesserung der praktischen Arbeit eingesetzt und fortlaufend überprüft werden können (vgl. Kap. 1).

Die nachfolgend aufgeführten Kriterien selbständigen und verantwortungsbewußten Handelns entsprechen aber nicht in jedem Fall den bisher entwickelten Vorstellungen von Autonomie (s. u.).

1. Kriterium: »Kollektives Streben nach maximalen Lernergebnissen« [72]

Entscheidende Außenbedingung zur Entwicklung von Verantwortungsbewußtsein ist die Tatsache, daß die Leistung des Kollektivs bewertet wird.

Dadurch ist der einzelne nicht nur verpflichtet, seine Lernergebnisse zu verbessern, sondern auch den Mitgliedern des Kollektivs beim Erreichen dieses Zieles zu helfen. Diese Hilfeleistungen dürfen nicht der Eigeninitiative des einzelnen überlassen bleiben, sondern werden durch Organisierung von Fördermaßnahmen durch das gesamte Kollektiv getragen. Dadurch wird das Sicherheitsgefühl des einzelnen erhöht.

Derartige Zielsetzungen erzeugen grundsätzlich andere Bedürfnisse, als sie im Rahmen von Untersuchungen zur »Leistungsmotivation« in den USA oder der BRD beschrieben werden. So bezeichnet es z. B. *Heckhausen* [73] als einen entscheidenden Fortschritt in der Entwicklung des Leistungsmotivs, wenn das Kind erkannt hat, daß es besser und schneller als der andere sein muß. Ebenso fragwürdig wird angesichts obiger Zielsetzungen die Bevorzugung sog. »intrinsischer« Lernmotivation (also Lernen um der Sache selber willen) gegenüber »extrinsischer«

Motivation (Lernen aufgrund äußerer, sachfremder Motivation, also z. B., um eine Belohnung zu erhalten), aber auch aus sozialen Motiven« [74].

2. Kriterium: »Selbständige und verantwortungsbewußte Auseinandersetzung mit ideologischen Fragen« [75]

Es geht beim Erreichen des ersten Kriteriums nicht um die Verbesserung irgendwelcher Lernergebnisse, sondern um solche, die sich aus der Verantwortung vor der Gesellschaft herleiten lassen. Politische Diskussionen gehen der Zielbestimmung für die Lernarbeit voraus. Dieses Verhalten wird von Beginn der Schulzeit eingeübt, wobei je nach Stand und Alter der Gruppe die Organisation dieser Diskussion zunehmend den Schülern übertragen wird. Wir halten die Auseinandersetzung mit Fragen nach dem Wofür und Warum der Lernarbeit für unerläßlich, wenn optimale Lernmotivationen entwickelt werden sollen. Allerdings legen die von *Kossakowski* zitierten Beispiele den Verdacht nahe, daß eine Verbindung zwischen Diskussionsablauf und entsprechenden handlungssteuernden Bedürfnissen nicht ohne weiteres gelingen wird. Solange jeweils nur nicht unmittelbar erfahrene politische Ereignisse Gegenstand der Untersuchung sind und die aktuellen Bedürfnisse der Schüler ausgespart bleiben, besteht die Gefahr, daß diese Diskussionen zu Pflichtübungen erstarren. Wenn der Auftrag lautet: »Führt ständig, auch in den Pausen, Diskussionen über aktuelle politische Probleme« [76], werden Sättigungserscheinungen und Überdruß wahrscheinlich.

3. Kriterium: »Die selbständige Organisation von Ordnung und Disziplin in der Schule« [77]

Die Tatsache, daß Schüler von Beginn der Schulzeit an befähigt werden, Hausaufgaben und Arbeitsdisziplin eigenständig zu kontrollieren, fördert deren Eigenverantwortlichkeit und verringert Konflikte mit dem Erzieher. Derartige Maßnahmen gewährleisten aber nicht ohne weiteres Autonomie bei allen Beteiligten, wie das folgende Beispiel zeigt: »der Einflußnahme der Pionierkontrolle der Oberschule Oschatz gelang es, den ungepflegten langen Haarschnitt einiger Beatles-Freunde völlig zum Verschwinden zu bringen« [78].

4. Kriterium: »Die Organisation des Verhaltens der Schüler untereinander« [79]

Hierbei geht es um die fortlaufende Reflexion über die Beziehungen der Mitglieder im Kollektiv; Konflikte werden diskutiert und aufgearbeitet, Außenseiter integriert und passive Gruppenangehörige zur Rechenschaft gezogen.

5. Kriterium: »Selbständige und eigenverantwortliche Erfüllung gesellschaftlicher Aufträge, Vorbereitung und Durchführung von Gruppennachmittagen u. ä.« [80]

Die Aufgabe des Erziehers als Begleiter des Kollektivs auf dem Wege zu selbständigem und verantwortungsvollem Handeln besteht einmal darin, die notwendigen Normen so zu vermitteln, daß sie auch für die Schüler bedeutsam werden. Das geschieht in einem langwährenden Prozeß, in dem er zu jeder Phase unterschiedlich steuernd eingreift mit der Strategie, die Erziehung durch den Lehrer Schritt für Schritt einer Selbsterziehung der Schüler über das Kollektiv weichen zu lassen. Eine weitere Aufgabe des Lehrers wird durch das Ziel bestimmt, unterschiedlichste, individuelle Voraussetzungen der Schüler zu erkennen und für die fruchtbare Arbeit im Kollektiv verändern zu helfen. Es hat sich herausgestellt, daß solche Schüler, die vom Kollektiv als weniger selbständig und verantwortungsbewußt beschrieben werden, sich selbst nicht nur ebenso erleben und aufgrund vorangegangener Mißerfolge wenig Selbstvertrauen haben, sondern darüber hinaus auch weniger gute Leistungsmöglichkeiten entwickelt haben. Eine Veränderung wird nur zu erreichen sein, wenn gleichzeitig mit der Stärkung des Selbstvertrauens (z. B. durch Übertragung wichtiger Aufgaben, die der betreffende Schüler bewältigen kann) ein Training zur erfolgreicheren Bewältigung solcher Aufgaben durchgeführt wird.

Die Lernmöglichkeiten, die der Schüler im »Lernkollektiv« der Schule entwickelt hat, können erfolgreich angewandt und erweitert werden beim Eintritt in den Produktionsbereich. Der ehemalige Schüler wird Mitglied eines »sozialistischen Arbeitskollektivs«, das durch die folgenden Merkmale gekennzeichnet sein soll: »Kameradschaftliche Zusammenarbeit und gegenseitige Hilfe«; »Gegenseitige Erziehung zum sozialistischen Bewußtsein«; »Befriedigung in der Arbeit«; »Üben von Kritik und Selbstkritik«; »Gesellige und kulturvolle Zusammenkünfte außerhalb der Arbeitszeit« [81]. Die Sozialbeziehungen im Arbeitskollektiv werden primär ermöglicht aus dem Hintergrund sozialistischer Produktionsbedingungen und den sich daraus ergebenden Tätigkeiten. Von daher können Versuche, über Erziehung vergleichbare Sozialbeziehungen unter kapitalistischen Produktionsbedingungen zu fördern, gar nicht oder nur sehr begrenzt gelingen.

Im sozialistischen Arbeitskollektiv soll sich die Arbeit »zum ersten Lebensbedürfnis des Menschen« entwickeln. »Das Bewußtsein, für sich selbst zu schaffen, indem man für die ganze sozialistische Gemeinschaft schafft, macht die Arbeit zu einer Freude, macht sie zum wichtigsten Lebensinhalt. Natürlich geht dieser Prozeß nicht ohne Widersprüche und Konflikte vor sich« [82]. Dagegen wächst unter kapitalistischen

Produktionsbedingungen zunehmend eine »instrumentelle« Einstellung zur Arbeit, d. h. die Arbeit dient in erster Linie dazu, den Lebensstandard zu sichern und zu verbessern [83]. Alle entwickelten Arbeitstugenden, z. B. Stillhalten gegenüber Anforderungen, wenn keine aussichtsreichen Veränderungen möglich sind, aber auch Wechsel des Arbeitsplatzes, wenn Verbesserungen garantiert sind, dienen diesem Ziel. Erst wenn die objektiven Bedingungen keinen lebenswerten Standard mehr ermöglichen, entwickeln sich resignative, apathische Haltungen bis hin zu unbewußter Unfallneigung und Reaktionsbildungen in Form subjektiver Aufwertung einzelner Begleiterscheinungen der Arbeit [84].

Ebenso wie die Beschreibung der »sozialistischen Arbeitsmoral« [85] eine idealtypische ist, werden sich auch beim Arbeitenden im Kapitalismus vielfältige, z. T. widersprüchliche Motivationen und Einstellungen entwickeln. So entscheidend auch immer Bedürfnisse, Befürchtungen und Erwartungen durch die Tätigkeit des Individuums geformt werden, so wirkt doch auch diese Bestimmungsgröße nicht ungebrochen und linear. Ohne Berücksichtigung der jeweils individuellen Arbeitssituation, der bisher entwickelten Fähigkeiten und Erwartungen, der gruppenspezifischen Normen und Sozialbeziehungen bleiben Aussagen über die persönlichkeitsprägenden Wirkungen kapitalistischer Produktionsbedingungen allgemein und abstrakt und werden dem konkreten Fall kaum gerecht. Noch weniger statthaft sind verallgemeinernde Aussagen über *die* Persönlichkeit *der* Arbeiter schlechthin. Auch im Kapitalismus gibt es beträchtliche Unterschiede in den Arbeits- und Lebensbedingungen der Arbeiter (vgl. Kap. 6). Wer unter Arbeitern ausschließlich »verstümmelte« Persönlichkeiten erwartet [86], wird u. U. blind für deren aktuelle Probleme und Bedürfnisse.

5.6. Sozialpädagogische Praxis: »Verwahrlosung« als mißglückte Entwicklung sozialer Lernmöglichkeiten

Ungeachtet unterschiedlicher Definitionsversuche zum Begriff »Verwahrlosung« wird als ein wesentliches Charakteristikum des »verwahrlosten« Individuums dessen »Unfähigkeit zu sozialem Handeln« genannt. Dabei ist »sozial« gleichbedeutend mit »der Norm entsprechend« [87]. Eine weitergehende Verdeutlichung des Begriffs kann gelingen, wenn konkrete »Verwahrlosungssymptome« dargestellt und auf ihre Entwicklung hin untersucht werden. Wir beziehen uns dabei auf eine empirische Untersuchung von *Hartmann* [88], der Verwahrlosungssymptome an 1000 männlichen Jugendlichen erfaßt und ausgewertet hat, orientiert an vergleichbaren Untersuchungen der *Gluecks* in den USA. Als Verwahrlosungssymptome werden genannt [89]:

- »Labilität«: »Charakteristisch ist etwa folgender Elternbericht: Unser Junge hat Schwierigkeiten auf der Lehrstelle; der Lehrmeister sagt, er sei begabt, aber er habe kein Interesse oder zumindest kein anhaltendes Interesse an seiner Arbeit. Die Berufsschule klagt ebenfalls darüber, daß er sich keine Mühe gibt . . .« Diese »Labilität« ist gekennzeichnet durch »Bindungsschwäche«, d. h. neben der »mangelnden Arbeitsbindung« können auch keine tragfähigen sozialen Bindungen eingegangen werden. Ein weiteres Charakteristikum ist die sog. »Belastungsschwäche« (vgl. in unserer Terminologie: »Frustrationstoleranz«), die sich vor allem äußern soll in »mangelnder Fähigkeit, Reglementierungen zu ertragen«, »mangelnder Fähigkeit, Ungerechtigkeiten zu tolerieren«(!), »mangelnder Versuchungstoleranz« (»Der Sonnenschein genügt, um ihn vom Schulweg fortzulocken«). Neben diesen eher passiven Symptomen werden die folgenden, eher aktiven, »produkiven« Symptome beschrieben:
- »Impulsivität«: Hiermit sind nicht so sehr solche Aspekte von Impulsivität wie »Reaktionsgeschwindigkeit« oder »unreflektiertes Handeln« [90] gemeint, sondern »Rastlosigkeit« und Vorliebe für »Abenteuer und Nervenkitzel«.
- »Aggressivität«: es werden zur Verdeutlichung »oppositionelles Verhalten« (!) sowie Aggressionen gegen Sachen und Personen genannt.
- »Kriminalität«: »Kriminalität ist zwar nicht ein obligates, aber ein frequentes Merkmal der Verwahrlosung« [91].
- »Schlechter Umgang« – »Schulische Mängel« – »Intellektuelle Mängel«.

Eine Einordnung dieser Symptome im Rahmen unseres Modells basiert auf folgenden Annahmen:

1. Die Symptome sind Ergebnisse aktueller äußerer Bedingungen.
2. Die Symptome sind Ergebnisse langfristiger äußerer Bedingungen.
3. Die Symptome sind als entwickelte Persönlichkeitsmerkmale Ergebnisse der Auseinandersetzung zwischen inneren und äußeren Bedingungen.
4. Die Symptome wirken nicht unabhängig voneinander.

Zu 1.: Wenn die mangelnde Arbeitsbindung des verwahrlosten Jugendlichen beklagt wird, geschieht dies zumeist losgelöst von der entsprechenden Arbeitssituation. Aufgrund fehlender Ausbildung (vgl. Symptom: Schulische Mängel) und eingeschränkter Arbeitsmöglichkeiten infolge von Heimunterbringung verbleiben dem betroffenen Jugendlichen nur wenige, unattraktive, schlechtbezahlte Arbeitsbeschäftigungen. Um regelmäßig einer unangenehmen, schlecht bezahlten Tätigkeit nachzugehen, muß aber sehr viel mehr Energie und Frustrationstoleranz aufgebracht werden als bei einer relativ angenehmen, besser bezahlten Schreibtischtätigkeit. Die Unfähigkeit zu Bindungen (an Arbeit, an Personen) wird darüber hinaus durch die Heimsituation erst erzeugt: Die geringe Verweildauer in Heimen macht jeden Aufbau von Bindungen unmöglich. Auch das von *Hartmann* geführte Heim fungierte als Durchgangsstation für andere Heime. Vor allem das Symptom »schlechter Umgang« dürfte ausschließlich ein Ergebnis der Heimunterbringung sein: Wo denn sollte der Jugendliche in der Isolation unter seinesgleichen »guten« Umgang finden?
Zu 2: Die längerfristig wirkenden äußeren Bedingungen spiegeln kontinuierliche Einschränkungen in der Entwicklung optimaler Handlungsstrategien wider: Gestörte Familienbeziehungen verhindern die Sicherung der Bedürfnisbefriedigung, die für den Aufbau von Frustrationstoleranz unerläßlich ist. Wechsel der Bezugspersonen, vor allem bei wechselnden Heimaufenthalten, lassen Erfolge beim Aufbau sozialer Beziehungen erst gar nicht entstehen. Das Fehlen von Anreizen und Hilfestellungen zur Bewältigung der Umwelt schränkt die Entwicklung intellektueller und motivationaler Lernmöglichkeiten ein. Dies zieht Mißerfolge in der Schule nach sich und legt den Grundstein für das Symptom »Schulische Mängel«.
Zu 3: Eine Betrachtungsweise, bei der Verwahrlosungssymtpome überwiegend von den bisher als Folge bestimmter Deprivationserlebnisse entwickelten Persönlichkeitsmerkmalen erklärt werden, wird dem betroffenen Jugendlichen ebensowenig gerecht als wenn dessen Symptome ausschließlich als Antwort auf gegebene aktuelle äußere Bedingungen verstanden werden. Im Gegensatz zu *Bernfeld* (1969) können wir Verwahrlosungssymptome nur in den seltensten Fällen als »realitätsgerechtes« Handeln charakterisieren, auch wenn die Realität der betroffenen Jugendlichen häufig andere Antworten gar nicht zuläßt. Der Jugendliche, der durch aggressiv »opponentes« Verhalten auffällt, scheitert nämlich sowohl an den geringen Erfolgsaussichten auch realitätsgerechterer Opposition, wie auch daran, daß er nicht gelernt hat, an der richtigen Stelle gekonnt aggressiv zu opponieren. »Realitäts-

gerecht« wären seine Handlungen nur dann zu nennen, wenn sie wenigstens prinzipiell seine Realität verbessern könnten, wenigstens seinen inneren Leidensdruck verringerten. Einige seiner Verhaltensweisen werden immer als realitätsgerecht zu bezeichnen sein; s. z. B., wenn er Schule schwänzt, da sich auch durch einen Schulbesuch – meistens in der Sonderschule oder einer Sammelklasse im Heim – seine Arbeitsaussichten kaum verbessern lassen. Dieses Moment aber als wesentliches Merkmal der Verwahrlosung zu verabsolutieren, liefe auf eine Überschätzung der entwickelten sozialen und motivationalen Fähigkeiten des Jugendlichen und damit auf seine Überforderung hinaus. Sozial verantwortliche Handlungsstrategien werden durch keine noch so optimalen äußeren Bedingungen automatisch erzeugt, solange der Jugendliche nicht die Sicherheit der Bedürfnisbefriedigung – vor allem auch im sozial-emotionellen Bereich – erworben hat.

Anmerkungen zu Kapitel 5

1 *Piaget* 1948.
2 Vgl. *Kohlberg* 1964.
3 *Secord* und *Backmann* 1964, S. 553.
4 *Rohr, C.* 1972, S. 23.
5 *Festinger* 1957.
6 *Schroder* et al. 1967.
7 *Steinert* 1972.
8 a. a. O., S. 125.
9 Vgl. Kap. 4 »Sportliche Lernmöglichkeiten«.
10 Vgl. auch *Prentice* 1964.
11 *Mitscherlich* 1963, S. 19.
12 *Schroder* et al. a. a. O.
13 *Meinhold* 1973 b.
14 *Becker* 1964.
15 *Stapf* et al. 1972.
16 a. a. O., S. 98/99.
17 a. a. O., S. 154.
18 a. a. O., S. 27.
19 Der Begriff »Differenziertheit« wird hier der Einfachheit halber verwandt. Eigentlich müßte es heißen: »differenzierte« (d. h. zahlreich gegliederte) Systeme und »integrierte« (d. h. Verbindungen können zwischen den Systemen und Untersystemen hergestellt werden). Man spricht, diese beiden Kriterien zusammenfassend, auch von »Strukturniveau« oder »Komplexität« der Systeme (vgl. *Seiler* 1973).
20 *Hunt* 1966.
21 Eine ausführliche Darstellung findet sich in dem erwähnten Buch von *Schroder* et al. in englischer Sprache, eine deutsche Einführung bei *Seiler* a. a. O. Es wird darauf hingewiesen, daß die Darstellung dieser Zusammenhänge empirisch noch nicht hinreichend abgesichert ist.

22 *Schroder* et al. a. a. O., S. 15 ff.
23 a. a. O., S. 47.
24 a. a. O., S. 18.
25 a. a. O., S. 20.
26 Vgl. *Meinhold* a. a. O.
27 Vgl. *Hunt* 1966, dem dieses Beispiel entnommen ist.
28 Vgl. Sozialpädagogischer Exkurs zu Kap. 4, Beispiel 4.
29 *Rubinstein* 1971, S. 48.
30 Zur Einführung: *Freud,* S. 1953 und 1961; *Freud, A.; Mitscherlich* 1969 b.
31 Vgl. *Laplanche/Pontalis* 1973 und *Moser* 1972.
32 *Mitscherlich* 1963 und 1969 a, S. 95/96.
33 *Horney* 1951.
34 *Laplanche/Pontalis* a. a. O.
35 *Erikson* 1970, S. 86.
36 *Freud, A.* a. a. O., S. 39.
37 *Erikson* a. a. O., S. 122.
38 *Bornstein* 1964 a, S. 109.
39 *Spitz* 1970, S. 45.
40 *Laplanche/Pontalis* a. a. O.
41 *Freud, A.* a. a. O.
42 *Horney* a. a. O., S. 54.
43 Vgl. *Abraham* 1969, S. 172.
44 *Dollard/Miller* 1950.
45 *Mitscherlich* 1963, S. 44.
46 zit. nach *Bergler* und *Six* 1972, S. 1414.
47 *Bornstein* 1964 b, S. 75.
48 *Ammon, G.* 1973, S. 261.
49 *Röhm* 1972, S. 88.
50 Vgl. auch *Marcuse* 1967, S. 221.
51 Vgl. Sozialpädagogischer Exkurs zu Kap. 4, Beispiel 4.
52 *Mitscherlich* 1963, S. 116/117.
53 Vgl. *Przytulla* 1972, S. 156.
54 *Schmidt, V.* 1969, S. 23.
55 *Röhm* a. a. O., S. 87.
56 *Schmidt, V.* a. a. O., S. 25.
57 *Haensch* 1969.
58 *Haensch* a. a. O., S. 37.
59 *Kentler* 1969, S. 44.
60 *Laplanche/Pontalis* a. a. O., S. 748.
61 *Marcuse* a. a. O., S. 208.
62 *Tausch, R.* und *A.* 1965.
63 Dies. 1967, S. 309.
64 *Rogers* 1951.
65 Vgl. Kap. 4.
66 *Neuner* 1973, S. 87.
67 a. a. O., S. 97.
68 *Kossakowski* et al. 1970.
69 a. a. O., S. 7.
70 *Hiebsch* 1971, S. 74.
71 *Kossakowski* et al. a. a. O., S. 11/12.

72 a. a. O., S. 20.
73 *Heckhausen* 1972, S. 962.
74 Vgl. *Rosenfeld* 1964.
75 *Kossakowski* et al. a. a. O., S. 25.
76 a. a. O., S. 26.
77 a. a. O., S.28.
78 a. a. O., S. 29.
79 a. a. O., S. 30.
80 a. a. O., S. 31.
81 *Greiner* 1971, S. 89.
82 *Miller, R.* 1960, S. 91.
83 *Hack* u. a. 1972.
84 a. a. O., S. 29.
85 *Miller, R.* a. a. O.
86 Vgl. *Vinnai* 1973.
87 *Hartmann* 1970, S. 5 ff.
88 a. a. O.
89 a. a. O., S 120 ff.
90 *Kagan* et al. 1963.
91 *Hartmann* a. a. O., S. 122.

6. Grundlagen schichtenspezifischer Sozialisation

6.1. Arbeits- und Lebensverhältnisse sozialer Gruppierungen

Unsere folgende Betrachtung der Arbeits- und Lebensverhältnisse ausgewählter Gruppierungen wird vom Vorhandensein resp. Mangel an empirischen Daten zumindest teilweise geleitet. Hin und wieder haben wir ungenügende Materialien wissenschaftlicher Natur durch literarische (Arbeiterliteratur; Autobiographien u. a.) und populärkulturelle Zeugnisse (Illustrierten- und Magazinberichte z. B. über »Superreiche«) ergänzt. In der Gliederung folgen wir unseren Faktorenbündeln zur Erfassung von Sozialisationsprozessen.

6.1.1. Die Großunternehmer [1]*

Arbeits- und Lebensverhältnisse der Großunternehmer lassen sich nur in Superlativen kennzeichnen. Ihr *Verhältnis zu den Produktionsmitteln* wird durch die reine Eigentümerkontrolle oder durch Mehrheitsbesitz in Aktiengesellschaften geprägt. Die meisten Großunternehmer verfügen dabei zumeist über mehrere Unternehmen oder kontrollieren diese zumindest in Vorständen und Aufsichtsräten. *Kruk* schätzt, daß die Unternehmerspitze in der BRD von 44 Individuen gebildet wird, die zusammen 927 Posten innehaben. »Die Behauptung, daß in der deutschen Wirtschaft 50 Männer rund 1000 Positionen in Vorständen, Aufsichtsräten und anderen Führungsgremien auf sich vereinen, ist ... richtig« (S. 27).

Das *Vermögen* dieser oligarchischen Gruppe läßt sich nur in die zig-Millionen und -Milliarden schätzen; sie verfügt vor allem über das entscheidende Produktionsvermögen der westdeutschen Gesellschaft. Ihr *Platz in der Arbeitshierarchie* ist an der absoluten Spitze, insofern sie es nicht vorgezogen haben, ihren Reichtum »arbeitslos« zu genießen. Nicht nur ganze Unternehmen, auch ganze Städte, Regionen und schließlich die gesamte Volkswirtschaft hängen von ihren Entscheidungen ab. Großunternehmer besitzen die seltene Autorität, Systementscheidungen zu treffen. »Was die ›unternehmerischen Entscheidungen‹ vom Alltagshandeln des Herrn Jedermann abhebt«, schreibt *Schmölders*, »ist nicht nur ihr spezifischer Umkreis, das Wirtschaftsleben, son-

* Anmerkungen s. S. 251

dern auch die meist weitreichende Bedeutung vieler der zu treffenden Entscheidungen für das Unternehmen selbst und seine Mitarbeiter, für die Machtpartner und Konkurrenten und vielfach letztlich für die gesamte Volkswirtschaft und die Gesellschaft« (S. 13).

Das *Einkommen* der Großunternehmer beläuft sich jährlich in die zig-Millionen. So verdienten in den sechziger Jahren, wie bereits angemerkt, 34 Unternehmer pro Kopf jährlich mehr als DM 10 Millionen. Daß sich angesichts solcher Summen eine Erwerbstätigkeit von Familienmitgliedern erübrigt, ergibt sich von selber.

Das *Selbstbild* dieser Großunternehmer entspricht ihrer absolutistischen Stellung. Großunternehmer sehen sich als »überragende Persönlichkeiten«, als »Führerpersönlichkeiten«. Auch »in der kollegial gefaßten unternehmerischen Entscheidung«, notiert Schmölders, »spiegelt sich das Ergebnis von Führungskraft und Führungsschwäche, letztlich also das Geheimnis der Autorität, wenn nicht sogar das Charisma einer Führerpersönlichkeit wider, so unpopulär es auch heute sein mag, einen Begriff anzuwenden, der bei uns lange Zeit hindurch so fatal überstrapaziert worden ist« (S. 99).

Nach einer Umfrage glauben 90,6 % der befragten Unternehmer, eine große Verantwortung zu besitzen, 91,5 % großen Anteil am Wiederaufbau nach dem Kriege zu haben, 7,9 % von der Arbeit anderer zu leben (*Schmölders*, S. 108). Der Unternehmer sieht sich, wie Jaeggi berichtet, als Vorbild und will Maßstäbe für die »Volksgemeinschaft« setzen (S. 85 f.). Der *gesellschaftliche Status* der Unternehmer *in sozialer Fremdbewertung* ist ebenfalls hoch, wenn auch in letzter Zeit nicht mehr so unbestritten wie noch in den 60er Jahren. »Jeder Unternehmer ist Inhaber der höchsten formalen Autorität im Unternehmen ... Aus dieser Tatsache zieht er in der Regel Statusgewinn« (*Biermann*, S. 190 f.).

Die *Rekrutierung* der Großunternehmer erfolgt ausschließlich aus unternehmerisch tätigen Familien; in nahezu allen Fällen waren bereits die Väter Großunternehmer. Selbst bei den kleineren Eigentümer-Kapitalisten beträgt, wie Biermann feststellt, die Selbstrekrutierungsrate noch mehr als 50 %. *Schulbesuch*, *Ausbildung* und *Qualifikation* der Großunternehmer wie im allgemeinen der Unternehmerschaft stehen disproportional zum gesellschaftlichen Durchschnitt auf »hohem Niveau« (*Biermann*, S. 169). *Lebensweg* und *Karriere* verlaufen für die Großunternehmer fast ausnahmslos horizontal, d. h. sie übernehmen Lebensstil und Beruf ihrer Familie.

Der *soziale Tätigkeitsbereich* der Großunternehmer ist vor allem dadurch charakterisiert, daß sie ihn im Gegensatz zu nahezu allen ande-

ren Schaffenden autonom und selbsttätig gestalten können. Die Großunternehmer sind omnipotent in ihrer Arbeitsgestaltung und ihrem Dispositionsraum, wobei festzustellen ist, daß viele von ihnen nicht in der konventionellen Unternehmensleitung, sondern einzig in den Aufsichtsgremien zu finden sind. Dabei ist, wie der BDA zu resümieren weiß, der Unternehmer »stolz auf die Individualität der eigenen Tätigkeit und die Dynamik des eigenen Wirkens« (*Jaeggi*, S. 86).
Die Beziehungen der Großunternehmer zu ihren Untergebenen und Belegschaften können nicht einfach als instrumentalistisch im Sinne erstrebter Profitmaximierung bezeichnet werden. Hinzu kommt das Moment elitär-ideologischer Prägungsvorstellungen, denen zufolge der Unternehmer Vorbildcharakter für Betrieb und Gesellschaft besitzt (z. B. *Jaeggi*, S. 85). In jedem Falle sind seine Ordnungsvorstellungen, seien sie nun primär instrumentalistisch oder ideologisch orientiert, autoritär. Auch *Hartmann* kann nicht umhin zu notieren, daß »vergangene Wertsysteme und Organisationsprinzipien, wie Patriarchalismus, das militärische Vorbild und der Nationalsozialismus, ... ihre Spuren in den Beziehungen zwischen Unternehmern und Arbeitnehmern hinterlassen« (S. 93) haben.
Das *Lebensniveau* der Großunternehmer ist in jeder Hinsicht superlativistisch. Jedwede Beschränkungen sind ihnen fremd. Im Gegensatz zu kleineren Unternehmern und der Sozialkategorie der Prominenten pflegen sie jedoch einen Lebensstil »distinguierter Distanz«, d. h. sie tragen ihren exorbitanten Reichtum kaum zur Schau.
Die *Sozialbeziehungen* der Großunternehmer werden ebenfalls von Distanz und Autoritarismus geprägt; sie sind von ihrer Elitestellung ebenso überzeugt wie von ihrem »Sendungsbewußtsein« (*Hartmann*, S. 269; *Jaeggi*, S. 85 f.). Aufgrund dessen haben sich ihnen die anderen Menschen gefügig unterzuordnen. Dementsprechend wird die Betriebsstruktur vielfach in militärischen Ordnungsmustern gesehen und konzipiert. Aus Autobiographien von Großunternehmern (von Siemens u. a.) geht hervor, daß auch die partnerschaftlichen und familiären Beziehungen patriarchalisch strukturiert sind. Allerdings handelt es sich dabei ausschließlich um die Zeugnisse verstorbener Großunternehmer. Über deren heutige Generation sind in privater Beziehung nur so formalistische Befunde bekannt, wie z. B. daß sie später heiraten als der Bevölkerungsdurchschnitt (*Biermann*, S. 71).
In der *Kooperation* werden Gleichgestellte geachtet; die anderen gelten als Befehlsempfänger. Die *Kohärenz* des Großunternehmertums ist groß, was nicht zuletzt das Maximum verteilter Posten unter einem Minimum von Personen dokumentiert (vgl. *Kruk*). Im *Fremdbild*

billigen 85,5 % der Befragten dem Unternehmer zu, daß er große Verantwortung trägt, 82,5 %, daß er großen Anteil am Wiederaufbau besitzt und 81,7 % meinen, daß er von der Arbeit anderer lebt (*Schmölders*, S. 108). Das Fremdbild verrät Respekt und Autoritätsgläubigkeit, aber nicht Sympathie.

Das *Gesellschaftsbild* der Großunternehmer ist egozentrisch und konservativ; es tendiert auf Bewährung zum eigenen Nutzen. Nach außen wird solches durch die Behauptung verbrämt, daß der Großunternehmer für den Wohlstand der Gesellschaft sorge (*Jaeggi*, S. 86), also gewissermaßen altruistisch wirtschafte. Seine *politischen Interessen* entsprechen seinem Gesellschaftsbild und organisieren sich in ständischen »Pressure-groups«, die die Belange der Großwirtschaft im Staatsapparat durchsetzen (vgl. *Jaeggi; Pritzkoleit*). Auf nationaler Ebene »erhebt eine ungewöhnlich aggressive Ideologie Ansprüche auf eine Stellung von überlegener Autorität. Die extremen Stellungnahmen rufen nach einer ›Übernahme des Staates‹« (*Hartmann*, S. 271).

Werte und Normen der Großunternehmer sind die »Autorität« (Kruk, S. 57), das Privateigentum, die Exklusivität u. a. (*Hartmann*). Das »verpflichtende Wertsystem« des Großunternehmers, schreibt Biermann, gründet auf die »legitimierenden Werte des Eigentums, der Elitezugehörigkeit und der Berufung« (S. 186).

Die *Perspektive* der Großunternehmer wird von Sicherheit und Zuversicht kollektiv und individuell von der Gewißheit, alles erreicht zu haben (*Biermann*, S. 63) geprägt. »Der oberste Rang«, schreibt *Mechler* zurecht, »hat für sich keine Aufstiegsprobleme mehr zu lösen« (S. 9).

6.1.2. Die Spitzen des Managements [2]

Das *Verhältnis* auch der Spitzen des Managements (top-management) *zu den Produktionsmitteln* ist zunächst dadurch geprägt, daß die Manager Angestellte und nicht Eigentümer sind. Ihre Führungsposition »ohne die Grundlage des Privateigentums« weist demnach »ernsthafte Mängel« (*Hartmann*, S. 48) auf. Indessen ist das Spitzenmanagement an den Profiten der Großwirtschaft beteiligt und zumeist auch am Aktienbesitz. »Zur Bindung an das Unternehmen werden außer extrem hohen Gehältern günstige Gelegenheiten zum Aktienerwerb, Spesen, Tantiemen, Pensionen etc. gewährt. Damit unterscheidet sich das Einkommen nicht nur quantitativ, sondern auch qualitativ von dem der formell oder reell unter das Kapital subsumierten Schichten, denn die ökonomische Substanz dieser Einkommen ist variables Kapital.« (*Priewe/Wienert*, S. 263). Dementsprechend ist das *Vermögen* des

Spitzenmanagements hoch und schließt in den meisten Fällen auch Produktivvermögen ein.
Der *Platz in der Arbeitshierarchie* ist weit oben; im Gegensatz zum Eigentümer-Kapitalisten ist der Spitzenmanager aber in seinen Systementscheidungen durch Vorstand und Aufsichtsrat beschränkt. Der Top-Manager kommt trotz seiner Spitzenposition immer hinter jenen, von denen jeder einzelne »die große Einsamkeit dessen« rühmt, »der allein an der Spitze steht; es ist immer nur einer und er wird immer allein sein« (*Hartmann,* S. 73).
Das Pro-Kopf-*Einkommen* des Spitzenmanagements liegt durchschnittlich im Jahr zwischen DM 250 000 und 500 000; Top-Manager haben nicht selten, wie etwa der Springer-Generalbevollmächtigte, ein Jahreseinkommen von DM 1,2 Millionen. D. h. schon von der Höhe des Einkommens her ist das Top-Management nicht zu lebenslanger Arbeit gezwungen. Sparfähigkeit, Vermögensbildung und die große Möglichkeit, Eigentum an den Produktionsmitteln zu erwerben, hebt das Top-Management weit von den anderen Lohnabhängigen ab.
Sein *Selbstbild* ist ebenso elitär (Machtgefühl, Selbstbewußtsein, Autoritätsgewißheit) wie das des Eigentümer-Unternehmers. Dessen charismatische Komponente wird indessen durch eine eher funktionalistische abgelöst, die Leistung, Wissen und Führungstechniken betont.
Der *gesellschaftliche Status in sozialer Fremdbewertung* ist hoch; der Top-Manager ist »der Mann an der Spitze« (*Biermann*, S. 166) in den Augen seiner arbeitenden Umgebung.
Die *Rekrutierung* erfolgt aus Elternhäusern, deren Familienvorstand in der Hälfte der Fälle aus der Wirtschaft, zu nahezu einem Drittel aus der oberen Beamtenschaft und zu etwa einem Viertel aus Wissenschaft und freien Berufen kommt (Zapf, S. 141). »Top-Management ist Privileg der Bourgeoisie« (*Priewe/Wienert*, S. 266). *Ausbildung* und *Qualifikation* zeigen sich auf hohem Niveau. *Zapf* spricht von einer »technokratischen Elite« der Ingenieure und Naturwissenschaftler. Die *Karriere* führt über »fixierte Etappen des Aufstiegs (Assistent oder Wissenschaftlicher Mitarbeiter, Abteilungs- oder Forschungsleiter, Prokurist oder Werksleiter, Direktor, Vorstandsmitglied). Es gibt etablierte Regeln der Anciennität« (*Zapf*, S. 143). Nur 14 % des Top-Managements wurden sogleich als Vorstandsmitglieder engagiert. Ein typischer Lebensweg für einen Top-Manager ist beispielsweise: Wissenschaftlicher Assistent, Mitarbeiter in Forschungslaboratorien, Abteilungsleiter, Leiter der Chem.-Laboratorien, Stellvertr. Vorstandsmitglied, Ordentliches Vorstandsmitglied (*Zapf*, S. 145).
Der *soziale Tätigkeitsbereich* des Top-Managements wird durch das

Treffen strategischer Entscheidungen bestimmt. »Der Charakter der Tätigkeit des Top-Managers ist durch ihre Generalistenfunktion geprägt: während alle untergeordneten Entscheidungen, die nur betriebliche Teilbereiche betreffen delegiert werden, fallen ihnen die ›originären‹ Führungsentscheidungen im Sinne der Betriebswirtschaftslehre zu, die einst in der Verantwortung der Kapitaleigentümer selbst lagen. Der zwieschlächtige Charakter der Tätigkeit als Erfordernis des Arbeits- und Verwertungsprozesses wird vor allem durch den kapitalistischen Verwertungsprozeß bestimmt. Obwohl der Top-Manager in der Regel selbst nicht Kapitaleigentümer ist, kennzeichnen seine spezifischen Tätigkeitsinhalte seine ›Rolle im System der Produktionsverhältnisse‹: sein Wissen ist ›Herrschaftswissen‹, seine Tätigkeit ist Setzen der Verwertungsbedingungen für das Einzelkapital sowie die betriebliche Herrschaftssicherung« (*Priewe/Wienert*, S. 264). Das Interaktionssystem des Managers ist autoritär ausgerichtet; sie wenden sich gegen Enthierarchisierung und Demokratisierung in den Betrieben.

Das *Lebensniveau* des Top-Managements ist hoch; wenn sich auch viele Manager nicht den exzessiven Luxus der großen Eigentümer-Unternehmer erlauben können, leben sie doch, wie die Berichte über die Beitz, Hansen, Nordhoff, Rensch u. a. dokumentieren, superlativistisch.

In ihrer *Kohärenz* bildet das Top-Management mit den Unternehmern und den Spitzen des Staatsapparates die »Staatsmonopolistische Oligarchie« (IMSF, S. 656), die die strategischen Entscheidungen für das soziale System der BRD trifft. (*Pross*, S. 186 f.). Das *Fremdbild* vom Top-Management entspricht in Anerkennung und Autoritätsrespekt jenem der Eigentümer-Unternehmer (*Schmölders*, S. 108). Das *Gesellschaftsbild* der Spitzenmanager ist konservativ und zielt auf Bewahrung der bestehenden Eigentums- und Aneignungsverhältnisse (*Pross*, S. 182). Sie stellen »sich die ›richtige‹ oder ›gute‹ Gesellschaft nach dem Muster des Großunternehmens vor. Zugang zur Spitze durch Leistung, angestrengte Arbeit, permanente Disziplin; Vorrechte für die Spitze und die unmittelbar nachgeordneten Leitungsränge; Alleinentscheidungen durch die Vorstände der verschiedenen Hierarchien und Organisationen; ein bißchen Team-Arbeit und ein wenig Verantwortungsdelegation; grundsätzlich aber Anordnungen von oben nach unten und Verantwortung von unten nach oben. Die da ›oben‹ dürfen nicht genötigt sein, sich vor denen da ›unten‹ zu verantworten, und die da ›unten‹ haben kein Recht, Mitbestimmung, gleichviel in welcher Form zu verlangen« (*Pross/Boetticher*, S. 57).

Die *Normen* des Top-Managements werden von »Loyalität und unangefochtener Herrschaft« (*Hartmann*, S. 70) im Sinne des privatwirtschaftlichen Systems bestimmt. Dessen »Geboten Widerstand zu leisten, haben Manager so wenig Anlaß wie Kapitalisten. Solange die materiellen und immateriellen Interessen der Funktionäre angemessen berücksichtigt werden, behalten die Prinzipien kapitalistischen Wirtschaftens ihre Geltung« (*Pross*, S. 176). Als Werte, die sie realisieren, geben die Top-Manager »autonome Persönlichkeit . . ., Freiheit, Selbstbestimmung, Möglichkeit zur Entwicklung der eigenen schöpferischen Anlagen« (*Jaeggi*, S. 86) an. Gleichzeitig verstehen sie sich als treue Diener der Eigentum-Unternehmer, deren »Privateigentum . . . sie ›wie Treuhänder‹ verwalten« (*Hartmann*, S. 38).
Organisationsgrad und soziales *Engagement* der Top-Manager sind hoch; sie vertreten ihre Interessen dezidiert in eigenen straff organisierten Standesverbänden (*Hartmann*, S. 230 ff.); Leitmotiv ist dabei ein ausgeprägtes Elitebewußtsein: Die Top-Manager sind »der Überzeugung, daß die ›westliche‹ Wirtschaftsordnung heute das ›größtmögliche Glück der größtmöglichen Zahl‹ verwirklicht und daß nur sie zu dieser Leistung fähig sind« (*Pross*, S. 181).

6.1.3. Zur politischen Machtelite [3]

Zu diesen Gruppierungen zählen wir Minister, Parteichefs, Staatssekretäre, oberste Beamte, Generale. Das *Verhältnis* dieser Machtelite *zu den Produktionsmitteln* haben wir als »offensive Verteidigungsbereitschaft« gekennzeichnet. Die *Rekrutierung* erfolgt nahezu ausschließlich aus den oberen Gesellschaftsschichten. Minister, höchste deutsche Richter und Spitzenpolitiker stammen fast ausnahmslos aus dem »obersten Stratum« (*Zapf*, Beiträge . . ., S. 17). Die Selbstrekrutierungsraten sind hoch, insbesondere bei den obersten Beamten. »Der größte Anteil der Politiker der Bundesrepublik seit 1949 entstammt Beamtenfamilien« (*v. Beyme*, S. 43). Resümierend, notiert *Zapf*, ist es »offenbar nicht so, daß die Führungspositionen der westdeutschen Gesellschaft jedermann offen stehen« (*Zapf*, Beiträge . . ., S. 17); sie sind vielmehr Privileg der oberen Schichten geblieben. Dabei lassen sich allerdings nur wenige Karrieren zeigen, »die vor allem durch Familienprestige und Besitz abgesichert werden konnten, ohne daß spezielle Ausbildung und besondere fachliche Spezialisierung hinzutraten« (*v. Beyme*, S. 45).
Für den Aufstieg in die politische Machtelite ist die *Ausbildung* von besonderer Bedeutung, die »eindeutig geprägt« wird »durch akademi-

sche Bildung« (*Zapf*, Beiträge ..., S. 82). Der Aufstieg gelingt zumeist nur nach »einem langen Karriereweg« (*Zapf*, Wandlungen ..., S. 150). Das gilt insbesondere für Generale und Spitzenbürokraten, aber auch für Spitzenpolitiker (*v. Beyme*, S. 51 ff.).

Dementsprechend zeigt sich das *Gesellschaftsbild* der Machtelite stark hierarchisiert; Aufstiegswille, Leistungsbewußtsein, Intelligenz und Beharrungsvermögen sind die Berufstugenden, die in dieser hierarchischen Gesellschaft den individuellen Erfolg sichern und einen »elitären Typus« (*Zapf*, Beiträge ..., S. 92) von »Individualisten« schaffen. Der eigene Erfolg legitimiert zugleich die bestehende Gesellschaft und bedingt eine »staatskonservative Haltung ..., die die legale Autorität respektiert, von einem Ethos des Dienstes und der Pflicht getragen ist, in den öffentlichen Dingen vor allem Ordnung und Sicherheit erstrebt« (*Dahlendorf*, S. 192). Ungeachtet etwaiger Parteizugehörigkeit tendiert die Machtelite auf Bewahrung und Stabilität und scheut reformerischen Geist. »Da die politischen Führer in ihren Aussagen außerdem immer wieder auf die Autorität des Staates, auf die Notwendigkeit des Gehorsams und der Gefolgschaft hinweisen, können die Beamten sich auf diese Aussagen berufen und sich als ›Diener‹ des Staates und nicht der Öffentlichkeit empfinden« (*Jaeggi*, S. 167). Solches Ordnungsdenken mit patriarchalischen Zügen dokumentiert sich auch in den *Sozialbeziehungen* der Machtelite (*Weyrauch*).

Damit sind auch schon bedeutsame *Werte und Normen* bezeichnet, die für die Machtelite vor allem in der »Erhaltung der historisch gewordenen Grundlagen des Volkslebens«, im »Dienst und Opfer für den Staat« (*Loschelder/Rössler*, S. 123) bestehen. Bei der militärischen Machtelite werden diese Werte noch durch jene der »Ritterlichkeit«, »Zucht«, »Männlichkeit« und des »militärischen Herrenbewußtseins« (*Mosen*, S. 120 ff.) ergänzt. Die Verpflichtung auf solche Werte und ihre übergroße Anerkennung (*Ronneberger/Rödel*, S. 64 f.) schaffen eine große *Kohärenz* innerhalb der politischen Machtelite, die die Betroffenen selber auch gerne als »durchaus berechtigten Korpsgeist« (*Loschelder/Rössler*, S. 17) bezeichnen.

6.1.4. Zur lohnabhängigen Intelligenz: Die Lehrer [4]

Die *sozio-ökonomische Position* der Lehrerschaft, die heute eine der größten akademischen Berufsgruppen bildet (*Kob* in: *Heintz*, S. 93), charakterisiert sich durch Lohnabhängigkeit. Im Gegensatz zur überwiegenden Mehrheit der Arbeiter und Angestellten im privatwirtschaftlichen Bereich steht der Lehrer, der mit seiner Tätigkeit keinen gesellschaftlichen Reichtum schafft, indessen außerhalb der unmittelbaren Produktion und deren wirtschaftlichen (marktbedingten) und sozialen Zwängen. Sein »Arbeitgeber« ist der Staat. »Der Lehrer hat nach der Beendigung der Ausbildung nicht die Möglichkeit, seine Arbeitskraft auf dem Markt feilzubieten, sondern er hat nur die Möglichkeit, vom Staat eingestellt zu werden (Ausnahme: Lehrer an Privatschulen, d. V.) oder sich einen anderen, seiner Qualifikation nicht entsprechenden Job zu suchen. Im politischen Sinne verfügt der Staat sowohl über die Institutionen, die die Lehrer-Qualifikationen produzieren, als auch über diejenigen, in denen sie verwendet werden. Der Lehrer ist somit schon im Stadium seiner eigenen Ausbildung dem einzigen Käufer, der sich für seine Ware findet, ausgeliefert« (*Altvater/Huisken*, S. 419). Was vorgängig mit so negativen Begriffen belegt wurde, hat freilich auch eine andere Seite. Die »Staatsabhängigkeit« des Lehrers garantiert Privilegien, über die die Mehrheit der arbeitenden Bevölkerung nicht verfügt: monatliches Gehalt, Beamtenstatus, Unkündbarkeit und also lebenslange Sicherheit des Arbeitsplatzes, gute Pension, längere Ferien und Freizeit, u. a. Die wiederum andere Seite dieser Privilegien sind die vielfältigen Ansprüche des Staates an den Lehrer, wie sie im Beamtenrecht, in Einstellungsnormen, Schulordnungen und -gesetzen, Lehrplänen etc. fixiert sind.

Die Widersprüchlichkeit von Unterordnung und Privilegien ist jedoch nicht die einzige im Beruf des Lehrers. Weitere ergeben sich aus den Aufgaben, die der Lehrer gegenüber den verschiedenen »Adressaten« von Staat, Wirtschaft und lohnabhängiger Bevölkerung zu erfüllen hat. »Der Lehrer muß erkennen, daß auch er Lohnabhängiger ist, ... Beamtenrecht, Rangunterschiede zwischen Lehrergruppen und die Privilegien eines Staatsbeamten verdecken darüber hinaus sein mit anderen Lohnabhängigen prinzipiell gleiches Interesse und damit zugleich den unausweichlichen Widerspruch, in dem der Lehrer steht: seine Aufgabe ist es, das Arbeitsvermögen der künftigen Lohnabhängigen auszubilden, was notwendig ist, damit diese überhaupt ihren Lebensunterhalt verdienen und sich auf dem Arbeitsmarkt als Ware anbieten können. Haben so einerseits die Lohnabhängigen ein Interesse an der möglichst hochqualifizierten Arbeit des Lehrers – tatsächlich wird er auch vorwiegend von deren Steuern bezahlt –, so soll andererseits diese Qualifikationsarbeit für Staat und Wirtschaft möglichst billig und begrenzt sein und inhaltlich an die unterschiedlichen Einzel- und Gesamtinteressen der privaten Wirtschaft gebunden bleiben.« (*Preuss-Lausitz*, in: *Keim*, S. 104).

Das *Einkommen* der Lehrer variiert zwischen ca. DM 900,– (Referendare) und ca. DM 3600,– (Besoldungsordnung A 15, ohne Zulagen); ein Mittelwert läßt sich auf ca. DM 2500,– festlegen. Eine genaue Betrachtung der Einkommen (vgl. *Albrecht*) zeigt insbesondere die Unterschiede zwischen Volksschul- und Gymnasiallehrern, die sich auch in Ausbildung, Arbeitssituation, Prestige u. a. deutlich auswirken. Die materielle Privilegierung des Gymnasiallehrers gegenüber seinem Kollegen in der Volks- rsp. Hauptschule ändert freilich wenig daran, daß beider Arbeit durch Widersprüche und Ambivalenzen gekennzeichnet ist. Neben den schon erwähnten grundsätzlichen benennt *Lüdtke* weitere: »Ist die Rolle des Pädagogen schon durch den allgemeinen Wandel der Erziehungsfunktionen in der Gesellschaft belastet, so multiplizieren sich die Intra-Rollenkonflikte (Mehrdeutigkeit und Widersprüchlichkeit verschiedener Erwartungen an die identische Berufsposition) im aktuellen pädagogischen Feld: Traditionsfunktion versus Innovationsfunktion, Beamte versus Pädagoge, Disziplinierung versus Diskussion und Austragen von Konflikten, Erwartungen der Schüler versus Elternerwartungen bzw. bürokratische Normen der Organisation, Wissenschaft versus Diagnose versus Beratung und Führung, Orientierung an Begabungsspitzen versus Orientierung an Benachteiligten, an der Gruppe und an der sozialen Integration der Schüler, instrumentale Lernziele versus emotionale Bedürfnisse der Schüler . . .« (S. 12).

Dieses Bündel von Widersprüchlichkeiten beeinflußt das *Selbstbild* der Lehrer, das sich als Konsequenz der ambivalenten Berufswirklichkeit von Unsicherheit, dem Gefühl der Unterprivilegiertheit, der sozialen »Zerrissenheit«, dem Eindruck der Erfolgslosigkeit und der Unpopularität, u. a. geprägt sieht (*Kob*, S. 94; *Hartfiel/Holm*, S. 49 ff.). Dieses eher negative Selbstbild korreliert indessen nicht mit dem *gesellschaftlichen Status* der Lehrer *in sozialer Fremdbewertung*. In den Augen anderer sozialer Gruppierungen nimmt der Lehrer eine »vergleichsweise hohe Position in der Rangordnung des sozialen Ansehens ein« (*Kob*, S. 94). Allerdings gilt es in diesem Zusammenhang anzumerken, daß der Lehrer im Bewußtsein der Bevölkerung trotz seiner sozialen Wertschätzung nicht als Erziehungsexperte anerkannt wird. Auf die offene Frage, an wen sie sich bei Erziehungsproblemen mit Kindern am ehesten wenden würden, stellten 1969 zwei repräsentative Geburtsjahrgänge (23 und 28 Jahre) aus Hamburg folgende Reihenfolge her:

1. Eltern und Verwandte (45,1 %)
2. Verzicht auf fremde persönliche Beratung (Bücher) (30 %)
3. Freunde und Bekannte (9 %)

4. Ärzte (5,5 %)
5. Mütter- und Erziehungsberatungsstellen (4,6 %)
6. Psychologen (1,7 %)
7. Lehrer (0,9 %) (Döring/Kupffer, S. 205).

Die *soziale Herkunft* des Lehrers läßt sich im »Mittelstand« verorten (*Lehmann*, S. 14 ff.). Die *Selbstrekrutierungs*quote der Lehrerschaft ist dabei relativ hoch (*Rolff*, S. 116). Zusammenfassend schreibt *Schwonke* über die Herkunft von Volksschullehrern: »Die überwiegende Mehrzahl der Volksschullehrer rekrutiert sich heute nicht mehr aus der agrarischen und handwerklichen Bevölkerung, für die Lehrer-Werden soviel wie sozial Aufsteigen hieß. Zwar gibt es vor allem unter den männlichen Junglehrern noch relativ viele, für die der Lehrerberuf sozial einen Schritt nach oben bedeutet, aber ihr Anteil ist stark zurückgegangen. Diese Gruppe ist auch nicht mehr typenbildend, sie bestimmt nicht mehr die Normen für Verhalten und Habitus des Lehrers. Vielleicht läßt sich heute noch nicht ein Verhaltenstypus des Lehrers in hinreichender Deutlichkeit zeichnen, vielleicht wird sich überhaupt nicht mehr ein klar definierbarer Typus bilden; sicher aber ist, daß in immer stärkerem Maße die Verhaltensnormen des Lehrers *von der mittleren oder oberen Mittelschicht* geprägt werden, und zwar über die Lehrerin. Die Lehrerin ist in der Regel nicht die sozial Aufsteigende, sondern die Tochter aus gutbürgerlichem Hause, die einen ihr angemessenen Beruf ausübt« (in: *Hartfiel/Holm*, S. 323 f.). Gymnasiallehrer sind die Söhne und Töchter von Ärzten, Advokaten, Pfarrern, Gymnasiallehrern, Angestellten, Beamten und Gewerbetreibenden; sie entstammen damit dem unteren, mittleren und z. T. oberen Mittelstand (*Schefer*, S. 36).
In der *Ausbildung* der Lehrer fällt die Praxisferne auf. Das »Hochschulstudium bringt den Kandidaten – von einigen mehr dekorativen Elementen abgesehen – praktisch keinen Kontakt mit der beruflichen Wirklichkeit, so daß die Entwicklung eines realitätsorientierten Berufsbildes und Leitbildes vom Beruf nicht möglich ist« (*Liebhart*, in: *Lüdtke*, S. 53). Doch nicht nur die prinzipielle Entfernung des Lehrerstudenten zu seinem künftigen Arbeitsort kennzeichnet die Ausbildung, sondern auch der Mangel an Vermittlung berufsbezogener Theorie und Einstellungen. So wird insbesondere der Gymnasiallehrer während seines Studiums zu einem Fach-»Wissenschaftler« ausgebildet, aber nicht zu einem Pädagogen, der sich systematisch mit Erziehungswissenschaften und Didaktik auseinandersetzt. Ein weiteres und entscheidendes Defizit der Lehrerausbildung ist die fehlende Beschäftigung

mit den Sozialwissenschaften und damit auch die ausbleidende Problematisierung der eigenen Berufsrolle (*Lehmann*, S. 70 f.).
Lebensweg und *Karriere* der Lehrer verlaufen entsprechend ihrer Tätigkeit als Beamte vergleichsweise linear, d. h. in vorgeordneten und vorgeschriebenen Laufbahnen, die – insbesondere im Bereich der Gymnasien – einen durch die schulische Hierarchie allerdings beschränkten Aufstieg (Studienassessor – Oberstudienrat) ermöglichen. Generell sind die Aufstiegsmöglichkeiten gering, dafür aber die beruflichen Sicherheiten groß.
Der *soziale Tätigkeitsbereich* sieht sich durch die bürokratische Organisation der Schule geprägt, die »heute auf einer ähnlichen Stufe des Verwaltungsaufbaus« sich befindet »wie das Finanzamt, das Arbeitsamt, die Ortspolizei und in einem deutlichen Gegensatz zur Selbstverwaltung der Ortsgemeinde. Die Lehrer entwickeln sich zu Funktionären . . .« (*H. Becker*, S. 148). Der Lehrer gerät in eine schulische Betriebsstruktur, deren entscheidende Konditionen vorgegeben sind: Schulsystem, Halbtagsschule, Jahrgangsklassensystem, Klassenfrequenzen, Fächer, Unterrichtseinteilung, Leistungsdruck und Benotung, System der Versetzung und Schullaufbahn, Klassenzusammensetzung, Kollegium, Schulleitung u. a. (*M. Schmidt*, S. 16).
Innerhalb dieses vorgefundenen Rahmens sind die *Arbeitsbedingungen* zumeist unzureichend; in der Schule fehlen Räume, Geräte, Lehr- und Lernmittel, Lehrer, Hilfspersonal, sinnvolle Curricula, didaktische Konzepte, moderne Gebäude und Einrichtungen u. a. (*Döring/Kupffer*, S. 175 ff.). Während die Erwartung günstiger Arbeitsbedingungen eines der entscheidenden Motive für die Berufswahl des Lehrers ist *(L. Müller)*, stellt sich dann in der Praxis bald die enttäuschende Korrektur dieser Erwartung ein (*Beckmann*, in: *Klafki*, S. 226 f.). Vor allem auch der erhoffte Grad von autonomer Arbeitsgestaltung und Dispositionsraum (*L. Müller*, S. 92 ff.) setzt sich in der schulischen Tätigkeit nicht in Realität um. Dafür sorgt primär die Abhängigkeit des Lehrers von Schulorganisation und -verwaltung (*Beckmann*, S. 215 ff.). »Den Lehrern und Erziehern ist damit im Rahmen der Dienstaufsichtshierarchie kein optimaler Spielraum gelassen, pädagogisches Handeln nach erworbenen professionellen Kriterien zu definieren, geschweige denn durchzusetzen« (*Lüdtke*, S. 16). Das System von Einschränkungen, Verordnungen und Anweisungen (*Trüller*, in: *Seidelmann*, S. 121 ff.) wird von den meisten Lehrern als belastend empfunden: »Nirgends waren sich die Lehrer in ihrer Kritik an bestehenden Verhältnissen so einig wie in der Ablehnung ihrer Abhängigkeit von den Weisungen der Schuladministration und in der Klage, sich

nicht im notwendigen Maße in der Arbeit frei entfalten zu können« (*Zeiher*, S. 236).

Ein weiterer bedeutender Faktor, der den Dispositionsraum der Lehrer einschränkt, ist die *Arbeitsbelastung*, die sich zunächst zeitlich ausdrückt (*Rutenfranz/Graf*, S. 19 ff.). 1961 lag die durchschnittliche Arbeitszeit von Grundschullehrern bei 48 Wochenstunden, von Hauptschullehrern bei 51 und bei Studienräten bei 53 Stunden (*Beckmann*, in: *Klafki*, S. 225 f.). Hinzu kommen Vielfältigkeit und Gegensätzlichkeit der Aufgaben, die der Lehrer zu erfüllen hat: Unterrichtsvorbereitung, Unterricht, Betreuung der Schüler, Beurteilung, Unterrichtsaufarbeitung und Korrekturen, Administration u. a. (*Beckmann*, in: *Klafki*, S. 215 ff.). Daraus entstehen vielfältige Streß-Situationen und Konflikte, die den Lehrer oft zermürben. Nicht umsonst erreichen zwei Drittel aller Lehrer, die aus dem Schuldienst ausscheiden, die vorgeschriebene Altersgrenze nicht (*Kievenheim/Leisewitz*, S. 192).

Die *Interaktionen* am Arbeitsplatz sind für den Lehrer selten befriedigend. Da er nicht im Team unterrichtet, sondern als Einzelperson arbeitet, ist sein Verhältnis zu den Kollegen distanziert. »Die Teilnahme an Lehrerkonferenzen ist die einzige offiziell hergestellte Arbeitsbeziehung zwischen den verschiedenen Lehrern einer Schule. Sie beziehen sich jedoch weniger auf die eigentliche Unterrichtsarbeit, sondern vorrangig auf zusätzliche oder ergänzende Tätigkeiten außerhalb des Unterrichts. Weitere Kontaktmöglichkeiten zwischen den Lehrern sind auf die Zusammenkünfte in den Pausen im Lehrerzimmer beschränkt. Gespräche über das direkte Unterrichtsverhalten der Kollegen werden in der Regel nicht geführt. Erfahrungsaustausch – soweit er stattfindet – bewegt sich auf einer oberflächlichen und unverbindlichen Ebene« (*M. Schmidt*, S. 19).

Die Beziehungen zu den Schülern muß für den Lehrern bei allem bemühten Verhalten ambivalent sein. Wie domokratisch sein Unterricht auch sein mag, so bleibt er letztendlich für den Schüler doch der Repräsentant von Leistungsdruck, Selektion und Fremdbestimmung. Auch das Verhalten zu den Eltern bleibt von der Funktion des Lehrers nicht unberührt: »Er ist für sie primär der durch sein offizielles Amt legitimierte Begutachter ihres Kindes, dessen in Zeugnissen und Prüfungsbescheiden fixierte Urteile den weiteren Weg des Kindes in der Schule und damit zugleich ganz wesentlich seinen künftigen sozialen Status bestimmen. Der öffentliche Charakter dieser Rolle und die Kulisse von Verwaltungsrecht und behördlicher Sicherung, vor der sie gespielt wird, läßt den Lehrer deutlich als Funktionär der Öffentlichkeit erscheinen. Damit aber rückt er für die Eltern in jene grundsätzliche Distanz, mit der sie von ihren familiären Privatinteressen aus aller Öffentlichkeit gegenüberzutreten pflegen« (*Kob*, S. 101).

Solch »Isolierung«, Belastung, Widersprüchlichkeit der Aufgaben, Kontrolldruck u. a. bewirken zumeist, daß die Lehrer, »dem Anpassungsdruck der Organisation ausgesetzt, nur noch auf der Ebene der Imitation und allmählichen Internalisierung der ihnen vorgeschriebenen und vorgelebten Berufsrollenelemente reagieren, ohne alternative Rolleninterpretationen aufrechterhalten zu können« (*Krüger*, in: *Lüdtke*, S. 121). Die Folge ist oft ein Einstellungsbündel aus »Fügsamkeit, Gehorsam, Verzicht auf den Wunsch, aus eigener Einsicht und Erfahrung bestimmte Folgerungen zu ziehen, Verzicht auf Konflikt und Kritik im Umgang mit Gleichgestellten und Vorgesetzten« (*Döring*, S. 15). Fehlen dem Lehrer sozialwissenschaftliche Kenntnisse zur handlungsbezogenen Interpretation seiner Lage und darüber hinaus aktivierende Kontakte und unterstützende Organisationen, was überwiegend nach wie vor der Fall ist, so verbleibt in der Tat nur der konfliktsparende Ausweg, »sich unter gegenwärtigen Ausbildungsbedingungen ... zu arrangieren« (*M. Schmidt*, S. 17).

Das Überwiegen individualistischer und resignativer Einstellungen reflektiert sich im *Gesellschaftsbild* der Lehrer. *Schwonke* resümiert: »Bei den vier wichtigsten Faktoren, die das Gesellschaftsbild des Lehrers bestimmen – soziale Herkunft, Schule, Pädagogische Hochschule, Berufsposition –, besteht eine starke bis vorherrschende Tendenz zur Abwendung von der Gesellschaft, zur ideologischen Verzerrung und Verurteilung der modernen Welt, zur Ausrichtung auf ein romantisiertes Bild ständischer Gesellschaftsformen, zur Hinwendung zu idealistischen, humanistischen, individualistischen Vorstellungen ohne ausreichenden Wirklichkeitsbezug« (in: *Hartfiel/Holm*, S. 333). Empirische Untersuchungen der letzten Jahre wie jene von *Helga Zeiher* über Gymnasiallehrer und von *Bernd Lehmann* über Grund- und Hauptschullehrer bestätigen *Schwonkes* Befunde vollauf. Erst seit der Studentenbewegung lassen sich hier partielle Änderungen im Hinblick auf ein realitätsgerechtes, d. h. sozio-ökonomisch bestimmtes Gesellschaftsbild und Bewußtsein feststellen.

Entsprechend des »konservativen Einstellungssyndroms« (*Rolff*, S. 119) sind die politischen Interessen der Lehrerschaft verteilt; sie tendieren grundsätzlich auf die Erhaltung der bestehenden Verhältnisse, wobei deren politische »Verwaltung« als eine Aufgabe der dazu bestimmten Fachleute (Politiker) und nicht etwa der demokratischen Öffentlichkeit erscheint. Die *Werte und Normen* »des politischen Verhaltens – Ordnung, Disziplin und Anständigkeit – sind Anweisungen

zur Anpassung an die gegebenen Umstände des Lebens, Aufforderungen zum Gehorsam und autoritätsgebundene Unterordnung. Ohne Ausnahme sind sie unpolitische private Tugenden des Kleinbürgertums ...« (*E. Becker* u. a., S. 153).
Der *Organisationsgrad* der Lehrerschaft fügt sich in dieses Bild: er ist vergleichsweise gering und vor allem ständisch-utilitarisch ausgerichtet. »Mit ihren antigewerkschaftlichen Auffassungen befinden sich die Lehrer in Übereinstimmung mit der öffentlichen Meinung ...« (*E. Becker* u. a., S. 15). Auch hier sind freilich insbesondere bei den jüngeren Lehrern bemerkenswerte Veränderungen zu konstatieren; von daher auf »ein qualitativ neues Bewußtsein bei der jüngeren Lehrergeneration« (*Lehmann*, S. 206) zu schließen, wäre jedoch zu gewagt. Die Einstellung der Lehrer zur Gesellschaft, verbunden mit den Fragen von Organisation und sozio-politischem Engagement, ist noch mehrheitlich traditionalistisch (*Hartfiel*, in: *Hartfiel/Holm*, S. 47 ff.), was Entwicklungen aufgrund gesellschaftlicher Bedingungen (z. B. Deklassierungsprozeß der Intelligenz) nicht ausschließt (*Huisken*).

6.1.5. Die qualifiziert ausführenden Industrie-Angestellten [5]

Die Entwicklung kapitalistischer Produktivität hat, wie beschrieben, zum quantitativen und qualitativen Bedeutungsanstieg der Angestelltenschaft geführt. Dabei sind, grob gegliedert, ein »Unterbau von mechanisierten Arbeitsplätzen«, ein Oberbau von Leitungs- und Planungsfunktionen und ein Mittelbau von »mehr oder weniger spezialisierten Sachgebieten« (*Braun/Fuhrmann*, S. 31) entstanden. Die Sachbearbeiter als qualifiziert ausführende Angestellte sind für einen bestimmten Tätigkeitsbereich (kaufmännisch; technisch; administrativ) verantwortlich. Ihr *Verhältnis zu den Produktionsmitteln* ist das von Lohnarbeitern. »Die Arbeitsplätze der Angestellten sind also Arbeitsplätze von ›Lohnarbeitern‹ wie die Arbeitsplätze der ›Produktionsarbeiter‹, d. h. Objekte der Macht des Kapitals über die Arbeit und den gleichen systematischen Tendenzen ausgesetzt (Funktionalisierung, berufliche Disziplinierung usw.). Sie sind aber objektiv von den Arbeitsplätzen der Produktionsarbeiter unterschieden dadurch, daß an ihnen nicht die praktische Arbeit der tatsächlichen Produktion von Gegenständen, sondern die Arbeit der Organisation der Produktion innerhalb des Industriebetriebes geleistet wird. Der Arbeitsplatzbereich der Angestellten ist also auf eine verschiedene Funktion im betrieblichen Arbeitsprozeß bezogen. Dieser Sachverhalt erfordert daher auch unterschiedliche Qualifikationen an den Arbeitsplätzen und führt innerhalb der antagonistischen Herrschaftsstruktur des Industriebetriebes zu einem spezifischen Autoritätsverhältnis, da die Organisation der Produktion zugleich eine notwendige Arbeitsfunktion und ein Instrument der Herrschaft ist« (*S. Braun*, S. 118 f.).

In der Arbeitshierarchie befinden sich die Sachbearbeiter im Mittelbau, der Aufträge, Anordnungen und Entscheidungen von vorgesetzten Stellen übermittelt erhält. Das durchschnittliche Bruttomonats*einkommen* (1970) qualifizierter Angestellter liegt zwischen DM 1400,– und 2100,– (IMSF, S. 252 ff.). Gratifikationen ergänzen diese Beträge. Dementsprechend sind Sparwille und Sparfähigkeit groß (*Osterland*, S. 136 ff.); *Neubauer* nennt sie sogar »enorm« (S. 119). Versicherungssummen, Bausparverträge, Wertpapierbesitz u. a. zeigen sich bei den qualifizierten Angestellten erheblich mehr und qualitativ höher als bei unqualifizierten Angestellten oder gar Arbeitern (*Osterland*, (S. 144 ff.). Die qualifizierten Angestellten gestehen von sich selbst, in zufriedenstellendem Wohlstand zu leben. Die Erwerbstätigkeit der Frau ist deshalb zumeist keine materielle Notwendigkeit und wird auch in der Mehrheit der Fälle als unerwünscht angesehen (*Neubauer*, S. 101 f.).

Das *Selbstbild* ist ambivalent und entspricht in gewisser Weise der Situation des Angestellten, »die die Identifikation mit der Welt der herrschenden Klasse ermöglicht und erhebliche Resultate verspricht, wenn diese gelingt. Aber zugleich ist sie eine Arbeitersituation, die an der Mehrzahl der Beschränkungen leidet, denen auch die übrigen Arbeiter sowohl hinsichtlich ihres Einkommens als auch des Fehlens von Autonomie und der Unterordnung unterworfen sind« (*Crozier*, S. 311 f.). In der Studie von *Braun* und *Fuhrmann* zur Selbsteinstufung der Befragten in die Sozialschichtung, äußerten sich 21 % kritisch zur Schichtung oder hielten eine Einstufung nicht für möglich; 20 % stuften sich nach unten ein; 3 % grenzten sich nach unten ab; 16 % betonten die Eigenstellung der Angestellten; je 10 % glaubten zum Mittelstand zu zählen oder meinten, daß alle zur Mitte gehörten. Bemerkenswert ist der hohe Prozentsatz der Einstufungen nach unten: Diese Befragten sahen die Gesellschaft entweder unter dem Machtaspekt »dichotomisch« gegliedert »und stuften« sich daher oft ohne Ressentiment als ›Objekte‹ also ›unten‹ ein »oder bezeichneten sich als »kleiner Mann«. Diese Tendenz »ist vom Gefühl gesellschaftlicher Ohnmacht beseelt, sei es, daß der ›kleine Mann immer als der Dumme‹ betrachtet werden muß, sei es, daß ihm alle Mittel fehlen, sich mit den erfolgreichen ›Persönlichkeiten‹, die ›oben‹ stehen, zu messen. Die Folge davon ist soziale Resignation« (*Braun/Fuhrmann*, S. 520).

In der *Rekrutierung* der qualifizierten Angestellten beläuft sich die Selbstrekrutierungsquote auf ein rundes Drittel; hier waren bereits die Väter schon qualifizierte oder zumindest ausführende Angestellte. Bei *Braun/Fuhrmann* war der Vaterberuf der befragten Sachbearbeiter in 2 % der Fälle Arbeiter (wahrscheinlich Hilfsarbeiter, auch Landarbeiter), 10 % angelernte und Spezialarbeiter, 21 % Arbeiter mit Lehre und qualifizierter Position (Handwerker, Vorarbeiter), 14 % nichtleitende Angestellte, 11 % Landwirte, 15 % selbständige Gewerbetreibende, 13 % Beamte und Angestellte des öffentlichen Dienstes, 10 % Akademiker und leitende Beamte rsp. Angestellte. Das bedeutet, daß 33 % der Sachbearbeiter aus Arbeiterfamilien stammen und 53 % aus »dem heterogenen Kreise derer herkommt, die man den alten und neuen Mittelschichten zurechnet« (*Braun/Fuhrmann*, S. 69). Bei den Sachbearbeitern aus Arbeiterfamilien ist dabei anzumerken, daß ihre Väter qualifizierte Arbeiter gewesen sind.

In der *Schulbildung* überwiegt bei den Sachbearbeitern aus Familien von Hilfsarbeitern und angelernten Arbeitern die Volksschule; bei Sachbearbeitern aus Familien gelernter Arbeiter fällt der hohe Anteil der Absolventen von Höheren Fachschulen auf. Der geringste Prozentsatz der Sachbearbeiter, die nur die Volksschule besucht haben, stammt aus Familien, deren Haushaltungsvorstand einen gehobenen Beruf, eine Tätigkeit im öffentlichen Dienst, als Selbständiger oder als Angestellter hatte. Aus diesen Berufskreisen der Väter rekrutiert sich auch der höchste Anteil der Sachbearbeiter mit Abitur und Hochschulbesuch. Im praktischen Teil des *Qualifikations*prozesses überwiegen bei den Sachbearbeitern die kaufmännische und die technische Lehre im Industriebetrieb. Auch hier spielen Status und Beruf der Väter als Beeinflussungsfaktor für den Qualifizierungsprozeß der Sachbearbeiter eine bedeutende Rolle: »Am deutlichsten wird das bei den Söhnen von Facharbeitern: 40 v. H. von ihnen haben ebenfalls eine Lehre als industrielle Facharbeiter absolviert. Ähnlich bevorzugen die Söhne von Angestellten (und unteren und mittleren Beamten) eine Lehre, die normalerweise zu einer Angestelltentätigkeit führt« (*Braun/Fuhrmann*, S. 89 f.). Dementsprechend sind mehr Arbeitersöhne als Sachbearbeiter in technischen Sektoren, mehr Angestelltensöhne in kaufmännisch-administrativen beschäftigt.

In ihrer *Karriere* beginnen die Sachbearbeiter aus Angestellten- und Beamtenfamilien im Regelfall nach dem Schulabschluß mit einer kaufmännischen Lehre, während die Hälfte der Arbeiterkinder, dem Beispiel des Vaters folgend, zunächst als Arbeiter tätig werden. Symptomatisch für solches ist der folgende Berufsweg eines Sachbearbeiters aus dem Arbeitermilieu: »Betriebsingenieur in einem Großbetrieb der eisenschaffenden Industrie, 42 Jahre alt, Vater Reparaturschlosser im gleichen Werk. Volksschule; Lehre als Werkzeugmacher in einem Kleinbetrieb; Werkzeugmacher dort; Besuch der technischen Abendschule; Maschinentechniker, Während des Krieges Studienurlaub zur Ingenieurschule; Nach dem Krieg wieder Werkzeugmacher; Studium beendet; Betriebsassistent; Betriebsingenieur« (*Braun/Fuhrmann*, S. 78).

Bei den Sachbearbeitern aus Angestellten- wie aus Arbeiterfamilien ist die berufliche Kontinuität groß. Die meisten verbleiben während ihrer ganzen Karriere in der gleichen Region, viele im gleichen Betrieb und im gleichen Beruf. Doch selbst bei Betriebs- und Berufswechsel konnten *Braun/Fuhrmann* noch eine Kontinuität der »fachlichen Fixierung« feststellen, wie sie in folgendem Beispiel prototypisch deutlich wird: »Kaufmännischer Angestellter, Leiter einer Außenstelle der Betriebskrankenkasse, Großbetrieb der eisenschaffenden Industrie, 55 Jahre alt: Nach Mittelschulabschluß Lehre als Versicherungskaufmann in einem Großbetrieb (Sachversicherungen); kaufmännischer Angestellter dort; selbständiger Versicherungsvertreter; Angestellter bei der Bundesbahn, Schadenfeststeller; kaufmännischer Angestellter bei der Betriebskrankenkasse des jetzigen Betriebes« (S. 53). Diese Kontinuität des Lebens- und Berufswegs zeigt sich indessen in vielen Fällen erzwungen. 47 % der von *Braun/Fuhrmann* befragten Sachbearbeiter – insbesondere mit Vätern gehobener Berufe – hatten ursprünglich Ausbildungs- und Berufsziele, die mit ihrem jetzigen Beruf kollidieren.

Im *Tätigkeitsbereich* variieren Aufgabenstellung und -erfüllung der Sachbearbeiter. Wir führen im folgenden zwei typische Beispiele aus der Untersuchung von *Braun/Fuhrmann* an. Im ersten Fall handelt es sich um einen 27jährigen Konstrukteur: »Ich sitze mit nur noch einem anderen Kollegen in einem Büro. Ich bin in dieser Beziehung besser daran als viele andere, die in den großen Sälen hier arbeiten müssen. Wir haben jeder unser Brett, außerdem Schreibtisch, Telefon, die Pausenkartei, die wir auch selbst auf dem laufenden halten ... Ich bin Konstrukteur in unserer großen Abteilung, und zwar für ein bestimmtes Spezialgebiet: größere Hafenanlagen. Natürlich kann man bei einem solchen Projekt nicht alles selbst konstruieren. Wir sind also immer eine Arbeitsgruppe mit einem Gruppenführer, und innerhalb der Arbeitsgruppe tut meist wieder jeder das, was er am besten kann. Ich bin laienhaft gesagt, zuständig für alles, was sich bewegt an solchen Anlagen. Die ganze Sache geht so vonstatten: Wir bekommen die Projektzeichnungen mit der Materialkalkulation und evtl. Sonderwünschen ins Büro und haben dann die Aufgabe, daraus die Konstruktionszeichnungen zu machen. Zuerst überlegen wir uns noch einmal intensiv die Gesamtkonstruktion, und dann nimmt sich jeder seine Spezialgebiete vor... Steht die Anlage dann auf dem Papier, dann zeichnet jeder seine Sachen ab, und alles geht ans Vorzeichnerbüro als Vorstufe für den Bau. Dann merkt man schon, was man geleistet hat. Am besten hat man gearbeitet, wenn keine Rückfragen mehr kommen ... Der Chef schaut sich schon mal etwas an. Aber nicht als Kontrolle, sondern weil es ihn selbst interessiert, wie wir mit bestimmten Sachen fertig werden. Daraus ergeben sich dann oft Diskussionen, aber immer streng sachlich. Anders kann man bei uns in der Technik auch nicht arbeiten. Auch menschlich klappt es bei uns sehr gut, was man ja von dem ganzen Laden hier wirklich nicht behaupten kann« (S. 33 f.).

Im zweiten Fall handelt es sich um einen 64jährigen Sachbearbeiter aus dem kaufmännischen Rechnungswesen: »Wir haben zwei Räume, einen kleineren, in dem ich sitze, und einen größeren, in dem noch drei Herren arbeiten. Die Verbindung klappt gut ... Wir haben eigentlich die Aufgabe, die Unterlagen für die Lohnrechnung zu sammeln und aufzuarbeiten für die Hollerith-Abteilung, wo die Löhne dann berechnet werden. Wir müssen die verschiedenen Akkordscheine und Stechkarten miteinander vergleichen, die Stunden kontrollieren, zusammenfassen, die Bruttoverdienste vergleichen und alles dann an die Hollerith-Abteilung weitergeben. Die erstellt dann die einzelnen Lohnstreifen, auf denen der Lohn nach den verschiedenen Arten aufgegliedert ist. Auch die persönlichen Verhältnisse sind dabei berücksichtigt, und uns fällt die Aufgabe zu, bei der Einstellung diese Dinge aufzunehmen und auch immer auf dem laufenden zu halten. Ich habe dann die spezielle Aufgabe, die Kontrolle des ganzen Lohnbüros durchzuführen und die Arbeit zu verteilen. Ich selbst fertige auch die verschiedenen Scheine für Kredite aus, ich mache die monatliche Liste für die Abschlagszahlungen. Insgesamt ist unsere Arbeit, wie gesagt, eine Vorarbeit für Hollerith.« (S. 43 f.).

Verallgemeinert man diese Beschreibung von *Arbeitsplatz* und *Arbeitsbedingungen* im Selbstverständnis der Sachbearbeiter, so gilt es festzustellen, daß diese Kategorie von Angestellten von sich glaubt, relativ selbständig und autonom zu arbeiten. Nahezu 60 % der Befragten betonten »ihre Unabhängigkeit von Eingriffen durch Vorgesetzte und ihre Selbständigkeit und Kontrollfreiheit in der Arbeit« (*Braun/Fuhrmann*, S. 63). Diese Ansicht korreliert auch weithin mit den Realitäten des Tätigkeitsbereichs. »Die Mehrheit der befragten Industrieangestellten scheint ... nicht zur Kategorie derjenigen Arbeitnehmer zu gehören, die sich bei ihrer Tätigkeit als Rädchen einer anonymen Maschinerie fühlt ... Man hat einen bestimmten ›Platz‹ in der Verwaltung und kann sich innerhalb dieses Rahmens in der Regel relativ frei bewegen, solange man sich der gegebenen Informations- und Kommunikationswege bedient und solange man die durch die Betriebsorganisation gegebenen Grenzen respektiert« (*Braun/Fuhrmann*, S. 49). 41 Prozent der Sachbearbeiter verfügen über Hilfskräfte; 53 % arbeiten in einem Büro allein oder teilen es mit einem Kollegen; kaum ein Sachbearbeiter ist vom Rationalisierungsprozeß in der Industrieverwaltung dequalifizierend betroffen. *Arbeitstyp* und *Arbeitsgestaltung* der Sachbearbeiter lassen sich nach *Braun/Fuhrmann* dahingehend zusammenfassen, daß die hier beschriebenen Angestellten Fachkompetenz für einen relativ differenzierten Aufgabenbereich besitzen, der spezifische und differenzierte Kenntnisse verlangt, Probleme aufwirft, oft interessant ist, einen gewissen Dispositionsspielraum verschafft und aufgrund seines individuellen Charakters das Gefühl vermittelt, Beruf und Position zu haben.

Die *Interaktions*breite am Arbeitsplatz ist groß, erlaubt ausgiebige Kontakte zu den Kollegen sowie Kommunikations- und Informationsmöglichkeiten. Im Verhältnis der Sachbearbeiter zu den Vorgesetzten unterscheiden *Braun/Fuhrmann* vier Verhaltenstypen: Es überwiegt der »sozialorientiert-berufliche« (Ansprüche an die Vorgesetzten vom Beruf aus; Erwartung von Selbständigkeit, Freiheit vor ständiger Kontrolle und vernünftige Zusammenarbeit) vor dem »sozialorientiert-moralischen« (Verlangen nach Gerechtigkeit und Offenheit; gegen Untertanengeist und Kriecherei). Gleichzeitig folgen dann bei den kaufmännischen Angestellten der »management- und funktionsorientierte« Verhaltenstypus (Obrigkeitsorientierung; Unantastbarkeit der gegebenen Betriebsverhältnisse) und der »sozialorientiert-unspezifische« (gedankenlose Betrachtung der betrieblichen Autoritätsverhältnisse; Wunsch nach gutem Betriebsklima). Bei den technischen Angestellten rangiert dieser Verhaltenstypus relativ schwach ausgeprägt vor dem »management- und funktionsorientierten«, der kaum ins Gewicht fällt. Obrigkeitsgesinnung ist vor allem bei den kaufmännischen Angestellten und dort insbesondere unter den älteren zu konstatieren.

Die *Einstellung* der Sachbearbeiter *zur Arbeit* ist generell positiv, was sich zunächst darin zeigt, daß die überwiegende Mehrheit der qualifizierten Angestellten ihre Berufstätigkeit aufgrund einer guten beruflichen und betrieblichen Situation als erfolgreich ansieht. Weitgehend negativ beurteilen nur jene ihren Berufserfolg, die vor ihrer Angestelltentätigkeit Beamte oder Selbständige gewesen waren. Die überwiegende Mehrheit der Sachbearbeiter manifestiert auch eine große Arbeitszufriedenheit. Unzufrieden zeigen sich aber immerhin ein rundes Viertel der Befragten, wobei diese negative Haltung gegenüber der ausgeübten Tätigkeit mit einem niedrigen Gehaltsniveau und mit der frustierenden Arbeit in stark mechanisierten Verwaltungsbereichen korreliert. Interessante und selbständige Arbeit bedingt indessen eine deutliche Arbeitszufriedenheit.

Das *Lebensniveau* qualifizierter Angestellter läßt sich nur sehr allgemein bestimmen, weil in den vorhandenen Untersuchungen hauptsächlich durchschnittliche Vergleiche zwischen Arbeitern und Angestellten gezogen werden. Folgen wir den Daten, wie sie bei *Osterland* u. a. zusammengefaßt sind (S. 109 ff.), so wird offenbar, daß sich gutverdienende Angestellte mehr leisten können als gutverdienende Arbeiter. Ferner sind ihre Ausgaben für den privaten Verbrauch anders: gutverdienende Angestellte geben weniger für Nahrungs- und Genußmittel, Kleidung, Schuhe und Haushaltsführung aus, aber wesentlich mehr für Wohnung, Verkehr und Nachrichtenübermittlung, Körper- und Gesundheitspflege, persönliche Ausstattung und Bildung und Unterhaltung. Gutverdienende Angestellte leben überwiegend in Komfortwohnungen (WC, Bad, Zentralheizung), aber nur 11,4 % der Arbeiter. Auch in der Ausstattung mit Konsumgütern wie Kühlschrank, elektrischer Nähmaschine, Waschmaschine u. a., die die Arbeitsleistung der haushaltenden Frau erleichtern, sind die Angestellten, und in erster Linie die gutverdienenden, gegenüber den Arbeitern privilegiert. Letztere besitzen mehr TV-Apparate und sehen auch ungleich mehr fern als Angestellte, bei denen hingegen dem Lesen eine weitaus größere Bedeutung zukommt als bei den Arbeitern (*Neubauer*, S. 95). Das gilt weniger für das Lesen von illustrierten Zeitschriften, schon mehr für die regelmäßige Lektüre von Tageszeitungen und sehr erheblich für den Kauf von Büchern zur Weiterbildung oder auch zur Unterhaltung (*Osterland* u. a., S. 249 ff.). Neubauer interpretiert das stärkere Informationsbedürfnis der Angestellten mit deren Fern-Orientierung und Planung im Zusammenhang »mit der beachtlichen Leistungs- und Aufstiegsmotivation« (S. 119).

Die *sozialen Verhaltensmuster* der Sachbearbeiter bestimmen sich durch deren spezifische Stellung zwischen Arbeiter und Management (*Braun*, S. 118 f.). Der qualifizierte Angestellte repräsentiert gegenüber der Arbeiterschaft das Herrschaftssystem des kapitalistischen Betriebs; da er aber selber Lohnabhängiger ist, muß er sich in der Betriebshierarchie durch Leistung bewähren, d. h. als Individuum durchsetzen, womit er die Hoffnung verbinden kann, mit einem besseren Platz auf der betrieblichen Karriereleiter nach oben honoriert zu werden. Dementsprechend findet sich insbesondere bei jüngeren Angestellten eine »stark aufstiegs- und leistungsorientierte Haltung ... im Zusammenhang mit der individuellen Aufstiegserwartung« (*Neubauer*, S. 39). Dem qualifizierten Angestellten nun aber als gültiges Verhaltensmuster Individualismus und Leistungsstreben zuzuschreiben, wie das etwa in den Sozialisationstheorien geschieht, läßt sich nicht aufrechterhalten. Bei *Braun/Fuhrmann* ist »Erfolgsdenken« zwar häufig, aber keineswegs dominant nachzuweisen. Vielmehr überwiegt, was die Autoren »Arbeitsrationalität« nennen (es kommt darauf an, daß man eine beruflich-eigene Position hat und daß es sich lohnt); häufig findet sich auch das »arbeitsmoralische« Verhaltensmuster (es kommt darauf an, seinen Verpflichtungen nachzukommen, saubere, regelmäßige Arbeit zu leisten). Bemerkenswert ist, daß sich das Erfolgsdenken insbesondere bei den jüngeren Angestellten findet, was sich durch *Neubauers* Untersuchung bestätigen läßt. »Man fängt mit hochgespannten Erwartungen an, die dann zugunsten eines realistischen, beruflich-fachlichen Positionsdenken abgebaut werden, um am Ende bei einem abgeklärten, vor allem moralisch bestimmten ›Arbeitsdenken‹ zu enden« (*Braun/Fuhrmann*, S. 175).

Die *Kohärenz* der Angestelltenschaft als solcher zeigt sich nicht besonders groß, da ihre Stellung zu individualistischem und Konkurrenzverhalten führt (*Bolte* u. a., S. 328 f.). Das schließt Abgrenzungstendenzen nach unten allerdings nicht aus. Die meisten Sachbearbeiter können bei einem Vergleich mit der Arbeiterschaft indessen keine sozialen Unterschiede mehr feststellen, die etwa aus Tätigkeit oder Rang abzuleiten wären. So überwiegt bei den Sachbearbeitern eindeutig die Tendenz, die Gleichrangigkeit und Gleichwertigkeit von Angestellten und Arbeitern zu betonen. Dabei läßt sich eine deutliche Gruppe von Sachbearbeitern ausmachen, die im Hinblick auf die Arbeiterschaft die Gemeinsamkeit der Lage und Interessen von Lohnabhängigen formuliert.

Unterschiede zwischen Arbeitern und Angestellten erkennen die Sachbearbeiter »hauptsächlich in den Normen und Regeln des allgemeinen Verhaltens und der Lebensweise« (*Braun/Fuhrmann*, S. 224). Man betont die besseren Arbeitsbedingungen, oft auch eine größere Selbständigkeit und Merkmale wie: »Angestellte kommen leichter in höhere Kreise« (*Neubauer*, S. 64 ff.).

Im Hinblick auf das Gesellschaftsbild »entwickelt sich dann eine mehr dichotomische, ›harte‹, überrealistische Sicht der Gesellschaft, auch wenn man sich nicht ›unten‹ sieht, sondern als ›kleiner Mann‹, dessen spezifisches Kennzeichen Abhängigkeit ist. Es ergibt sich so ein gewisser Dualismus der sozialen Orientierung; je nachdem, ob man sich auf die konkrete Umwelt oder die ›große Gesellschaft‹ bezieht ...« (*Braun/Fuhrmann*, S. 455). Nahezu 50 % der Sachbearbeiter sehen dabei die Gesellschaft von kleinen Gruppen geprägt, die entweder wirtschaftlich (Reiche) oder politisch (Großindustrie, Unternehmen) die Macht haben. Die »Aussagen der Befragten zum Charakter der Gesellschaftsschichtung« (*Braun/Fuhrmann*, S. 459) ergeben, daß 44 % die Differenziertheit der Schichtung betonen, 18 % eine Drei-Schichten-Theorie vertreten, 20 % eine mächtige Oberschicht vis-à-vis der breiten Masse und 4 % eine Klassengesellschaft. Die Selbsteinstufung der Sachbearbeiter in der Sozialstruktur ergibt, wie erwähnt, eine klare Tendenz nach unten. Daraus läßt sich indessen keine ablehnende Haltung der Sachbearbeiter gegenüber der bestehenden Gesellschaft konstruieren. »Als Hauptergebnis darf festgehalten werden, daß einer kritischen Minderheit eine differenzierte Mehrheit gegenübersteht, die sich weitgehend oder teilweise und aus verschiedenen Motiven mit der Aktualität der Gesellschaft identifiziert« (*Braun/Fuhrmann*, S. 515).

Die *politische Interessen*lage der Angestellten ist vielfach aus ihrer betrieblichen Mittelstellung heraus auf eine »Neutralität« des Verhaltens fixiert worden (*Braun*, S. 119). Dem entspräche der Befund, daß die überwiegende Mehrheit der von *Braun/Fuhrmann* befragten Sachbearbeiter sich niemals politisch betätigte, wobei der Politik-Begriff so weit gefaßt war, daß er z. B. auch Funktionen in religiösen Verbänden einschloß. Bei der Einstellung zum öffentlichen Leben artikulierten die meisten Befragten entweder ihre Ablehnung oder ein allgemeines Verantwortungsgefühl, ohne aber sich engagieren zu wollen. Diese »ambivalente« Haltung gilt auch für das Engagement gegenüber Betriebsrat und Mitbestimmung. Überwiegend bejaht man beides, bleibt aber auf Distanz. Betriebsrat und Mitbestimmung, die Parteinahme verlangen, gefährden die eingenommene Neutralität. Deshalb verhält sich der Angestellte »utilitaristisch« (*Neubauer*, S. 119). Solches gilt auch für den *Organisationsgrad* der Sachbearbeiter. Rund 60 % sind zwar Mitglieder in den Gewerkschaften (Mehrheit DGB, Minderheit DAG); nur eine Minorität betrachtet aber die Gewerkschaften als mehr als Interessenvertretungen und engagiert sich dementsprechend. Diese aktive Minderheit hat »die der bürokratischen Arbeitssituation immanente Tendenz zu einem apolitischen Verhalten überwunden« (*Braun/Fuhrmann*, S. 344), die für die Angestelltentätigkeit typisch ist. Konformismus, Sachinteresse, Ordentlichkeit, Zuverlässigkeit, Strebsamkeit als *Werte* und *Normen* (*Bolte* u. a., S. 330; *Neubauer*) passen denn auch nicht nur in die bürokratische Arbeitssituation, sondern werden von letzterer geradezu bedingt.

Befolgung und Realisierung der genannten Tugenden sollen zu einem großen Teil den Aufstieg garantieren, von dem die *Perspektive* der meisten qualifizierten Angestellten getragen ist (*Bahrdt*, S. 138). Bei den jüngeren Angestellten »wollen 63,7 % ... im Alter von 40 Jahren eine leitende Position wie Direktor, Abteilungsleiter oder Prokurist einnehmen« (*Neubauer*, S. 45 f.). Rund zwei Drittel der Angestellten schätzen ihre Aufstiegschancen als sehr gut ein (*Goldthorpe* u. a., S. 108) und richten an dieser Hoffnung eine ganze Lebens- und Arbeitsweise aus, was sich z. B. in der Erfüllung von Bedürfnissen »zugunsten einer Befriedigung auf höherem Niveau zu einem späteren Zeitpunkt« (*Neubauer*, S. 120) manifestiert. Immerhin muß auf die wachsende Gruppe der qualifizierten Angestellten verwiesen werden, die ihre Aufstiegschancen nicht günstiger beurteilen als etwa die Mehrheit der Arbeiterschaft und von einer »objektiven Einschätzung der Verhältnisse in ihrem Arbeitsbereich« oder sogar von einer »spürbar ... resignierten Einstellung« (*Braun/Fuhrmann*, S. 128 f.) geprägt werden.

6.1.6. Zur Situation der arbeitenden Frau [6]

Die Zahl der erwerbstätigen Frauen stieg von 7,3 Mio. im Jahre 1950 auf 9,6 Mio. im Jahre 1971; davon arbeiteten 43,7 % als Angestellte und Beamte und 34,8 % als Arbeiterinnen (*Osterland* u. a., S. 31 f.). 55,8 % der arbeitenden Frauen waren nach Zahlen von 1970 verheiratet (IMSF, S. 495); 36,3 % hatten, dem Statistischen Jahrbuch von 1972 zufolge, Kinder. »Im Durchschnitt hatte 1969 jede verheiratete erwerbstätige Mutter 1,8 Kinder zu versorgen« (IMSF, S. 497). Nach Angaben der Frauen von 1972 (*Umbreit* S. 66) arbeiteten sie aus folgenden Motiven: 38 % zum Lebensunterhalt notwendig; 25 % finanzielle Belastung durch Wohnung u. a.; 18 % finanzielle Unabhängigkeit; 16 % Freude am Beruf; 14 % Hausarbeit lastet nicht voll aus; 13 % Verdienst des Mannes reicht nicht aus; 9 % Kontakt mit anderen Menschen; 5 % finanzielle Belastung durch Ausbildung der Kinder; 2 % stärkt das Selbstbewußtsein. »Damit ist deutlich: Frauen werden nicht erwerbstätig, um Aufstiegsangebote, Ausbildungsmöglichkeiten etc. in Anspruch zu nehmen ..., sondern primär aus ökonomischen Gründen, aus der finanziellen Notwendigkeit heraus ...« (*Umbreit*, S. 66).

Ihr *Platz in der Arbeitshierarchie* ist überwiegend unten. Von den weiblichen Angestellten arbeiten 0,4 % in der Leistungsgruppe I (Männer 4,7 %), 3,8 % in der Leistungsgruppe II (Männer 24,4 %), 30,3 % in der Leistungsgruppe III (Männer 52,5 %), 55,2 % in der Leistungsgruppe IV (Männer 16,6 %) und 10,3 % in der Leistungsgruppe V (Männer 1,9 %). In der Angestelltenschaft sind die Frauen eindeutig die Leidtragenden des Mechanisierungs- und Rationalisierungsprozesses. Während der Großteil ihrer männlichen Kollegen zu qualifizierten Sachbearbeitern aufstieg, sind die Frauen in den »Unterbau von mechanisierten Arbeitsplätzen ... eingerückt« (*Braun/Fuhrmann*, S. 31). Als Facharbeiterinnen sind nur 6 % der Frauen tätig (Männer 57 %), als angelernte Arbeiterinnen 49 % (Männer 32 %) und als ungelernte Arbeiterinnen 45 % (Männer 11 %). Frauen arbeiten damit vorwiegend in den unteren Leistungsgruppen der Gesellschaft (*Huffschmidt*, S. 35).

Entsprechend »besteht die *Lohn*diskriminierung der Frauen« (IMSF, S. 519) weiter. Wiewohl die Frauen mehr als ein Drittel der lohnabhängigen Bevölkerung repräsentieren, erhalten sie nicht einmal ein Viertel der gesamten Bruttolohn- und Gehaltssumme. Einzig die Beamtinnen (Richterinnen, Lehrerinnen) können einem Vergleich mit ihrem männlichen Kollegen knapp standhalten. Für diese kleine Gruppe weiblicher Erwerbstätiger (ca. 2,5 %) entspricht auch die *Qualifikation* jener der männlichen Schaffenden. Ansonsten hat die dominierende Mehrheit der Frauen die schlechtere *Ausbildung* und Qualifikation als die Männer. Rund 60 % der arbeitenden Frauen üben Tätigkeiten aus, die keine Ausbildung oder allenfalls eine kurze Einarbeitungszeit verlangen. Nach wie vor »sinkt der Anteil der weiblichen Auszubildenden mit dem höheren Schultyp« und entpuppen sich die besseren Ausbildungsmöglichkeiten an Berufsfach-, Fach-, Fachhoch- und pädagogischen Schulen als Konzentration auf sog. weibliche Berufe, d. h. pädagogische, sozialpflegerische, Handels- und Verwaltungstätigkeiten (*Umbreit*, S. 73). Besonders schlecht sind die Chancen für Mädchen aus Arbeiterfamilien: »Keine soziale Gruppe in der Bundesrepublik hat so wenig Aussicht, eine dem Begabungspotential entsprechende Bildung und Ausbildung zu erhalten wie die Töchter von Arbeitern« (*Pross*, S. 56).

Die schlechten Ausbildungs- und Arbeitsbedingungen der Frauen wirken auf deren *Arbeitsbewußtsein* zurück: die meisten von ihnen sehen ihre Berufstätigkeit auf Zeit, haben keine oder nur geringe Aufstiegsmotivationen, geringe Mobilitätsneigungen und betonen den Wert des privaten Bereichs (*Neubauer*, S. 121); es fehlt ihnen an Selbstvertrauen, fachlicher Sicherheit und Aufstiegswillen (*Umbreit*, S. 81). Solches ist nicht zuletzt ein Resultat geschlechtsspezifischer Sozialisation, die in Familie, Schule, Massenmedien und Beruf noch immer ein weithin stereotypes Frauenbild vermittelt, das auf Passivität, Emotionalität, Unterordnung, Hausfrauentätigkeit u. a. (*Pross*, S. 40 f.) tendiert. Derartige Sozialisation ergänzt und unterstützt die sozio-ökonomische Diskriminierung der Frauen und bewirkt, daß letztere z. T. die ihnen in der »Gesellschaft entgegengebrachte Verachtung« (*Umbreit*, S. 81) selber akzeptieren.

6.1.7. Die Industriearbeiter [7]

Das *Verhältnis* der Arbeiterschaft *zu den Produktionsmitteln* ist durch Lohnarbeit charakterisiert. Mehr noch als alle anderen lohnabhängigen Gruppierungen ist der Arbeiter dabei der Entwicklung der Kapitalseite ausgesetzt, deren technologische, unternehmenspolitische oder auf die allgemeine ökonomische Lage antwortende Veränderungen er als erster zu spüren bekommt. Wenn auch Arbeitslosigkeit in der Geschichte der BRD bisher nur Ende der vierziger Jahre und während der Rezessionsperioden von 1966/67 und 1974/75 bedeutsam wurde, sind Labilität und Unsicherheit doch strukturierende Kennzeichen der *sozio-ökonomischen Position* des Arbeiters in der bestehenden Gesellschaft geblieben. Solches verdeutlicht sich insbesondere am Schicksal der älteren Arbeiter, die die Hälfte der Arbeitslosen ausmachen und je nur sehr schwer wieder einen neuen Arbeitsplatz erhalten, und überdies an jenen 3 Millionen Industriearbeitern, die seit 1960 Opfer von Rationalisierungsmaßnahmen wurden (*Osterland* u. a., S. 43 ff.).
An solch grundsätzlicher materieller Gefährdung ändert auch der Tatbestand wenig, daß sich die *Einkommens*entwicklung der Arbeiter seit 1950 ständig verbessert hat. 1970 betrug der durchschnittliche Bruttomonatslohn eines Facharbeiters der Leistungsgruppe I DM 1348,– (1951: DM 360,–), eines angelernten Arbeiters der Leistungsgruppe II DM 1209,– (1951: DM 334,–) und eines Hilfsarbeiters der Leistungsgruppe III DM 1079,– (1951: DM 282,–) (IMSF, S. 199).
Betrachtet man die Einkommensentwicklung genauer (*Osterland* u. a., S. 114 ff.) und differenziert nach Lohnformen, tarifmäßigen Altersstufen, geschlechtsspezifischen Lohnmerkmalen, Industriezweigen und -branchen, Bundesländern u. a., so ergeben sich z. T. Unterschiede von so gravierendem Ausmaße, daß daraus auch verschiedenartige Reproduktionsmöglichkeiten und soziale Positionen der Arbeiter entstehen. Das Durchschnittseinkommen der Arbeiter im Jahre 1970 betrug DM 11 768,–, das durchschnittliche Monatseinkommen bei einem Haus-

haltsangehörigen: DM 957,–, bei zwei: DM 1267,–, bei drei: DM 1474,– (pro Kopf DM 491,–), bei vier: DM 1679,– (pro Kopf DM 420,–), bei fünf: DM 2002,– (pro Kopf DM 400,–), bei sechs: DM 2347,– (pro Kopf DM 391,–). Insbesondere in den größeren Arbeiterfamilien verlangt das niedrige Pro-Kopf-Einkommen die *Erwerbstätigkeit von Familienmitgliedern.* Das bedeutet für die meisten Arbeiterkinder die frühzeitige Berufstätigkeit und für ein Drittel der Arbeiterfrauen eine Miterwerbsnotwendigkeit (*Osterland* u. a., S. 191 ff.).

Die *Spar-* und *Vermögensbildung* der Arbeiterfamilien ist gering. Un- und angelernte Arbeiter mit niedrigem Einkommen haben weitaus geringe Sparquoten oder gar keine Ersparnisse (21 %) als Facharbeiter mit höheren Löhnen. Kleinere und mittlere Sparguthaben bis DM 3000,– dienen dabei als Rücklage für Notfälle, größere Sparbeträge zur Anschaffung von Konsumgütern. Nicht nur bei der Sparfähigkeit, sondern auch beim Abschluß von Versicherungssummen, Bausparverträgen u. a. und beim Besitz von kleineren Wertpapieren sind die Arbeiter im Vergleich zu Angestellten oder mittleren Beamten deutlich unterprivilegiert (*Osterland* u. a., S. 143 ff.). Diese ökonomische Konkurrenzunfähigkeit bedingt, verstärkt durch andere Fakten, einen niedrigen gesellschaftlichen Status der Arbeiterschaft in *sozialer Fremdbewertung* und ein *Selbstbild,* das häufig von Unsicherheit, Minderwertigkeitsgefühlen, Frustration und Resignation gekennzeichnet ist.

Die *soziale Herkunft* der Arbeiterschaft bestimmt sich durch die hohe Selbstrekrutierungsrate. Die Berufsvererbung ist beinahe total; nur eine kleine Minderheit von knapp 10 % der Arbeitersöhne wird nicht wieder Arbeiter (IMSF, S. 204 ff.). Trotz des großen Bevölkerungsanteils der Arbeiterschaft sind Arbeiterkinder in den weiterführenden Schulen unterrepräsentiert; immer noch schließen ca. 80 % der Arbeiterkinder ihren Schulbesuch mit der Volksschule ab (*Osterland* u. a., S. 217 ff.). Die besten Chancen, auch auf weiterführende Schulen zu gehen, haben die Kinder von Arbeitern mit steigender Qualifikation; so ist der Anteil von Facharbeiterkindern, die Real- und Hochschulen besuchen, am weitaus höchsten von allen Gruppierungen der Arbeiterschaft. Kinder von hochqualifizierten Arbeitervätern haben in ihrem Elternhaus auch die wenigsten Hindernisse zu überwinden, um zu schulischem Erfolg zu kommen, während die Kinder unqualifizierter Arbeiter oft in einem schul- und lernfeindlichen Klima aufwachsen (*Destray,* S. 26 ff.).

Für diese Kinder ergeben sich auch nur geringe Möglichkeiten, sich beruflich zu qualifizieren (IMSF, S. 185 ff.). »In der Regel erwerben sie entweder als Lehr- bzw. Anlernling oder an einer berufsbildenden Schule berufliche Qualifikationen, oder sie treten ohne Berufsbildung direkt ins Erwerbsleben« (*Osterland* u. a., S. 223). Die theoretische *Ausbildung* in der Berufsschule ist dabei zumeist ebenso mängelvoll wie die praktische im Betrieb (*Osterland* u. a., S. 223 ff.). Die Berufswahl erfolgt überdies oft nur zufällig, da sie vom lokalen oder regionalen Arbeitsplatzangebot oder vom Willen der Eltern für ihre minderjährigen Kinder abhängt (*Rainville*, S. 36 ff.).

Dem *sozialen Tätigkeitsbereich* ist aufgrund des technischen Fortschritts eine grundsätzliche Verbesserung der Arbeitsbedingungen prophezeit worden. Solches hat sich bislang nur partiell bestätigt. Einzig Teilgruppen der Industriearbeiter ist durch die Automatisierung eine qualifizierte Arbeit zugewiesen worden (*Kern/Schumann*, S. 218). Gut 50 % der Lohnabhängigen in der Industriearbeit üben nach wie vor »restriktive und qualitativ anspruchslose Tätigkeiten aus« (*Bahrdt* u. a., S. 103). Noch immer sind die *Arbeitsbedingungen* in den meisten Fällen schlecht; sie bewirken nicht nur Erschöpfung und Müdigkeit, sondern auch temporäre Schmerzen und ständige gesundheitliche Schäden (*Wald*, S. 10 ff.). Die Arbeitsplatzbelastung ist in nahezu allen Fällen von Industriearbeit groß; ein Drittel der Industriearbeiter leistet Schwerarbeit, »teilweise mit erheblicher Überlastungstendenz«. Körperlich leichtere Arbeit bedeutet dagegen fast immer eine übergroße Nervenbelastung (*Osterland* u. a., S. 72 ff.). Auch die Häufigkeit von Unfällen, Krankheiten und Invalidität in der Industriearbeiterschaft übertrifft jene aller anderen Berufskreise (*Osterland*, Angleichung . . ., S. 203 ff.). Hinzu kommt die Belastung der Industriearbeiter durch Schichtarbeit, die den ganzen Lebensrhythmus durcheinander bringt (*Wald*, S. 11 f.) und die – wie auch die Nachtarbeit – in den letzten Jahren noch zugenommen hat (*Osterland* u. a., S. 79 ff.).

Die Betriebsstruktur zeigt sich für die Industriearbeiter autoritär, bestimmt »durch einen fest umrissenen und eingeschränkten Bewegungsspielraum« (*Negt/Kluge*, S. 61) und oft durch eine geradezu »militärische Disziplin und Hierarchie . . ., die von den Arbeitnehmern zugleich bedingungslosen Gehorsam und aktive Beteiligung an ihrer eigenen Unterdrückung verlangen« (*Gorz*, S. 49).

Dieses allgemeine Bild differenziert sich jedoch durch die *Tätigkeit* in verschiedenen *Arbeitstypen*. Bei ihrer Tätigkeit sind beispielsweise die Arbeiter am Fließband einem viel stärkeren Kontrolldruck ausgesetzt als Instandhaltungsarbeiter. Solche für den Arbeiter wesentlichen Unterschiede haben *Kern/Schumann* in ihrer Studie über die verschiedenen Typen von Industriearbeit bezeichnet (S. 70 ff.; *Bahrdt* u. a.,

S. 15 ff.): Die handwerklichen Arbeiten in der Industrie (z. B. Dreher) bedeuten qualifizierte Tätigkeit; sie verleihen dem Facharbeiter die Autonomie, seine Produktion eigenhändig vorzubereiten, zu durchdenken, aufzubauen und durchzuführen. Der Spielraum des handwerklichen Arbeiters ist relativ groß; er kann Arbeitstechniken, -rhythmus und -geschwindigkeit selbst bestimmen. Die einfachen Handarbeiter (z. B. Schweißer, Packer) verfügen ebenfalls über gewisse Dispositionschancen, aber über nur geringe Qualifikationen. Ihre Arbeit ist im Gegensatz zu jener des handwerklich Produzierenden uninteressant und stereotyp. Gleiches gilt für die Bandarbeit und jene montierender, sortierender und verpackender Art.

Nicht wesentlich anders in ihren Folgen für den Arbeiter präsentiert sich die Maschinenbedienung. »Bei laufender Produktion liegt der Handlungsschwerpunkt des Maschinenbedienens darauf, vor Beginn eines jeden Produktionszyklus das Werkstück in die Maschine einzulegen und nach Abschluß des Fertigungsprozesses das Produkt wieder abzunehmen« (*Kern/Schumann* S. 81). Es handelt sich also um einfachste manuelle Verrichtungen, deren Rhythmus von der Maschine vorgegeben wird und für deren Handhabung bei einer gewissen Grundkenntnis der zu bedienenden Apparatur keine Qualifikation nötig erscheint. Ähnliches gilt für die konventionellen Automationsarbeiten (z. B. Anlagenkontrolleure), die aber zumindest den Arbeiter nicht physisch an einen beengten Arbeitsplatz binden, sondern eine gewisse Mobilität erlauben.

Entfaltungsmöglichkeiten für den Schaffenden bieten hingegen die Steuer- und Führungsarbeiten in der mechanisierten Produktion (Kranführer, Walzer), die die schnelle und qualifizierte Anpassung an immer wechselnde Produktionsbedingungen verlangen. Die Regulierungs-, Führungs-, Umstell-, Schaltarbeiten u. a. dieser Schaffenden gewähren hohe Dispositionschancen, Spielraum für die individuelle Gestaltung der Arbeit und Kontrollfunktionen; sie verlangen präzise Kenntnisse der zu bedienenden Apparaturen, Initiative, Überblick, technische Sensibilität, Verantwortung und setzen damit Qualifikation voraus. Diese Eigenschaften verlangt auch die Meßwartentätigkeit, die »vor allem an automatisierten Großanlagen der Schwer- und Petrochemie« zu finden ist. »Hier laufen komplexe chemische Umwandlungsvorgänge ab, die automatisch überwacht und gesteuert werden ... Hinzu kommen automatische Korrektureinrichtungen« (*Bahrdt* u. a., S. 77). Die Kontroll- und Regulierungstätigkeit der Meßwartenarbeiter erlaubt eine freizügige Arbeitsausführung, die Überblick und Kenntnis des Produktionsablaufes bedingt. Die Möglichkeit, sich räumlich ungebunden zu bewegen, ist ebenso groß wie die Arbeitsbelastung gering ist. Allerdings ist »die Vorstellung, der Mann vor den Schalttafeln der Meßwarte sei fast eine Art Ingenieur, ... gewiß eine Fabel. Gerade an automatisierten Großanlagen bleibt die Grundplanung des Produktionsprozesses weitgehend der Betriebsleitung überlassen« (*Bahrdt* u. a., S. 88).

Die qualitative Verschiedenheit der geschilderten Verrichtungen drückt sich auch in den *Interaktionen* der Arbeiter aus. Innerhalb der grundsätzlich autoritären Grenzen, die der Herrschaftscharakter des Betriebes setzt, haben die Bandarbeiter und Maschinenbediener kaum Kontakte und Kommunikationsmöglichkeiten mit ihren Kollegen, die Steuer- und Schaltarbeiter geringfügige und die Handarbeiter wie auch die Apparatebediener gute Möglichkeiten, sich zu unterhalten. Die Anlagenkontrolleure und Meßwartenarbeiter begegnen sogar kaum Hindernissen, um zu kommunizieren. Solche Bedingungen wirken auf die *Einstellung* der Industrieschaffenden *zur Arbeit*. Demgemäß zeigt sich die Arbeitszufriedenheit bei den Meßwartenarbeitern, den handwerklich Tätigen, den Steuer-, Führungs- und qualifizierten Automationsarbeitern am größten, bei den Bandarbeitern und Automatenkontrolleuren aber am geringsten (*Kern/Schumann*, S. 183 ff.).

Arbeiter leben vor allem in *Wohngebieten*, die von sozio-ökonomisch schwächeren Bevölkerungsgruppen frequentiert werden. Typische Arbeitersiedlungen zeigen sich noch immer unterprivilegiert: »Die Umgebung dagegen präsentiert sich nicht allzu freundlich. Das gilt zunächst einmal wörtlich. Nach dem Flecken zu wird die Siedlung im Südwesten begrenzt durch einen Streifen Schrebergärten und Brachland, nach der nordöstlichen Seite versperrt der hohe Straßendamm, der auf die Brücke über den Fluß führt, die Aussicht. Im Westen fällt der Blick auf Baugruben, halbhohe und schon in Betrieb genommene Fabrikhallen mit dem Bahndamm dahinter, nach Osten schneidet die ganze Silhouette der Fabrikanlagen im Hafen mit hohen Schornsteinen und schweren Rauchwolken darüber den Horizont ab. Die Siedlung liegt abgesondert und eingeschlossen wie eine Insel in dem teils unfertigen, teils verunstalteten und verwilderten Gelände. Aber auch im übertragenen Sinne erweckt sie den Eindruck, isoliert zu sein in einer recht unwirtlichen Umgebung. Die Siedlung ist bis heute ein Anghängsel an den Flecken« (*Wald*, S. 32). Die Infrastruktur in den Arbeitersiedlungen hält keinen Vergleich mit den bevorzugten Wohngebieten aus (*Osterland* u. a., S. 184 ff.). So gibt es z. B. in Arbeiterquartieren weniger Kindergärten und weiterführende Schulen als in bürgerlichen Vierteln. Arbeiter verfügen zu einem Drittel über Haus- und Wohnungsbesitz, der allerdings im Gegensatz zu jenen der Angestellten oder Beamten zumeist in kleinen Gemeinden liegt (*Wald*, S. 44). In der Mehrheit der Fälle wurde das eigene Haus in Freizeitarbeit mühselig erstellt (*Osterland* u. a., S. 169 ff.). Generell wohnen Arbeiter unterrepräsentiert in geräumigen und schönen Wohnungen, aber überrepräsentiert in zu kargen und einfach ausgestatteten Räumen. *Wohn-* und *Einrichtungssituation* haben sich jedoch im Vergleich mit früheren Zeiten bei den Arbeitern entschieden verbessert. *Wald* konnte in ihrer Studie nur noch wenige Wohnungen ausmachen, die »so dürftig eingerichtet« waren, daß alle Annehmlichkeit, zum Teil auch das Notwendige darin fehlte« (S. 41). Generell zeigen sich Arbeiterwohnungen heute von einem kleinbürgerlichen Zuschnitt. »Das Wohnzimmer war ... das Schmuckstück ... Gewöhnlich stand ein sogenannter kombinierter niedriger Schrank darin, eine Polstermöbelgruppe mit ein paar Sesseln oder einer Couch um den Fernsehapparat und die Musiktruhe, öfter auch ein zweiter kleiner Tisch oder ein Beisatzschrank mit Glasschiebetüren. Ein Haargarnteppich gehörte dazu, Stores und Seidendamastvorhänge, manchmal ein Gummibaum oder eine Stehlampe, eine Anzahl Bücher in Halbleder mit Goldschnitt, etwas aus Kristall oder eine Wachsrose im versilberten Halter im gläsernen Schaukasten, statt der bedruckten teilweise eine halbleinene oder handgewebte Decke auf dem Tisch ... Die Geschmacksmuster schienen in bezug auf die Einrichtung am durchgängisten nach Schema geprägt. Selbst solche persönlichen Abwandlungen in der Gestaltung wie ein Blumenfenster, eine asymmetrische Raumaufteilung oder besonderes Zubehör kamen selten vor. Das Reklamebild, das die Versandhauskataloge und die Warenhäuser, vor allem auch die Möbelgroßlager entworfen hatten von einem Stil, wie ›man‹ – der unbestimmte Jedermann einer unbestimmbaren Mittelschicht – wohnt, war maßgeblich« (*Wald*, S. 40).

In *Lebenshaltung* und *Konsumniveau* hat sich die Arbeiterschaft den Angestellten genähert. Arbeiter geben indessen mehr Geld für Nahrungs- und Genußmittel, Kleidung und Schuhe, Haushaltsführung u. a. aus und weniger für Wohnungsmieten, Verkehr und Nachrichtenübermittlung, Bildung, Unterhaltung und persönliche Ausstattung (*Osterland*, u. a., S. 138 ff.). Bei Konsumgütern rangieren die Arbeiter nur im Besitz von Fernsehapparaten vor den Angestellten, ansonsten (PKW, Telefon, Nähmaschine u. a.) eher deutlich dahinter. Hinzu kommt, daß die Arbeiter die Angleichung des Konsumniveaus an andere soziale Gruppierungen in sehr vielen Fällen nur durch Überstunden, Nebenarbeit oder die Miterwerbstätigkeit von Familienmitgliedern realisieren können (*Rainville*, S. 128 ff.).

Die *Freizeitgewohnheiten* der Industriearbeiter hängen vom Belastungsgrad ihrer Tätigkeit ab. Entsprechend schwerer, weniger schwerer oder leichter Arbeit nimmt der einfach regenerative Teil der Freizeit einen größeren oder kleineren Umfang ein (*Osterland* u. a., S. 227 ff.), d. h. Ausruhen, Schlafen, Nichtstun. Durchschnittlich benutzt der Arbeiter 60 % seiner arbeitsfreien Zeit zur Regeneration, 20 % für die Verbesserung des Lebensunterhalts (Nebenerwerb, Haushaltsarbeit) und 20 % für die eigentliche Freizeit. Während letzterer erscheint der Medienkonsum bedeutsam (*Osterland* u. a., S. 236), wobei das Schwergewicht auf Unterhaltungssendungen (Volksstücke, Bunte Abende u. a.) liegt (*Wald*, S. 114). »Ganz allgemein verbrachten die Verheirateten die Mußezeit weitgehend in den ›eigenen vier Wänden‹ – den Garten eingeschlossen. Die Bestätigung liefert eine Übersicht über die immer wieder genannten Freizeitbeschäftigungen – sich unterhalten, lesen, Radio hören und fernsehen, spielen, in Garten und Haus hantieren und basteln – und über die Geselligkeitsformen, in denen die enge Verflochtenheit mit der Familie hervortritt – ›sich mit der Familie beschäftigen‹ wurde von einer ganzen Reihe als regelrechte Freizeitaufgabe genannt. Aus dem Inhalt der Gespräche bzw. nach den unmittelbaren Aussagen ließ sich feststellen, daß 55,8 % der verheirateten Befragten ihre Freizeit überwiegend zu Hause und 78,9 Prozent überwiegend mit der Familie zusammen – der Frau, den Kindern oder allen Angehörigen – verlebten. Dabei wurde die ›Gemütlichkeit zu Hause‹ als solche, auf die besonders im Zusammenhang mit der Sonntagsverbingung gern und ausdrücklich die Rede kam, die häusliche Geborgenheit als wesentlicher Bestandteil der Muße empfunden« (*Wald* S. 54).

Damit ist schon einiges über die *Sozialbeziehungen* der Industriearbeiter ausgesagt, die vom Familienleben dominiert werden (*Rainville*, S. 156 ff.). In der Bedeutungsreihe nach der Kernfamilie folgen die Kontakte zur erweiterten Familie und jene zur Nachbarschaft (*Bolte* u. a., S. 340), wobei neben dem Besuchsverkehr auch die gegenseitigen Hilfeleistungen einen wichtigen Platz einnehmen (*Rainville*, S. 164). Dagegen kontaktieren die Industriearbeiter in der Freizeit ihre Arbeitskollegen nur selten, da die meisten nicht gern in ihren arbeitsfreien Stunden noch an den Betrieb erinnert werden wollen (*Wald*, S. S. 27).

In der Kernfamilie beschäftigen sich die Väter in besonderem Maße mit ihren Kindern (*Wald*, S. 59 ff.). »Was den Umgang mit den Kindern selbst betraf, so wurde die von den Männern immer wiederholte Versicherung, daß man sich ›gern‹ mit den Kindern ›abgebe‹ oder daß ›ein

Familienvater ständig was mit den Kindern zu tun habe‹ in den besuchten Familien mehrfach von den Frauen ausdrücklich bestätigt und bekräftigt. Zunächst einmal hatten Väter in Vertretung der Mütter die Kinder zeitweilig mit zu versorgen; sie stellten, wenn die Mutter berufstätig war, etwa Frühstück und Abendbrot auf den Tisch, zogen die Kinder an oder brachten sie ins Bett. Mit Schularbeiten sich zu befassen, wurde zu den Pflichtaufgaben gerechnet; die Väter, die es nicht taten, entschuldigten sich damit, daß ihnen die neuen Unterrichtsmethoden unbekannt seien oder daß ›heute so viel verlangt‹ werde (durchweg, auch bei den Befragten in den Leitinterviews herrschte die Ansicht, daß in der Volksschule mehr gelehrt werde als früher). Die Beschäftigung mit den Kindern in der freien Zeit hatte bei weitem den Vorrang« (*Wald*, S. 63).
In den Beziehungen der Ehepartner zueinander wurde »der ausschließliche Anspruch jedes Partners auf die Person des anderen anerkannt« (*Wald*, S. 59). Daß Männer aus der Arbeiterschaft besonders autoritär oder patriarchalisch seien, wie immer wieder behauptet wird, läßt sich mit den vorliegenden empirischen Arbeiten nicht bestätigen. Der Umstand, daß sich das Familienleben in Arbeiterfamilien weitgehend am Manne ausrichtet, ist nicht mit einer dominanten männlichen Rolle im Arbeitermilieu zu erklären, sondern mit dem von der Industrietätigkeit bestimmten Lebens- und Regenerationsrhythmus des Mannes.
Die *Einstellung zur Gesellschaft* differenziert merklich nach Arbeitstypen. Beispielsweise die Entwicklung der Industriearbeit (*Kern/Schumann*, S. 256 ff.) wird von den Automatenkontrolleuren viel negativer, von den Meßwartenarbeitern viel positiver eingeschätzt. Auch die Aussichten über die Auswirkungen der technischen Veränderungen auf die gesellschaftliche Lage der Arbeiter richten sich nach Arbeitstyp und Arbeitsplatzbeschaffenheit. Wiederum neigen die Automatenkontrolleure und die Bandarbeiter zu pessimistischen Urteilen, die qualifizierten Automationsarbeiter und die Meßwartenarbeiter zu optimistischen. Die Schaffenden mit restriktiven Aufgaben rechnen überdies deutlich mit einer andauernden oder gar sich verstärkenden Unterprivilegierung der Arbeiterschaft. »Aufgrund ihrer Arbeitserfahrung tendieren also beide Gruppen, die Automatenkontrolleure wie die repetitiven Teilarbeiter (Bandarbeiter, d. V.), sehr viel eher als Befragte der übrigen Arbeitsgruppen zu einer pessimistischen Entwicklungsperspektive, zu einer Haltung, die für die Arbeiterschaft einen Bedeutungsverlust in der Arbeit und auch in der Gesellschaft insgesamt erwartet« (*Kern/Schumann*, S. 260). Umgekehrt erwarten die Gruppierungen mit posi-

tiven Arbeitserfahrungen weitere Verbesserungen in ihren Arbeits- und Lebensverhältnissen.

Generell gilt für die Einstellung der Arbeiterschaft zur Gesellschaft, daß etwa zwei Drittel der Industrietätigen mit einer positiven Veränderung ihrer sozialen Lage rechnen (*M. Schumann* u. a., S. 50). Die materielle, qualifikatorische und partiell arbeitsplatzmäßige Besserstellung der Arbeiter seit 1950 bildet dabei den Erfahrungshintergrund für die Annahme einer weiteren günstigen Entwicklung. »Die Mehrzahl der Arbeiter stellt mit der erhofften Besserstellung die traditionellen Relationen der Verteilung des Sozialprodukts nicht in Frage. Ihre Erwartungen zielen systemkonform auf eine Beteiligung am Wachstum des gesellschaftlichen Reichtums, ihre Ansprüche orientieren sich nur im Ausnahmefall an dessen Umverteilung. Die Forderung nach größerer sozialer Gerechtigkeit wird nicht geltend gemacht; auch die positive Erwartung hält sich bescheiden in den herkömmlichen, abgesteckten Grenzen« (*M. Schumann* u. a., S. 51).

Damit zielen die positiven Erwartungen zu einem großen Teil auf die Verbesserung der Lebensverhältnisse außerhalb des Arbeitsplatzes ab, die durch höheres Einkommen und folglich günstigere Konsumbedingungen realisiert werden soll (*Goldthorpe* u. a., S. 144). »Die Konsumsphäre wird zu einem wichtigen Bezugspunkt: sie gewinnt zunehmend Einfluß auf das Bewußtsein und statuiert neue Bewertungskriterien ... Auch außerhalb der Arbeit gilt Selbstbestätigung als möglich – die Arbeit selbst erscheint stärker als bloßes Mittel zur Reproduktion und Befriedigung von Konsumentenwünschen.« (*Kern/Schumann*, S. 26). Eine solche Tendenz ist freilich eher als resignative Antwort auf autoritäre Arbeitsbedingungen zu verstehen, denn als positive Hinwendung zur bestehenden Gesellschaft. Zu zwei Dritteln sehen sich die Industriearbeiter unter den gegebenen Verhältnissen nämlich noch immer unterprivilegiert (*M. Schumann* u. a., S. 54 ff.). Die sozio-ökonomische Benachteiligung und die grundsätzliche Unsicherheit ihrer Lage sind trotz aller materiellen Besserstellung Bestandteile des kollektiven Arbeiterbewußtseins geblieben (*Kern/Schumann* S. 276). »Die Einsicht in die gesellschaftliche Unterprivilegierung wird aber von den Arbeitern nicht umgesetzt in eine Haltung des Widerstandes und der Aktion zur Beseitigung dieses Zustandes: Die sozialen Anpassungsmechanismen sind keineswegs spurlos an ihnen abgeglitten. Die Arbeiter haben sich gleichsam im Zustand der Ungleichheit eingerichtet, finden sich mit ihm ab. Der Versuch vieler Arbeiter, besonders außerhalb der Arbeit in der Sphäre des Konsums, ihre Identität als Arbeiter zu verdecken, sich in der Gesellschaft zu assimilieren, ist nur Zeichen einer

Bemühung zum Arrangement auf der Basis der Unterprivilegierung« (*M. Schumann* u. a., S. 71). Verändert sich allerdings der Status quo materiell zum Schlechten, reagiert der Arbeiter dezidiert unzufrieden und bildet Verhaltensdispositionen »für Kampfaktionen« (*M. Schumann* u. a., S. 75). Auch Streiks werden indessen bis heute primär durchgeführt, um zu erzwingen, was der Arbeiterschaft in deren Verständnis materiell zusteht, und nicht etwa, um die bestehende Gesellschaft zu überwinden.

Während sich die Arbeiter sozio-ökonomisch benachteiligt fühlen, ist das in ihrem *Verhältnis zur Politik* offenbar nicht der Fall. »Die formale Gleichheit, die die parlamentarisch-demokratische Staatsverfassung garantiert, wird nicht problematisiert, die tatsächliche Verteilung der politischen Einflußchancen bleibt undiskutiert. Die dem Arbeiter selbst als besonders relevant erscheinenden Probleme seiner gesellschaftlichen Existenz liegen weniger in der Rolle als Staatsbürger als in seiner spezifischen Arbeitnehmersituation – wobei gerade die Tatsache, daß von den Arbeitern diese vordergründige und formalistische Rollentrennung weitgehend übernommen wird, als wichtige Komponente ihres gesellschaftlichen Selbstverständnis' interpretiert werden muß« (*M. Schumann* u. a., S. 55). Dementsprechend zeigt sich der politische Organisationsgrad der Arbeiterschaft minim, der gewerkschaftliche aber groß (*Osterland* u. a., S. 262 f.). Interesse für Politik scheint in vielen Fällen geradezu ein Anzeichen dafür zu sein, daß der betreffende Arbeiter der bestehenden Gesellschaft positiv gegenübersteht (*Kern/Schumann*, S. 272).

Werte und Normen des Industriearbeiters entsprechen seiner Arbeitssituation weithin. Individualität wird wenig betont (*R. Wald*, S. 126), umgekehrt erscheint Solidarität hauptsächlich als Notwendigkeit arbeitsmäßiger Kooperation. Zu den »zentralen Lebenswerten« (*R. Wald*, S. 130) gehören die Arbeit und – gewissermaßen als Kompensationsfunktion – die Familie. Im sozialen Tätigkeitsbereich betonen die Industriearbeiter ihr Leistungsbewußtsein (*Bolte* u. a., S. 305), wobei dieses primär offenbar als »Fleiß, Pünktlichkeit und Zuverlässigkeit« verstanden wird. »So werden die Aktivität ausdrückenden Begriffe (Leistung, Können; d. V.) uminterpretiert in wiederum passives Wohlverhalten; sie werden für die restringierte Situation des Arbeiters passend gemacht« (*H. Ortmann*, S. 51).

Die *Perspektive* der Industriearbeiterschaft tendiert, wie erwähnt, auf die sukzessive Verbesserung der sozialen Lage, in der die Arbeiterschaft sich befindet. Die individuellen Aspirationen zeigen sich nicht allzu groß. »Die Gesellschaft sieht folgendermaßen aus: Es ist eine Leiter.

Der Arbeiter kann sich daran hinaufziehen: Er fängt als Arbeiter an und hört als Meister auf. Damit ist's zu Ende. Also gibt es eine Leiter am Anfang und eine Trennwand danach . . .« (*Destray*, S. 92). Primäre Hoffnung des Arbeiters scheint es zu sein, der materiellen Unsicherheit zu entgehen (*Gavi*, S. 8 ff.). Zukunftserwartungen setzt er oft in seine Kinder; die Ausgaben für deren Ausbildung betrachtet er als »Investition« (*Rainville*, S. 70).

6.1.8. Deklassierte und sozial Verachtete: Beispiel der Obdachlosen [8]

Zu dieser Gruppierung der Deklassierten und sozial Verachteten zählen Obdachlose und Nichtseßhafte, Gelegenheitsarbeiter, Süchtige, Prostituierte, Kriminelle und Strafgefangene (IMSF, S. 461 f.). Das gemeinsame Charakteristikum ihrer *sozio-ökonomischen Position* besteht darin, daß sie allesamt zumindest temporär aus dem Produktionsprozeß der Gesellschaft herausgefallen und die Adressaten allgemeiner Verachtung geworden sind. Generell befinden sich die Deklassierten in Not – wenn nicht in materieller wie etwa die finanziell Bessergestellten der Prostituiertenschaft, so doch in psycho-sozialer.

Am deutlichsten kumuliert sich das Elend dieser Menschen in den Ghettos der Obdachlosen am Rande der Großstädte. Das *Einkommen* der Obdachlosen ist gering. Insofern es überhaupt noch aus mehr oder minder regelmäßiger Arbeit resultiert, sind die obdachlosen Männer hauptsächlich als Hilfsarbeiter und ungelernte Arbeiter, die obdachlosen Frauen als Hilfsarbeiterinnen und Putzpersonal beschäftigt (*Hess/Mechler*, S. 49). Das monatliche Durchschnittseinkommen pro Person im süddeutschen Ghetto der Untersuchung von *Hess/Mechler* liegt bei DM 227,–, der Marburger Studie von *Iben* bei DM 100,– monatlich. Die Mehrzahl der Obdachlosen ist auf Sozialhilfe angewiesen.

Ihre miserable sozio-ökonomische Position, die vorrangig mit Armut und Isolierung umschrieben werden kann, läßt die Obdachlosen in der *sozialen Fremdbewertung* zum Objekt der Verachtung und zum Sündenbock werden. Dies und ihre materielle Lage bestimmen das *Selbstbild* der Deklassierten: »Die Menschen fühlen sich konkurrenzunfähig und wehrlos. Sie ergeben sich in die Rolle von Entwerteten. Sie stellen sich ferner dar als ungesellig, verschlossen, ausdrucksgehemmt, beeinträchtigt im sexuellen Bereich, mißtrauisch, einsam und depressiv. Diese statistisch gesicherten Merkmale besagen: Der sozial Schwache ist im Mittel psychisch gestört. Er ist unfähig, seine Impulse zu entfalten. Er erlebt sich als mißachtet. Aber das nimmt er widerstandslos hin und quittiert seinen sozialen Mißerfolg nicht einmal mit Protest, sondern lediglich mit depressiver Resignation« (*H. E. Richter*, S. 197). Die *Herkunft* der Obdachlosen läßt sich auf die sozial niedrigsten Schichten der Arbeiterklasse fixieren. Die Gründe für ihre Ansiedlung im Ghetto liegen im schlechten baulichen Zustand ihrer ehemaligen Wohnungen, in deren Abriß, in Kündigung der Wohnung, Mietschulden oder Anwachsen der Familie (*Hess/Mechler*, S. 34 ff.). »Die meisten derjenigen, die schon als geschlossener Haushalt zuzogen, waren gezwungen, sich mit einer billigen Unterkunft hier draußen abzufinden, als sie bei der Gründung ihrer Familie oder bei wachsender Kinderzahl nicht die Mittel besaßen, sich eine bessere Wohnung zu suchen« (*Hess/Mechler*, S. 36).

Dies gibt Hinweise auf Schuldfrage und Eigenschuld der Obdachlosen an ihrer Lage. Angesichts des Tatbestands, daß die Rentabilitäts- und Profitgesetze des Wohnungsmarktes die meisten Menschen in die Ghettos gezwungen haben, wird man kaum den Obdachlosen die Verantwortung für ihre objektive Situation aufbürden können. Sogar offizielle Verlautbarungen wie z. B. die Obdachlosenstatistik des Landes Nordrhein-Westfalen bezeichnen denn auch nahezu zwei Drittel der Ghettobewohner als schuldlos an ihrer Lage (*Iben*, S. 135). Ein großer Prozentsatz der Obdachlosen ist überdies im Ghetto geboren und aufgewachsen. So stellten *Hess/Mechler* in ihrer Untersuchung fest: »Nur 113 von 393 Personen sind ... als Erwachsene zugezogen. Das sind 28,8 % der heute dort lebenden Personen. 71,2 % hingegen, also weit mehr als zwei Drittel, sind hier geboren oder als Kinder oder Jugendliche mit ihren Eltern zugezogen« (S. 37). Das bedeutet, daß ein hoher Anteil der Obdachlosen längere Zeit, oft ein ganzes Leben und das nicht selten sogar in Generationenfolge, im Ghetto verbringen muß. Für die Heranwachsenden bedingt das ungünstigste Sozialisationsbedingungen. Die »Entwicklung des Kindes ist durch die oft unzureichenden Ernährungsbedingungen und durch die schlechten Wohnverhältnisse bedroht. Die Kinder leiden häufig an Unterernährung, Bronchitis, Harnwegentzündungen und vor allem an Infekten ... Den Krankheiten ihrer Kinder stehen sie (die Eltern, d. V.) manchmal mit einer unglaublichen Nachlässigkeit gegenüber« (*Hess/Mechler*, S. 81). Für die meisten Kinder sind die Ausgangsbedingungen in ihrem Leben schon deshalb schlecht, weil sie unerwünscht zur Welt kommen. Wenn die Kinder dann überhaupt eingeschult werden, versagen sie zumeist in der *Schule*. Grund dafür ist keineswegs eine etwaige Unterbegabung, sondern ihre leistungshemmende Umgebung. »In ihrem trostlosen Milieu werden sie in der Frühphase in der Sprachentwicklung, in der

Konzentrationsschulung, in der Ausbildung gruppengemäßer Verhaltensweisen gestört. Sie sind im Einschulungsalter meist schon viel zu weit in ihrer psychosozialen Entwicklung im Rückstand, als daß sie mit den unter besseren Sozialisationsbedingungen aufgewachsenen Kindern Schritt halten könnten« (*H. E. Richter*, S. 195). So besuchen die Kinder aus den Ghettos, wenn überhaupt, zu 42 bis 80 % die Sonderschule (*Iben*, S. 26).

Damit sind die Weichen für die weitere *Ausbildung* allgemeinhin gestellt (*Iben*, S. 85): Mit dem niedrigsten aller Schulabschlüsse stehen den Ghetto-Kindern wenig Lehrstellen offen; zudem werden sie von ihren Eltern angehalten, am Lebensunterhalt der großen Familien sich sofort zu beteiligen. So beginnen denn ca. 75 % der Jugendlichen aus den Ghettos nach der Schule eine »Karriere« als Hilfsarbeiter (*Hess/Mechler*, S. 75). Der *Lebensweg* ist ihnen damit quasi vorgezeichnet: »Und diese inferiore Stellung im Arbeitsprozeß wird wieder Armut und Isolierung hervorbringen und die hierdurch bedingten Mängel der primären und sekundären Sozialisation an die nächste Generation weitergeben. Dieser Kreislauf hat nicht erst mit der Generation von Jugendlichen begonnen, die in der Siedlung geboren wurden und deren Biographie wir verfolgt haben. Die Familien ... sind wie in geographischer so auch in sozialer Hinsicht wenig mobil. Daß sie der untersten Schicht angehören, hat eine lange Tradition. Nur selten finden sich soziale Absteiger, deren Schicksal auf individuelles Versagen zurückgeführt werden könnte. Meist standen schon die Vorfahren am unteren Ende der sozialen Stufenleiter; viele lebten in ähnlichen ghettoartigen Verhältnissen und waren den gleichen Reproduktionsfaktoren ausgesetzt, die wir heute wirksam finden« (*Hess/Mechler*, S. 124 f.).

Der *soziale Tätigkeitsbereich* der Obdachlosen bestimmt sich durch die Jobs, die sie mehr oder eher minder regelmäßig übernehmen. Hilfsarbeiter und Putzfrauen als meist genannte Tätigkeiten arbeiten unter schlechtesten Bedingungen, die nicht mehr als einen höchst instrumentalistischen Bezug zur Arbeit erlauben (*Hess/Mechler*, S. 164 ff.). Das *Lebensniveau* entspricht der Unregelmäßigkeit der Tätigkeit und der Niedrigkeit des Einkommens. Generell kennzeichnend für *Wohngebiet* und *Wohnung* der Obdachlosen ist deren Isolierung; ihr Domizil findet sich weitab von »normalen« Siedlungen (*Aich/Bujard*, S. 9 ff.), ist übervölkert, primitiv ausgestattet und schlecht eingerichtet. *Richter* schildert ein solches Ghetto wie folgt: Es »liegt am Stadtrand, eingegrenzt von einem Kasernen- und einem Industriegelände. Man gelangt zu ihm über einen asphaltierten Fahrweg, dessen Seiten aber nicht für Fußgänger befestigt sind, so daß wiederholt Kinder angefahren worden sind. Ins Innere der Obdachlosen-Siedlung führen nichtasphaltierte, zum Teil vollständig unbefestigte Straßen ... Die eine, zwischen zweistöckigen Häusern primitivster Bauart verlaufend, ist zunächst noch ein reiner Erdweg mit vielen Unebenheiten, im Herbst und Winter oft von Pfützen bedeckt und morastig aufgeweicht. An einer Stelle fällt das Gelände des Ghettos steil zu einer Grube ab, ohne daß ein Zaun spielende Kinder schützen würde. Zwei Kinder sind hier bereits schwer verunglückt. Eine der inneren Straßen hat keinerlei, die andere nur teilweise Beleuchtung. Offen herumliegender Müll neben den Mülltonnen zeigt, daß der Platz für die Müllablage bei weitem nicht ausreicht. Außer einer verschmutzten Sandkiste gibt es weit und breit keinen Spielplatz. Die nächste Telefonzelle steht ungefähr einen Kilometer entfernt bei den Kasernen. Ein einziger kleiner Kolonialwarenladen nahe der Siedlung ist verfügbar, der von der im näheren Umkreis fehlenden Konkurrenz profitiert. Die Häuser im Ghetto sind einfach bis armselig. Noch immer verfügt die Mehrzahl der Wohnungen weder über Bad noch Dusche. In einem der Blocks wohnen auf einer Etage bis zu vier Parteien. Sie haben keine abgeschlossenen Wohnungen. Nur außerhalb ihrer ›Wohneinheiten‹ teilen sie sich einen gemeinsamen Wasserstrang mit einem unbeheizbaren Gemeinschaftsklosett. Das Ghetto beherbergt etwa 140 Familien mit etwa 600 Kindern« (S. 211).

Auch die Inneneinrichtung der Ghetto-Wohnungen ist karg bis schlecht; die spärlichen Möbel sind ärmlich; die Unterversorgung mit Konsum- und Haushaltsgütern zeigt sich eklatant (*Hess/Mechler*, S. 29 ff.). In bezug auf das *Konsumniveau* gilt die Feststellung, daß die »tägliche Sorge um die Befriedigung der einfachsten Bedürfnisse« (*Hess/Mechler*, S. 51) dominiert. Die *sozialen Verhaltensmuster* der Obdachlosen sind von der Notwendigkeit bestimmt, sich in einer lebenshemmenden Umgebung durchzusetzen. Dazu gehören Egoismus, Rücksichtslosigkeit, Härte, oft Brutalität. Diese Verhaltenseigenschaften beherrschen weithin auch die Familienbeziehungen, wo Fürsorge, Rücksichtnahme, Altruismus, Zuneigung, Gefühlswärme, Geborgenheit u. a. nahezu unbekannt sind (*Hess/Mechler*, S. 80 ff.). *Richter* konstatiert, daß die Ghettobewohner »anscheinend alles tun, um ihre Misere noch zu vergrößern. Das, was die Gesellschaft mit ihnen macht, setzen sie im eigenen Kreis fort. Sie beschimpfen einander als ›Asoziale‹, ›Kriminelle‹, ›Huren‹, ›Huren-Bankerts‹. Diejenigen, die etwas besser daran sind, diffamieren die noch Elenderen. ›Ich war Straßenbahnschaffnerin, du bist nur eine Asoziale‹ « (S. 247). *Kooperation* und *Kohärenz* der Obdachlosen untereinander sind allenfalls embryonal ausgebildet; Solidarität und Nachbarschaftshilfe gibt es nur selten, »sondern unbarmherzig überbietet man einander im Anprangern von Fehlhandlungen und Mißgeschick« (*H. E. Richter*, S. 248).

Die *soziale Auffälligkeit* der Obdachlosen ist groß. In ihrem Kriminalitätsprofil herrschen entsprechend ihrer materiellen Notlage Eigentumsdelikte vor: Diebstahl, Raub, Unterschlagung, Hehlerei und Betrug (*Aich/Bujard*, S. 20). Die überdurchschnittlichen Delinquenzraten in Ghettos beweisen aber nicht, daß diese Siedlungen nun Brutherde von Schwerverbrechen wären. Im Gegenteil erweisen sich die Delikte »zum größten Teil der Kleinkriminalität« (*Hess/Mechler*, S. 161) zugehörig.

In der *Einstellung* der Deklassierten *zur Gesellschaft* überwiegen Resignation, Apathie und Fatalismus (*Bolte* u. a., S. 337 ff.). Von sozialem Engagement, Organisation und kollektiver Politik zur Überwindung ihrer miserablen Lage halten die Obdachlosen wenig. Dem Ghettobewohner fehlt »fast stets eine geplante Zukunftsperspektive. Seine Lage und seine Erfahrungen haben ihn dazu gebracht, jedes Vertrauen in eigene geduldige Bemühungen zu verlieren, seine Hoffnung vielmehr auf Gelegenheiten, auf glückliche Zufälle zu setzen, auf Lotterien und auf andere Leute, die versprechen, etwas für ihn zu tun. Und weiter ist gerade er darauf angewiesen, sein Elend in illusionären Scheinbefriedigungen zu vergessen« (*Hess/Mechler*, S. 185).

Letzteres deutet an, daß der Obdachlose jede tatsächliche (z. B. Sexualität) oder vermeintliche (z. B. Jahrmarkt, Kirmes) Möglichkeit ergreift, seiner Misere zu entgehen und Bedürfnisse zu befriedigen (*H. E. Richter*, S. 198 ff.). Seine soziale Einstellung und weitergedacht: sein *Gesellschaftsbild* können in dieser Hinsicht auch als egozentrisch gekennzeichnet werden. Der Obdachlose denkt in der Ausnützung der wenigen Fluchtmöglichkeiten, die ihm verbleiben, ausschließlich an sich und setzt sich dabei – nach den Maßstäben der Umgebung – auch brutal über die Bedürfnisse seines Ehepartners und seiner Kinder hinweg.

Zusammengenommen ergeben diese Merkmale der Obdachlosen kein Bild, das eine Richtung zur selbsttätigen Veränderungsleistung der Deklassierten anzeigen könnte. »Absolutes Elend führt ... eher zu einer reaktionären politischen Haltung, – das galt zu allen Zeiten für das Lumpenproletariat, und es gilt heute gleichermaßen für jene Schicht, die unsere Armutsghettos bevölkert ...« (*Hess/Mechler*, S. 184).

6.2. Sozialpädagogische Praxis: Die Lebens- und Arbeitsbedingungen der Eltern als Bestimmungsgrößen im Sozialisationsverlauf des Kindes

Die Rahmenbedingungen, in denen sich Interaktionen zwischen Eltern und Kindern gestalten, sind durch die dargestellten Lebens- und Arbeitsbedingungen vorgegeben. Allerdings lassen sich allein aus Kenntnis dieser Rahmenbedingungen zumeist weder konkrete erzieherische Verhaltensweisen der Eltern ableiten, noch Vorhersagen darüber treffen, welche Persönlichkeitsmerkmale im einzelnen beim erzogenen Kind zu erwarten sind. Die dargestellten Lebens- und Arbeitsbedingungen können sich in höchst unterschiedlichen Erziehungshaltungen und -handlungen gegenüber dem Kind niederschlagen. Diese Erziehungshaltungen (Einstellungen) und die durch sie (aber nicht ausschließlich durch sie) beeinflußten elterlichen Verhaltensweisen werden wiederum von dem erzogenen Kind unterschiedlich erlebt und verarbeitet werden, je nach dessen bisher entwickelten Erwartungen und Bezugssystemen (vgl. »innere Systeme«, Kap. 1).
Es werden nachfolgend einzelne »Stationen« aufgeführt werden, an denen die Wirkungen elterlicher Lebens- und Arbeitsbedingungen gefiltert, verändert und »gebrochen« werden könnten. Damit soll weder die primäre Bedeutung der Lebens- und Arbeitsbedingungen abgewertet noch der Leser angesichts der mehrdeutigen Vielfalt möglicher Wirkungen verwirrt werden. Andererseits wird der Sozialpädagoge in der Arbeit mit einzelnen oder mit Gruppen aber nur dann der Gefahr entgehen, Veränderungsprozesse an den Bedürfnissen der Betroffenen vorbei zu planen, wenn er diese Bedürfnisse aus der Wechselwirkung zwischen zahlreichen Bedingungen erforschen lernt, statt sie ausschließlich als Spiegelbild der Lebensbedingungen zu verstehen.

– Die Erziehungshaltungen und -handlungen des Vaters
Die Einstellungen zu Fragen der Erziehung dürfen nicht ungeprüft als Abbild jener arbeits- und führungsbezogenen Einstellungen verstanden werden, die sich aus dem Tätigkeitsbereich des Vaters ergeben. Sie werden auch bestimmt von der je subjektiven Bedeutung, die das Kind für den einzelnen Vater hat, von den Ansprüchen, die er an »Familie« oder einzelne Familienangehörige stellt, insbesondere davon, ob er die Familie als Feld zur Selbstverwirklichung alternativ zum Beruf erlebt, als Ort zur Reproduktion der Arbeitskraft oder als Bereich, in dem sich das »eigentliche« Leben abspielt. Der Unternehmervater, der im Wirtschaftsleben auf widerspruchslosen Gehorsam bei der Ausbildung

von Lehrlingen pocht, kann sich im privaten Bereich durchaus zu einer eher liberalen Erziehungshaltung bekennen. In welche konkreten erzieherischen Handlungen er diese Einstellung schließlich umsetzt, wird nicht zuletzt von dem Ausmaß seiner tatsächlichen Erziehungsarbeit abhängen, z. B. ob sich sein Erziehungsverhalten in periodischen Appellen oder kritischen Äußerungen erschöpft, ob er nur an wichtigen Entscheidungen (Schulwechsel) beteiligt sein will, oder ob er die tägliche Betreuung und Versorgung der Kinder mitübernimmt. Letzteres wird u. a. wiederum bestimmt von seinen Geschlechtsrollenerwartungen, deren Verwirklichung weitgehend an die Lebens- und Arbeitsbedingungen der Mutter gekoppelt ist.

– Einstellungen und Erziehungsverhalten der Mutter

Sofern die Mutter nicht in gleichem Maße beruflich beansprucht wird, dürften ihre Erziehungshaltungen und Pflegepraktiken unmittelbarer auf das Kind wirken als die des Vaters. Die mütterlichen Erziehungspraktiken sind aber nur zum Teil verstehbar aus den Lebens- und Arbeitsbedingungen des Vaters. Als weitere Determinanten mütterlichen Erziehungsverhaltens gelten die auf ihrem Sozialisationshintergrund entstandenen individuellen Problemlösungsstrategien (vgl. »Innere Systeme«), vor allem die Verarbeitungsstile für Enttäuschungen, Ängste und emotionale Ansprüche an das Kind sowie die Person des Kindes, das auf die Mutter einwirkt durch sein Geschlecht, seine Reaktionsstile, Irritierbarkeit und sich entwickelnde Bedürfnisse (vgl. Kap. 3).

Beispiel: Der Ehefrau eines Unternehmers kann das Kind ebenso wie der unverheirateten Steuerinspektorin oder der nicht berufstätigen Facharbeiterfrau dazu dienen, »Weiblichkeit« unter Beweis zu stellen und enttäuschte emotionale Bedürfnisse zu befriedigen. Diese Ansprüche müssen keineswegs über einen längeren Zeitraum konstant bleiben. Sie können sich in ihrer Intensität verändern sowie mit zunehmendem Alter des Kindes das Ziel wechseln. Dabei dürften die Lebensverhältnisse der Unternehmersfrau prinzipiell mehr Möglichkeiten eröffnen, Enttäuschungen aus der Interaktion mit dem Kind zu kompensieren, ingestalt von Konsumgütern bis hin zur teilweisen oder gänzlichen Übertragung der Erziehungsarbeit auf Kindermädchen und Internate.

Die alleinstehende Steuerinspektorin könnte ihre Ansprüche in den ersten Lebensjahren des Kindes in gehäufte körperliche Zärtlichkeit umsetzen, die wegen arbeitsbedingter Zeitbeschränkungen von dem Kind nicht als Überforderung sondern als angenehmer Ausgleich für die Krippenerziehung erlebt werden können. Diese Mutter könnte z. B.

im Laufe der Zeit mit steigender beruflicher Zufriedenheit ihre Ansprüche dem Kind gegenüber reduzieren und ihm größere Entscheidungsspielräume gewähren. Sie könnte aber auch – falls das Kind wegen schwächlicher Konstitution und durch die Kontakte in der Kinderkrippe zu häufigen Infektionskrankheiten neigt, auch des nachts sehr unruhig ist – zwischen Schuldgefühlen und Verzweiflung, Forderungen und Beschuldigungen, Strafe und Verwöhnung wechseln.

Die nicht berufstätige Frau eines Facharbeiters könnte ihr Kind durch Überbehütung zur Unselbständigkeit veranlassen. Bei der Geburt eines weiteren Kindes könnte sie sich vom älteren Kind abwenden, das als Antwort auf das Übermaß an Zärtlichkeit entsprechende emotionale Ansprüche entwickelt haben wird und wegen bisher unzureichend ausgebildeter Problemlösungsfähigkeit die neue »Freiheit« als Verlassenheit erleben wird.

– *Die Interpretationssysteme des Kindes*

Die materielle Situation der Familie sowie die Arbeitsbedingungen der Eltern werden von dem Kind je nach dessen entwickelten »inneren« Interpretationssystemen unterschiedlich erlebt und bewertet.

Anhand der Darstellung einiger Bestimmungsgrößen für die Entwicklung von »Selbstvertrauen« (hier: Zutrauen in die eigene Leistungsfähigkeit) kann veranschaulicht werden, welche Wirkungen dabei von den elterlichen Lebens- und Arbeitsbedingungen zu erwarten sind.

Das Erlebnis uneingeschränkter Erfüllung materieller Wünsche kann ebenso zu einer maßlosen Steigerung solcher Ansprüche führen wie auch zu Gleichgültigkeit und Geringschätzung derartiger Zuwendungen. Keinesfalls aber dürften diese Erfahrungen Erfolgserlebnisse garantieren, die das Selbstvertrauen fördern (vgl. Kap. 5). Solche Erfolgserlebnisse entstehen aus dem Erleben, durch eigenes Handeln Probleme bewältigen zu können. Diese Handlungserfahrungen schaffen den Bezugsrahmen (»Anspruchsniveau«) für spätere Zielsetzungen und Bewertungen eigener Leistungen. Was schließlich als Erfolg gewertet wird, hängt mehr von diesen individuellen Bewertungsmaßstäben ab als vom objektiven Leistungsergebnis.

Die elterlichen Forderungen und Bewertungen beeinflussen die aus den Handlungserfahrungen entstehenden Bezugssysteme. Dabei wirken diese elterlichen Ansprüche wiederum nicht unabhängig von den gegebenen Hilfestellungen: Eine hohe Leistungsforderung braucht bei gleichzeitigen angemessenen Hilfestellungen nicht zu einer Überforderung des Kindes zu führen (s. u.)

Einige mögliche Wechselwirkungen zwischen elterlichen Leistungsforderungen, Hilfestellungen und Selbstvertrauen des Kindes sind:

Verhalten der Eltern	Erwartete Wirkungen auf das Selbstvertrauen des Kindes
a) Hohe Leistungsforderungen und zahlreiche Hilfestellungen sowie Bestätigung der Leistungen des Kindes	mittleres bis hohes Selbstvertrauen
b) Hohe Leistungsforderungen ohne Hilfestellungen bei Abwertung kindlicher Leistungen	geringes Selbstvertrauen (Mißerfolgserwartungen)
c) Geringe Leistungsforderungen zahlreiche (überbehütende) Hilfestellungen	geringes Selbstvertrauen, Unselbständigkeit
d) Geringe Leistungsforderungen, keine Hilfestellungen, aber viel Spielmaterial	entweder Gleichgültigkeit gegenüber Leistungsforderungen oder geringes Selbstvertrauen in anderen Bereichen

Die Entwicklung von Selbstvertrauen ist nicht ausschließlich und unmittelbar an bestimmte Lebens- und Arbeitsbedingungen gebunden. Allerdings ist das Auftreten von Leistungsforderungen und Hilfestellungen unter bestimmten Lebens- und Arbeitsbedingungen eher zu erwarten als bei anderen: Die unter d) genannten Bedingungen könnten sowohl bei Arbeitereltern (beide berufstätig) wie auch bei Unternehmereltern (Mutter hat Repräsentationspflichten übernommen) anzutreffen sein. Die Bedingungen von a) und b) werden in Familien auftreten, die einen Aufstieg der Kinder, möglichst über den eigenen sozioökonomischen Status hinausgehend, anstreben. Ob dabei die Form a) oder die ungünstigere Form b) vorherrschend ist, wird abhängen von den (auch materiell bestimmten) Möglichkeiten der Eltern, sich Informationen über Erziehungsfragen zu beschaffen. Weiterhin wird es aber auch entschieden durch die im individuellen Sozialisationsverlauf entwickelten Persönlichkeitsmerkmale, z. B. Ängstlichkeit und Geduld. Noch weniger vorhersagbar werden derartige Sozialisationsergebnisse (Ausmaß des Selbstvertrauens), dadurch, daß Eltern sich in ihren Forderungen und Hilfestellungen voneinander unterscheiden können, daß Leistungsforderungen nicht generell das gesamte Verhalten des Kindes betreffen, sondern sich nur auf einzelne Bereiche erstrecken können,

z. B. auf sportliche Leistungen oder intellektuelle Leistungen, wobei letztere zumeist noch bereichsspezifisch unterschiedlich gewichtet werden.

Bei *Schuleintritt* des Kindes unterliegen die Komponenten, die bisher entscheidend an der Ausbildung von Selbstvertrauen beteiligt waren, grundlegenden Umwandlungen und Erweiterungen. Lehrer und Gleichaltrige vermitteln dem Kind von nun an Informationen, die zur Veränderung des bisher entwickelten Selbstvertrauens beitragen können. Auch Eltern, die bisher nur auf geringen Leistungen des Kindes bestanden haben, sehen sich plötzlich genötigt, »den Ernst des Lebens« an das Kind heranzutragen. Hierbei dürften die Arbeits- und Lebensbedingungen der Eltern wiederum unmittelbarer von Bedeutung sein, da Eltern, die selbst einen weiterführenden Schul- oder Studienabschluß erworben haben, für ihre Kinder entsprechende Ausbildungsziele anstreben werden: »Im Hinblick auf das Eignungsurteil der Schule überschätzen Eltern aus höheren Sozialschichten die Gymnasialeignung ihrer Kinder häufiger und unterschätzen sie weniger häufig als Eltern aus unteren Sozialschichten« [9]. Mit steigendem Ausbildungshintergrund der Eltern steht das Kind also höheren Leistungsanforderungen gegenüber. Welche Folgen diese Forderungen für die weitere »Lerngeschichte« seines Selbstvertrauens haben wird, dürfte neben den erwähnten Bedingungen auch von dessen bisher entwickelten schulbezogenen und sozialen Lernmöglichkeiten bestimmt werden (z. B. Stellung in der Klasse, Anpassung an Forderungen der Schule, kognitive Fertigkeiten).

Über die Weiterentwicklung des Selbstvertrauens beim Arbeiterkind, dessen Eltern trotz guter Schulzensuren keinen Gymnasialbesuch vorgesehen haben, können hier nur Vermutungen angestellt werden: Die guten Zensuren gestatten auf der Hauptschule eine günstige Prognose für die Stabilisierung seines Selbstvertrauens. Sie können aber auch für die Entwicklung von Selbstvertrauen ohne Bedeutung bleiben oder sogar hinderlich sein, wenn Eltern und Freunde des Kindes (»Bezugspersonen«) zu dessen Bewertung ganz andere Leistungen heranziehen. Schlechte Schulzensuren brauchen wiederum dann keine negativen Folgen für das Selbstvertrauen nach sich zu ziehen, wenn »Schule« als lebensfremder Bereich aus den Bewertungssystemen ausgeklammert ist. Letzteres dürfte vor allem bei Randgruppen zu erwarten sein, ebenso bei Mädchen, denen mit zunehmendem Alter andere Lebensbereiche zur Entwicklung von Selbstvertrauen zur Verfügung stehen.

6.3. Merkmale klassen- und schichtenspezifischer Sozialisation

Unsere Ausführungen über soziale Zusammenhänge und Tatbestände bilden die materielle Grundlage für das Verständnis des komplizierten Stoffwechsels von Gesellschaft und Sozialisation. Der beschriebene sozio-ökonomische Kontext der Bundesrepublik Deutschland mit seinen spezifischen Produktions-, Aneignungs- und Eigentumsverhältnissen bedingt dabei die konkreten Arbeits- und Lebensverhältnisse der Menschen in diesem Land. Die Arbeits- und Lebensverhältnisse, wie wir sie gefaßt haben – sozio-ökonomische Position / soziale Herkunft / Tätigkeitsbereich / Lebensniveau / Sozialbeziehungen / Einstellung zur Gesellschaft / Perspektive –, also als Ensemble objektiver und subjektiver Bedingungen, konstituieren hinwiederum die jeweiligen Sozialisationsprozesse. Erstere – Arbeits- und Lebensverhältnisse – wie letztere – Sozialisationsprozesse – zeigen sich individuell verschieden.

Das gilt in besonderem Maße auch für jene so komplexen Vermittlungsabläufe, mit und in denen Arbeits- und Lebensverhältnisse in Sozialisationsverhalten umgesetzt werden. Sollen diese Arbeits- und Lebensverhältnisse, diese Sozialisationsprozesse und diese Vermittlungsabläufe einerseits zutreffend, zum zweiten konkret und schließlich ganzheitlich erfaßt werden, so läßt sich solches empirisch nur gewährleisten, wenn der präzis bestimmbare Fall eines bestimmten einzelnen Menschen untersucht wird. Zu diesem Zweck haben wir das Schema unserer Faktorenbündel entwickelt. In der vorliegenden theoretischen Arbeit sind für die Arbeits- und Lebensverhältnisse solche Tatbestände bezeichnet worden, die für die ausgewählten und vorgestellten sozialen Gruppierungen gültig sind, für die Individuen dieser größeren Verbände aber nur Annäherungswerte darstellen können.

Diese Annäherungswerte relativieren sich ihrerseits – wenigstens teilweise – durch die noch unzureichenden Ergebnisse empirischer Sozialforschung im deutschsprachigen Raum. Manch Einzelaspekte innerhalb unserer sieben Faktorenbündel konnte deshalb nur andeutungsweise oder z. T. auch gar nicht inhaltlich ausgeführt werden. Wenn solchermaßen schon Aussagen, denen vergleichsweise einfach strukturierte Daten zugrunde liegen, eingeschränkt werden müssen, gilt das in verstärktem Maße für Ausführungen über den komplexen Umsetzungsprozeß von Lebens- und Arbeitsverhältnissen in Sozialisationsvorgänge. Hier gibt es im deutschsprachigen Raum nahezu nur Annahmen und dann Vermutungen, die zwar größtenteils in sich logisch erscheinen, denen aber eben doch die zuverlässige Schlüssigkeit der empirischen Absicherung fehlt. Wir beschränken uns im folgenden weithin auf erwiesene Sachverhalte, da wir es für wenig sinnvoll halten, den schon übergroßen Katalog von Annahmen noch zu erweitern. Dabei versuchen wir nicht mehr, als aus unserem Teil über die Lebens- und Arbeitsverhältnisse in der BRD Bedingungen, Implikationen und Konsequenzen für die klassen- und schichtenspezifischen Grundlagen von Sozialisation zu erkennen.

6.3.1. Klassen- und schichtenspezifische Bedingungen im gesellschaftlichen Bedingungszusammenhang von Sozialisation

Der grundsätzliche Antagonismus in den Aneignungs- und Eigentumsverhältnissen der BRD schafft zwei separierte Klassen, die aufgrund ihrer qualitativ verschiedenen materiellen Möglichkeiten, wie sie sich konkret in den Arbeits- und Lebensverhältnissen ausdrücken, auch andersartige, d. h. klassenspezifische Sozialisationsbedingungen vorfinden. Pauschal beschrieben sozialisieren die einen, welche herrschen, in einer sozialen Umwelt ohne materielle Ein- und Beschränkungen; jene vielen anderen, die im Sinne der Herrschenden die Ausführenden sind, sozialisieren dagegen in einem gesellschaftlichen Raum, der voller Ein- und Beschränkungen ist.

Besehen wir das noch ein wenig näher: Die Machtelite an der Pyramidenspitze unserer Gesellschaft (siehe Abb. 11, S. 91) kann in sozialer Offenheit und Freizügigkeit erziehen. Sie setzt die Maßstäbe für die sozio-politische Entwicklung und prägt damit die Gesellschaft. Aufgrund ihrer Macht besitzt sie höchste Autorität. Wenn sie heute auch nicht immer durchgängig bewundert wird, so zollt man ihr doch Respekt und weithin Gehorsam. Im Selbstbild der Machtelite kreist die Gesellschaft um sie selber. Ihr Reichtum garantiert ihre totale Autonomie und erlaubt ihr ein superlativistisches Lebensniveau. Besitz und exklusive Ausbildung bieten die Gewähr, daß auch die nachfolgenden Generationen die Überlegenheit von Macht und Vermögen tradierend übernehmen. Die Kinder der Herrschenden lernen schon früh, was Macht sozial bedeutet, wie sie Unabhängigkeit in jeder Hinsicht erlaubt und wie befreiend sie wirkt.

Die abhängige Mehrheit der Bevölkerung erfährt Gegenteiliges. Dabei variieren freilich Grad und Qualität von Abhängigkeit und Beherrschung. Der mittelständische Teil der ausführenden Klasse besitzt relativen Wohlstand, relative Selbständigkeit, relative Autorität und relative Verantwortung. Dieses Ensemble relativer Ein- und Beschränkung vergrößert sich im Abstieg auf der Sozialpyramide und kumuliert negativ in der Verelendung der Deklassierten. Die Kinder dieser abhängigen Mehrheit der Menschen üben sich in anderen Erfahrungen als jene der Machtelite: sie verspüren bald die sozioökonomischen Grenzen ihres Lebenswegs, müssen Autorität anerkennen und Unterordnung akzeptieren, sind mehr oder minder gezwungen, sich sozial zu bescheiden und können ihr Begabungspotential und ihre Kreativität in vielen Fällen nur reduziert nutzen.

Solches sind grobe gesellschaftliche Bedingungen klassenspezifischer Sozialisation, die es schichtenspezifisch zu differenzieren gilt. Mit akzidentiellen Unterschieden können die Familien der verschiedenen Fraktionen des Kapitals, der Manager und der Machtelite in Lebensverhältnissen sozialisieren, die keine materiellen Beschränkungen kennen. Da ihr Platz in der gesellschaftlichen Arbeitshierarchie ganz oben ist, vermögen sie ihren Kindern ein Selbstbild zu vermitteln, das von Sicherheit, Überlegenheit, Macht und ökonomischer oder zumindest politischer Verfügungsgewalt gekennzeichnet ist. Diesem Selbstbild liegen die objektiven materiellen Möglichkeiten zugrunde, die den Kindern der Herrschenden schon frühzeitig garantieren, selbst wieder zur herrschenden Klasse zu gehören; die Chance eines Unternehmersohns ist dabei freilich größer als die eines Ministersohns. Generell gilt aber, daß »für Söhne aus privilegierter Herkunft der Abstieg über bestimmte Grenzen hinweg sehr unwahrscheinlich ist« [10].

Die sozio-ökonomische Position des Vaters aus den benannten Schichten der herrschenden Klasse, die damit verbundenen befehlenden Funktionen und Bedingungen im sozialen Tätigkeitsbereich wie auch ein optimales Lebensniveau implizieren, daß aus der Optik finanzieller Möglichkeiten dem Kind dieses reichen Milieus Erlebnisse des materiellen Verzichts, der Entbehrung und der Unerfüllbarkeit von Wünschen weithin erspart bleiben. Umgekehrt erlauben diese materiellen Möglichkeiten, daß das Kind in seinen Sozialbeziehungen und in der Einstellung zur Gesellschaft »instrumentalistische« Verhaltensmuster ausbilden kann, d. h. frühzeitig lernt, weniger Privilegierte zu benützen und als zu seiner Verfügung zu betrachten. Der Reichtum seines Milieus bildet die materielle Basis, daß es Verfügungsgewalt, Autonomie und Selbständigkeit praktizieren kann [11].

Die mittelständischen Familien erziehen in einem ambivalenten Milieu von Beschränkung und Offenheit. Ihre materiellen Möglichkeiten sind im Vergleich zu den über ihnen sich befindlichen Schichten der herrschenden Klasse ebenso eingeengt wie ihre sozio-politischen Dispositionschancen, im Vergleich zu dem unter ihnen liegenden Kern der Arbeiterklasse aber bedeutend. In ihrem Selbstbild und Verhalten orientieren sie sich nach oben und grenzen sich nach unten entschieden ab [12]. Ihre sozio-ökonomische Position erlaubt ihnen einen relativen Wohlstand, der ihren Kindern gute soziale Startpositionen einräumt.

Im sozialen Tätigkeitsbereich nehmen die mittelständischen Väter Stellungen mit partiell befehlenden, planenden und kontrollierenden Funktionen ein, die ihnen in einem abgegrenzten und von anderen bestimmten Rahmen einen relativ großen Dispositionsraum belassen. Ihre Zufriedenheit mit den Verhältnissen, in denen sie leben und arbeiten, ist vergleichsweise groß [13]. Dementsprechend zeigen sich die »äußeren« Bedingungen für Erziehungsklima und Erziehungsstile der mittelständischen Familien günstig. Das gilt insbesondere auch für Faktoren wie Wohngebiet, Größe der Wohnung, Infrastruktur und Konsumniveau. Ihre Sozialbeziehungen sind vielfältig und ebenso aufstiegsorientiert wie ihre Werte und Normen. Das bedeutet im sozialisatorischen Bereich u. a., daß sie ihren Kindern eine gute Ausbildung ermöglichen und sie zu Leistung und Mobilität zu motivieren suchen. Ihre sozialen Perspektiven zeigen sich in subjektiver Optik aktivistisch und zukunftsoptimistisch.

Unterhalb des Mittelstandes haben sich in Berufsgruppierungen und Schichten verstärkt Angleichungstendenzen bemerkbar gemacht, die insbesondere die strikten Unterscheidungen der Sozialisationstheorie zwischen Angestellten und Arbeitern partiell fragwürdig erscheinen lassen. Der Automatisierungsprozeß in den Produktionsanlagen einerseits und in den Büros andererseits hat bei Arbeitern und Angestellten eine Entwicklung gefördert, die vorläufig mit dem Begriff der »Polarisierung« von Tätigkeiten in beiden Berufsgruppierungen zu umschreiben ist [14]: Es entstanden vermehrt qualifizierte und partiell autonome Arbeitsbereiche und gleichzeitig solche, die von der Tendenz zu dequalifizierenden, restringierten Aufgaben gekennzeichnet werden. In der Arbeiterschaft bedeutet diese Entwicklung eine Separierung von gleichförmigen, »banalen« und von interessanten, komplizierten Verrichtungen, wie wir sie etwa am Beispiel der Bandarbeit und der Meßwarentätigkeit (vgl. 6.1.7.) beschrieben haben.

Ähnliches zeigt sich im automatisierten Büro: »Automatisierung im Büro soll heißen, daß eine vielstufige Informationsverarbeitung ohne direkte menschliche Eingriffe nach einem vorgegebenen, programmierten Ablauf selbstkontrolliert vollzogen wird. Damit ist gesagt, daß zwischen Automatisierung im Büro und in der Produktion kein grundsätzlicher Unterschied besteht ...« [15]. Die Folgen sind auch im Büro eine Polarisierung und für jene, die nun dequalifizierende Arbeit leisten müssen: »Minimalisierung der Improvisation«, »Hervortreten schematischer routinemäßiger Arbeitsbeziehungen«, »schärfere Trennung zwischen Gruppenführer und Ausführenden«, »Konzentration gleichartiger Funktionen in bestimmten Sälen«, »Prämienleistungs-Entlohnung«, »bürokratische Arbeitsweise« u. a. [16].

Die einfachen Unterscheidungen der Sozialisationstheorie, daß Arbeiter mit Dingen und Angestellte mit Symbolen umgehen und die sich daraus ergebenden Konsequenzen z. B. für Erziehungspraktiken, stimmen also heute für einen Großteil der Angestellten nicht mehr. Gleichzeitig muß gesehen werden, daß sich innerhalb der Polarisierung der Arbeitertätigkeiten Qualifikation, Dispositionsraum, Überblick, Verantwortung, Arbeitsgestaltung, Interaktionsmöglichkeit und Arbeitszufriedenheit für viele Schaffende so sehr verbessert haben, daß die Qualität ihrer Tätigkeit jene von vielen unteren und mittleren Angestellten übersteigt.

Diese Entwicklung ist an den betroffenen Angestellten nicht spurlos vorbeigegangen [17] und hat u. a. gerade jene Eigenschaften, die ihnen die traditionelle Sozialisationstheorie zuschreibt, verändert: Aufstiegswille, Prospektivität, Leistungsbewußtsein, Arbeitsfreude, Zukunftsoptimismus, Verantwortungsbewußtsein, Identifikation mit der Arbeit, dem Betrieb und dem Chef, Anteilnahme, Aspiration u. a. haben sich sichtlich verringert; angewachsen sind eine instrumentalistische Haltung zur Arbeit, Unzufriedenheit, gewerkschaftliches Engagement u. a.

Wie sehr das, was die Sozialisationstheorie in diesem Zusammenhang an gesellschaftlichen Befunden anbietet, inzwischen an der Realität vorbeizielt, zeigen beispielsweise ihre Aussagen über das dichotomische Gesellschaftsbild der Arbeiter und das hierarchische der Angestellten. Empirische Untersuchungen [18] verdeutlichen, daß sich auch hier bemerkenswerte Annäherungen vollzogen haben: Nicht wenige Arbeiter sehen sich in einer geschichteten Gesellschaft; ein Großteil der Angestellten empfindet das soziale System dagegen durchaus als dichotomisch. Auch das »Elitebewußtsein« der Angestellten gegenüber den Arbeitern ist geschrumpft; »generelle Unterschiede« zu der Arbeiterschaft sieht kaum noch ein Angestellter [19].

Diesen Veränderungen liegen die geschilderte Entwicklung im sozialen Tätigkeitsbereich und eine verstärkte Annäherung der Einkommensverhältnisse zugrunde. »Teilgruppen der Arbeiter« sind, »was die Existenzbedingungen – soweit sie sich im Verdienst, Konsumbesitz, Wohnkomfort etc. materiell niederschlagen – anbetrifft, mehr und mehr in einer durchaus ähnlichen Situation wie Teilgruppen der Angestellten« [20]. So unterscheiden sich die Lebens- und Arbeitsverhältnisse von Facharbeitern einerseits und unteren bzw. mittleren Angestellten, wenn überhaupt, dann nur unwesentlich.

Damit haben sich in Teilgruppen von Angestellten und Arbeitern zumindest auch die »äußeren« Sozialisationsbedingungen wie sozio-ökonomische Position, Einkommen, Arbeitsbedingungen, Lebensniveau, Wohnverhältnisse u. a. angeglichen. Bestimmte materielle Voraussetzungen der Sozialisation von Kindern mittlerer Angestellter und hochqualifizierter Arbeiter differieren im allgemeinen nicht mehr – etwa im Hinblick auf den Schulbesuch. Die Einebnung objektiver Bedingungen (s. u.) ist indessen noch nicht umfassend genug, um auch in der Angleichung von Einstellungen und Verhaltensweisen der bezeichneten sozialen Gruppierungen Kongruenz zu bewirken. So zeigen sich mittlere Angestellte im Regelfall informierter, prospektiver, planungsbewußter, bildungsaktiver, selbstbewußter, lesefreudiger, zielgerichteter u. a. als Facharbeiter [21]. Solches wirkt sich in Erziehungsklima und Erziehungsstilen dergestalt aus, daß z. B. die Kinder von mittleren Angestellten ihre Altersgenossen aus der Facharbeiterschaft an Lernmotivation und Schulerfolg noch immer übertreffen.

Vergleicht man nicht nur »nivellierte« Teilgruppen von Arbeitern und Angestellten, sondern beide soziale Gruppierungen gesamthaft, so werden die Unterschiede zwischen beiden noch viel deutlicher, wiewohl in der kurzen Geschichte der BRD auch hier eine bemerkenswerte Verringerung der Trennstufen erfolgt ist [22]. »Mit den Merkmalen der Ersetzbarkeit und der faktischen Unsicherheit schließt die Situation der privilegierteren Arbeitergruppen an die der Arbeiter konventionellen Typs an. Gleichzeitig ergeben sich deutliche Unterschiede zum Angestellten, der im allgemeinen weiterhin wenigstens gegen den Abstieg auf die untersten Tätigkeitskategorien gesichert ist, ja normalerweise sogar bei Leistungsminderung die einmal erreichte Position zu halten vermag. Der von der Integrationsthese behauptete Übergang zu einer mittelständischen Mentalität kann unter diesen Umständen nur schwerlich stattfinden. Das Arbeiterbewußtsein bleibt jedenfalls insofern Kollektivbewußtsein, als es den alle betreffenden Tatsachen der Ersetzbarkeit und Unsicherheit Rechnung tragen muß und nach unseren Ergebnissen auch Rechnung trägt: Unsere Feststellung, daß die Arbeitsplatzsicherheit von allen Arbeitergruppen heute noch durchgängig pessimistisch bewertet wird, läßt deutlich dieses gemeinsame Merkmal des gesellschaftlichen Denkens der Arbeiterschaft erkennen. Wenn – wie wir gesehen haben – auch die qualifizierten Automationsarbeiter ihre betriebliche Position als ungesichert ansehen, so ist das nicht zuletzt Konsequenz einer – realistischen – Selbsteinschätzung der von ihnen geforderten Qualifikationen. Die Gefahr des Statusverlusts bleibt für ihr Denken aktuell, weil diese Arbeitergruppen eben *kein* Expertenbewußtsein ausbilden, welches auf eigene, schwer ersetzbare Qualifikationen rekurriert und selbstbewußtes Auftreten erlaubt« [23].

Auch globale Vergleiche der Einkommenssituation zwischen Arbeitern und Angestellten in der Industrie verraten eine Differenz zugunsten der letzteren. Hinzu kommt, daß das Einkommen der Arbeiterhaushalte zumeist unter Mithilfe von mehr Familienmitgliedern als in der Angestelltenschaft verdient wird. Das Geld der Arbeiter ist zudem hauptsächlich Konsumeinkommen, während die Angestellten es teilweise auch zu anderen Zwecken benützen können. Dementsprechend zeigen sich Sparfähigkeit, Bausparverträge, langlebige Konsumgüter, Besitz, komfortable Ausstattung der Wohnung u. a. verstärkt bei Angestellten, seltener bei Arbeitern.

Die schlechteren Einkommensverhältnisse der Arbeiter bedingen eher die frühe Mitarbeit der Kinder als in Angestelltenfamilien. »Angestellte gehen also nicht nur im Durchschnitt länger zur Schule als Arbeiter. Sie unterscheiden sich vor allem auch durch einen Prozeß beruflicher Qualifizierung von den Arbeitern; längerer Schulbesuch, Lehrzeit und zusätzliche Ausbildung in Abendschulen und Kursen wirken hierbei zusammen« [24]. Die bessere Ausbildung der Angestellten schafft wiederum für deren Kinder den förderlichen Hintergrund von Erfahrungen mit weiterführenden Schulen, Bildungsaktivität und -mut, Information u. a.

Selbst wenn die materiellen Mittel zur Verfügung stehen, ermöglichen dagegen viele Arbeiter-Eltern ihren Kindern den Besuch weiterführender Schulen nicht, weil es ihnen an Erfahrungen, Informationen, »Bildungsmut« [25] u. a. fehlt. Das darf aber nicht, wie so oft in der Sozialisationstheorie, als mangelnder Bildungswille oder als Desinteresse der Arbeiter-Eltern an den Kindern ausgelegt werden. Untersuchungen weisen vielmehr darauf hin, daß 75 % der »Unterschicht«-Eltern ihre Schulbildung für unzureichend halten und gerne weiterführende Schulen besucht hätten [26].

Andere empirische Studien belegen im Gegensatz zu den Kinderfeindlichkeits-Thesen spekulativer Werke gerade das besondere Interesse der Arbeiter an ihren Söhnen und Töchtern. »Bemerkenswert vor allem anderen war, in welchem Maße Kinder von ihren Vätern als eine Bereicherung und Erhöhung des eigenen Lebens aufgefaßt wurden. Was einer von seinem Dreijährigen meinte: ›Eigentlich ist mein Junge heute meine beste Freude!‹, hätten viele ähnlich so sagen können, z. B. die nicht wenigen, die stolz betonten, daß eines ihrer Kinder oder ihre Kinder alle ›Papakinder‹ seien, und die älteren Männer, die in einer früh beginnenden Altersvereinsamung je nachdem eine besonders enge Gefühlsbindung an ein kleineres Kind, einen Spätling oder einen Enkel, hatten. Das Interesse an den Kindern konnte ruhig unter die persönlichen Hauptinteressen der Familienväter gerechnet werden. ... Daß kleine Kinder Anspruch auf eine sehr sorgfältige Betreuung und Wartung haben, war so allgemein anerkannt, daß nicht nur von den Müttern, sondern auch von den Vätern deswegen die Hintenanstellung eigener Wünsche fast selbstverständlich erwartet wurde... Den größeren Kindern einen möglichst unbelasteten Lebensraum zu lassen, war weniger in der öffentlichen Meinung verankerte Erziehungsmaxime als persönlicher, aber weitverbreiteter Vorsatz der Väter, die viel Arbeit und Sorge, zuviel Anstrengung und Not aus den eigenen Jugendjahren in der Erinnerung hatten, es war ihre Auffassung von: ›Der Junge soll es besser haben‹« [27]. Dergestalt ergaben sich an einigen Beispielen gewisse Korrekturen an Bildern, Befunden und Klischees, wie sie die Sozialisationstheorien trotz empirischer Widerlegung noch immer verbreiten.

Anmerkungen zu Kapitel 6

1 Zu diesem Abschnitt verwendete Literatur: *H. Mechler*, 1964; *U. Jaeggi*, 1973; *G. Schmölders*, 1973; *M. Kruk*, 1972; *ders.*, 1967; *K. Pritzkoleit*, 1955; *G. Brinkmann*, 1967; *F. Redlich*, 1964; *B. Biermann*, 1971; *K. Zeidler*, 1971; *E. W. Mommsen*, 1955; *H. Hartmann*, 1968.

2 Literatur zu diesem Abschnitt: *H. Pross*, 1965; *W. Zapf*, 1965; *J. Priewe/H. Wienert* in: *C. Kievenheim/A. Leisewitz*, 1973; *F. Hoffmann*, 1969; *H. Pross/K. W. Boetticher*, 1971; *K. Bolte* u. a., 1967; *H. Hartmann*, 1968; *B. Biermann*, 1971; *U. Jaeggi*, 1973; IMSF, 1973; *M. Tjaden-Steinhauer/K. H. Tjaden*, 1973; *G. Schmölders*, 1973.

3 Literatur zu diesem Abschnitt: *W. Zapf*, 1965 a); *ders.*, 1965 3); *K. v. Beyme*, 1971; *W. Mosen*, 1970; *F. Ronneberger/U. Rödel*, 1971; *W. Loschelder/H. Rössler*, 1961; *W. O. Weyrauch*, 1970; *R. Dahrendorf*, 1962; *U. Jaeggi*, 1973; *K. M. Bolte* u. a. 1967; IMSF, 1973.

4 Literatur zu diesem Abschnitt: *J. Rutenfranz/O. Graf*, 1963; *W. Keim*, 1973; *C. Kievenheim/A. Leisewitz*, 1973; *H.-G. Rolff*, 1969; IMSF, 1973; *H. Becker*, 1962; *Ch. Albrecht*, 1970; *K. W. Döring/H. Kupffer*, 1972; *H. Zeiher*, 1973; *E. Becker* u. a., 1967; *L. Müller*, 1968; *K. Seidelmann* u. a., 1970; *H. Lüdtke*, 1973; *P. Heintz*, 1970; *K. W. Döring*, 1970; *E. Altvater/F. Huisken*, 1971; *G. Schefer*, 1969; *B. Lehmann*, 1974; *G. Hartfiel/K. Holm*, 1973; *M. Schmidt*, 1974; *W. Klafki* u. a., 1970.

5 Literatur zu diesem Abschnitt: *S. Braun/J. Fuhrmann*, 1970; *S. Braun*, 1964; *H. Steiner*, 1967; *H. P. Bahrdt*, 1958; *U. Jaeggi/H. Wiedemann*,

1966; *M. Crozier*, 1956; *W. F. Neubauer*, 1972; *J. H. Goldthorpe* u. a., in: *K. H. Hörning*, 1971; IMSF, 1973; *H. Kern/M. Schumann*, 1970; *M. Tjaden-Steinhauer/K. H. Tjaden*, 1973; *C. Kievenheim/A. Leisewitz*, 1973; *Th. Scharmann*, 1967; *K. M. Bolte* u. a., 1967.

6 Literatur zu diesem Abschnitt: *S. Braun/J. Fuhrmann*, 1970; *W. F. Neubauer*, 1972; *Th. Scharmann*, 1967; IMSF, 1973; *H. Pross*, 1969; *J. Menschik*, 1971; *M. Osterland* u. a., 1973; *J. Huffschmidt*, 1969; *W. Umbreit*, 1974.

7 Literatur zu diesem Abschnitt: *M. Osterland*, 1973; *H. Kern, M. Schumann*, 1970; *M. Schumann* u. a., 1971; *K. H. Hörning*, 1971; *H. P. Bahrdt* u. a., 1970; *R. Wald*, 1966; IMSF, 1973; *H. Popitz* u. a., 1967; *H. Ortmann*, 1972; *M. Osterland*, in: O. *Jacobi* u. a. (Hrsg.), 1973; O. *Negt, A. Kluge*, 1973; *J. Destray*, 1971; *J.-M. Rainville*, 1967; *P. Gavi*, 1970; *F. Deppe* u. a. (Hrsg.), 1970; *Goldthorpe* u. a., 1969; *Bolte* u. a., 1967.

8 Literatur zu diesem Abschnitt: *G. Iben*, 1971; *G. Iben* u. a., 1970; *P. Aich/O. Bujard*, 1972; *J. Witzel*, 1969; *H. E. Richter*, 1972; *D. Eckensberger*, 1971; *H. Hess* in: *Hollstein/M. Meinhold*, 1973; *H. Hess/A. Mechler*, 1973; IMSF, 1973; *Bolte* u. a., 1967.

9 *Hanke* u. a. 1974, S. 568.

10 *W. Müller*, 1973, S. 92.

11 Vgl. *Puschner/Schreiner/Tismer*, 1968.

12 Vgl. hierzu und im folgenden: *Bolte* u. a., 1967.

13 *Kätsch*, 1965, S. 128.

14 Vgl. *Kern/Schumann*, 1970; *Osterland* u. a., 1973.

15/16 *Jaeggi/Wiedemann*, 1966, S. 4, 123 ff.

17 Vgl. insbesondere: *Braun/Fuhrmann*, 1970.

18 *Braun/Fuhrmann*, 1970, S. 520 ff.; *Th. Scharmann*, 1967.

19 *Braun/Fuhrmann*, 1970, S. 225 ff.

20 *Osterland*, u. a., 1973, S. 274.

21 Vgl. *Braun/Fuhrmann*, 1970; *Osterland* u. a., 1973; *Neubauer*, 1972; *Rolff*, 1969; *Th. Scharmann*, 1967.

22 Vgl. dazu: *Osterland* u. a., 1973; *Kern/Schumann*, 1970; *Hörning*, 1971; *Osterland*, 1973.

23 *Kern/Schumann*, 1970, S. 283.

24 *Braun/Fuhrmann*, 1970, S. 87.

25 *Rolff*, 1969, S. 34.

26 *Loehrke/Gebauer*, 1965.

27 *Wald*, S. 62 ff.; vgl. *Osterland* u. a., 1973, S. 190 ff.

7. Freizeit als Sozialisationsfeld

Freizeit ist zunächst einmal die Zeit, die das Individuum außerhalb und in Entfernung von seinem Arbeitsort verbringt. »Die einstige Verquickung jener beiden Bereiche löste sich ... mit der Entstehung der kapitalistischen Produktionsweise im Zuge der ›industriellen Revolution‹ auf ›Freizeit‹ als im heutigen Sprachgebrauch etwas von der Arbeit deutlich Geschiedenes ist ein Ergebnis des historischen Scheidungsprozesses von Produzent und Produktionsmittel, welcher die fortschreitende Teilung der Arbeit, die Entwicklung der Maschinerie und des Fabriksystems, Bevölkerungswachstums und -konzentration in den großen Städten und die Trennung von Arbeitsplatz und Wohnstätte nach sich zog. Seither ist die – später auch gesetzlich verankerte – Zeit, die an der Arbeitsstätte verbracht wird, nicht nur von der außerbetrieblichen Zeit getrennt, sondern hat sich auch im Vergleich zur Frühzeit des Kapitalismus erheblich vermindert« [1].*

Zum Bereich der Freizeit als allgemeinhin arbeitsfreier Zeit zählen so vielfältige Aktivitäten wie: Einkaufen, Interaktion in Familie und Freundeskreis, Spazierengehen, Sport, Lesen, sich Kleiden und Kleidung kaufen (Mode), Haushalt führen, Schlafen und Ausruhen, Weiterbildung etc. In der Optik der Bevölkerung haben diese Freizeitaktivitäten freilich verschiedene Wertigkeit. Eindeutig zur Freizeit gehören für die Befragten: kulturelle Veranstaltungen; sich ausruhen, etwas schlafen; Besuche machen; Fernsehen; sich mit der Familie beschäftigen; einen Einkaufsbummel machen. Überwiegend noch der Freizeit werden folgende Aktivitäten zugerechnet: mit Nachbarn unterhalten; sich am Vereinsleben beteiligen; am kirchlichen Gemeindeleben teilnehmen; seine Allgemeinbildung verbessern. Nicht zur Freizeit zählen nach Meinung der Bevölkerung: Gartenarbeit; sich um die Schulaufgaben der Kinder kümmern; sich mit politischen Fragen beschäftigen; sich beruflich weiterbilden; sich in Berufsverbänden oder anderen Organisationen betätigen. Als Gegenteil von Freizeit empfinden die Befragten insbesondere das Einkaufen und die Hausarbeit [2].

Das zeigt an, daß Freizeit für die Individuen einen qualitativen und einen nicht-qualitativen Aspekt besitzt; dem ersten werden Aktivitäten zugeordnet, die im deutlichen Gegensatz zum Arbeitsleben stehen wie Ausruhen, Kommunikation und Kontakte; dem letzteren fallen

* Anmerkungen s. S. 279

Phänomene zu, die in den Augen der Bevölkerung Arbeitscharakter annehmen, wie etwa Hausarbeit, Einkauf und natürlich Nebenverdienst. »Quantitativ stellen sich das Verhältnis von Arbeit und ›Freizeit‹ und die Verteilung der ›Freizeit‹ auf verschiedene Tätigkeits- bzw. Verhaltensbereiche folgendermaßen dar: Das durchschnittliche Ausmaß von Arbeitszeit und arbeitsverbundener Zeit beträgt ca. 49 bis 51 Stunden wöchentlich. Bei normaler Fünftagewoche ergibt sich als grober Durchschnittswert für die Länge der täglichen Abwesenheit von zu Hause die Zahl von ca. 10 Stunden. An Werktagen verbleiben demnach ca. 14 Stunden. Bringt man davon – als ›physiologische Notwendigkeiten‹ – durchschnittlich 8 Stunden für Schlaf sowie ca. 1,5 Stunden für Mahlzeiten und ca. 1 Stunde für persönliche Hygiene in Abzug, so reduziert sich bei Arbeitern wie bei Angestellten an Werktagen die ›Freizeit‹ auf ca. 3–4 Stunden ... Damit entfallen durchschnittlich bei abhängig Erwerbstätigen an einem Werktag 42 % der insgesamt zur Verfügung stehenden Zeit auf ›Arbeit‹ und arbeitsverbundene Tätigkeiten‹, 44 % auf ›physiologische Notwendigkeiten‹ und 14 % auf die sog. ›Freizeit‹« [3].
Deutlich wird damit, wie sehr Freizeit unter dem Prägungsdruck der Arbeitswelt steht. Die Leistungen und Anstrengungen, die das Individuum an seinem Arbeitsplatz erbringen muß, um seinen Lebensunterhalt zu verdienen, verlangen physische und psychische Vorbereitung, Erholung und Ablenkung in der arbeitsfreien Zeit, d. h.: Reproduktion der Arbeitskraft. Wir unterscheiden dabei drei wesentliche Aspekte, die sich in quantitativ und qualitativ verschiedenartigen Freizeitbeschäftigungen ausdrücken:

- den restriktiven Aspekt: Einkaufen, Versorgen des Haushalts, Reparaturen in der Wohnung u. a.;
- den regenerativen Aspekt: Schlafen, Ausruhen, Spazierengehen, Herumsitzen, im Garten liegen u. a.;
- den »alternativen« Aspekt: persönliche Kontakte, Wegfahren, mit den Kindern spielen, Fernsehen, Kino, innovative Erfahrungen und Erlebnisse u. a.

Die Ausgestaltung dieser drei sich bedingenden und ergänzenden Aspekte hängt von objektiven und subjektiven Faktoren ab: Erziehung, Bildungsvoraussetzungen, Einkommen, Klassen- und Schichtzugehörigkeit, Wohnsituation, Familiengröße u. a. Beispielsweise kann ein Hilfsarbeiter, der nur die Sonderschule besucht hat, mit den Angeboten von Freizeitbibliotheken oder des TV-Nachtprogramms nichts anfangen. »Bildungsstand bzw. Schichtzugehörigkeit (als weitgehend austauschbare Faktoren) bestimmen den Lebensstil und die Handlungskompetenz eines Individuums und damit auch die Muster seines Freizeitverhaltens. Mit steigendem Bildungsstand wächst z. B. die Häufigkeit der Geselligkeit mit Freunden, der Information über Politik und Kultur, der Bildungsaktivitäten, dagegen sinkt die Häufigkeit des Fernsehens, des passiven Ausruhens und des Reparierens. Konsum von populärer Musik, Hobbies, Sport und Spiel werden von mittleren Bildungsschichten am häufigsten ausgeübt« [4]. Schlecht verdienende Arbeiter oder Schaffende mit großer Familie und geringem Einkommen müssen die regenerativen und kompensatorischen Aspekte der Freizeit zugunsten von Nebenverdienst und »Schwarzarbeit« vernachlässigen. Ein Werktätiger in der Großstadt, der in weiter Entfernung von seinem Arbeitsort wohnt, ist ebenfalls in der Gestaltung der Freizeit behindert, weil sie aufgrund der langen Wege schon quantitativ zusammengeschrumpft erscheint. Ebenso wirken sich Arbeitstyp und Arbeitsinhalt auf das Freizeitverhalten der Individuen aus. *Leplâtre* und *Marenco* stellten fest, daß die höchstqualifizierten Arbeiter innerhalb der Arbeiterschaft auch das aktivste und anspruchsvollste Freizeitverhalten zeigen [5]. *Kaes* schreibt: »Je deutlicher die Arbeiter von ihrer Herkunft, ihrer Ausbildung oder ihrer Arbeit her eine niedrige kulturelle Ausgangslage aufweisen, je mehr gerät dieses kulturelle Potential in Gefahr zu verarmen. Das Aspirationsniveau ist gleich Null« [6]. *Linde* zeigte am Beispiel des Sports, daß entgegen aller Erwartungen gerade jene Arbeiter mit restriktiven Tätigkeiten (z. B. Bandarbeit) sich sportlich nicht aktiv und ausgleichend betätigen [7].

Diese Beispiele dokumentieren, daß die These von der kompensatorischen (»alternativen«) Funktion der Freizeit zumindest dahingehend einzuschränken ist, daß die Ausgestaltung der arbeitsfreien Stunden durch ein Individuum von dessen Arbeitsplatz und -qualifikation abhängig ist. Das ganz Andere, das beispielsweise zur eingeschränkten, passiv machenden Arbeitssituation am Fließband in Kontrast steht – etwa Fortbildung, politische Betätigung, aktivierender Sport u. a. – kann der passiv gewordene, allein gelassene Fließband-Arbeiter in seiner Freizeit im Regelfall nicht verwirklichen; er sucht sich vielmehr Beschäftigungen, die – wie Dösen, Schlagermusik hören, Fernsehen u. a. – seiner Arbeitssituation und -qualifikation angemessen sind [8].

Freizeit als wirkliche Kompensation des Arbeitsbereichs sieht sich überdies eingeschränkt durch die Profitmaximierung der kapitalistischen Gesellschaft, die seit Ende der fünfziger Jahre auch den Bereich der arbeitsfreien Zeit vermarktet hat. Weithin ist das Freizeitangebot von der gleichnamigen Industrie normiert und ausgerichtet worden, so daß jene Verwirklichung von Individualität und Freiheit in den Muße-Stunden, wie sie sich viele wünschen mögen, zur Illusion wird, aus der Geschäftsleute ihren Gewinn ziehen. Ein Beispiel in diesem Kontext wäre die Mode. Doch wird Freizeit noch in weiterem Rahmen von der sie umgebenden Gesellschaft geprägt: Verkehrsmittel, Städtebau, Einkaufsmöglichkeiten, Freizeitanlagen u. a., in denen sich »Muße« ab- und entwickelt, sind von den Mechanismen der bestehenden Gesellschaft (z. B. Profitmaximierung) strukturiert. Solches schließt indessen nicht aus, daß sich in der Freizeit alternative Erfahrungen und Erlebnisse verwirklichen können, aus denen die Betroffenen verändernd für sich und ihre Umwelt lernen können.

7.1. Jugendarbeit im Freizeitbereich

Die organisierte Beschäftigung mit der Jugend im Freizeitbereich ist als eine von vielen Formen der Jugendhilfe im Jugendwohlfahrtsgesetz (JWG 1970) institutionalisiert. Dort heißt es u. a.: »Aufgabe des Jugendamtes ist ..., die für die Wohlfahrt der Jugend erforderlichen Einrichtungen und Veranstaltungen anzuregen, zu fördern und gegebenenfalls zu schaffen ...« [9]. Das bedeutet, daß sich die Gemeinden um die Freizeitgestaltung der Jugend kümmern sollen, indem sie mit Freizeitheimen, Heimen der offenen Tür, Häusern der Jugend u. a. und deren entsprechenden Einrichtung ein adäquates Freizeitangebot zur Verfügung stellen.
Präzise Vorstellungen von Staat und Gemeinden über Jugendhilfe und Jugendpflege im Freizeitbereich fehlen indessen. Der Gesetzgeber glaubte sich wohl vor allem deshalb genauerer Bestimmung der Inhalte von Freizeitarbeit für Jugendliche enthalten zu können, weil er im JWG mit dem Subsidiaritätsprinzip den freien Verbänden wie beispielsweise den Kirchen das Feld für jugendpflegerische Aktivitäten weithin überließ. Die einzige Norm, die Staat und Gemeinden in ihrer Auffassung von Jugendarbeit in den Freizeitstätten leitet, ist offensichtlich die Beschäftigungs- und Ordnungstherapie für Jugendliche, die ansonsten vielleicht randalieren oder sich kriminalisieren könnten. »Wenn die Erwachsenenwelt Freizeitangebote für Jugendliche organisiert, in denen jugendlichen Erwartungen und Verhaltensweisen in gewissem Umfang Raum gewährt wird, so verbindet sich dies mit der Absicht präventiver Sozialkontrolle, diese Angebote zielen auf Integration, Anpassung und Konformität, auf ein ›reibungsloses Hineinwachsen‹ in das System der geltenden Werte und Normen« [10].

7.1.1. Jugendarbeit in Heimen der Offenen Tür

Das pragmatische Ziel der Behörden, mit einem Freizeitangebot in offenen Jugendheimen und -häusern, dissoziales Verhalten von Heranwachsenden zu verhindern oder wenigstens einzuschränken, bestimmt auch die Qualität der Jugendarbeit in den Heimen der Offenen Tür [11]. Da der öffentlichen Jugendpflege wenig Geld zur Verfügung steht, muß an und in den Heimen gespart werden. Bereits die architektonische Gestaltung verrät diesen finanziellen Mangel. Heime der offenen Tür befinden sich in Gebäuden, die eigentlich für andere Zwecke konstruiert wurden (z. B. ehemalige Lagerhallen) oder – falls man sie ausdrücklich zum Zwecke jugendlicher Freizeitgestaltung errichtete – in Häusern einfachster, nüchternster Bauweise. Die Innenräume sind entsprechend und lassen Originalität, Wohnlichkeit und Atmosphäre vermissen. Die Ausstattung ist schlicht und spartanisch. Freizeitanlagen wie Sport- und Spielflächen fehlen nahezu ausnahmslos; Freisportplätze sind nur bei 11,9 %, Hallensportanlagen bei 2,8 % der Heime vorhanden. »Das materielle Arrangement der Heime ist vor allem an kleingruppenhaften Gemeinschaftsbildungen und Aktivitäten in leistungsbetonten Arbeitsgemeinschaften orientiert, wobei die starke Zweckgebundenheit der Räume die Offenheit für variable Kommunikationsformen und wechselnde, vielfältige inhaltliche Angebote erheblich reduziert« [12].
Aber nicht nur von den Räumen, auch vom Freizeitangebot her entsteht in den Heimen eine Diskrepanz zwischen dem Vorhandenen und den Erwartungen der Jugendlichen. Während die Besucher ihre Bedürfnisse nach Kontakt, Geselligkeit, Kommunikation, Zuwendung, Zwanglosigkeit, Anerkennung u. a. befriedigen wollen, bieten die Heime Spiel- und Bastelmöglichkeiten an, die kaum ein Jugendlicher zu nutzen interessiert ist. Die Attraktivität der Heime wird ferner eingeschränkt durch die Ver- und Gebote, an die die Jugendlichen sich halten sollen. So ist der Zugang in den Heimen zeitlich sehr begrenzt, das Betreten einzelner Räume oft verboten, der Ablauf von Veranstaltungen von der Heimleitung festgelegt u. a. »In der Regel werden die vom Personal ausgehenden Restriktionen sachlich-ökonomisch begründet, z. B. durch Hinweis auf die Schutzbedürftigkeit investierter Ausstattungen in bezug auf mögliche Beschädigungen bei freiem Zugang. Aber selbst noch in solcher Argumentation äußert sich ja eine zwangsläufige Verfremdung der dynamischen und diffusen Orientierungen des Freizeitfeldes von Jugendlichen aufgrund des ›Heim-Charakters‹ der Offenen Tür« [13].

Dementsprechend besitzen die kommerziellen Freizeiteinrichtungen (Diskotheken, Spielhallen, Kinos u. a.) für die meisten Jugendlichen eine größere Anziehungskraft als die Heime der offenen Tür. Entgegen ihrer Vorstellung und eigentlichen Bedeutung können die Heime nicht den Anspruch einlösen, eine repräsentative Freizeitstätte für alle Jugendlichen zu sein. »Der überproportional hohe Anteil von ›organisierten‹ Jugendlichen unter den Besuchern zeigt deutlich, daß das offizielle Ziel der OT-Arbeit (Offene-Tür-Arbeit, d. V.), geplante Freizeitangebote vornehmlich für ›Unorganisierte‹ zu liefern, nicht erreicht wurde. Da die meisten Freizeitheime mit OT-Charakter auch von Verbandsgruppen genutzt werden, profitieren deren Mitglieder zwangsläufig auch von der Offenen Tür« [14].

Für ein attraktives, besuchergerechtes Angebot fehlen auch dem aufgeschlossenen Heimpersonal in der Regel die Mittel und die nötige Zeit. Da die Heime personell zumeist unterbesetzt sind, können Heimleiter und -angestellte auch nur selten dem Wunsch vieler Jugendlicher nachkommen, Beratung und Lebenshilfe (z. B. Probleme lösen) zu leisten. Oft ist auch die Qualifikation des Heimpersonals unbefriedigend. Schließlich zeigen sich die Handlungsmöglichkeiten der Heimverantwortlichen durch die Ordnungs- und Anpassungserwartungen ihrer vorgesetzten Behörden eingeschränkt. Dem Heimpersonal wird es verwehrt, den Jugendlichen in den Heimen mehr Freiheit einzuräumen und etwa Modelle von Selbstbestimmung praktizieren zu lassen. Oft verhindern die Behörden schon geringfügige Ansätze der jugendlichen Einflußnahme auf die Programmgestaltung und -planung der Heime.

Angesichts solcher Befunde liegt die Schlußfolgerung nahe, daß die Bedürfnisse der Jugendlichen in den Heimen der offenen Tür allenfalls partiell erfüllt werden. *Nahrstedt* stellt in diesem Zusammenhang fest [15]:

1. Die offenen Heime stellen keine Einrichtung für alle Jugendlichen dar. Vielmehr prägen die 14–18jährigen männlichen Schüler die Besucherschaft. Gerade die sozial unterprivilegierten Gruppierungen der Jugendlichen wie Lehrlinge und auch Mädchen sind in den Heimen unterrepräsentiert.
2. Emanzipation und Bedürfnisbefriedigung gelingen auch den »privilegierten« Schülergruppen in den Heimen aufgrund deren struktureller Unzulänglichkeit nicht.
3. »Das Regenerationsbedürfnis der Besucher und das Bestreben der Heimleitung, einen harmonischen Raum der Begegnung zu schaffen, reproduzieren nur die Konfliktscheu kleinbürgerlicher Norm.

Auf diese Weise entsteht ein unnatürlicher innerer Freiraum, der sich gegen alle Erschütterungen von außen wie von innen wehrt und Emanzipation durch Selbstbestimmung mehr verhindert als provoziert.«

7.1.2. Sozialpädagogische Praxis: Die Veränderung von Heimen

Das Dilemma der Jugendhäuser hat schon vielfältige Verbesserungsvorschläge provoziert. So schlägt *Grauer* nach seiner ausführlichen empirischen Analyse der Heime der offenen Tür vor [16]:

- die Heime besser einzurichten und zu gestalten,
- die personellen und organisatorischen Probleme zu lösen (etwa durch eine bessere Qualifizierung des Personals),
- die widersprüchlichen und abstrakten Zielsetzungen der Heime zugunsten konkreter Aufgabenbestimmungen zu revidieren. Dabei sollten die Ziele so klar bestimmt sein, daß sie eine ständige Überprüfung der Heimaktivitäten an pädagogischen Ansprüchen ermöglichen.
- Motive zur Selbstbestimmung und Selbständigkeit zu stärken, indem die Freizeitheime nicht Häuser für die Jugend bleiben, sondern Häuser *der* Jugend werden. Im Vordergrund der Ordnungsstruktur der Heime solle also die »Selbstregulierung der kommunikativen und kooperativen Gruppenprozesse im Heim durch die Jugendlichen« stehen,
- das Heimpersonal zum Umdenken zu bewegen. Statt zu lenken und zu führen, solle das Personal in den offenen Heimen über die Bedingungen von Gruppenprozessen informieren. Damit verbunden ist die »Schaffung von Entscheidungs- und Handlungsspielräumen für die Jugendlichen, die über den engen Rahmen des Heimes hinausweisen und die auf weitgehend freier Verfügung über die einzusetzenden Finanzen und Mittel beruhen, deren Zielsetzungen und Wirkungen jedoch zum Gegenstand rationaler Auseinandersetzung und kritischer Stellungnahme werden müssen«.
- Risiken und Konflikte mit der Umwelt nicht artizifiell zu vermeiden. »Wenn die Träger nicht bereit sind, solche Risiken einzugehen, wenn sie solche Konflikte unterdrücken statt zu ihrer rationalen Bewältigung beizutragen und wenn sie dem Personal bei seinem Eintreten für die Bedürfnisse und Interessen der Heranwachsenden nicht beistehen, werden die Freizeitheime keine Chance haben, zur Realisierung des gesellschaftlichen Fortschritts beizutragen und die Besucher zu bewußter und kritischer Teilnahme am gesellschaftlichen Leben zu befähigen.«

Fassen wir zusammen, daß in der Perspektive *Grauers* die Ausstattung der Heime und deren Personal besser werden, die Heime Risiken und Konflikte auf sich nehmen, zu Selbstbestimmung und zur Selbstorganisation der Jugendlichen ermuntern und schließlich auch noch sozialen Fortschritt stimulieren sollen, dann kann man angesichts der mißlichen Lage von institutionalisierter Jugendarbeit im Freizeitsektor einen solch positiven Forderungskatalog nur begrüßen. Erinnert man sich indessen an *Grauers* eigene Befunde von der pädagogischen Ziellosigkeit offizieller Jugendarbeit, von deren staatlicher Ordnungs- und Integrationsfunktion, von den architektonischen und personellen Defiziten der Heime als Ausdruck der finanziellen Misere von Jugendpflege in der BRD, muß man feststellen, daß *Grauers* Analyse in diametralem Widerspruch zu seinen Verbesserungsvorschlägen steht. Ist die Misere von Freizeitarbeit in den offenen Heimen struktureller Ausdruck bundesdeutscher Jugendpolitik, können Forderungskataloge, so gut sie auch gemeint sein mögen, nichts verändern. Es ist sinnlos, Verbesserungsvorschläge an staatliche Adressaten zu richten, die, wie *Grauer* selber konstatiert (S. 262), nun seit nahezu 20 Jahren das Malaise in den Heimen bewußt als Jugendpolitik verwalten. Wir werden uns also um realistischere Alternativen zur bisherigen Jugendarbeit bemühen müssen.

7.1.3. Jugendarbeit in der Theorie – Nähe und Distanz zur Praxis

Nicht zuletzt die ungünstigen Bedingungen von offizieller Jugendarbeit haben in der BRD eine vergleichsweise reichhaltige Diskussion über sozialpädagogische Möglichkeiten der Jugendpflege im Freizeitbereich provoziert. Als Ergebnis sind mehrere Theorien von Jugendarbeit entstanden, die wir als traditionelle, konservative, problembewußte, emanzipatorische, emanzipatorisch-gesellschaftskritische, antikapitalistische und jugendeigene (Jugendzentrumsbewegung) bezeichnen.

Unter *traditioneller Jugendarbeit* verstehen wir jene Aktivitäten, die in den offiziellen Jugendfreizeitheimen der Gemeinden und Städte für Jugendliche angeboten werden. Diese offenen Heime entstanden in der BRD nach dem Zweiten Weltkrieg. Damals galt es in einer Zeit des sozio-politischen Umbruchs und der gesellschaftlichen Unordnung die Gefährdung der Jugend zu verringern und deren verstärkte Kriminalisierungstendenzen einzudämmen. Die Heime hatten eindeutig die Funktion, die Heranwachsenden von der Straße und den dort drohenden Gefahren dissozialen Verhaltens wegzuholen und in »sicheren«

Heimen »ordentlich« zu beschäftigen. Diese Aufgaben der Jugendfreizeitheime, Beschäftigungs- und Integrationstherapie zu leisten, sind auch heute noch gültig. Abgesehen von den bezeichneten Ordnungsvorstellungen, die die Heime in der Optik der verantwortlichen Behörden erfüllen sollen, existieren keine programmatischen oder gar sozialpädagogisch begründeten Leitbilder zur Freizeitarbeit mit Jugendlichen in den offenen Heimen. Staat und Gemeinden verharren in der Erwartungshaltung, daß in den Häusern der offenen Tür Ruhe und Ordnung gewährleistet bleiben [17]. »Die beiden vorherrschenden Angebotsdimensionen der Freizeitheime – der zugestandene Spielraum für unverbindliche Aktivitäten und Leistungs- und Bildungsansprüche in strukturierten Gruppen – haben sich unverändert und dauerhaft gehalten, seit sie in den ersten Nachkriegsjahren unter dem Motiv sozialer Kontrolle und vorbeugender Maßnahmen der damals allgemeinen Jugendnot und -gefährdung entgegentreten sollten. Die Stagnation in der Weiterentwicklung der Freizeitheime und einer den veränderten gesellschaftlichen Bedingungen angemessenen Konzeption von Freizeiterziehung unterstreicht, daß diese ursprüngliche Auffassung über die Funktion der Freizeitheime weiterhin wirksam ist« [18].
In das Vakuum an Zielvorstellungen im Bereich der Jugendfreizeitheime stießen zunächst *konservative* Theoretiker von Jugendarbeit [19]. Sie beklagten die »Führungsschwäche« des Staates und den angeblich damit verbundenen Mangel an Idealen. Die Orientierungslosigkeit der Jugend müsse aufgehoben werden, indem die Heranwachsenden wieder prägende Vorbilder erhielten, an denen sie ihr Verhalten und ihre Werte ausrichten könnten. Jugendarbeit hätte »Menschenführung« *(Pöggeler)* zu sein. Dazu benötige die Jugend »Führer« *(Pöggeler)*, die die Heranwachsenden zu begeistern und zu motivieren imstande sind.
Nicht von Ordnungsmaximen wie der Staat und von Führungsidealen wie die konservative Jugendarbeit auszugehen, sondern vielmehr von den Jugendlichen als Adressaten der Freizeitarbeit, war das historische Verdienst Helmut *Kentlers* an der Wende der fünfziger zu den sechziger Jahren [20]. *Kentler* begründete eine *problembewußte Jugendarbeit*, indem er mit Industriejugendlichen Freizeiten organisierte, um diesen Lehrlingen und Jungarbeitern die Möglichkeit zu geben, persönliche, berufliche und gesellschaftliche Probleme zu besprechen und Lösungswege zu finden. Nach den Freizeiten wurde die problembewußte Arbeit mit den Jugendlichen an deren Wohnort weitergeführt. *Kentler* entwickelte dazu ein Repertoire von Methoden, das Rollenspiele, Soziodramen, Provokationen u. a. umfaßte, um die ver-

gleichsweise apathischen Jungarbeiter zu aktivieren. Auch bekannte er sich zu der Notwendigkeit, die Jugendlichen nicht nur in ihrer »Muße« zu unterstützen, sondern ebenfalls im »Alltag des jungen Menschen . . ., sie muß ihm gerade auch in den Schulen, Betrieben und Familien beistehen, um ihn im Denken zu orientieren« [21]. Allerdings bleibt diese Aufforderung *Kentlers* im Gegensatz zu seiner inhaltlich und methodisch ausgestalteten Freizeitarbeit vergleichsweise unkonkretisiert. Das liegt vor allem daran, daß *Kentler* gesellschaftliche Institutionen wie Betrieb und Schule unbestimmt läßt; er setzt sie weder in bezug zur Sozialstruktur der BRD, noch reflektiert er diese, so daß auch soziale Zwänge und Herrschaftsinteressen, die die von ihm geforderte »Mündigkeit« der Jugendlichen behindern, nicht benannt werden. Alle Bemühungen *Kentlers* um Autonomie und »Menschsein« *(Kentler)* der Heranwachsenden münden deshalb – ungewollt, aber im Effekt nichtsdestotrotz – in ein Fluchtverhalten aus den gesellschaftlichen Bezügen der Arbeitswelt.

Deutlicher als *Kentler* betont *Mollenhauer* [22] die Zielvorstellung der Mündigkeit in seiner Theorie *emanzipatorischer Jugendarbeit,* die er als eine systematisch pädagogische begründen will. Im Gegensatz zu den starren Erziehungsfeldern der Schule und der Berufsausbildung – so postuliert *Mollenhauer* – soll Jugendarbeit die sozialisatorische Praxis der Gesellschaft nicht reproduzieren. Damit könne Jugendarbeit ein Experimentierfeld für bessere Möglichkeiten von Leben und Freizeit darstellen. Hier sei das Mündigwerden des Heranwachsenden realisierbar. Jugendarbeit gewinnt damit in der Theorie *Mollenhauers* eine Korrektivfunktion zur Sozialisation in Elternhaus, Schule und Beruf. Während letztere die gesellschaftlichen Zwänge vermitteln, kann sich Freizeitarbeit mit Jugendlichen aus nahezu allen Restriktionen befreien und also emanzipatorisch wirken, indem sie den tatsächlichen Interessen aller Heranwachsenden nachkommt und deren Bedürfnisse erfüllt.

Auch wenn man diese Theorie ausführlicher referierte, bliebe sie vergleichsweise abstrakt. In ihr werden die zentralen Begriffe wie »Mündigkeit« und »Emanzipation« inhaltlich kaum gefüllt. Wie allgemein *Mollenhauers* Überlegungen oft bleiben, läßt sich etwa daran zeigen, daß er nur »Jugend« und »Jugendliche« kennt, ohne dabei schicht- und klassenspezifisch zu unterscheiden; Jugendarbeit weiß bei ihm nur um einen einzigen Adressaten mit denselben Bedürfnissen und Interessen, auf den auch eine totale Gleichförmigkeit der Angebote und pädagogischen Interventionen zielt. Ebenso unverbunden mit der gesellschaftlichen Wirklichkeit präsentiert sich *Mollenhauers* Auffassung von

Freizeit, die als ein – von Arbeits- und Produktionsverhältnissen der Gesellschaft – abgehobener »Freiraum« erscheint. Angesichts des Umstands, daß *Mollenhauer* überdies weder Modelle noch Methoden praktikabler Freizeitarbeit diskutiert, bedeutet diese Konzeption emanzipatorischer Jugendarbeit einen Schritt hinter *Kentlers* zeitlich früheren Versuch zurück.

Das Ziel der Mündigkeit vertritt auch *Giesecke* in seiner *emanzipatorisch-gesellschaftskritischen* Auffassung von *Jugendarbeit* [23]. Im Gegensatz zu *Mollenhauer* konkretisiert er indessen seine Vorstellungen terminologisch wie auch praktisch-methodisch. Emanzipation ist für *Giesecke* »ein *politischer* Begriff, er zielt auf gesellschaftliche Veränderungen zum Zwecke der Abschaffung einseitiger Abhängigkeiten und Unterprivilegierungen und damit auf einen Zuwachs an Demokratisierung. Insofern betrifft er lediglich *politische* Handlungen und Aktionen, die mit pädagogischen zunächst noch gar nichts zu tun haben.

Pädagogisch relevant wird dieser Begriff erst in dem Augenblick, wo man davon ausgeht, daß diesen politischen Befreiungsaktionen bestimmte Lernleistungen entsprechen müssen bzw. wo die gesellschaftlichen Lernziele überhaupt so definiert werden, daß eine zielgerichtete Veränderung der Gesellschaft im Sinne zunehmender Demokratisierung intendiert wird« [24]. Emanzipatorische Jugendarbeit versteht *Giesecke* nun als Abbau-Versuch von Abhängigkeiten und Zwängen, der Konflikterlebnissen nicht aus dem Wege geht, sondern im Gegenteil »auf gesellschaftlich-strukturelle Dimensionen hin transparent« macht. Insofern gewinnt Gieseckes Emanzipationsbemühen einen gesellschaftskritischen Aspekt. Konflikterlebnisse sind die Widersprüche zwischen Jugendlichen- und Erwachsenenrollen, zwischen Pflichten und Rechten, zwischen Triebbedürfnis und Befriedigung, zwischen Lust und Leistung, zwischen ideologischer und realer Lebensperspektive, zwischen Mitbestimmung und Herrschaft und zwischen Bedürfnissen und ökonomischen Chancen. Jugendarbeit soll nun diese Widersprüche lösen helfen und »durch die bewußte Verarbeitung solcher Konflikte nach der individuellen wie gesellschaftlichen Seite hin den gesamtgesellschaftlichen Emanzipationsprozeß« weitertreiben.

Jugendarbeit gewinnt in diesem Zusammenhang eine Korrektivfunktion zu den anderen Sozialisationsinstanzen. »Das heißt zunächst einmal, daß die absolute Gültigkeit bisheriger Sozialisationsergebnisse in Frage gestellt wird, sofern sie einer emanzipatorischen Weiterentwicklung hinderlich sind. Jugendarbeit hat dann zu einem guten Teil die Aufgabe, als selbstverständlich geltende Normen, Einstellungen und

Verhaltensweisen zu kritisieren, auch wenn dies im Widerspruch zu den herrschenden Auffassungen in Schule, Betrieb und Familie geschieht.« Wie *Kentler* so gehört auch *Giesecke* zu den wenigen Theoretikern der Jugendarbeit, die selbst Freizeitarbeit mit Heranwachsenden geleistet haben. Demgemäß muß auch *Giesecke* – vor allem in seinem Erfahrungsbericht über den Jugendhof Steinkimmen – nicht darauf verzichten, die praktische Dimension seiner Theorie zu benennen und die methodische Umsetzung seiner Überlegungen an Beispielen zu beschreiben.

Theoretisch wie praktisch bedeutet *Gieseckes* Konzeption einen bedeutsamen Fortschritt in der Diskussion um Jugendarbeit. Freilich sind auch gewisse Mängel nicht zu übersehen. *Giesecke* versucht an keiner Stelle seines mittlerweile sehr umfangreichen Schaffens die gesellschaftlichen Bedingungen von Jugendarbeit konkret zu bestimmen. Er stellt zwar Zwänge und Defizite des Systems fest, doch unterläßt er die präzise Benennung und Analyse dieses Systems. So bleibt undeutlich, woher Zwänge und Defizite kommen, welche Jugendarbeit aufheben soll, und perspektivelos, wie solche Zwänge und Defizite verändert werden könnten. Das heißt: so wenig *Giesecke* die gesellschaftlichen Ursachen jener sozialisatorischen Mängel und jugendspezifischen Widersprüche, die er ausführlich beschreibt, konkretisiert, so wenig entwickelt er sozio-politische Zielvorstellungen, wohin die Reise zu Emanzipation und Demokratisierung eigentlich gehen soll.

Diesen gesellschaftsanalytischen Mangel aller bisherigen Theorien versucht die *antikapitalistische Jugendarbeit* zu beheben [25]. Sie geht davon aus, daß Jugendarbeit in einer kapitalistischen Gesellschaft geschieht, die die Individuen unter ihr unmenschliches Profitgesetz zwingt und insbesondere die Arbeiterjugendlichen zu ausgebeuteten Objekten werden läßt. Jugendarbeit – will sie im Dienste der beherrschten Menschen und nicht der Herrschenden stehen – muß sich also gegen die kapitalistischen Produktionsverhältnisse wenden, d. h. antikapitalistisch und nicht – wie bisher – sozialintegrativ sein. »Alle bisherigen Ansätze liberal-progressiver Jugendarbeit« [26] seien systemstabilisierend gewesen. Antikapitalistische Jugendarbeit bringe nun dadurch ganz Neues, »daß die Praxis, die sie impliziert, nicht *nur* als Vehikel von Lernprozessen begriffen wird, sondern zugleich als Vehikel revolutionärer, das heißt die kapitalistischen Produktionsverhältnisse und ihren politischen und kulturellen Überbau umwälzender Prozesse.« Adressat dieser Jugendarbeit muß mit zwingender Logik die Arbeiterjugend als revolutionäres Subjekt sein: sie wird ausgebeutet. Diese objektive Repression provoziert indessen nicht automatisch revolutionäres Bewußtsein. »Das skizzierte, in der industriellen Arbeitssituation begründete Reservoir an Verhaltenspotentialen hat vorpolitischen Charakter. Aus sich treibt es noch keine revolutionäre Praxis hervor, da es lediglich aus sinnlichen Erfahrungen resultiert, jedoch noch nicht, wie Mao sagt, von der revolutionären Theorie durchleuchtet ist. Die aus der sinnlichen Erfahrung resultierenden Haltungen und Fähigkeiten sind jedoch eine entscheidende Bedingung, um revolutionäre, antikapitalistische Praxis überhaupt möglich werden zu lassen.«

Wo (objektive) Mißstände noch nicht deutlich erkannt werden und keine Strategie formuliert ist, sie (subjektiv) bewußt zu machen, kann Jugendarbeit eingreifen. »Antikapitalistische Jugendarbeit zielt ab auf die Mobilisierung subjektiver Potentiale, die die kapitalistische Klassengesellschaft durch kollektiv-organisierte Anstrengungen aus den Angeln heben können.« Die Lernprozesse, die dazu vonnöten sind, situiert *Liebel* eindeutig in den Betrieben. »Da sich das Kapitalinteresse am unmittelbarsten in der Produktionssphäre manifestiert und die Klassenlage dort konstituiert und sinnlich am ehesten erfahrbar wird, kommt der Beteiligung an betrieblichen Kämpfen die entscheidende Bedeutung zu. Konflikterfahrungen außerhalb der Produktionssphäre können aber ebenfalls Einsichten in divergierende Interessenlagen befördern und soziale Orientierungen erleichtern, ob sie jedoch zur Ausbildung von Klassenbewußtsein führen, hängt davon ab, inwieweit in diesen Konflikten die Grundstruktur der kapitalistischen Klassengesellschaft durchscheint oder sichtbar gemacht werden kann.« Das heißt unverblümter ausgedrückt, daß der ideale Ort für Jugendarbeit der Betrieb ist.

Damit wird Jugendarbeit als Freizeitarbeit im Grunde ad absurdum geführt; sie erscheint als irrelevant, zumindest als sekundär. Solches ist natürlich ein Weg, der Problematik gegenwärtiger Jugendarbeit in den offenen Heimen und anderswo im Freizeitbereich vergleichsweise elegant zu entgehen und überdies jene, die sich mit Freizeitarbeit noch beschäftigen, als anachronistische Fossile weit fortgeschrittener Geschichte der Jugendarbeit zu disqualifizieren. *Liebel* verdammt ja denn auch alle bisherigen Versuche von Freizeitarbeit als sozialintegrativ, wobei er zum einen falsch und zum anderen unhistorisch argumentiert. Zunächst muß auch innerhalb der Jugendarbeit – wie etwa innerhalb der Jugendbewegung, der Arbeiterbewegung in der BRD u. a. – eine Entwicklung konzediert werden, an deren Anfang nicht die antikapitalistische Jugendarbeit stehen konnte, weil sie eben ein spezifischer Ausdruck der ökonomischen Abschwächungsperiode in der BRD nach 1967 und zum zweiten der anwachsenden jugendlichen Protestbewegung innerhalb des weiteren Rahmens der Arbeiterbewegung ist. Ferner ist es falsch, bisheriger Jugendarbeit – etwa den frühen Versuchen *Kentlers* in Süddeutschland und den späteren *Gieseckes* in Norddeutschland – Folgewirkungen praktischer wie theoretischer Natur abzusprechen. Praktisch gesehen: Problembewußte und emanzipatorische Jugendarbeit hat die jugendliche Protestbewegung mit eingeleitet; theoretisch gesehen: die Arbeiten *Kentlers, Gieseckes, Negts* u. a. haben *Liebels* Theorieversuch überhaupt erst ermöglicht, indem er in Auseinandersetzung mit ihnen entstehen konnte.

Gravierender als Vorgängiges muß die politische und sozial-pädagogische Kritik an *Liebel* sein. Seine Theorie beschreibt die betriebliche Lage so, als müsse dort antikapitalistische Jugendarbeit ein Vakuum füllen. *Liebel* irgnoriert die Arbeit vielfältig bestehender Betriebsgruppen ebenso wie die Bemühungen der gewerkschaftlichen Bildungs- und Schulungsarbeit. Da in den Betrieben Aktivitäten auch für die Arbeiterjugendlichen bestehen (Basisgruppen, Gewerkschaften), stellt sich die Frage, wie sinnvoll zum einen und wie erfolgreich zum zweiten antikapitalistische Jugendarbeit sein kann, die von außen in die Betriebe hineingetragen wird. Über solche Probleme läßt sich im Zusammenhang mit *Liebels* Theorie freilich nur spekulieren, da er die Frage nach der Praktikabilität seiner Jugendarbeit und nach deren Organisationsform auf betrieblicher oder außerbetrieblicher Basis weder beantwortet noch überhaupt thematisiert [27].

Richtig ist in solchem Kontext auch die Kritik von *Böhnisch* und *Schefold*, daß die antikapitalistische Jugendarbeit nicht den »realen Standort der Jugendarbeit verhandelt, sondern eine *gesellschaftliche Funktion* der Jugendarbeit, wie sie aus den gesellschafts- und erziehungspolitischen Prämissen folgt, in die Zukunft projiziert.

Auch jener Ansatz der antikapitalistischen Jugendarbeit, der weniger die pädagogische Institution Jugendarbeit, sondern in erster Linie die politische Praxis im Industriebetrieb im Auge hat, kann sich diesem Dilemma nicht entziehen. Denn auch eine Basisarbeit im Betrieb kann ihre Praxis nicht willkürlich konstruieren. . . . [28].

Da solches zu wenig bedacht wird, gelangt antikapitalistische Jugendarbeit zu einer Überschätzung ihrer selbst. Was da an revolutionären Antrieben, politischen Impulsen und sozialistischen Zielvorstellungen *verbal* mobilisiert wird, kann Jugendarbeit gar nicht leisten (vgl. Kap. 1). Proportional zum Geforderten steht denn nur konsequent die Ärmlichkeit des sozialpädagogisch-praktischen Arsenals, d. h. die Operationalisierung der antikapitalistischen Zielvorstellungen durch

Mittel und Methoden der Jugendarbeit. Will antikapitalistische Jugendarbeit, so schreibt *Liebel* selbst, »nicht bloße Deklamation bleiben«, habe sie folgendes einzulösen: »Einerseits mußte sie auf der subjektiven Ebene das Interpretations- und Artikulationsvermögen der jungen Arbeiter entwickeln und gleichzeitig die Elemente solidarischer Beziehungen und kollektiver Identitäten fördern, andererseits müßte sie helfen, die objektiven Voraussetzungen für die Freisetzung des darin enthaltenen Emanzipationspotentials zu schaffen, das heißt, sie müßte selber politische, nicht nur pädagogische Praxis sein« [29]. Dem ist zuzustimmen. Leider bleibt unbeantwortet, wie solches zu bewerkstelligen wäre, und antikapitalistische Jugendarbeit – so rudimentär verstanden – eben doch »Deklamation«. *Liebels* Modell zeigt sich damit als ein Beispiel abstrakter Zieldiskussion, wie wir sie eingangs kritisiert haben (vgl. Kap. 3.4.1. u. 4.1.).

Schließlich bedingt *Liebels* durchaus wichtiger Versuch, jenes Defizit an Gesellschaftsanalyse aufzuheben, das bisherigen Theorien zur Jugendarbeit eigen war, eine Vernachlässigung jener Bedürfnisse und Wünsche, die die Heranwachsenden an die Jugendarbeit stellen, d. h. der subjektiven Komponente von Jugendarbeit. Liebel konzipiert seine Theorie aus der Erkenntnis des repressiven Charakters der kapitalistischen Gesellschaft. Die objektive Wirklichkeit (Klassengesellschaft, Ausbeutung, Unterdrückung der Arbeiterklasse u. a.) ist die einzige Konstitutionsbasis für seine Jugendarbeit. Die tatsächlichen Erwartungen der Heranwachsenden an die Jugendarbeit – mögen es vielleicht auch »falsche Bedürfnisse« sein – bezieht *Liebel* indessen an keiner Stelle in seine Theorie ein. Nicht zuletzt deshalb ist sie inpraktikabel.

7.1.4. Die Herausforderung der Protestbewegung an die Jugendarbeit

Den entscheidenden Umbruch in der Jugendarbeit nach dem Zweiten Weltkrieg provozierte die jugendliche Protestbewegung. Jugend als Objekt bisheriger Freizeitpädagogik und als Zielgruppe politischer Aufklärungsstrategien zeigte sich nun als selbstorganisierendes Subjekt. »Diese Herausforderung von ›außen‹, und zwar durch Mitglieder jener Altersgruppe, deren politisch-soziale Entwicklung zu fördern, die Jugendarbeit speziell für sich in Anspruch nimmt, dürfte der eigentliche brisante Kern der Auseinandersetzung um das Selbstverständnis gegenwärtiger Jugendarbeit sein« [30].

Die Provokation jugendlicher Protestbewegung gegenüber der herkömmlichen, d. h. institutionalisierten Jugendarbeit – mit welchen konservativen oder progressiven Vorzeichen auch immer – begann freilich nicht erst mit der Studentenrevolte. Schon beträchtlich zuvor setzten jugendliche Protestbewegungen wie Provos, Hippies, Underground und Yippies stimulierende Zeichen für die traditionelle Jugendarbeit. Diese Gruppierungen versuchten in Opposition zum bestehenden sozialen System gegen-gesellschaftliche Modelle aufzubauen, in denen sie leben und sich organisieren konnten [31]. Bescheidene Anfänge, die sich in gemeinsamen Wohnungen, Wohngemeinschaften und Kommunen manifestierten, führten schon bei den Hippies in den USA, England und Holland zu »Free Shops« (Digger-Läden), eigenen und selbst-verwalteten Krankenhäusern, Restaurants, Clubs, Farmen, Theatern, Musik-Gruppen und Zeitungen.

Die Underground-Bewegung erhob dann Ende der sechziger Jahre den hoch gegriffenen Anspruch, die allenfalls durch die Diggers lose verbundenen Organisationsversuche der Hippies in einer »counter-society« zu stabilisieren. Diese »Alternative Gesellschaft« verfügte über eine Gegen-Öffentlichkeit mit eigenen Medien (Zeitungen, Zeitschriften, Rundfunkstationen), Nachrichtendiensten und einem internationalen Presse-Syndikat. Sie errichtete eigene Kindergärten, Schulen und Universitäten, begründete eine Gegenkultur mit Kinos, Theatern, Zentren, Musiksälen und Künstlerorganisationen, baute eigene landwirtschaftliche und betriebliche Produktionsstätten auf, schuf Nachbarschaftshilfen, Aktionskomitees, Gemeinschaftszentren u. a. Dominierendes Prinzip dieser »counter-society« war die Selbst-Organisation ihrer Mitglieder. Nicht Autoritäten ordneten mehr an, sondern Individuen in freier Assoziation entschieden über ihre Lebensweise gemäß jener Bedürfnisse und Interessen, die sie befriedigen wollten.

Solche Modelle von Selbstbestimmung und Selbstorganisation wurden in der BRD partiell von der Studenten- und Schülerbewegung aufgenommen, ohne indessen die Bandbreite anglo-amerikanischer »Vorbilder« hierzulande zu finden: Gegen-gesellschaftliche Versuche drückten sich in der BRD hauptsächlich nur in Wohngemeinschaften und Zeitungen aus. Viel deutlicher noch als in den anglo-amerikanischen Ländern beschränkten sich überdies die bezeichneten Versuche von Selbstorganisation auf mittelständische Jugendliche. Erst später und zunächst durchaus unter dem organisierenden Einfluß von Studenteninitiativen (Heimkampagne u. a.) wuchs dieser Teil der Protestbewegung in Fraktionen der Arbeiterjugend hinein: »Die relative Verschlechterung der Lebens- und Arbeitsbedingungen der lohnabhängigen Jugendlichen, die Unfähigkeit der staatlichen Jugendpolitik und etablierten Jugendhilfe, die Interessen der gesellschaftlich unterprivilegierten Jugendlichen konsequent aufzugreifen sowie die wachsende

Einsicht in die gesellschaftliche Bedingtheit der Jugendmisere führten in den letzten 5 Jahren zur Bildung einer Vielzahl systemkritischer Basisinitiativen. Diese entwickelten Modelle einer nicht-systemkonformen Jugendarbeit (Lehrlingsaktionen, selbstorganisierte Jugendwohnkollektive und Jugendzentren) und gerieten damit in einen grundlegenden Zielkonflikt mit der Sozialbürokratie« [32].

Besonderen Ausdruck in unserem Hinblick auf Freizeitarbeit fand diese Bewegung in den überall in der BRD begründeten Jugendzentren. Sie entstanden zumeist in leerstehenden und dann besetzten Gebäuden, ehemaligen Lagerhallen, Fabriken und in umfunktionierten Jugendhäusern, in denen die Lehrlinge, Jungarbeiter, Schüler und z. T. Trebegänger einen Ort zu finden hofften, an dem sie ihre Bedürfnisse selbst organisieren konnten. »Somit stellt sich die Jugendzentrums-Bewegung dar als ein Versuch zur Bewältigung der sozialen Probleme von Jugendlichen, in Abkehr von den Sanktionsinstitutionen (Familie, Schule, Betrieb), den Neppinstitutionen (Diskotheken, Gastwirtschaften), den Gruppen, die partikulare und klar definierte Interessen verfolgen (Kirchen, Sportvereine, Parteien), sowie von den Institutionen, die Jugendliche allenfalls als Objekte der Fürsorge, Pflege oder des vorbeugenden Jugendschutzes begreifen (wie Teile der Jugendverbände, der kommunalen Jugendpflege, Häuser der offenen Tür)« [33].

7.1.5. Die Bedürfnisstruktur der Jugendlichen in offenen Heimen

Traditionelle Jugendarbeit kann sich nun aufgrund der Herausforderung durch die selbst-verwalteten Jugendzentren nicht freiwillig auflösen, wie das proklamiert worden ist. Sie kann es nicht, weil das Angebot der Jugendzentren die Nachfrage der Jugendlichen im Freizeitbereich rein quantitativ nicht befriedigen kann; sie wird es nicht, weil mit ihrer Präsenz ein staatlicher Auftrag und damit eine jugendpolitisch-ideologische Zielsetzung verbunden ist. Es stellt sich also – realistisch besehen – nicht die Frage, wie traditionelle Jugendarbeit liquidiert, sondern wie sie mit Aktivitäten zu erfüllen ist, die den Bedürfnissen der Heranwachsenden in den Heimen der offenen Tür auch tatsächlich entsprechen.

Um diese wirklichkeitsbezogene Perspektive näher zu skizzieren, bedarf es freilich zunächst der Frage, wie die Bedürfnisse der Jugendlichen in den Heimen der offenen Tür beschaffen sind und wie sie artikuliert werden. Solchem sind wir in zwei Heimen der offenen Tür in Berlin nachgegangen, wovon das eine von der Evangelischen Kirche, das andere vom Staat verwaltet wurde. Den Jugendlichen wurde dabei ein Fragebogen vorgelegt, der jeweils noch in persönlichen Gesprächen aufbereitet und vertieft wurde. Die *Auswertung des Fragebogens* (Anzahl: 148) erbrachte folgende Ergebnisse: Die Heimbesucher bestanden zu 31 % aus Mädchen und zu 69 % aus Jungen; 12 % waren jünger als 13, 6 % 13 Jahre alt, 9 % 14, 26 % 15, 19 % 16, 14 % 17, 6 % 18, 4 % 19 und 4 % älter als 19. 92 % der Jugendlichen kamen aus den Bezirken, in denen die beiden Heime lagen. 65 % waren Schüler, 18 % Lehrlinge, 7 % Jungarbeiter, 6 % Angestellte, 4 % Beamte. 68 % machte die jetzige Tätigkeit (Arbeit/Schule) Spaß; 32 % hätten gerne etwas anderes gemacht. 7 % der Arbeitenden hatte den Beruf schon mindestens einmal gewechselt. 37 % waren Hauptschüler (hatten Hauptschulabschluß), 6 % Sonderschüler, 48 % Mittelschüler und 9 % Realschüler. 28 % wären gerne länger zur Schule gegangen. Als Hauptgründe für (vorzeitigen) Schulabgang waren in dieser Reihenfolge angegeben: 1. keine Lust mehr, 2. zu wenig Geld, 3. mehrmals sitzengeblieben, 4. keinen Vater mehr. 86 % der Jugendlichen hatten Geschwister.

14 % der Heimbesucher gaben an, daß nur der Vater berufstätig war, 9 % nur die Mutter, 74 % Vater und Mutter, 3 % keiner von beiden (z. B. Sozialhilfeempfänger). Die Väter waren tätig als Handwerker, Arbeiter, Kraftfahrer, Beamte, Angestellte, Kaufleute, die Mütter als Arbeiterinnen, Angestellte, Handwerkerinnen und Hausfrauen. 48 % der Jugendlichen besaßen ein eigenes Zimmer. Rund 50 % erhielten ein monatliches Taschengeld bis DM 40,–. Die Verdienenden konnten nahezu ausnahmslos ihren Lohn behalten. Das Verhältnis zu den Eltern wurde von 19 % als wechselhaft, von 15 % als streng, von 20 % als partnerschaftlich und von 46 % als dufte bezeichnet. 74 % glaubten von den Eltern verstanden zu werden. Trotzdem wollten 41 % von zu Hause ausziehen; davon wünschten sich 18 % ein eigenes Zimmer, 61 % eine eigene Wohnung, und 21 % hätten gern in einer Wohngemeinschaft gelebt.

Die beiden Heime der offenen Tür wurden von 26 % seit weniger als einem Jahr, von 74 % seit mehr als einem Jahr besucht. Täglich kamen 26 %, einmal pro Woche 14 %, öfter als einmal 48 % und 12 % selten. Als Gründe des Heimbesuchs wurden angegeben (Mehrfach-Nennungen): Kontakt (Freund/Freundin treffen) 71 %, Musikhören 67 %, Kommunikation (mit Freund/Freundin reden) 58 %, Tanzen 58 %, Kickern 56 %, Lebenshilfe (Probleme diskutieren) 51 %, Gruppensitzung 44 %, Tischtennis 36 % u. a.

51 % kritisierten, daß die Heime am Wochenende nicht zugänglich waren, 42 %, daß sie zu früh schlossen, 29 %, daß zu wenig angeboten

wurde, 21 %, daß nichts los ist, 21 %, daß sie die Programmgestaltung zu wenig mitbestimmen konnten u. a. Bei der Frage, was im Heim verändert werden müßte, hatten viele Jugendliche keine Meinung; als Nennungen erfolgten: feste Gruppen einrichten, Machtposition des Heimleiters abbauen, Trennung von alt und jung aufheben, Diskussionsgruppen einrichten, Heim renovieren. Als allgemeine Freizeitangebote wurden Wochenendfahrten (78 %), Filmvorführungen (71 %), Ausflüge (42 %), Werken (6 %) gewünscht. Das Interesse an einzurichtenden Diskussionsgruppen zeigte sich stark; dabei wurde vor allem Wert gelegt auf die Themen: Schulprobleme 52 %, Familienprobleme 38 %, Arbeitsplatzprobleme 37 %, Berufsberatung 31 %. Als weitere Programmangebote in Form von Arbeitszirkeln wurden gewünscht: Judo 52 %, Film 50 %, Tanz 46 %, Sport 46 %, Karate 37 %, Tonband/Radio/Foto je 18 %, Tonarbeiten 9 %, Theatergruppe 7 %, Heimzeitung 6 %, Keramik 6 %.

14 % der Jugendlichen besuchten auch andere Heime der offenen Tür, 40 % waren in Sportvereinen. Als Freizeitpräferenzen zeigten sich eindeutig: Fußball, Sport allgemein, Baden, Tanzen und Kino. Besonders gerne sahen die Jugendlichen Western (38 %), Kriminalfilme (26 %), Abenteuerfilme (19 %), Science Fiction (17 %), Problemfilme sahen nur 2 %. Gelesen wurde wenig. Nur 18 % gaben an, eine Tageszeitung zu lesen, 21 % Bildungsbücher, 18 % Krimis, 16 % Comics, 14 % Science Fiction, 14 % Liebesromane. Am politischen Geschehen zeigten sich 14 % interessiert. 8 % waren politisch/gewerkschaftlich organisiert, 3 % nannten sich politisch/gewerkschaftlich aktiv. 54 % bezeichneten die SPD als die Partei, die ihnen am nächsten steht, 13 % die CDU, 8 % die FDP, 6 % die SEW. 37 % bejahten die Frage, ob eine Partei überhaupt ihre Interessen vertritt. 42 % meinten, eine Möglichkeit zu besitzen, ihre Interessen durchzusetzen. Als spezifizierte Möglichkeiten der Interessendurchsetzung erschienen in den Antworten: Diskussion 39 %, Schülermitverwaltung 21 %, Jugendvertretung 8 %, Gruppenzwang/Solidarität 8 %, Betriebsrat 6 %, Schülerzeitung 4 %, Gewerkschaft 4 %. Interessen im Heim glaubten 44 % mit Diskussion, 18 % mit Vollversammlungen, 11 % mit Gruppenzwang/Solidarität und 4 % mit Protest verfolgen zu können.

Als *Ergebnis* läßt sich damit formulieren, daß das Angebot der Heime der offenen Tür unzureichend ist. Nicht einmal die regenerativen Bedürfnisse der Jugendlichen werden adäquat erfüllt. Die konventionellen Angebote des Heimpersonals – insbesondere die Werk- und Bastelkurse – erweisen sich für nahezu alle Jugendlichen als unerwünscht und unattraktiv. Als Mangel erscheint das »geschlechtliche

Ungleichgewicht«; auf die Gesamtzahl der Besucher entfällt nur ein knappes Drittel an Mädchen, was sich – gerade bei der Altersstruktur der Besucher – für Kommunikation und Kontakt (Tanzen u. a.) frustrierend auswirkt. Schüler sind gegenüber Lehrlingen und Jungarbeitern ebenfalls eindeutig überrepräsentiert. Die Antworten der Jugendlichen im Fragebogen und in den vertiefenden Gesprächen verraten eine vergleichsweise breite, aber durchaus von bestimmten Problemen »durchbrochene« Zufriedenheit. So etwas wie ein »antikapitalistischer Impetus« oder auch nur ein »antikapitalistisches Malaise« ist in diesen Heimen nicht vorhanden. Dagegen läßt sich ein ambivalentes Bedürfnis nach persönlicher Emanzipation feststellen (relatives Wohlbefinden zu Hause / relativ großer Wunsch nach Eigenständigkeit). Die Jugendlichen entstammen überwiegend den oberen Schichten der Arbeiterklasse und den unteren Schichten des Mittelstandes.
Auffällig ist die Stärke der Bedürfnissektoren »Kontakt« (Freunde treffen, miteinander sprechen, Tanzen u. a.), »Regeneration« (Sport, z. B. Fußball, Judo, Karate, auch: Kickern, Tischtennis) und »Lebenshilfe« (Besprechen persönlicher Probleme, Diskussionsgruppen über Schule, Beruf, Sexualität u. a.). Alle drei Bedürfnissektoren werden aber von »kompensatorischen« Momenten geprägt; sie sollen Anderes vermitteln als Elternhaus, Schule und Arbeitsplatz und damit gegenüber den bezeichneten Sozialisationsagenturen gewisse Kontrasterlebnisse verschaffen. Das bedeutet auch für Diskussionsgruppen, Lehrlings- und Schülerzirkel u. a., daß deren Arbeits- und Ernstcharakter klein gehalten und daß das Erholungs-, Spannungs- und Spaßmoment überwiegen muß. Zu berücksichtigen ist der niedrige Informations- und auch Politisierungsgrad der Jugendlichen.

7.1.6. Sozialpädagogische Praxis: Nutzhinweise für Jugendarbeit in Heimen der offenen Tür

Angebote für Jugendliche in Freizeitheimen sollten nicht nach dem Gutdünken des Heimpersonals oder der dort tätigen Projektgruppen gemacht werden, sondern auf die Bedürfnisstruktur der Jugendlichen bezogen sein, die mit Umfragen, Fragebogen, Interviews u. a. bestimmt werden kann. Gemäß der Ergebnisse können Schwerpunkte (Regeneration/Lebenshilfe) gesetzt und mit entsprechenden Angeboten (Regeneration: Fußballturniere, Tanzen u. a.; Lebenshilfe: Gruppendynamische Übungen, Diskussionszirkel u. a.) konkret ausgefüllt werden. Erfolglos wäre es, den falschen Weg autoritärer Angebote des Heimpersonals für die Jugendlichen, durch einen unrichtig verstandener Anti-Autorität ersetzen zu wollen und demgemäß gar keine Angebote zu machen. Die Jugendlichen kommen nicht als emanzipierte Subjekte ins Heim, die selber Programme gestalten können; sie haben vielmehr eine starke Erwartungshaltung an das Heimpersonal, die letzteres in *Koordination mit den Bedürfnissen der Besucher* erfüllen muß.

Mobilisierungsinitiativen im Bezirk/Umkreis des Heimes können das »geschlechtliche Ungleichgewicht« der Besucherschaft aufzuheben versuchen. Zu solchen Initiativen eignen sich vor allem Projektgruppen, die in Zusammenarbeit mit den bisherigen Heimbesuchern Flugblattaktionen in Schulen, Werbespiele vor Schulen und Betrieben u. a. machen können, um mehr Mädchen für die Heime zu rekrutieren. Schwieriger ist es erfahrungsgemäß, den quantitativen Unterschied zwischen Schülern und Lehrlingen/Jungarbeitern in den Heimen auszugleichen. Solche Versuche müssen im Regelfall daran scheitern, daß die Öffnungszeiten der Heime nicht mit den Arbeitszeiten der berufstätigen Jugendlichen in Einklang stehen.

Dem starken Regenerationsbedürfnis der Jugendlichen kann durch ein starkes Spiel- und Sportangebot entgegengekommen werden. Auch wenn dem jeweiligen Heim Sportplätze fehlen, so läßt sich doch auf nahegelegene Anlagen der Gemeinden/Bezirke ausweichen, wo dann Fußballturniere u. a. veranstaltet werden können. Besonderer Beliebtheit bei den Jugendlichen erfreuen sich Geländespiele, die mit Ausflügen in Erholungsgebiete gepaart werden können und so die Möglichkeit bieten, die Jugendlichen aus ihrer alltäglichen (Stadt-)Umwelt herauszuführen. Bei schlechtem Wetter können im Heim Tischtennis- und Kickerturniere, Ring- und Faustkämpfe veranstaltet werden. Solche Aktivitäten schaffen vor allem auch ein Vertrauensverhältnis zwischen Jugendlichen und Sozialpädagogen (Projektgruppen), das Voraussetzung für eine Arbeit ist, die mehr als Regeneration sein will.

Das Bedürfnis nach Lebenshilfe läßt sich bei besonderen persönlichen Problemen zunächst nur in Einzelgesprächen erfüllen. Für Fragen, die alle oder mehrere betreffen wie Familien-, Schul-, Arbeitsplatzprobleme und Sexualität, lassen sich spezifische Gruppen bilden, in denen diese Komplexe diskutiert werden. Dabei muß darauf geachtet werden, die bezeichneten Fragen nicht abstrakt anzugehen. Bei Diskussionen etwa über das Thema »Sexualität« bietet sich als sinnlicher Einstieg ein Film an, der dann besprochen werden kann. Die folgende Gruppensitzung kann dadurch eingeleitet werden, daß kontroverse Behauptungen (»Sex ist prima«; »Sex ist etwas Schmutziges«), die zum Gespräch anregen, auf je ein großes Plakat gemalt werden. Die dritte

Sitzung kann als einleitende Aufgabe haben, den Ideal-Mann resp. die Ideal-Frau aus alten Illustrierten auszuschneiden oder in Collagen zusammenzustellen. Diese Idealbilder und die ihnen zugrunde liegenden Klischees können dann diskutiert werden. Eine vierte Sitzung könnte die Gruppenmitglieder ihre Liebesgefühle in Farben ausdrükken lassen, z. B. durch Wandmalereien. In einer fünften Sitzung ließe sich das Referat einer Ärztin vom Gesundheitsamt über Empfängnisverhütung denken. Etc. Wichtig ist, wie diese Beispiele zeigen sollen, »Action« und Spaß mit den Diskussionszirkeln zu verbinden. Gelingt das nicht, bedeutet solches das langsame Ende der Gruppen.

Unsere Erfahrungsthese, daß Jugendarbeit von den Bedürfnissen der Heranwachsenden ausgehen muß, um erfolgreich zu sein, bedeutet freilich nicht, daß Freizeitarbeit einzig die artikulierten Bedürfnisse der Jugendlichen befriedigen sollte. Jugendarbeit im Sinne von Veränderung, wie wir sie verstehen (vgl. Kap. 1.2 und 1.2.1), bedingt geradezu, daß jene, die sie leiten (Sozialpädagogen; Projekte u. a.), eine *kritische* Dimension in sie hineintragen. Wir haben mehrmals festgestellt, daß artikulierte Bedürfnisse gesellschaftsgeprägt, auch systemmanipuliert, ja gar »falsch« sein können (vgl. Kap. 1.3.2.1). Solches ist bei den Heranwachsenden, die sich in starkem Maße an kapitalmanipulierten Leitbildern der James-Bond- und Peter-Stuyvesant-Welt orientieren, im besonderen der Fall, womit dem Sozialpädagogen eine Korrekturfunktion zufällt. In diesem Sinne läßt sich etwa der Wunsch der Jugendlichen nach einer eigenen Wohnung problematisieren, indem man ihnen z. B. anhand eines Besuchs die Vorzüge einer Wohngemeinschaft demonstriert. Die privatistische Einstellung der Jugendlichen äußert sich auch in ihrem Desinteresse an Politik. Vorsichtig lassen sich auch hier Verhaltensänderungen herbeiführen. So können als Beginn hin und wieder Plakate und Wandzeitungen zu aktuellen Ereignissen im Heim angebracht werden, ohne zunächst weiter darauf einzugehen. Die Jugendlichen werden von sich aus aufmerksam und Diskussionen beginnen, die freilich auch zu dem Ergebnis führen können: »Was soll der Quatsch hier!« Aber auch das ist eine Reaktion, die sich dann besprechen läßt. – Das heißt: die Bedürfnisstruktur der Jugendlichen ist Ansatzpunkt für erfolgreiche Jugendarbeit; sie soll aber nicht reproduziert, sondern im Sinne unserer Zieldiskussion verändert werden (vgl. Kap. 1.2.1).

7.2. Jugendarbeit mit Unterprivilegierten

Besonderer Adressat von Jugendarbeit müßten die unterprivilegierten Jugendlichen der Arbeiterklasse und der Deklassierten sein. Gerade diese Jugendlichen gehören in den Heimen der offenen Tür und den Jugendhäusern zur Minderheit der Besucher. Jugendarbeit kann also nicht erwarten, daß diese unterprivilegierten Heranwachsenden in ihre institutionalisierten Zentren und Veranstaltungen kommen. Deshalb muß Jugendarbeit *an* diese Jugendlichen gelangen. Bescheidene Initiativen dieser Art hat es immer schon gegeben, auch von Seiten man- muß Jugendarbeit an diese Jugendlichen gelangen. Bescheidene Initiativen dieser Art hat es immer schon gegeben, auch von Seiten man-cher Verbände und des Staates im Rahmen offizieller Sozialarbeit. Seit der Studentenbewegung existieren vielzählige Versuche in Form von Projekten, um den unterprivilegierten Heranwachsenden zu helfen. Versuche dieser Art, die Spiel- und Spaßcharakter mit einer politischen Veränderungsstrategie praktikabel verbinden, sind etwa die Berliner Experimente von »Hoffmanns Comic Theater« [34] mit aufklärenden Rollenspielen, das Lernspiel der »Gruppe Spielumwelt in der Neuen Gesellschaft für Bildende Kunst« [35] für Arbeiterkinder und der Bericht der »Westberliner Volkstheater Kooperative« [36] über das »Fest« in Schöneberg und den Spielklub Kulmer Straße.

7.3. Sozialpädagogische Praxis: Jugendarbeit mit Obdachlosenkindern

Wir beschreiben im folgenden verkürzt das Modell von Jugendarbeit mit Kindern in einer Obdachlosensiedlung. Das Projekt unterteilt sich in mehrere Phasen/Etappen der Freizeitarbeit:

1. Phase: Situationserkundung und -beschreibung

In dieser Phase wird den Projektbeteiligten die Obdachlosensiedlung gezeigt. Es ergeben sich erste Kontakte mit den Obdachlosen. Der Eindruck der äußeren Bedingungen läßt sich im Begriff der Ghetto-Situation zusammenfassen (vgl. Kap. 6.1.8); die inneren Bedingungen (Verhalten der Bewohner) erscheinen zunächst als eine Mischung aus Apathie, Flucht- und Kampfverhalten.

2. Phase: Analyse der Situation

In dieser Theorieetappe werden

a) in einem ersten Schritt der *allgemeinen* Analyse die Entstehungsmechanismen der Obdachlosigkeit aus den Wirkungsgesetzen der bestehenden Gesellschaft erklärt (vgl. Kap. 6.1.8.) und

b) in einem zweiten Schritt der *konkreten* Analyse die einzelnen Faktoren im Bedingungszusammenhang der Obdachlosen verfolgt: Sozialbürokratie, Verordnungen für Obdachlose, Siedlungsleitung, Sozialarbeiter, Obdachlose, Infrastruktur der Obdachlosen (z. B. Einkaufsmöglichkeiten für die Erwachsenen, Schulmöglichkeiten für die Kinder), Umgebung/Nachbarn (z. B. Problem der Vorurteile).

3. Phase: Kontakt

In dieser Phase unterscheiden sich vier Etappen. In der ersten

a) nehmen die Projektbeteiligten an bereits bestehenden Aktivitäten der Heranwachsenden teil (z. B. Tischtennis, Monopoly spielen, organisierter Fußballclub);
b) in der zweiten Etappe wird mit Aktivitäten begonnen, die in Gesprächen von Eltern und Heranwachsenden gewünscht wurden (z. B. Schularbeitszirkel; Begleitung von Betroffenen aufs Jugendamt; Unterredungen mit Lehrern in Fällen von Schulversagen, Schulschwierigkeiten);
c) in der dritten Etappe wird versucht, die ersten Kontakte zu den Jugendlichen und Kindern zu verstärken (z. B. durch Kinobesuch, Pizza essen);
d) in der vierten Etappe werden die vorgängigen Erfahrungen ausgewertet: Aus der Kenntnis bestimmter Bedürfnisse, Defizite und Wünsche der Heranwachsenden erwächst die Überlegung, wie diese Kenntnis in der Praxis der Obdachlosen umgesetzt werden kann.

4. Phase: Gruppenbildung

In dieser Phase werden Spielgruppen (z. B. Monopoly, Tischtennis) gebildet. Jede Gruppe gibt sich einen Namen und ein unverkennbares Zeichen, verteilt bestimmte Aufgaben und wählt einen temporären Anführer. Die Gruppen kümmern sich im folgenden um Spielräume, streichen deren Wände und statten die »Räumlichkeiten« aus. Diesen Aktivitäten liegt die Vorstellung zugrunde, den unterprivilegierten Kindern eine »soziale Wichtigkeit« zu verleihen, d. h. den Heranwachsenden das Gefühl zu geben, etwas zu sein und vor allem: etwas machen zu können. – In bezug auf den bereits bestehenden Fußballklub wird Geld besorgt, um Fußballschuhe zu kaufen. Ein Obdachlosen-Vater, ehemals aktiver Sportler, übernimmt das Training des Klubs. Mit einem Video-Recorder wird das Training gefilmt und anhand des Films besprochen.

5. Phase: Sukzessive Problematisierung bisheriger Freizeitgestaltung

Als Beispiel dient uns hier der bezeichnete Fußballklub. Fußball ist für die deklassierten Obdachlosenkinder ein Mittel, den sozialen Wiederaufstieg individuell zu schaffen. Dieser (illusionäre) Versuch sollte problematisiert werden. Dazu behandeln wir:

a) Reportagen über Fußballstars in Illustrierten – etwa Torhüter M. im Nerzmantel, Verteidiger B. im Lamborghini, Mittelfeldspieler B. in der Luxusvilla.
b) Die goldene Welt der Kickerstars wird mit der Frage konfrontiert, inwiefern diese goldene Welt typisch ist.
c) Um diese Frage konkret-sinnlich abzuklären, werden Fußballer aus Vereinen der Amateurliga besucht (Trainingsbesuche, Vereinsabende u. a.).
d) Gespräche mit den Amateuren über ihre Hoffnungen und deren Verwirklichung ergeben, daß eine Fußballkarriere nur sehr wenigen gelingt.
e) Dieser Befund bietet die Möglichkeit, individuelle Aufstiegsmöglichkeiten (als Fußballspieler und auch sonst) im Hinblick auf die Lösung des Problems der Obdachlosigkeit in Frage zu stellen. Hier hilft der Umstand, daß die Heranwachsenden noch kollektiv in »peer groups« zusammen sind.
f) Kollektive Lösungsmöglichkeiten der Obdachlosigkeit werden angesprochen.
g) Die Heranwachsenden stellen selber fest, daß vor einer Diskussion über Hilfen und Lösungen die Frage bedacht werden muß, wie man eigentlich zum Obdachlosen geworden ist.

6. Phase: Lage-Aufarbeitung

In dieser Phase soll versucht werden, einmal der Frage nachzugehen, wie die Obdachlosen in ihre jetzige Lage geraten sind. Dazu wird

a) mit den Jugendlichen besprochen, wie ihr Leben verläuft und verlaufen ist, wo sie früher waren, falls sie nicht schon in der Siedlung geboren wurden.
b) Es wird ein Fragebogen für die Siedlungsbewohner erarbeitet, der Herkunft, Rekrutierung und Schicksal abklären helfen soll.
c) Die Jugendlichen gehen zu den einzelnen Siedlungsbewohnern und befragen sie.
d) Der Fragebogen wird gemeinsam ausgewertet und besprochen.

7. Phase: Umsetzung des Fragebogens

In dieser Phase soll die praktische Auswertung des Fragebogens erfolgen, d. h. seine einzelnen Befunde sollen in Experimente mit Handlungsmöglichkeiten umgesetzt werden. Wir zeigen das an zwei Beispielen.

a) Der Befund: »Wir sind in der Siedlung, weil wir zu viele Kinder gekriegt haben« führt

a1) zu einer Diskussion,
a2) zu der Gründung eines Arbeitszirkels über sexuelle Fragen (für Kinder/Jugendliche/Eltern, zunächst getrennt) und
a3) zur Erarbeitung eines Theaterstücks über Empfängnisverhütung (nach dem Modell in »Ästhetik und Kommunikation«, No. 11).
b) Der Befund: »Wir sind in der Siedlung, weil die Behörden unser altes Wohngebiet zum Sanierungsgebiet erklärt haben«, führt
b1) zur Frage, was man in solchen Situationen überhaupt unternehmen kann,
b2) zur Konzeption des Planspiels: »Die betroffenen Bewohner organisieren einen Protestmarsch zur Behörde«,
b3) zum Rollenspiel: »Besuch in der Behörde und Abgeben einer Resolution«,
b4) zur Planung einer Siedlungszeitung, um auf die Nöte und Probleme der Obdachlosen aufmerksam zu machen. In der Folge machen wir mit den Jugendlichen eine Matritzen-Zeitung.

8. Phase: Kontakt nach außen

In dieser Phase kontaktieren die Projektbeteiligten
a) Sozialarbeiter/Sozialpädagogen,
b) Kirchgemeinden/Pfarrer,
c) die Lehrer der Obdachlosenkinder.

Ziel ist die ideelle und materielle Unterstützung unserer Jugendarbeit.

9. Phase: Kontaktauswertung

In dieser Phase werden konkrete Resultate aus den vorgängig aufgenommenen Kontakten gezogen. Am Beispiel des Gesprächs mit Lehrern ergibt sich folgender Plan: Um die Obdachlosenkinder besser zu motivieren und von Schullesestoff wegzubringen, der sie nicht interessiert, macht eine Klasse mit Obdachlosenkindern nun ihr eigenes Lesebuch. Jedes Kind bekommt eine Fotobox und die Aufgabe, in seinem Lebensbereich zu fotographieren, was es für wichtig hält. Zu den aufgenommenen Fotos soll es eine Geschichte schreiben. Aus allen Fotos und Geschichten entsteht dann ein neues Lesebuch, das den Obdachlosenkindern Lernstoff bietet, der aus ihrer eigenen Umgebung kommt, ihnen also nicht mehr fremd ist.

10. Phase: Öffentlichkeitsarbeit

In dieser Phase soll versucht werden, Vorurteile gegen die Obdachlosen in der Umgebung abzubauen. Dazu verteilen
a) die Kinder/Jugendlichen in der mittelbaren Nachbarschaft ihre Zeitung und wird
b) ein Theaterstück einstudiert, das die Situation der Obdachlosen schildert. Es stellt

b1) die Vorurteile der Mitmenschen dar: »Obdachloser wird man, weil man Säufer, Hure, Faulpelz ist«,

b2) die Mechanismen, wie man tatsächlich obdachlos wird: durch Mieterhöhung, Abbruch der Wohnungen, weil es Spekulanten gibt u. a.

Phasen 11 ff.

In weiteren Phasen können den Obdachlosenkindern alternative Erlebnisse vermittelt (Fahrten ins Grüne, Wochenendfahrten), Aufklärung über Berufschancen gegeben werden u. a. Nahziel des Projekts ist die Verhaltensstabilisierung der Kinder und der Versuch, ihnen in der Ausbildung annähernd gleiche Chancen zu sichern. Endziel soll die Integration der Obdachlosen als Gruppen/Kollektive in Wohngebiete von Arbeitern und Angestellten sein (gegenseitige emotionale und soziale Stützungsfunktion). Diese Zielvorstellungen zeigen an, daß sinnvolle Jugendarbeit mit unterprivilegierten Heranwachsenden nur *Gemeinwesenarbeit* sein kann. Das bedingt u. a., daß die Jugendarbeit von Eltern- und Erwachsenenarbeit begleitet wird.

Anmerkungen zu Kapitel 7

1 *Osterland* u. a., 1973, S. 227.
2 *Lüdtke*, 1972, S. 76 a).
3 *Osterland* u. a., 1973, S. 229.
4 *Lüdtke*, 1972, S. 68 a).
5 *Leplâtre/Marenco*, 1957.
6 *Kaes*, 1962, S. 553.
7 *Linde*, 1967.
8 *Dumazedier*, 1962, S. 81 ff.
9 JWG, Bundesgesetzblatt (BGBl.) I, S. 1197; vgl. *Gernert*, 1973.
10 *Grauer*, 1973, S. 264.
11 Vgl. *Lüdtke*, 1972 b); *Grauer*, 1973.
12 *Grauer*, 1973, S. 259.
13 *Lüdtke*, 1972, S. 340 b).
14 *Lüdtke*, 1972, S. 340 b).
15 *Nahrstedt*, 1974, S. 143 ff.
16 *Grauer*, 1973, S. 267 f.
17 *Schneider*, 1964.
18 *Grauer*, 1973, S. 265.
19 Vgl. *Pöggeler*, 1964.
20 Vgl. *Kentler*, 1962; ders., 1964.
21 *Kentler*, 1964, S. 50.
22 Vgl. *Mollenhauer*, 1964; ders., 1970.
23 Vgl. *Giesecke*, 1964; ders., 1966; ders., 1973.
24 *Giesecke*, 1973, S. 147; vgl. auch im folgenden a. a. O.
25 *Liebel*, 1970; ders., 1971.
26 *Liebel*, 1971; vgl. auch im folgenden a. a. O.

27 Vgl. *Deppe-Wolfinger*, 1972.
28 *Böhnisch/Schefold*, 1973, S. 57.
29 *Liebel*, 1970.
30 *Böhnisch/Schefold*, 1973, S. 44.
31 Vgl. *Baacke*, 1972 und die in ihren politischen Voraussetzungen und Schlußfolgerungen partiell allerdings überholten Darstellungen von *Schwendter*, 1971; *Hollstein*, 1969.
32 Entwurf ..., 1974.
33 *Damm*, 1973.
34 Hoffmanns Comic Theater, 1974.
35 Gruppe Spielumwelt, O. J.
36 Westberliner Volkstheater Kooperative, 1972.

8. Massenkommunikation und Sozialisation

Im Prozeß lebenslanger Sozialisation werden den Medien der Massenkommunikation heute bedeutsame Funktionen zuerkannt: sie sollen dem Individuum in einer immer komplexeren und schwieriger durchschaubaren Welt Orientierungshilfen geben, indem sie ihm Informationen über Strukturen und Veränderungen seiner Umgebung liefern und ihm diese erklären. Ferner wird den Massenmedien attestiert, daß sie in einer Zeit wachsender Anonymität und Isolation es dem Individuum überhaupt ermöglichen, »die Verbindung mit der Außenwelt und mit dem eigenen Ich« [1]* herzustellen. Beide Funktionen der Verbindung und der Orientierung realisieren offenbar jene Institutionen, denen sie früher zukamen, nicht mehr in zureichendem Maße. Das »Vakuum« füllen angeblich die Massenmedien, die den Funktionsverlust traditioneller Sozialisationsagenturen wie der Familie und auch der Schule ausgleichen und verhüten, daß »dysfunktionale Wirkungen« in der Gesellschaft entstehen [2]. Solche Aussagen beziehen sich indessen nicht nur auf die (inhaltlichen, ideologischen) Botschaften der Massenmedien. *Champagne* hat festgestellt, daß beispielsweise »der Fernsehapparat den Ausgangspunkt zu einer familialen Rezeptionsweise« bildet; »er vereinigt die Familie dort, wo das Familienleben sich vor allem abspielt: in Küche oder Eßzimmer bei der Unterschicht, im Gesellschaftszimmer bei der Mittelschicht. Er stellt einen Gegenstand zur Unterhaltung dar, der weit in alle Vorgänge des Familienlebens hineinreicht« [3].

Daraus läßt sich der Schluß ziehen, daß die Medien – besonders eindeutig das Fernsehen – den Zusammenhalt der Kernfamilie stärken, deren Zerfall aufhalten oder zumindest stagnieren lassen und damit »anomische« Konsequenzen für die gesamtgesellschaftliche Entwicklung (Isolation, Freizeitdelikte u. a.) in gewissem Maße einschränken. Dies Beispiel verdeutlicht unter vielen eine gesellschaftskonservierende Funktion der Massenmedien, die auf »Verhaltensstabilisierung, Verhaltenssicherheit« [4] zielen.

Genau diese sozialisatorische Funktion der Massenmedien, ein stabiles Verhalten ihrer Empfänger (Rezipienten) zu erreichen, läßt sich freilich auch aus anderer Optik betrachten: »Der Druck, unter dem die Menschen leben, ist derart angewachsen, daß sie ihn nicht ertrügen, wenn ihnen nicht die prekären Leistungen der Anpassung, die sie einmal vollbracht haben, immer aufs neue vorgemacht und in ihnen selbst

* Anmerkungen s. S. 309

wiederholt würden. Freud hat gelehrt, daß die Verdrängung der Triebregungen nie ganz und nie für die Dauer gelingt, und daß daher die unbewußte psychische Energie des Individuums unermüdlich dafür vergeudet wird, das, was nicht ins Bewußtsein gelangen darf, weiter im Unbewußten zu halten. Diese Sisyphusarbeit der individuellen Triebökonomie scheint heute ›sozialisiert‹, von den Institutionen der Kulturindustrie in eigene Regie genommen, zum Vorteil der Institutionen und der mächtigen Interessen, die hinter ihnen stehen« [5]. Hier sind die objektiven Gegebenheiten der Verhaltenssicherung, deren Richtung und deren »außer-individuelle« Notwendigkeiten mitreflektiert. Die verhaltensstabilisierende Wirkung der Medien erscheint nicht a priori als positiv, sondern sieht sich in Beziehung gesetzt zu einer bestimmten Gesellschaft und deren Interessenvertretern, die eben eine ganz spezifische Verhaltenssicherung verlangen, welche der Stabilität der bestehenden Gesellschaft und nicht jener der Individuen nützt.

Übereinstimmen kann man mit den vorgängig angeführten Befunden zur Massenkommunikation zunächst in deren allgemeiner Einschätzung von Reichweite und Wichtigkeit der Medien: »Wie weit die westdeutsche Bevölkerung in den Sektor der Massenkommunikation integriert ist, zeigen kurz die folgenden Daten: a) Von der Bevölkerung zwischen 14 und 70 Jahren erreichen die Tagespresse 70, die Publikumszeitschriften rund 84, der Hörfunk etwa 67 und das Fernsehen nahezu 75 Prozent. b) Über 70 Prozent dieser Bevölkerung nutzen durchschnittlich zwei oder mehr Medien. c) Presse, Hörfunk und Fernsehen erreichen an einem normalen Werktag über 95 Prozent der Bevölkerung zwischen 14 und 70 Jahren. d) Im Durchschnitt wendet jeder Bundesbürger pro Tag über dreieinhalb, pro Woche fast 25 Stunden für die Beschäftigung mit den Medien auf, wobei allein die Hälfte der angegebenen Zeit auf das Fernsehen entfällt ...« [6].

Sieht man einmal von der Betonung der sozialen Wichtigkeit massenmedialer Aussagen ab, wird man bei den eingangs vorgestellten Bemerkungen zur Sozialisationsfunktion von Massenkommunikattion einige Einschränkungen treffen und gewisse Verdeutlichungen anbringen müssen. Dazu gehört zunächst eine Korrektur des falschen (terminologischen) Scheins, als wären die Massenmedien Medien der Massen; sie sind eben keine Mittel, die die Massen selbst und in eigener Regie für sich verwendeten. Vielmehr zeigen sich Massenmedien als Mittel, deren Inhalte von minoritären Produzenten zum eigenen finanziellen Nutzen für den Verkauf an die Massen gemacht werden, die dafür bezahlen, weil sie das Angebotene interessiert. Massenmediale Aussagen sind damit Waren, deren Gebrauchswert für den Rezipienten in der transportierten Information, Unterhaltung und Orientierung liegt.

Der Warencharakter massenmedialer Aussagen zeigt sich besonders deutlich in jenen Presseprodukten, die in Regie von Kapitaleigentümern (z. B. Springer) hergestellt werden und an denen neben dem Verleger auch die Papier-, die technische Industrie und das Inserentenkapital beteiligt sind. Etwas mittelbarer betrifft der Warencharakter von Massenkommunikation auch die öffentlich-rechtlichen Anstalten des Funks (Radio, Fernsehen), wiewohl diese unter dem Prinzip der Kostendeckung und nicht der Gewinnmaximierung funktionieren [7]. Massenmedien in solchem Kontext strukturieren auch ihre Funktionen der Information und der Orientierung gemäß ihrer sozio-ökonomischen Verfaßtheit; sie sind nicht unabhängig und neutral, sondern interessengebunden im Sinne der Verteidigung ihrer Privilegien und jener bestehenden Gesellschaft, die ihnen diese Privilegien sichert. Damit sanktionieren die Massenmedien die gegebenen Verhältnisse, indem sie diese als positiv, unveränderlich, natürlich darstellen und indem sie jene Normen der Ordnung, des Gehorsams, der Respektierung des Bestehenden etc. vertreten, die die Menschen die ihnen vorgesetzte Darstellung der Welt auch glauben macht. Den Massenmedien kommt dabei primär eine Verstärkerfunktion innerhalb des lebenslangen Sozialisationsprozesses zu. Darin einbezogen sind nicht nur politische (Partei-), wirtschaftliche (Kapital-) oder Staatsinteressen, sondern auch die gültigen Normen in dieser Gesellschaft und deren Institutionen. Als Beispiel: In den Programmrichtlinien des ZDF (Zweites Deutsches Fernsehen) heißt es u. a.: »Ehe und Familie dürfen als Institution nicht in Frage gestellt, herabgewürdigt oder verhöhnt werden« [8].

»Verstärkerfunktion« schränkt freilich zugleich jenen Einfluß der Medien ein, wie er in den eingangs vorgestellten Äußerungen z. T. angenommen wurde. Die im Sozialisationsprozeß erworbenen Qualifikationen und Orientierungen (vgl. Kap. 1) schaffen im Individuum ein Potential von Informationen, Normen und Verhaltensweisen, aufgrund dessen die Botschaften der Medien ausgewählt und aufgenommen, also gleichsam gefiltert werden. »Allgemeiner gesagt: ob man den Verhaltensvorschlägen der Massenmedien folgt oder sich dagegen zur Wehr setzt, hängt in der Regel von den Medien selbst nicht ab. Die Begegnung mit der Realität, an der sich unmittelbare Erfahrung ausbildet, geht oft nicht restlos auf in der mittelbaren Erfahrung, die die Medien – gemeinsam mit anderen Institutionen – anbieten. ›Erfahrungen, die man kaufen kann‹, wie es so zutreffend auf den Einkaufstüten der Buchhandlungen heißt, werden nur dort rezipiert, wo sie nicht auf die Schranke des durch den Arbeitsprozeß bestimmten Lebenszusammenhangs stoßen; sie werden verweigert, wo aufgrund eigener klassenspezifischer Erfahrung Resistenz vorhanden ist, und sie bleiben schließlich ohne Folgen, wo die objektiv vorgegebenen Existenzbedingungen es verhindern, sie als Erfahrungsmöglichkeiten überhaupt wahrzunehmen« [9].

Das darf allerdings nicht so eng aufgefaßt werden, als würde das Individuum nun nur jene Aussagen akzeptieren, die präzis in das Koordinatensystem seiner Lebens- und Arbeitsverhältnisse passen; vielmehr wird es gerade auch von *den* Botschaften berührt, die scheinbar oder tatsächlich seine individuelle Existenz übersteigen. Solches gilt insbesondere für den Bereich der Populärkultur (Unterhaltung). Entscheidend ist jedoch zunächst die Korrektur jener Manipulationsthese, derzufolge der Rezipient den Medien wehrlos ausgeliefert ist. Vielmehr brechen sich die massenmedialen Botschaften an den konkreten Erfahrungen der Individuen. Ein Beispiel: Trotz der vehementen Antistreik-Hetze der »BILD«-Zeitung bei allen drohenden Arbeitskämpfen streiken genau jene Arbeiter immer wieder, die jeden Morgen »BILD« konsumieren [10].

Die bezeichneten Erfahrungen der Individuen leiten sich aus deren Lebens- und Arbeitsverhältnissen ab, die je nach der Stellung im Produktions- und Aneignungsprozeß (vgl. Kap. 6) *klassen-* und *schichtspezifisch* variieren. Diese Unterschiede wirken sich als Bedingungsfaktor auch in der Rezeption massenmedialer Inhalte aus; es läßt sich also nicht – wie eingangs – von *dem* Rezipienten – gewissermaßen gesellschafts- und klassenneutral – schreiben. Vielmehr differieren Mediennutzung und -empfang der Individuen nach deren sozialer Verortung. So »sind die vor allem für Massenpresse und Fernsehen relevanten Publikumsgruppen die unteren und mittleren Schichten der Klasse der Lohn- und Gehaltsabhängigen« [11]. Arbeiter sehen dabei in größerer Zahl fern als etwa Angestellte [12]. Kultursendungen im Fernsehen werden »um so mehr verfolgt und geschätzt . . ., je mehr man in der sozialen Hierarchie aufsteigt: nur 27,7 % der Bauern und 36,2 % der Arbeiter geben an, diese Art von Sendungen zu schätzen, gegen 50 % der Mitglieder mittlerer Klassen und 57 % der gehobenen Schichten und Freiberuflichen« [13]. Dagegen erfreuen sich die populärkulturellen Erscheinungsformen des Fernsehens (Familienserien, Unterhaltungsfilme, Shows, Volkstheater à la Ohnesorg und Komödienstadl u. a.) großer Einschaltquoten der mittleren bis unteren Unterschichten [14]. »Fernsehen, Radio und Unterhaltungslektüre stel-

len wenig politisierende Medien dar, ihre Nutzung steigt mit fallender sozialer Schicht« [15]. Dementsprechend zeigen sich die Daten über die Lektüre von Tageszeitungen: Angestellte und Beamte lesen am häufigsten eine Tageszeitung, Facharbeiter geringfügig weniger und sonstige Arbeiter wesentlich weniger [16]. In bezug auf Zeitschriften ist die Lektüre von Periodika wie »Elegante Welt« oder »Madame« fast ausschließlich auf die Ober- und obere Mittelschicht beschränkt, dagegen nähert sie sich in der Unterschicht Nullwerten. Zeitschriften wie »Brigitte«, »Freundin«, »Für Sie«, »Neue Mode« werden in den oberen und mittleren Mittelschichten vornehmlich gelesen, Blätter wie »Heim und Welt«, »Das neue Blatt« oder »Neue Post« dagegen überrepräsentiert in den Unterschichten [17].
Bücher lesen Beamte und Angestellte weitaus mehr als Facharbeiter, während angelernte und Hilfsarbeiter nur selten zu Büchern greifen [18]. Die unteren Einkommensschichten konsumieren dagegen in verstärktem Maße Comics und beziehen – zumindest in USA – auch ihren Gesprächsstoff zu einem großen Teil aus den gezeichneten Geschichten [19]. Illustriertenromane werden hauptsächlich von Mittelschichtsangehörigen gelesen [20]; Romanheftchen von Angehörigen der oberen Unterschicht und der unteren Mittelschicht, d. h. im besonderen von Facharbeitern, mittleren Angestellten, unteren und mittleren Beamten [21]. Liebesromane erfreuen sich spezieller Popularität bei – aus der oberen Unterschicht und der unteren Mittelschicht stammenden – »jungen Hausfrauen ... Sie haben die Volksschule besucht und oft eine Lehre absolviert, sind jedoch nicht mehr berufstätig. Sie wohnen meist in ländlichen Kleinstädten in Haushalten mit drei und mehr Personen, in denen es einen Verdiener gibt, dessen Einkommen sich auf 1000,– bis 1500,– DM monatlich beläuft. In diesen Haushalten sind die häufigsten Güter des gehobenen Bedarfs vorhanden ... Ein leichter Hang zur Prestigesucht macht sich bemerkbar ...« [22]. Damit sind Daten bezeichnet, die das Bild vom Rezipienten auffächern und jene sozialen Unterschiede benennen, die den Hintergrund für unsere Ausführungen über sozialisatorische Funktionen und Inhalte der Medien bilden.
Die eingangs erwähnte Sozialisationsfunktion der Medien, Orientierung in dieser Gesellschaft zu ermöglichen, hat zwei Interessenseiten. Vom System aus (Kapitaleigner, Herrschende) übernimmt Massenkommunikation eine soziale Ordnungsfunktion, derzufolge sie versucht, die in der gesellschaftlichen Wirklichkeit vorhandenen Widersprüche und Defizite auszugleichen und die Rezipienten an die bestehenden Verhältnisse anzupassen. Aus der Perspektive des Individuums

orientieren die Medien über die Umwelt; »BILD« bemerkt in diesem Zusammenhang über sich selbst: »Für die Leser der BILD-Zeitung bedeutet das informative Angebot der Zeitung einen festen Punkt in der Welt, die sich dem verstehenden Zugriff und der sinnvollen Interpretation entzieht. In diese Welt bringt die BILD-Zeitung Ordnung« [23]. Die Medien dienen damit als Orientierungsanzeiger für die Individuen, um sich in der heutigen Welt zurechtzufinden [24]. Sie demonstrieren dem einzelnen überdies Grundformen zeitgemäßen (z. B. Mode) Verhaltens [25]. Die Medien erläutern soziale »Rollen« und liefern Gesprächsstoff [26]. Sie verleihen ihrem Publikum Selbstgefühl, indem sie beispielsweise beweisen, daß auf dieser Welt noch andere sich sorgen, leiden und sich freuen; »Richtung und Ausmaß des Medienkonsums bilden vielfach den Versuch, Benachteiligungen ... zu kompensieren und ›Lebenshilfe‹ zu erlangen« [27]. Die Medien gleichen Versagungen aus und versuchen, in der sozialen Wirklichkeit unerfüllbare Wünsche zu erfüllen. »BILD« gesteht dazu von sich selbst: »BILD geht auf die verborgenen Wünsche und Antriebe der Leser ein, indem ein gewisses Maß an Sensationen und Sex, an Berichten von Unglücksfällen und Verbrechen vorgestellt wird. Der Leser hat also die Möglichkeit, seine Es-Ansprüche ersatzweise zu befriedigen, ohne daß er damit den eigenen Bestand und das gesellschaftliche Gefüge gefährdet« [28]. Die Medien liefern also Ersatzbefriedigung und zeigen Fluchtwege; sie dispensieren in gewissem Rahmen vom Alltag. Aus dem vorgängig Erwähnten kristallisieren sich drei Funktionen im Zusammenhang von Sozialisation und Massenkommunikation: Orientierung, Lebenshilfe, »Ablenkung«.

8.1. Die Funktionen der Massenmedien im Hinblick auf Sozialisation

An symptomatischen Beispielen, immer in der Optik unserer einleitenden Präzisierungen zum Bedingungsgefüge von Sozialisation und Massenkommunikation, wollen wir versuchen, die drei genannten Funktionen massenmedialer Aussagen zu skizzieren. Die Frage der Orientierung stellen wir dabei am Beispiel der »BILD«-Zeitung dar [29], die sich in ihrer Selbstanalyse als kompetenter »Berichter und Richter« in einer undurchschaubaren Gesellschaft bezeichnet: »Die Leser sind auf den täglichen Appell einer Zeitung angewiesen, die angesichts einer, dem individuellen Bewußtsein oft unfaßbaren Welt, kurz und bündig sagt, ›wie der Hase läuft‹« [30]. Damit werden den 15 Millionen »BILD«-Lesern Information, Aufklärung und ein Fixpunkt im Alltag versprochen.

Näher betrachtet, besteht diese Information zu nahezu 70 % aus den Sparten Vermischtes und Sport. Hauptsächlich klärt »BILD« seine Leser über die Torerfolge von Fußballprofis, die Abenteuer von Filmschauspielern und die Triebtaten von bemerkenswerten Verbrechern auf. Mit Informationen über die konstituierenden Merkmale und Vorgänge des gesellschaftlichen Systems geht »BILD« dagegen geizig um. Über soziale und ökonomische Verhältnisse wird nicht informiert, wenn man einmal von der Berichterstattung über Ereignisse der wirtschaftlichen Oberfläche wie etwa Preiserhöhungen absieht. Auch an politischer Information spart »BILD«; die Ausnahme bilden Wahlkampf-Zeiten, während derer das Blatt sich für die CDU/CSU einsetzt, deren Ziele und Politiker sie auch sonst unterstützt. Mißt man daran – sowie an der dezidiert kapital-freundlichen Politik, der Antistreik-Demagogie, dem blindwütigen Antikommunismus und der Verschleierung der sozio-ökonomischen Grundlagen des Systems – die »BILD«-Parole, die Interessen des »kleinen Mannes« zu vertreten, enthüllt sich diese schnell als Trug, präziser: als gezielte Ablenkung von den wirklichen Interessen der Arbeitnehmer zugunsten einer intendierten Entpolitisierung der Massen.

Politik und Ökonomie erscheinen denn auch, wenn überhaupt, als Dinge, aus denen der Bürger sich heraushalten sollte; denn es handelt sich hier um »Gewitter«, »Erdbeben« u. a. [31], also Naturgewalten, die nicht zu steuern sind. Nur einige wenige Persönlichkeiten mögen ihrer als quasi-Berufene Herr zu werden. Neben der Ideologie des »starken Mannes« zeigt sich hier die Personalisierung sozio-politischer Vorgänge. Diese Technik ist »darauf angelegt . . ., den betreffenden Beitrag zu emotionalisieren und so Entscheidungen zu präjudizieren, die der Adressat erst nach einer ausführlichen Information über den jeweils zur Debatte stehenden Tatbestand fällen könnte. So werden Politiker zumeist als volkstümlich-vertrauenerweckende Vaterfiguren aufgebaut, gegenüber denen patriarchalisch-autoritative Pose sich der Leser oder Zuschauer zur Passivität und Kritiklosigkeit angehalten sieht« [32].

Über solche Emotionalisierung zur Passivität zu stimulieren und durch die Vermeidung rationaler und zu Reflexion anregender Darstellung Aktivierung zu verhindern, ist als Ziel von »BILD« vielfach zu erkennen. Neben dem Erwähnten wird diese Absicht gefördert durch die optische Präsentation des Blattes: viele Fotos, Riesen-Überschriften, aufreizend-chaotischer Satzspiegel, exzessiver Gebrauch von Satzzeichen

u. a. Dem gleicht sich die Sprache an: restringiert, bildhaft-alltäglich, Jargon, kurze Sätze, fast nur Hauptsätze, Formeln, Schlagworte, Klischees und Stereotypen. »Die formale Struktur der Zeitung signalisiert eine Vielzahl ›grobgeschnitzter‹ (so Springer) Einzelmeldungen, die den Leser ›anspringen‹ und Denken unnötig machen ... Die Parzellierung und Atomisierung von Nachrichten reißen die Informationen aus dem gesellschaftlichen Zusammenhang und nehmen ihr damit den individuellen Wert, mit Erkenntnissen eigene Entscheidungen zu treffen ... BILD will keine Strukturen erhellen ..., nicht zum Denken anregen, sondern im Gegenteil selbständiges Denken abnehmen« [33]. Um so leichter gelingt »BILD« dann die Absicht, herrschaftsstabilisierende »Objekte zur Identifikation und Projektion« aufzubauen, an denen vom Leser »die eigenen Sorgen und Probleme abreagiert werden können« [34].

Die sozialisatorische (Orientierungs-)Funktion von »BILD« resümieren *Zoll/Hennig* wie folgt: »BILD fungiert als Ordnungsinstanz einer außengeleiteten Gesellschaft, als Garant des Status quo. BILD schafft Abhängigkeit, indem es Unsicherheiten verstärkt. BILD steuert Verhalten, indem es das produzierte Bedürfnis nach Normen, Regeln und Orientierung kurzfristig befriedigt. BILD verhindert selbständiges Denken und eigene Entscheidungen ... BILD besitzt entlastende Funktionen, indem es (zum Teil selbst erzeugte) Ängste und Aggressionen auf Minderheiten wie Studenten oder den Erbfeind Kommunismus lenkt. BILD bietet die Möglichkeit zur Identifikation mit dem Überlegenen, Mächtigen auf Kosten der Eigenständigkeit der Leser. BILD paßt den einzelnen an die Erfordernisse der Industriegesellschaft an ...« [35].

Das gleiche Bekenntnis zur Anpassung verrät jener Katalog von *Lebenshilfen,* wie er aus Romanheftchen und Illustriertenromanen abzuleiten ist. Romanheftchen [36] betonen in besonderem Maße das menschliche Streben nach Sicherheit und Geborgenheit im privaten Leben. Solches wirkt sich im Frauenbild der Romanheftchen dergestalt aus, daß als höchstes Lebensziel die Ehe sich vorstellt. Sie wird gleichgesetzt mit Versorgt- und Behütetsein auf alle Zeit; der Ehemann erscheint in dieser Optik als Beschützer. Das bringt für die Frau allerdings auch Pflichten mit sich; so verlangen die Romanheftchen von ihr Pflichterfüllung, Gehorsam, Treue, Ruhe und Ordnung. Der Frau kommt damit in der Ehe (und in der Gesellschaft) eine passive Rolle zu; sie wird auf hausfrauliche Tugenden, den überragenden Wert der Mutterschaft und innere Werte wie Liebe und Duldsamkeit festgelegt. Aktivität und Intelligenz erhalten in diesem Frauenbild nicht nur den

Akzent des Überflüssigen, sondern werden als ausgesprochen negativ eingeschätzt. »Ist eine Akademikerin schön, jung, unverheiratet, ohne an die Änderung ihres Status zu denken, und obendrein noch ein dunkler Typ, kann man sicher sein, daß sie abgrundtief böse ist . . .« [37].

Auch die männlichen Protagonisten der Romanheftchen zeigen sich primär als Privatleute. Ihre Berufe (meist: Ärzte, Künstler, Unternehmer) werden zwar erwähnt, aber konkret als Tätigkeiten nicht beschrieben. Noch deutlicher als das Arbeitsleben bleibt Politik im Romanheftchen auf Distanz. »Politik ist etwas, das außerhalb der Welt des Heftromans stattfindet, und höchstens als Störung des gemütlichen Feierabends empfunden wird« [38].

Damit ist der Rat verbunden, sich aus der Politik herauszuhalten und vollkräftig auf das Familienleben zu konzentrieren. Das darf freilich nicht so verstanden werden, als stünden Held und Heldin den Anforderungen der Umwelt gleichgültig gegenüber. Sie müssen sich vielmehr den bestehenden Strukturen bedingungslos unterwerfen; dementsprechend postulieren die Romanheftchen ein Syndrom von »Leistungstugenden«, das *Nusser* folgendermaßen kennzeichnet: »Loyalität, Disziplin, Verzicht, Diensttreue« [39]. Angesichts dieser fordernden und auch frustrierenden Umwelt erscheinen Ehe und Familie im Romanheftchen als Kompensation. Ändern können auch sie freilich nicht die Welt: »Das Leben an sich ist schwer – dies ist eine Tatsache, die hingenommen werden muß« [40].

Ähnliches – auf differenziertere Weise für sozial etwas höher einzustufende Rezipienten – verkündet der Illustriertenroman [41]. Er zeigt an, daß alle Menschen abhängig sind und gegen ihr Schicksal nichts auszurichten vermögen. So rät er zur Fügsamkeit. Die Autorität, die als Schicksal in vielen Verkleidungen erscheint, soll der Mensch achten, damit ihm Ärger erspart bleibt. Sorgen, Enttäuschungen und Ängste beschreibt der Illustriertenroman so beharrlich, daß sich der Leser an die eigenen gewöhnt. Das traurige Geschick der Protagonisten versöhnt mit dem Alltag und tröstet fühlbar, weil man um das Leid der anderen nun weiß. Nachgeben, Dulden und Unterliegen werden vom Illustriertenroman als Tugenden ausgegeben. Leiden müssen alle. Das Schicksal macht denn auch keinen Unterschied, wenn es zuschlägt. Ihm sind alle untertan. So überzeugt der Illustriertenroman seine Leser, daß es im Grunde keine Klassen gibt. Besitz und Geld werden als unbedeutsam vorgestellt; was zählt, sind die inneren Werte des einzelnen. Zudem bringen Geld und Besitz nur Sorgen; die Reichen erscheinen im Illustriertenroman als leid- und schwergeprüfte Menschen. Mithin ist es sinnlos, nach zuviel Besitz zu streben. Gleichzeitig fordert der Illustriertenroman indessen, die wirtschaftlichen Machtpositionen anzuerkennen und gebührend zu achten. Daß es immer ein gesellschaftliches Unten und Oben geben wird, gehört zu den Grundüberzeugungen des Illustriertenromans und wird als natürlich ausgegeben. Überhaupt erhalten alle gesellschaftlichen und geschichtlichen Phänomene das Signum des Natürlichen, was anzeigen soll, daß der Mensch nichts in der Welt ändern kann. Was ist, ist richtig. Andererseits gehört aber die Unzulänglichkeit zum Wesen des Lebens und wird niemals aufzuheben sein. Es gibt, so weiß der Illustriertenroman, nichts Hundertprozentiges auf dieser Erde. Von Sorgen und Leiden kann sich deshalb niemand befreien. Doch darf keiner kneifen. Die Pflicht ist wichtiger als das Glück.

Von einer besseren Welt kann der Mensch nur träumen. Verboten ist es indessen, diesen Traum in die gesellschaftliche Praxis umsetzen zu wollen. Weltverbesserer werden zurückgerufen und im trauten Heim beschäftigt. Häuslichkeit und Familiensinn werden deshalb auch als die höchsten Werte des Lebens vorgestellt. Alles, was außerhalb der privaten Sphäre geschieht, betrifft zwar den Menschen, doch eingreifen soll er nicht. Damit ist die Aktivität des einzelnen auf seine private Welt beschränkt. Verinnerlichung und Vereinzelung werden als ideal betrachtet. Beides darf freilich nicht so weit gehen, daß die Forderungen der Autorität und des Ganzen ignoriert werden. Leben heißt immer: der Macht gehorchen. Was der Illustriertenroman am nachhaltigsten verficht, ist der Rat, füg- und gehorsam zu sein. Seine Tugenden sind denn auch in 96 Romanen: die Pflichterfüllung 77mal, die Ordnung 71mal, der Opferwille 68mal, die Duldsamkeit 63mal. So zeigt sich deutlich, welches Ziel die Lebenshilfen und Verhaltensmuster verfolgen: Sie legen die Menschen auf den Status quo fest.

Wenig anderes läßt sich konstatieren, wenn die Inhalte der Medien auf ihre *Ablenkungsfunktion* (Unterhaltung) hin betrachtet werden. Wir versuchen solches beispielhaft am Entwicklungsgang der Heldin Marion aus dem Illustriertenroman »Kein Talent zur großen Dame« von R. Pilchowski [42] zu verdeutlichen: Marion ist Berlinerin und mit jenem kleinbürgerlichen Milieu, in dem sie ihr Dasein zuzubringen gezwungen ist, gar nicht zufrieden: »Angewiesen auf eine kleine Rente, die ein ebenso reicher wie geiziger Onkel meiner Mutter zukommen ließ, lebten wir in sehr bescheidenen Verhältnissen. Unsere Dreizimmerwohnung lag im Parterre eines Hinterhauses, und da sämtliche Fenster auf den engen Hof gingen, gab es bei uns nie Sonne.« Doch unerwartet kehrt Marions Vater heim, der, selber der engen Verhältnisse in Berlin überdrüssig, in Paris zu Reichtum gelangt ist. Er versteht es, dem Mädchen auszureden, Stenotypistin zu werden, und lädt es nach Paris ein. Marion sieht »den Himmel offen«. Schon ist die Reise geplant und das Billett gekauft, als, wie stets im Illustriertenroman, sich ein dramatischer Zwischenfall ereignet: Marion verliebt sich. Ihr Freund – Markus Mohr – ist Maler, noch ein wenig ärmer als Marion, aber – wie alle, die in bescheidenen Verhältnissen leben – gütig und nett. Nur in einem ärgert sich Marion über Markus: er glaubt nicht, daß sie einen reichen Vater in Paris hat und nennt sie »eine ebenso reizende wie ungeschickte Schwindlerin«. Dies nun gibt Marion den Anlaß, sich gegen den Maler Mohr und für die große Welt zu entscheiden. Sie reist also nach Paris. Doch der entscheidende Sprung in die »große Welt« gelingt erst, als Marion von ihrem Vater auf eine Reise nach Monte Carlo mitgenommen wird. Den Abend verbringen Vater und Tochter im Spielkasino von Monte Carlo, wo beide große Summen gewinnen. Das gewonnene Geld läßt man zirkulieren: »So gelassen wie mein Vater die Tausende einsteckte, gab er sie am nächsten Tag auch wieder aus. Da fuhr er mit mir nach Nizza und kleidete mich von Kopf bis Fuß hochelegant ein.« Die neuen Kleider verfehlen ihre Wirkung nicht, und der konkrete Erfolg bei den Männern stellt sich bald ein. Marion lernt Henry Garzia de Valle kennen, einen »fabelhaft aussehenden Multimillionär« aus Brasilien. Marions Vater erkundigt sich derweil nach Henrys ökonomischem Besitz und kann seiner Tochter abends das folgende berichten: »›Der Mann sieht glänzend aus und hat Geld wie Heu. Ich habe inzwischen einige Informationen über ihn eingeholt‹. Damit zog er mich aufs Bett und zählte die Unternehmen auf, die Henry Garzia de Valle gehörten oder an denen er beteiligt war. Es waren Diamanten-, Gold-, Kupfer- und Zinnminen, Reedereien und Plantagenbetriebe. ›Und Öl hat er auch‹, beschloß er die Reihe.« Zeigte sich Marion bis dahin noch von einigen Zweifeln geplagt, ob sie nun Henry wirklich liebte oder vielleicht doch nur den Maler Mark, so bestärkt sie ihres Vaters Rede in ihrer Zuneigung zum brasilianischen Millionär: »Mein Vater hatte schon recht, Henry sah glänzend aus und war reich. Er war genau der Mann, den ich mir immer gewünscht hatte. Die nächsten Tage verbrachte ich mit Henry. Wir machten Ausflüge in seinem Wagen, spielten Tennis, schwammen im Meer, tanzten und gingen im Mondschein spazieren.«

Nach einem Zwischenspiel mit Mark scheint sich Marion endgültig für Henry zu entscheiden, indem sie in eine Verlobung einwilligt. »Die nächsten Tage verlebte ich wie im Traum. Alles, was ich mir als Achtzehnjährige so brennend gewünscht hatte, erfüllte sich nun ... Wir wohnten in Neuilly, einem der vornehmsten Vororte von Paris.«

Henry legt Marion nun sozusagen die Welt zu Füßen. Doch das Märchen kommt nicht zum glücklichen Ende. Plötzlich zeigt sich Marion, daß die große, reiche Welt in Wirklichkeit eine arme ist. Die Entmythologisierung erweist sich als brutal: Marions vornehmer Vater ist ein international gesuchter Dieb und der brasilianische Multimillionär Henry ein Lump. Bereits vier Ehen hat er in seinen jungen Jahren hinter sich gebracht, und seine Affären sind nicht mehr zu zählen. Sogar Marion betrügt er kurz vor der geplanten Hochzeit mit einer französischen Filmschauspielerin. So kehrt Marion nun endgültig zu Mark zurück. Damit siegt der Mann, der »geschickte Hände (hat), kräftig und wohlgeformt. Sie flößten Vertrauen ein, wie sein Gesicht. Es war ein gutes Gesicht, nicht schön, aber männlich«. Sicherheit, Ruhe, Vertrauen, Stetigkeit und Bürgerlichkeit, die Mark verkörpert, sind Werte, mit denen die große Welt nicht konkurrieren kann. Dabei gerät bei Marion auch in Vergessenheit, daß sie in genau jene bedürftigen Verhältnisse zurückkehrt, denen sie anfangs unbedingt entfliehen wollte. Doch Marks einfache Waldhütte ist ebensowenig mehr ein Hindernis für Marions Liebe wie das folgende »Idyll« bei ihrer Rückkehr: »Im Ausguß türmte sich der Abwasch von Tagen, und auf dem Herd sah es aus, als sei ihm täglich das Essen übergekocht.« Marion ist dort, wo sie eingangs war.

Damit endigt ein Weg, der aus dem unbefriedigenden Alltag in die große Welt führte, bei seinem Anfang. Dieser Schluß ist perfid, da sich in Wirklichkeit am mangelhaften Zustand des alltäglichen Lebens nichts geändert hat. Nur weil die große Welt noch mehr zu enttäuschen wußte als die kleine, die man verlassen hatte, wird dem Alltag plötzlich zugewiesen, was er im tiefsten doch niemals gewähren kann: Zufriedenheit, Glück und Sicherheit. Der Mensch ist unabänderlich auf die bestehenden Verhältnisse festgelegt. Mehr als den Leser unterhält solche Unterhaltung also offenbar die bestehenden Verhältnisse.

8.2. Sozialpädagogische Praxis: Medienarbeit mit Erwachsenen

Die kritische Auseinandersetzung um massenmediale Inhalte mit Erwachsenen stößt stets auf die Schwierigkeit, gerade die vereinzelten und deshalb besonders gut beeinflußbaren Rezipienten der Medien zu erreichen. Dies ist fast ausschließlich nur in Gruppen möglich, die sich bereits zu anderen Zwecken als denen der Medienarbeit konstituiert haben. Das heißt, daß Medienarbeit beispielsweise

a) in Volkshochschulen, Erwachsenenbildung und Fortbildungsstätten,

b) in Hausfrauenverbände, Konsumentinnen-Arbeitskreise und Frauenzirkel,
c) in Elterngruppen und Eltern-Kind-Gruppen und
d) in Bildungsveranstaltungen und Wochenenden der Gewerkschaften, in die Arbeiterbildung und in die Arbeiterschulung hineingetragen werden muß.

Entsprechend diesen verschiedenen schichten- und geschlechtsspezifischen Zielgruppen bieten sich auch verschiedenartige Planungseinheiten für die kritische Beschäftigung mit massenmedialen Botschaften an.

Zu a) In Volkshochschulen und Fortbildungsstätten kann die Betonung der Medienarbeit auf kognitive Erfahrungen gelegt werden. Als Aufgabe für die Kursteilnehmer läßt sich beispielsweise die Produktion von Nachrichten verfolgen und analysieren. Es bietet sich der Vortrag eines Fachmannes (Redakteur; Korrespondent) über den Weg der Nachricht vom Ereignis über die Agenturen bis zum Medium an. Anhand des Besuchs in der Nachrichtenredaktion einer Zeitung läßt sich die Verarbeitung der Information vom Fernschreiber über das Redigieren durch den Redakteur bis ins Blatt verfolgen. Die technische Kenntnis kann kritisch aufgearbeitet werden durch einen Vergleich jener Nachrichten, die an einem Tag in verschiedenen Zeitungen erscheinen. Benützt werden können dazu etwa die »Frankfurter Allgemeine Zeitung« als Organ der Großwirtschaft, die »Frankfurter Rundschau« als Organ des liberalen Bürgertums, die »BILD«-Zeitung als scheinbares Organ der Massen und »Unsere Zeitung« als Organ der kommunistischen Opposition (DKP). Ein solcher Vergleich verdeutlicht, wie Nachrichten entsprechend der verschiedenen soziopolitischen Interessen der Zeitungen ausgewählt und manipuliert werden. Daran läßt sich eine grundsätzliche Diskussion darüber anschließen, welche Funktionen Massenmedien in der BRD erfüllen.

Zu b) In Hausfrauenverbänden und Konsumentinnen-Gruppen bietet sich die Werbung zur Medienarbeit an. Es sollte dabei mit einfachen Beispielen begonnen werden. Man kann z. B. die Hausfrauen auffordern, einmal die illustrierten Zeitschriften mitzubringen, die sie in der vergangenen Woche gelesen haben. Es werden sich drei Typen herausschälen: die Funkzeitschriften (z. B. »HÖR ZU«), die allgemeinen, aktuellen Zeitschriften (z. B. »Stern«) und die Frauenzeitschriften (z. B. »Brigitte«). Den Hausfrauen wird nun die Aufgabe gegeben, aus den mitgebrachten Zeitschriften alle Reklame herauszuschneiden und nach Konsumartikeln zu ordnen (z. B. Alkohol-, Waschmittel-,

Auto-, Parfüm-, Kleiderreklame). Anhand dieses ersten Versuchs einer Kategorisierung der Werbung kann die Frage gestellt werden, welche Produkte die versammelten Hausfrauen kaufen und ob sie sie aufgrund der gesehenen Werbung kaufen. Ein zweiter Versuch der Kategorisierung sollte die in der Reklame am häufigsten auftauchenden Motive/Themenbereiche erfassen. Als Ergebnis werden sich etwa die folgenden vier Themenbereiche ergeben:

1. Luxus,
2. Lebensfreude/Optimismus,
3. Liebe/Sex,
4. Sauberkeit.

Diese Werbemotive werden konfrontiert mit der Frage an die Hausfrauen, wie sehr sie ihren »privaten« Wünschen eigentlich entsprechen. Daraus resultiert mit Notwendigkeit eine erste grundsätzliche Diskussion über die Bedürfnismanipulation der Werbung und über die Möglichkeiten wirklicher Bedürfnisbefriedigung der Hausfrauen (Problematisierung ihrer Rollen).

Zu c) In Elterngruppen offeriert sich eine Auseinandersetzung mit massenmedialen Inhalten, die Eltern und Kinder gemeinsam erreichen. Das sind insbesondere jene Fernsehserien, die die Werbeblöcke des frühen Abendprogramms auflockern: z. B. »Meine Tochter – unser Fräulein Doktor«, »Teils heiter, teils wolkig«, »Polizeifunk ruft«, »Lieber Onkel Bill«, »Die seltsamen Methoden des Franz Josef Wanninger«, »Drüben bei Lehmanns«. Diese »soap operas« bilden in bezug auf Orientierung, Lebenshilfen u. a. das Pendant des Fernsehens zu Illustriertenromanen, Romanheftchen u. a. Es bietet sich an, Beispiele aus den bezeichneten Serien aufzuzeichnen, um die Sendungen in der Elterngruppe noch einmal abfahren zu können. Im Anschluß daran sollte der Inhalt der einzelnen Filme resümiert werden. Die Inhaltsangabe sollte einmal ausführlich alle Sequenzen des Films schildern, zum zweiten für die Handlung wichtige, nebensächliche und belanglose Momente unterscheiden und schließlich die Handlungsentwicklung so knapp wie möglich skizzieren. Ein Vergleich dieser drei »Analysestufen« wird ergeben, daß den Serien jeweils äußerst banale Alltagskonflikte zugrunde liegen, die mit einem Wust dramatischer Effekte ihre Alltäglichkeit zu überspielen suchen. Ist diese Grundstruktur der »soap operas« einmal erkannt, sollte sich die Elterngruppe um die Beschreibung der in diesen Serien vertretenen Normen (Ordnung, Gehorsam, Verzicht u. a.) und Zielvorstellungen (Anpassung, Bewahrung der bestehenden Verhältnisse u. a.) bemühen. Alsdann können Möglichkeiten überlegt werden, die Resultate der Analyse den Kindern zu vermitteln. Verfügt die Elterngruppe über das nötige technische Gerät (z. B. Video-Recorder, Kamera), können in aktiver Zusammenarbeit mit den Kindern selbst Filme als kritische, aber zugleich lustige »Gegenbilder« zu den »soap operas« entworfen werden. Wo das technische Gerät fehlt, können aber auch Rollenspiele der Eltern und Kinder die TV-Serien problematisieren helfen.

Ein anderes Beispiel der Medienarbeit in Elterngruppen kann die Beschäftigung mit Kinderbüchern sein. Sie wird je nach sozio-ökonomischem Status und Ausbildungshintergrund der Eltern von unterschiedlichen Zielsetzungen bestimmt werden. Bei Eltern, in deren Alltag Bücher keine oder nur eine geringe Bedeutung besitzen, wird es zunächst darum gehen, die Arbeit mit Büchern in der Kindergruppe zu veranschaulichen, um sie erfahren zu lassen, daß und welche Möglichkeiten Bücher den Kindern bei der Erforschung und Bewältigung von Umwelt eröffnen. Da Bücher somit auch im Dienste elterlicher Zielvorstellungen eine Berechtigung erfahren (vgl. Kap. 4.4), werden diese Eltern später das Lesen ihrer Kinder nicht ausschließlich als »Drücken vor der Arbeit« interpretieren. Beim Besuch öffentlicher Bibliotheken kann Eltern die Scheu vor derartigen Einrichtungen genommen und vermittelt werden, daß der Umgang mit Büchern nicht an individuellen finanziellen Schwierigkeiten scheitern muß. Leistungs- und aufstiegsorientierte Eltern sollten vor allem auch die Möglichkeiten des Kinderbuchs zur Erweiterung sozialer und emotionaler Lernmöglichkeiten, sowie seine kompensatorischen Funktionen kennenlernen, damit Bücher nicht nur unter dem Aspekt der »Nützlichkeit« (Anhäufung von Wissen) oder unter hochgeschraubten ästhetischen Ansprüchen ausgewählt werden, sondern auch danach, daß sie Kindern Spaß machen. Der Stellenwert des Kinderbuches darf hinsichtlich seines individuellen und gesellschaftlichen Veränderungspotentials indessen nicht überschätzt werden: Die Bewältigung vielfältig zu begründender Sozialisationsdefizite kann nicht einem einzigen Medium abverlangt werden.

Zu d) Medienpädagogische Versuche mit Arbeitern an Wochenend- und Bildungsveranstaltungen scheitern immer wieder daran, daß sie vom Bemühen getragen sind, die Arbeiter zu einer kritischen Auseinandersetzung mit den Strukturen der Arbeitswelt zu motivieren, während die Arbeiter genau den umgekehrten Wunsch haben, sich von ihrem alltäglichen Tätigkeitsbereich zu erholen. Will Medienarbeit hier einigermaßen erfolgreich sein, muß sie vom Regenerationsbedürfnis des Arbeiters ausgehen. Das heißt am Beispiel eines Wochenendlehrgangs von Arbeiterinnen verdeutlicht: Der Empfang der Arbeiterinnen im Lehrgangszentrum findet am Freitagabend in aufgelockerter Atmosphäre statt. Den Frauen wird Zeit und Möglichkeit gegeben, sich im Heim ohne jegliche Direktiven, also selbsttätig, einzugewöhnen. Das einzig Manipulierte ist der Hinweis des Heimleiters, daß der Fernsehapparat kaputt sei. Als Ersatz habe man wenigstens für Lektüre gesorgt: Im Aufenthaltssaal und in ihren Räumen finden die Arbeiterinnen denn auch Lore- und Sylvia-Romane. Da weder am Freitagabend noch am Samstagmorgen Veranstaltungen angekündigt sind, ist reichlich Zeit, die Romanheftchen zu lesen. Am Samstagnachmittag ruft die Heimleitung zu einem zwanglosen Gespräch zusammen, in dem auch die Rede auf die Romane kommt. Es entwickelt sich eine Art Diskussion über die Heftchen und deren Inhalte. Da schon das Fernsehen kaputt sei, schlägt die Heimleitung schließlich vor, doch wenigstens die Video-Anlage des Tagungszentrums zu benutzen: Man könne ja den Inhalt eines Sylvia-Heftes verfilmen. Heimleiter und Frauen fertigen ein Drehbuch an und verteilen die Rollen. Bis spät in die Samstagnacht hinein wird dann gefilmt. Am Sonntagmorgen findet die »Premiere« statt. Anknüpfungspunkt zu einer Diskussion über den Film kann insbesondere das Mißbehagen jener Arbeiterinnen sein, die im Film Männerrollen übernehmen mußten. Ein weiterer für die Diskussion sich zwangsläufig ergebender Punkt ist die Schwierigkeit, mit welcher die Arbeiterinnen zu kämpfen hatten, um ihnen ungewohnte Rollen der Filmschauspielerin, der reichen Tochter, der Gräfin u. a. auszufüllen. Solche Schwierigkeiten sollten benannt und auf ihre sozialen Ursachen (Ungleichheit, Armut/Reichtum, Unterschiedlichkeit von Bildungschancen und Benehmen u. a.) zurückgeführt werden. Der »Rollenkonflikt« der Frauen zwischen ihren Verhaltensmöglichkeiten als Arbeiterinnen und den Verhaltensanforderungen im Film bietet in der Tat den vitalen Ansatz, die Illusions- und Fluchttendenzen dieser Heftchenromane zu thematisieren. Daraus entwickelt sich nahezu immer ein realitätseinsichtiges Gespräch über die wirkliche Lage der Arbeiterin in unserer Gesellschaft. Mehr läßt sich auf einer Wochenendtagung nicht realisieren. Möglichkeiten wie Bildungsurlaub u. a. lassen sich hingegen dazu benutzen, unser Modell dahin zu erweitern, daß die Arbeiterinnen schließlich versuchen, mit der Video-Anlage Spiele und Szenen über ihre tatsächliche Situation zu erarbeiten.

Ähnliches kann auch mit männlichen Arbeitnehmern probiert werden, indem die geschlechtsspezifische Lektüre z. B. der Sylvia-Hefte etwa durch »G-man Jerry Cotton« (Bastei-Romane) ersetzt wird. Medienarbeit in Schulungskursen, d. h. mit klassenbewußteren Arbeitern, kann dagegen den »Spiel- und Spaßeffekt« vermindern. Hier bietet sich als Ausgangspunkt etwa die Auseinandersetzung mit Arbeiterfilmen an (z. B. »Schneeglöckchen blühn im September« von C. Ziever/K. Wiese, »Rosenmontag« von K. O. Mühl), die die soziale Gesamtsituation der Werktätigen verdeutlichen. Anhand von Materialien (Fakten, Daten, Literatur der sozialistischen Klassiker) läßt sich das Bild von der gesellschaftlichen Lage der Arbeiterschaft, wie es aus den Filmen sich ergibt, dann objektivieren.

8.3. Die Sozialisationsfunktion der Medien für Kinder und Jugendliche

Geht man von der bestätigten Voraussetzung aus, daß massenmediale Aussagen vor allem dort Einfluß gewinnen, wo der Erfahrungshorizont der Rezipienten nicht von den Primärerfahrungen aus den konkreten Lebens- und Arbeitsverhältnissen determiniert ist, muß ein ziemlich breites Wirkungsfeld der Medien bei Kindern und Jugendlichen angenommen werden. Die soziale Offenheit der Heranwachsenden verlangt geradezu nach *Informationen* über die Umwelt und nach verhaltensorientierenden *Lebenshilfen,* wie sie Elternhaus und Schule weniger oder zumindest weniger plastisch und interessiert übereignen können als die Medien. Neben dieser substituierenden Funktion gegenüber Familie und Ausbildung besitzen die Medien auch eine kompensierende: sie vermitteln den Kindern *Spiel-* und den Jugendlichen *Spannungserlebnisse,* die als Kontrast zu den Anforderungen in Elternhaus und Schule erfahren werden.
Demgemäß ist der Medienkonsum von Kindern und Jugendlichen beträchtlich [43]; er liegt zwischen 1,5 und 4 Stunden pro Tag im Durchschnitt. »In unteren Schichten der Bevölkerung ist das Fernsehen zum Teil schon Fixpunkt geworden, so daß es den Ablauf des späten Nachmittags und des Abends bestimmt. Essen wird zur Sekundäraktivität, das Gespräch verstummt weitgehend. Kinder sind, jedenfalls in den jüngeren Jahren, von diesen Verhaltensstilen ebenso geprägt wie von der fernsehfeindlichen Haltung mancher standesbewußter Eltern ... Darin kommt zum Ausdruck, daß die Massenmedien vor allem in den höheren Schichten als konkurrierender Sozialisationsfaktor erkannt werden. Die Unterschiede im Medienverhalten zwischen oberen und unteren Schichten haben hier mit eine Ursache. Zudem sind diese El-

tern, speziell die Mütter, viel stärker in der Lage, sich um die Kinder zu kümmern. Für Frauen aus den Unterschichten, die zum Teil noch eine Doppelbelastung von Beruf und Familie aufweisen, besitzt das Fernsehen demgegenüber oft Entlastungsfunktionen, indem es die Kinder beschäftigt. So sehen Kinder von berufstätigen Müttern mehr fern als Kinder von Nur-Hausfrauen« [44]. Das wiederum hat diverse Folgen: Häufig fernsehende Kinder aus Arbeiter- und unteren Angestelltenfamilien erfahren frühzeitig verstärkt Standardisierungen in ihren Sekundärinformationen über die Welt; ihre Phantasie wird kanalisiert [45]; sie spielen seltener, sind passiver und verfügen aufgrund des »isolierenden« TV-Konsums über weniger Primärkontakte [46].

Die Suche der Kinder und Jugendlichen nach Informationen, Orientierungshilfen und Spannungserlebnissen wird mittlerweile von den Medienproduzenten weidlich ausgenutzt. Im Funk gibt es Werbesendungen, die eigens den Markt des Kindes und Jugendlichen stimulieren; Kinder- und Jugendzeitschriften, Comics u. a. stellen für Verleger ein Riesengeschäft dar; die Kommerzialisierung der Pop-Kultur ist ein weiteres Beispiel dafür, wie die Bedürfnisse der Heranwachsenden manipuliert werden [47]. Spätestens dieser kurze Blick auf den Verwertungsprozeß jugendlicher Wünsche zeigt an, welche Interessen hinter den Informationen und Orientierungshilfen der Medien an die Jugendlichen stehen und wer wen wie beeinflußt. Das heißt: die Medienangebote an Kinder und Jugendliche müssen »als Teil des klassengesellschaftlich gestatteten Systems der Bedürfnisbefriedigung« gesehen werden, »die Kommunikationsansprüche der Kinder, deren Ansprüche an die Gebrauchsfähigkeit des Mediums zur Realitätserklärung, Dissonanzreduktion, Identitätsfindung und Spieltätigkeit, auf eine Weise umdeutet und umlenkt, die diese Gebrauchswertansprüche in eine, den kapitalistisch genormten Arbeits-, Entscheidungs- und Freizeitverhältnissen konforme Verfassung bringt« [48]. Auch was die Medien also den Heranwachsenden an Inhalten anbieten, läßt sich nicht aus dem Kontext der bestehenden Gesellschaft und deren spezifischen Verhältnissen und Interessen entlassen.

Vergegenwärtigen wir uns unser Modell, so gilt es hier freilich in Erinnerung zu rufen, daß die Botschaften der Medien zum einen im Sozialisationsprozeß des Kindes nur *einen* Wirkfaktor unter vielen anderen darstellen und daß sie zum zweiten von den betreffenden Kindern nicht widerstandslos rezipiert, sondern individuell gebrochen und aufgrund ihrer je besonderen inneren Bedingungen verarbeitet werden. Damit soll indessen der Einfluß der massenmedialen Informationen und Orientierungshilfen auf Kinder resp. Jugendliche nicht verharmlost, sondern nur in seinen relativierenden Zusammenhang der inneren und äußeren Bedingungen unseres Modells gestellt werden. Der Wirkfaktor »Massenmedium« ist damit in seiner Bedeutung als Sozialisationsagentur gewiß nicht zu unterschätzen und etwa so zu bewerten, wie *Osterland* das tut: »Bereits Kindern geben ... die Massenmedien als eine unter vielen Sozialisationsagenturen eine kaum mehr kritisch durchdringbare Begrifflichkeit der sie umgebenden Realität vor, die später als Deutungsschemata zur Interpretaton der Lebens- und Arbeitssituation dient. Sie werden nicht nur von den Medien direkt angeeignet, sondern auch indirekt, über jene anderen Sozialisationsagenturen, z. B. die Eltern, die gleichfalls die Offerten der Massenmedien akzeptieren. Die Wahrnehmung und Rezeption der gesellschaftlichen Widersprüche wird mithin in der frühen Lebensphase bereits vorstrukturiert. Soziale Phantasie, die auf Veränderung drängen könnte, wird hier bereits kanalisiert und gebunden an das, was der größere Teil des massenmedialen Angebots, als angemessenes Verhalten zum Erreichen individuellen Glücks verspricht« [49].

Wir wollen im folgenden diesen Prägungsdruck der Medien auf Kinder und Jugendliche anhand der Zeitschrift »Bravo« aus den Bereichen von Information, Lebenshilfe und Spannungserlebnissen etwas näher untersuchen. Für den Sektor der *Information* liefert das Blatt hauptsächlich Nachrichten über die Freizeitsphäre: Neuigkeiten über Stars (Filmschauspieler, Schlagersänger und Fußballspieler), Vorstellung der aktuellen Modetrends, ausführliche Beschreibung von Freizeitartikeln (Motorräder, Kameras, Sportgeräte u. a.). Hin und wieder informiert »Bravo« über Berufswünsche und -möglichkeiten, wobei allerdings das Hauptgewicht auf vergleichsweise attraktiven Dienstleistungstätigkeiten liegt, während die Arbeit in der Produktion ausgespart wird. Ebensowenig erfahren die jugendlichen Leser etwas über Politik und Gesellschaft.

Die Qualität der »Bravo«-Informationen leitet über zu den *Lebens- und Orientierungshilfen* dieser Zeitschrift. Im Vordergrund steht die Maxime, daß alle Probleme des Lebens durch Konsum zu lösen sind. So werden z. B. der Beantwortung von Fragen aus dem sexuellen Bereich Hinweise und Werbebilder für Tampons, Intim-Sprays, Aufklärungsbücher, brustvergrößernde Mittel u. a. zugeordnet. Sorgen, die die Freundin hat, vertreibt der Freund mit Geschenken und umgekehrt. Reichlichen und immer neuen Konsum stellt »Bravo« als normative Forderung modernen Lebens vor: Wer konsumiert, ist »in«. Die Zeitschrift verdeutlicht in Bild und Text, wie sich Jugendliche modisch kleiden, frisieren und zurechtmachen (»Make up«) müssen, um »à jour« zu sein. Solcher Konsum setzt freilich Geld voraus, und dieses Geld – so weiß auch »Bravo« – muß verdient werden. In diesem Sinne hält die Zeitschrift ihre Leser zur strebsamen und ordentlichen Arbeit an. Nur wer etwas geleistet hat, darf sich Spaß und Lust in der Freizeit gönnen.

»Bravo« betont ohne Unterlaß die Werte und Normen anständigen Lebens (Fleiß, Treue, Gehorsam u. a.). Jugendliche, die dagegen verstoßen (Hippies, Rocker, Studenten u. a.) verachtet das Blatt: sie dürfen nicht zur »Bravo«-Familie gehören. Auch unter den Stars der Film- und Musikwelt, von denen die Zeitschrift lebt, wird nach den Richtlinien der Ordentlichkeit selektiert: Von den »Rolling Stones« und von Alice Cooper z. B. hält »Bravo« nichts, von »Les Humphries« und Roy Black dagegen viel. Das zeigt an, daß auch der Starkult, den »Bravo« geradezu exzessiv betreibt, nicht so sehr auf Eskapismus zielt, wie das viele Kritiker immer wieder behaupten. Selbst im Bereich der *Ablenkung* und der *Spannungserlebnisse* vergißt »Bravo« niemals sein konservatives Gesellschaftsbild der Ordnung und Unterordnung, der Pflichterfüllung ohne Kritik, der fraglosen Bewahrung des Bestehenden.

8.4. Sozialpädagogische Praxis: Medienarbeit mit Schülern

Medienarbeit mit Hauptschülern scheitert oft an der Intellektualisierung des Themas. Die Lehrenden meinen, die Schüler mittels einer kritischen Analyse, die beispielsweise den Illusionismus der Comics oder das unrealistische Gesellschaftsbild von »Bravo« beweist, zu einer kritischen Einstellung gegenüber den massenmedialen Aussagen zu befähigen. Eine solche Vorgehensweise übersieht die emotionalen Bedürfnisse der Schüler, die von den Medien zumindest partiell befriedigt werden, sowie die sinnliche Attraktivität etwa von Film und Fernsehen. Will Medienarbeit erfolgreich sein, muß sie diese Bedürfnisse entdecken, auf sie eingehen und die Faszination berücksichtigen, die insbesondere die visuellen Medien auf die Schüler ausüben. Beispiele für Medienarbeit mit filmischem Material, die diese Voraussetzungen in sich tragen, sind die Versuche von *Gloria Behrens* [50] und *Paech/Wolff* [51].

Zumeist wird es in Hauptschulen allerdings an den technischen Möglichkeiten fehlen, Film- und Fernseharbeit sinnlich-konkret machen zu können. Wir schildern deshalb ein Beispiel medienpädagogischer Arbeit mit Comics in einer Hauptschulklasse von 13- bis 14jährigen Schülern. Ausgangspunkt bildet der Besuch von Studenten eines schul-

pädagogischen Erkundungsprojekts, die mit den Schülern den Sinn der Stoffvermittlung im Unterricht diskutieren wollen. Als *ein* Ergebnis der offenen Aussprache beschließen Schüler, Lehrer und Studenten vermehrt Inhalte in den Unterricht einzubringen, die aus dem »wirklichen« Leben stammen. Da sich in letzter Zeit mehrere Lehrer darüber beschwert hatten, daß die Schüler ihre »Freizeitlektüre« während der Schulstunden mehr oder minder heimlich lesen, wird beschlossen, dieses Thema als erstes zu behandeln. Es wird zunächst einmal ganz improvisiert besprochen, warum Comics und Jugendzeitschriften während des Unterrichts gelesen werden, warum sie offenbar interessanter und inwiefern sie eine Alternative zum Schulstoff sind. Um die dabei wahllos angesprochenen Meinungen und Gefühle so zu koordinieren, daß eine Basis für die künftige Beschäftigung mit der Freizeitlektüre entsteht, wird ein Fragebogen erarbeitet.
Bei der gemeinsamen Auswertung des Fragebogens ergibt sich, daß die knappe Mehrheit der Schüler Comics, die knappe Minderheit die Jugendzeitschrift »Bravo« bevorzugt. Dieser Befund liefert als Kontroverse eine vorzügliche Ausgangsposition für eine Diskussion: Liebhaber und »Gegner« von Comics und »Bravo« stoßen aufeinander. Die Mehrheit entscheidet, daß zunächst die Comics, dann die Jugendzeitschriften besprochen werden. Dieses Abstimmungsergebnis fördert im übrigen den Unmut der »Bravo«-Fans über die Comics und provoziert besonders krass ablehnende Meinungen über die gezeichneten Geschichten, was die »Liebhaber« wiederum zu einer besonders engagierten Verteidigung herausfordert. Ohne großes Zutun von Seiten des Lehrers und der Studenten im Erkundungsprojekt führt das Streitgespräch der Schüler zu dem Ergebnis, die Meinungen und Vorurteile über Comics einmal des näheren zu prüfen und dergestalt festzustellen, wer eigentlich recht hat.
Anhand aller mitgebrachten Comics wird im folgenden versucht, die Hefte zu typisieren (z. B. nach Helden: Übermenschen–Alltagsfiguren, nach Handlungsländern: USA – Deutschland – Frankreich – Mond, nach Arten: Science Fiction – Wild West u. a.). Einzelne Hefte aus Serien (z. B. Donald Duck – Superman) und aus Typen (z. B. Übermensch: Superman – Batman) werden verglichen. Handlungsanalysen der gezeichneten Geschichten (Stoff, Inhalt, Ablauf, Verteilung der Figuren, Weg des Helden) zeigen den Schülern, daß es bestimmte, wenige Grundmuster gibt, nach denen die Aktionen des Helden in jedem Heft immer wieder ablaufen. Auch die Helden sind stets die gleichen, verändern sich nie, erfahren immer die gleichen Konflikte und lösen sie unaufhörlich nach einem unverwechselbaren Re-

zept. Solche Resultate lassen sich von den Schülern am besten visuell verdeutlichen, indem über Aussehen und Gestalt des Helden, über typische Handlungssituationen u. a. beispielsweise Wandzeitungen angefertigt werden.

Die Ähnlichkeit der Helden und Handlungsmuster kann dann zur Frage der Comics-Produktion führen (Autoren, Verlage, Herstellung, Vertrieb, Profit) und zum wichtigen Thema, wie und was Comics zur Lösung individueller Schülerprobleme beitragen. Dazu können in Rollenspielen Handlungsabläufe und vor allem Problemlösungsstrategien aus den Comics von den Schülern nachgespielt und dann diskutiert werden. In einem weiteren Schritt lassen sich diese Rollenspiele inventorisch so erweitern, daß nun die Helden spielenden Schüler in fiktive Situationen hineingestellt werden: z. B. Fix und Foxi haben ihre Schularbeiten nicht gemacht; Superboy muß seinem Vater eine schlechte Zensur melden; Asterix schreibt eine Klassenarbeit in Mathematik. Erfahrungsgemäß reagieren die Schüler in solchen Rollenspielen mit den Fluchttendenzen ihrer Helden: z. B. Superboy zwingt den Lehrer, aus der schlechten Zensur eine gute zu machen.

Diese Fluchttendenzen lassen sich dergestalt thematisieren, daß die Problemlösungsstrategien der Comics-Helden in konkreten Bezug zu der Lage der Schüler in Elternhaus und Klasse gesetzt werden, indem nun die Kinder einfache Geschichten zeichnen oder mit ausgeschnittenem Material aus den Comics entwickeln, die ihrer Lebens- und Arbeitssituation annähernd entsprechen, also sowohl ihre Schwierigkeiten wie auch ihre Wünsche und Sehnsüchte zeigen. Damit gelangen die Schüler selbsttätig dazu, die Identifikationsstärke mit den Helden zu verringern, deren Abenteuer zwar nach wie vor spaßig zu finden, aber in bezug auf die eigene Situation doch kritischer zu betrachten [52]. Zur Verstärkung dieses Einsichtsprozesses sollten auch die Meinungen der Eltern (und der Lehrer) zu den Comics noch besprochen werden. Als »Erfolgskontrolle« bietet sich die Möglichkeit an, die Schüler mit Kameraden aus anderen Klassen »aufklärende« Diskussionen über Comics veranstalten zu lassen. Eine andere »Erfolgskontrolle« könnte auch sein, die Kiosk-Comics einmal durch kritische Comics zu ersetzen, etwa durch die gezeichneten Geschichten von Meysenbugs (Glamour-Girl, Super-Mädchen).

Medienarbeit mit Realschülern könnte sich beispielsweise einmal der Pop-Musik (Rolling Stones, Jefferson Airplane, Hendrix, Baez, Haven, Lennon, der frühe Dylan, Zappa, Burdon u. a.) annehmen. Anhand von Zitaten deutschsprachiger Pop-Musik-Interpreten (z. B. Rolf U. Kaiser) lassen sich die hochgeschraubten politischen Erwartungen an diese Musik (Revolution, Gesellschaftsveränderung, Schaffung des neuen Menschen) fixieren. Schilderungen aus der »Underground«-Presse und mittlerweile vorhandenen Anthologien der Hippie- und Untergrund-Bewegung dokumentieren die Entstehung der Pop-Musik als Ausdruck gesellschaftskritischer (z. B. US-Bürgerrechtsbewegung) und gesellschafts-eskapistischer (z. B. Beat-Generation) Tendenzen. Die Entwicklung bestimmter Gruppen vom Protest-Song zur »Mainstream«-Musik (z. B. »Quick Silver Messenger Service«, »Majo Men«, »Trans Atlantic Train«) läßt die Kommerzialisierung der Pop-Musik deutlich werden. Parallel dazu läuft die Vermarktung ehemaliger Hippie-Zentren in USA (z. B. »Electric Circus« in New York, »Avalon« in San Francisco). Am Beispiel »Woodstock« läßt sich am eindringlichsten zeigen, wie das Bedürfnis vieler nach neuen Lebensformen und -gefühlen ausgebeutet wird (vgl. den gleichnamigen Film; Anthologien). Anhand dieser Entwicklung können mit Realschülern die vielfältigen Fragen der Manipulation von Bedürfnissen, des Zusammenhangs von Musik, Protest und Gesellschaftsveränderung, der Möglichkeiten von sozialem Wandel durch kulturelle Initiativen u. a. besprochen werden. Beispiele wie Joan Baez, Mick Farrow mit seinem »Guerilla-Pop«, Tuli Kupferberg mit seinen »Fugs«, »Country Joe and the Fish« etc. können dokumentieren, wie politische Arbeit mit Kunst und Musik in Einklang gebracht werden kann.

8.5. Massenmedien im sozialisatorischen Gesamtfeld

Aus der Beschreibung der verschiedenen massenmedialen Aussagen ergibt sich ein vergleichsweise einheitliches Bild: Die Botschaften der Medien organisieren die Anpassung der Rezipienten an eine Welt, deren Unzulänglichkeit sie selber offen zugeben. Trotzdem wird dieses defizitär Bestehende als unantastbar vorgestellt; der Mensch soll es protestlos anerkennen und alle Mängel ertragen. Das Individuum sieht sich zur Passivität verurteilt. Der einzelne kann nicht mehr auf sich und seine Leistungen vertrauen, sondern muß von der Autorität des Schicksals persönliches Unglück oder Glück akzeptieren. Das Individuum wird mithin von Mächten bestimmt, die außerhalb seiner Interventionsmöglichkeiten sind und ihn wie Naturgewalten überfallen. In seinem eingeschränkten Dispositionsbereich verbleiben dem einzelnen nur Privatleben und Konsum; sie entschädigen ihn quasi für jenes, was ihm die »Außenwelt« an Glücks- und Befriedigungsmöglichkeiten versagt.

Die von uns zitierten Beispiele massenmedialer Aussagen (»BILD«, »Bravo«, Heftchenroman u. a.) stehen dabei freilich nicht allein. Vielmehr werden ihre Botschaften von der Regenbogenpresse, den Wochenendzeitschriften, den Horoskopen, Schlagern, James-Bond-Serien, Angélique-Romanen, den Western im Fernsehen, den Folgen der Volkstheater, dem Unterhaltungsfilm – um nur einige Beispiele zu nennen – noch vielfach bestätigt und dementsprechend verstärkt [53].

Die massenmedialen Botschaften verteidigen also die bestehende Gesellschaft in deutlicher Form; sie introjizieren die herrschenden Normen und Werte und geben das Vorhandene als ebenso unveränderbar wie endgültig aus. Ihr Wiederholungssyndrom aus Rechtfertigung der Verhältnisse, Aufforderung zu Anpassung und Unterwerfung, Appell zu privater Existenz, Bescheidung und Triebunterdrückung ließe sich in unserem Zusammenhang von Sozialisationsagenturen und -inhalten im übrigen öfters aufweisen. Ähnliche bis gleiche Befunde, wie sie über die Botschaften der Medien sich konstatieren lassen, könnten nämlich in Familie, Schule, Heimerziehung, Lehrlingsausbildung, Arbeitsplatzsituation, politischer Bildung, Lehrermentalität u. a. nachgezeichnet werden.

Diese potentiellen Parallelitäten sollen hier nur kurz angedeutet sein, indem wir einige Beispiele benennen. Eine Richtung kritischer Familienforschung weist die Familie immer wieder als Einübungsanstalt für Anpassung und Triebverzicht aus. Die Schule sieht sich kritisiert, weil sie zu Unterordnung, Autoritätsgläubigkeit, unreflektiertem Leistungsstreben und Opportunismus erzieht. In Schulbüchern entdecken die Kritiker ebenfalls keine Tugenden, die, wie etwa Freiheit, Gleichheit und Veränderung eigentlich in Staatswesen erwartet werden müßten, die sich selber demokratisch und ihre Grundordnung freiheitlich nennen. Auch in der politischen Bildung sehen Autoren nur die Verhaltensforderung nach der freiwilligen Anpassung der Individuen an die bestehenden politischen Strukturen. Gleichermaßen zeigen sich die Botschaften der Medien weithin kongruent mit dem Welt- und Gesellschaftsbild der meisten Lehrer, die die gesellschaftlichen Zwänge und Restriktionen nicht zu durchschauen vermögen und ihre Schüler deshalb unkritisch an die Strukturen der bestehenden Gesellschaft anpassen. Die Schüler stehen dieser Gesellschaft denn auch mehrheitlich hilflos gegenüber, empfinden sie als fremd und bedrohend und nehmen deshalb eine Haltung »blinder Anpassung an die jeweils herrschenden Einstellungen und Verhaltenserwartungen« an [54]. Noch deutlicher läßt sich solche Unterwerfung unter bestehende Verhältnisse in der Lehrlingsausbildung oder gar der Heimerziehung aufweisen.

So ließe sich schließlich ein recht geschlossenes System der normativen und verhaltensmäßigen Übereinstimmung in dieser Gesellschaft konstruieren. Es zeigt an, daß das Individuum nicht als Träger sozialer und politischer Entscheidungen zu sehen ist, sondern gegenteilig als Objekt, das, anstatt frei und selbsttätig zu bestimmen, autoritär an Bestehendes angepaßt wird. Sozialisation erscheint in diesem Rahmen gesamthaft als notwendiger Ausdruck jener Produktion, die als Privatbesitz der Wenigen die Fügsamkeit der Vielen verlangt.

Doch solche Bilder sind in ihrer logischen Perfektion und Geschlossenheit zu simpel, und vor allem auch zu eindimensional, als daß sie mit der ebenso komplexen wie dynamischen Wirklichkeit übereinstimmen könnten. Gewiß mag die Deckungsgleichheit von Produktions- und Sozialisationsverhältnissen ein Wunschbild der Herrschenden sein; aber seine Konstruktion ist ohne die agierenden Menschen gemacht. Das heißt: der starken Tendenz, die Individuen auf die bestehenden Verhältnisse festzulegen, stehen die vielfältigen Gegentendenzen vis-à-vis, die die Widersprüchlichkeiten des Gegebenen aufnehmen, erkennen, formulieren und zu ändern suchen. Weder im Produktions- noch im Sozialisationsbereich können sich damit die Herrschenden eindimensional durchsetzen; sie stoßen je auf die Interessen, Bedürfnisse und Reaktionen der Beherrschten. Mag also vorgängig nachgezeichnetes System sozialisatorischer Übereinstimmungen auch mit den ideologischen Absichten der Herrschenden zusammenfallen, mag es die herrschende Zielvorstellung sein, so bricht sich diese doch immer an der Wirklichkeit der Beherrschten, d. h. ihren objektiven Lebensverhältnissen und deren subjektiver Verarbeitung.

Sozialisation wirkt damit nie deckungsgleich mit den herrschenden Zielvorstellungen, sondern so, wie diese auf bestimmte Individuen treffen und von ihnen gemäß ihrer klassen- und schichtspezifischen Verhältnisse und Vorstellungen angeeignet werden. Das heißt beispielsweise: Die Zielvorstellung der Mächtigen von Unterwerfung im Betrieb wird von aufstiegsorientierten Angestellten solange mit Überzeugung praktiziert werden, wie sie Erfolg im Unternehmen – also eben Aufstieg – verspricht. Nicht-aufstiegsorientierte Angestellte werden sich gegenüber Unterwerfungsanforderungen indessen sehr instrumentalistisch verhalten, d. h. sie werden während der Arbeitszeit jenes Minimum an Anpassung leisten, das ihnen die Bewahrung ihres Arbeitsplatzes garantiert. Bewußte Angestellte werden Unterwerfungsappelle kritisieren und sich u. U. in Betriebsgruppen/Gewerkschaften dagegen wehren.

Herrschende Zielvorstellungen, ob sie nun von Massenmedien, Ausbildern, Unternehmern u. a. vertreten und gefordert werden, filtern sich also in den Lebensverhältnissen (»äußere« Bedingungen) und den Vorstellungen, Bedürfnissen, Interessen etc. (»innere« Bedingungen) der betroffenen Individuen. Sie werden von diesen gebrochen und verarbeitet und wirken sich entsprechend der verschiedenartig gegebenen Bedingungen auch jeweils different aus (vgl. Kap. 1). Zielvorstellung und Wirkung zeigen sich also – mehr oder minder – a-kongruent. Diese Anwendung unseres Modells auf kollektiver Ebene ergibt damit einmal mehr zum einen, daß Sozialisation kein eindimensionaler Vorgang ist, sondern der Prozeß zwischen Sozialisatoren und Sozialisanden, in welchem beide ihre Interessen und Bedürfnisse einbringen. Auch ein (ökonomisches, politisches, kulturelles) Machtschwergewicht des einen Pols (z. B. Herrschende–Lehrer) bedeutet nicht, daß der andere Pol (z. B. Beherrschte–Schüler) nur Aufnahmebasis von Botschaften ist und diesen entsprechend reagieren muß. Vielmehr zeigen sich beide Pole im strukturierenden Lernfeld der spezifischen Produktions-, Arbeits- und Lebensverhältnisse aktiv. Zum zweiten lassen sich keine linearen Wirkungswege einzelner Botschaften (z. B. der Massenmedien) auf die Individuen nachzeichnen; denn keine Sozialisationsagentur wirkt allein und unabhängig. Das, was sie vermittelt, trifft auf bestimmte Individuen, die das Vermittelte durch ihre bestimmten Erfahrungen filtern. Sozialisation(swirkung) ist also stets und immer die Wechselbeziehung in einem komplex strukturierten sozialen Gesamtfeld (Macht- und Herrschaftsverhältnisse, u. a.), in welchem Sozialisator *und* Sozialisand entsprechend ihrer gesellschaftlichen Verortung und deren subjektiver Verarbeitung agieren, reagieren und agieren.

8.6. Nachbemerkung [55]

Die vorangegangenen Kapitel dieses Buches erheben den nicht gerade unbescheidenen Anspruch, den Leser aus dem vielfältigen Dilemma bisheriger Sozialisationstheorie herauszuführen. Ausgangspunkt der Verfasser für diesen Versuch war die eigene Erfahrung, daß sich in der Praxis von Projekten und sozialpädagogischen Handlungsfeldern mit den Befunden der Sozialisationsforschung schwerlich arbeiten läßt. Der Gründe dafür gibt es viele; einige seien im folgenden nochmals zusammenfassend benannt:

– Sozialisationstheorie, sofern man davon überhaupt sinnvollerweise sprechen kann, besteht in einer weithin ungeordneten Akkumulation von Befunden.

- Die sozialisatorisch relevanten Variablen werden dabei in den Sozialisationsdarstellungen allenfalls grob verbunden.
- Die Kenntnis derart additiv zusammengestellter Informationseinheiten führt statt zu Entscheidungshilfen eher zu Abwehr und Schuldgefühlen des sozialpädagogisch Tätigen.
- Die Befunde der Sozialisationsforschung sind sehr oft kontrovers.
- Gleichartige Sozialisationsresultate werden mit verschiedenartigen theoretischen Ansätzen und auf unterschiedlichen Abstraktionsniveaus erklärt. So deutet man z. B. aggressives Verhalten als Folge bestimmter Erziehungspraktiken, als Konsequenz erlebter Frustration, als Antwort auf eine vaterlose Jugend, als angeborene Determinante – um nur einiges zu nennen.
- Persönlichkeitseigenschaften werden artifiziell getrennt; so behandelt z. B. die Sozialisationstheorie die motivationalen Kapazitäten eines Individuums ohne Hinblick auf dessen kognitive und soziale Merkmale.
- Erziehungspraktiken u. a. zeigen sich als losgelöst vom Gesamtgefüge des Sozialisationsverlaufs. Die Bedeutung vielfältiger Einflußgrößen wird vernachlässigt; Sozialisationsursachen und -resultate werden nur eindimensional abgeleitet.
- Der gesamtgesellschaftliche Kontext und Determinationsrahmen von Sozialisation wird zuwenig bedacht.

Das bedeutet: Es bedarf einer stringenten Theorie, die die Einzel- und Gesamtbedingungen von Sozialisation systematisch auf die konstituierenden gesellschaftlichen Bedingungen bezieht und aus dem Zusammenhang von objektiven und subjektiven Faktoren handlungsbezogene Konsequenzen ableiten kann.

Dabei ergeben sich vielfältige theoretische und praktische Probleme. Besonderen Schwierigkeiten sieht sich z. B. der Versuch gegenüber, individuelles Verhalten mit den sozialen Verhältnissen konkret zu vermitteln. Dazu einige Bemerkungen: Aufgrund der in unserer Gesellschaft bestehenden Produktionsbedingungen, wie sie etwa *Marx* in den »Grundrissen« prinzipiell analysiert, stehen die eigenen und eigens erarbeiteten gesellschaftlichen Verhältnisse den Individuen abstrakt gegenüber und erscheinen in deren Bewußtsein vordringlich in reifizierter Weise. Ein Beispiel wäre die Geldform. Dazu schreibt *Marx* in den »Grundrissen«: »Der gesellschaftliche Charakter der Tätigkeit wie die gesellschaftliche Form des Produkts, wie der Anteil des Individuums an der Produktion erscheint hier als den Individuen gegenüber Fremdes, Sachliches ... als Unterordnen unter Verhältnisse, die unabhängig von ihnen bestehen« [56]. Also: das Unmittelbare – obwohl bloß vermittelte Erscheinung des Grundsätzlichen – wird als Wesentliches genommen und das Wesentliche der materiellen Verhältnisse – obwohl Konstitutionsbasis von Verhalten – als das Fremde.

Daraus folgt u. a. für unser Thema: Sozialisationstheorie sollte dergestalt mit Gesellschaftsanalyse verbunden sein, daß soziales Verhalten aus den objektiv gegebenen Verhältnissen deutlich wird. Erst dann ist Sozialisation in Form ganz bestimmter, den Verhältnissen adäquater, aber durchaus nicht einheitlicher Qualifikationen, Werte, Bedürfnisse etc. analytisch darstellbar. Es offenbart sich so ein ganz spezifischer, der bestimmten Gesellschaftsformation entsprechender Sozialisationstypus. Die Analyse der Entstehung und der Wirkweise dieses bestimmten Typus von Sozialisation, entsprechend der bestehenden sozialen Verhältnisse, ist die eine Seite der Klärung der angesprochenen Vermittlungsproblematik; die andere Seite ist die Analyse der Verbreitung und Aufnahme dieses Typus in der Sozialisation der einzelnen Individuen (vgl. Kap. 1). Kurz zusammengefaßt: Sozialisationstheorie sollte aufgrund des Dargelegten nicht wie bislang bei der Beschreibung des je Vorfindlichen, des Unmittelbaren stehenbleiben, sondern als Gesellschaftstheorie das Unmittelbare der Werte, Bedürfnisse, Anschauungen u. a bis zu deren materiellen Anfangsgründen vermittelt verfolgen.

Dabei ergeben sich für die so komplexe Vermittlungsproblematik vielfältige Fragen: Es ließe sich beispielsweise auf gesamtgesellschaftlicher Ebene aus der Analyse unserer Gesellschaftsformation der ihr adäquate Sozialisationstypus ableiten. Als vermittelnde Kategorie könnte dabei etwa der *Marx*sche Begriff der »Charaktermaske« dienen [57]. Auf der vermittlungsanalytisch nächstniederen Ebene der differenten gesellschaftlichen »Gruppierungen« ließen sich aufgrund der qualitativ verschiedenen Möglichkeiten, wie sie sich konkret in den Arbeits- und Lebensverhältnissen der Individuen ausdrücken, auch andersartige, d. h. klassen- und schichtspezifische Sozialisationsbedingungen ermitteln (Kap. 6). Und so weiter.

Eine solche Theorie, die Sozialisation differenziert und sukzessive aus der bestehenden Gesellschaft vermittelt, liegt hier nicht vor. Dazu bedarf es noch umfangreicher Vorarbeiten kritischer Sozialisationsforscher. Auch gültig abgesicherte Zusammenhänge zwischen gesellschaftlichen Bedingungen, pädagogischen Handlungen und daraus folgenden Sozialisationsergebnissen (vgl. insbesondere Kap. 6), vermag dieses Buch noch nicht zu liefern; es kann nur anleiten zur Erarbeitung derartiger Zusammenhänge. Aber auch das erscheint uns in der Situation, in der sich die Sozialisationstheorie gegenwärtig befindet, nicht wenig.

Immerhin wurde in den vorgängigen Kapiteln versucht, auf eigenen Erfahrungen im Sozialisationsbereich beruhende Gedanken zu entwerfen, die die Sozialisationstheorie etwas voranzubringen vermögen. Dabei wurde auf dem langwierigen Weg zu einer ebenso kritischen wie praxisrelevanten Sozialisationstheorie ein Rahmenmodell entworfen, das eine erste Aufgliederung der Bedingungsfelder veranschaulicht, die in ihrer Wechselwirkung Sozialisationsprozesse konstituieren. Dieses Rahmenmodell kann kein End-, sondern nur ein Ausgangspunkt im Hinblick auf stringente Sozialisationstheorie sein; es enthält aber unserer Ansicht nach zumindest den Vorteil, daß es sich nicht in anprangernder Kritik erschöpft, sondern von Anfang an auf die Erarbeitung eines Instrumentariums tendiert, aus dem sich auch Vorschläge zur Veränderung ableiten lassen und in dem die klassische und so unfruchtbare Trennung von Sozialisationstheoretikern, -empirikern und -praktikern aufgehoben ist.

Anmerkungen zu Kapitel 8

1 *Riesmann* u. a. 1961, S. 37.
2 *Ronneberger*, 1971.
3 *Champagne*, 1973, S. 188 f.
4 *Ronneberger*, 1971, S. 48.
5 *Adorno*, 1963, S. 70 f.
6 *Holzer*, 1973, S. 149 f.
7 *Holzer*, 1974, S. 15.
8 Zit. n. *Knilli*, 1971, S. 19.
9 *Osterland*, 1974, S. 10.
10 Vgl. *Küchenhoff*, 1972; *Osterland*, 1974.
11 *Holzer*, 1973, S. 150.
12 *Osterland* u. a., 1973, S. 237.
13 *Champagne*, 1973, S. 187.
14 *Kaes*, 1962, S. 556; *Zoll/Hennig*, 1970, S. 128 ff.
15 *Zoll/Hennig*, 1970, S. 124.
16 *Osterland* u. a., 1973, S. 250 ff.
17 *Zoll/Hennig*, 1970, S. 199 ff.
18 *Osterland* u. a., 1973, S. 257 ff.
19 *Bogart*, 1955/56; *Bolte* u. a., 1967, S. 337.
20 *Hollstein*, 1973, S. 31 ff.
21 *Nusser*, 1973; *Brodbek*, 1974.
22 *Brodbeck*, 1974, S. 14.
23 Zit. nach *Alberts*, 1972, S. 146.
24 *Seldes*, 1957, S. 75.
25 *C. R. Wright*, 1964, S. 95 ff.
26 *Bogart*, 1955/56.
27 *Zoll/Hennig*, 1970, S. 124; *Klapper*, 1961, S. 179.

28 Zit. n. *Alberts*, 1972, S. 140.
29 Vgl. *Küchenhoff* u. a., 1972; *Zoll/Hennig*, 1970; *Alberts*, 1972; *Grosser* 1973 und vor allem: »BILD«.
30 Zit. n. *Zoll/Hennig*, 1970, S. 172.
31 »BILD« 9. 7. 1958; vgl. *Küchenhoff* u. a., 1972.
32 *Holzer*, 1973, S. 159.
33 *Zoll/Hennig*, 1970, S. 177.
34 Auftragsanalyse von »BILD«, zit. n. *Zoll/Hennig*, 1970, S. 179.
35 *Zoll/Hennig*, 1970, S. 182.
36 Vgl. *Nusser*, 1973; *Brodbeck*, 1974; und vor allem die Romanhefte z. B. Florentine (Bastei), Delphin (Pabel), Erika (Kelter), Gold (Zauberkreis), Inge (Hiro), Jerry Cotton (Bastei).
37 *Brodbek*, 1974, S. 43.
38 *Brodbeck*, 1974, S. 29.
39 *Nusser*, 1973, S. 66.
40 *Brodbeck*, 1974, S. 29.
41 *Hollstein*, 1973; dieser Untersuchung, der wir hier partiell folgen, liegen 96 Fortsetzungsromane aus den Illustrierten HÖR ZU, CONSTANZE und »Stern« zugrunde.
42 CONSTANZE Nr. 8, 16 1960; auch als Heyne-Taschenbuch erschienen.
43 *Holzer*, 1974, S. 46 ff.; *Zoll/Hennig*, 1970, S. 123 ff.
44 *Zoll/Hennig*, 1970, S. 129 f.
45 *Osterland*, 1974, S. 9.
46 *Zoll/Hennig*, 1970, S. 132 ff.
47 *Zoll/Hennig*, 1970, S. 133 f.; *Murdock*, 1973, S. 283 f.; *W. Funke* u. a., 1974.
48 *Holzer*, 1974, S. 45.
49 *Osterland*, 1974, S. 9.
50 *Behrens*, 1973, S. 79 ff.
51 *Paech/Wolf*, 1973, S. 63 ff.
52 Beispiele ausführlicher Modelle von Medienarbeit mit Comics in: *Funke* u. a., 1974, S. 75 ff.; Jugendschriften-Warte 1, 1973, S. 1 ff.
53 Vgl. *Knilli*, 1971; *Hollstein*, 1973, S. 193 f.; *Brodbeck*, 1974; *Pehlke/Lingfeld*, 1970, S. 65.
54 *v. Friedeburg/Hübner*, 1964, S. 54.
55 Das Manuskript für das vorliegende Buch wurde von den Verfassern im Dezember 1974 abgeschlossen. Nach Herbst 1974 erschienene Literatur konnte nicht mehr berücksichtigt werden.
56 *K. Marx*, Grundrisse . . ., Frankfurt/M. und Wien 1971.
57 Vgl. den Versuch von *K. Ottomeyer*, 1973.

Literaturverzeichnis

*Die mit einem * versehenen Titel gelten als Empfehlung zum Lesen zu den jeweils in Klammern genannten Kapiteln*

Aberle, D. F.; Naegele, K. D., Middle Class Father's Occupational Role and Attitudes toward Children, in: *Olson, P.* (Hrsg.), Glencoe 1953

Abraham, K., Psychoanalytische Studien zur Charakterbildung und andere Schriften, Stuttgart 1969

Adorno, Th. W., Eingriffe. Frankfurt/M. 1963

Aebli, H., Über die geistige Entwicklung des Kindes, Stuttgart 1963

ders., Die geistige Entwicklung als Funktion von Anlage, Reifung, Umwelt- und Erziehungsbedingungen, in: *Roth, H.* (Hrsg.), Begabung und Lernen, 2. Aufl. 1969

Agnoli, J.; Brückner, P., Die Transformation der Demokratie. Berlin 1967

Aich, P.; Bujard, O., Soziale Arbeit – Beispiel Obdachlose, Köln 1972

*Alberts, J.**, Massenpresse als Ideologiefabrik – Am Beispiel Bild, Frankfurt/M. 1972 (8)

Albrecht, Ch., Lehrereinkommen, Lehrerausbildung, Lehrermangel, Weinheim 1970

Althoff, K., Untersuchungen zum Einfluß von Berufsausbildungen und Berufstätigkeiten auf die Ergebnisse einer Eignungstestbatterie, in: Diagnostica 19/973, S. 143 ff.

Altvater, E.; Huisken, F. (Hrsg.), Materialien zur politischen Ökonomie des Arbeitssektors, Erlangen 1971

Ammon, G. (Hrsg.), Psychoanalytische Pädagogik, Hamburg 1973

Anastasi, A., Länge des Schulbesuchs und Intelligenz, in: *Weinert, F.* (Hrsg.), Pädagogische Psychologie, Köln, Berlin 1967

Arbeitsgruppe * Vorschulerziehung (Hrsg.), Anregungen (Bd. I): Zur Pädagogischen Arbeit im Kindergarten, München 1973 (4)

Auernheimer, R.; Krösche, B.: Situationstheorie als Überwindung von Strukturorientierungen: Zur Kontroverse curricularer Ansätze, in: *Zimmer, J.* (Hrsg.), 1973, S. 92 ff.

Ausubel, D.; Sullivan, E. V., Das Kindesalter, München 1964

Autorenkollektiv *, Berufliche Sozialisation und gesellschaftliches Bewußtsein jugendlicher Erwerbstätiger, Frankfurt/M. 1973 (6)

Baacke, D., Jugend und Subkultur, München 1972

ders. (Hrsg.) *, Mediendidaktische Modelle: Zeitungen und Zeitschrift, München 1973 (8) ders. (Hrsg.) *, Mediendidaktische Modelle: Fernsehen, München 1973a (8)

Bahrdt, H. P., Industriebürokratie, Stuttgart 1958

Bahrdt, H. P. u. a., Zwischen Drehbank und Computer, Hamburg 1970

Bambach, H.; Gerstacker, R., Der Situationsansatz als didaktisches Prinzip: Die Entwicklung didaktischer Einheiten, in: *Zimmer, J.* (Hrsg.), 1973, S. 154 ff.

Bandura, A.; Walters, R. H., Social Learning and Personality Development, New York 1963

Bargel, Th., Probleme der Rezeption empirischer Sozialisationsforschung, in: *Walter, H.*, 1973, S. 119–138

Beck, G., Politische Sozialisation und politische Bildung in der Grundschule, Frankfurt 1972

Beck, J.; Clemens, M. u. a., Erziehung in der Klassengesellschaft, München 1970

Becker, E. u. a., Erziehung zur Anpassung, Frankfurt/M. 1967

Becker, H., Quantität und Qualität, Freiburg 1962

Becker, W. C., Consequences of Different Kinds of Parental Discipline, in: *Hoffmann, M. L.; Hoffmann, L. W.* (Hrsg.) 1964

Behrens, G., Fernseh- und Filmarbeit mit Schülern, in: *Baacke, D.* (Hrsg.), 1973 a

Belschner, W. u. a., Verhaltenstherapie in Erziehung und Unterricht, Stuttgart 1973

Bergler, R.; Six, Berd, Stereotype und Vorurteile, in: *Graumann, C. F.* (Hrsg.), Handbuch der Psychologie 7, 2. Halbbd., Sozialpsychologie, Göttingen 1972

Bernal, J. D., Arbeitspsychologie–Intelligenztests, in: Kritische Psychologie, Bochum 1970

Bernfeld, S., Sisyphos oder die Grenzen der Erziehung, Frankfurt/M. 1972

Bernsdorf, W. (Hrsg.), Wörterbuch der Soziologie, Stuttgart 1969

Bernstein, B., Studien zur sprachlichen Sozialisation, Düsseldorf 1972

Bettelheim, B., Die Kinder der Zukunft, Wien 1969

Beyme, K. V., Die politische Elite in der Bundesrepublik Deutschland, München 1971

Deutscher Bildungsrat, Strukturplan für das Bildungswesen, Stuttgart 1973

Biermann, B., Die soziale Struktur der Unternehmerschaft, Stuttgart 1971

*Bittner, G.**, Sprache und affektive Entwicklung, Stuttgart 1969 (4)

Böhnisch, L.; Schefold, W.*, Die gegenwärtige Diskussion um ein neues Funktionsverständnis der Jugendarbeit, in: *Böhnisch, L.* (Hrsg.), Jugendarbeit in der Diskussion, München 1973 (7)
Bogart, L., Adult talk about newspaper comics, in: American Journal of Sociology 61, 1955/56
*Bolte, K. M.** u. a., Deutsche Gesellschaft im Wandel I/II, Opladen 1967 (2)
Bornstein, St., Unbewußtes der Eltern in der Erziehung der Kinder, in: *Bittner, G.; Rehm, W.*, Psychoanalyse und Erziehung, Bern 1964, S. 108 ff. a)
ders., Mißverständnisse in der psychoanalytischen Pädagogik, in: *Bittner/Rehm*, S. 75 ff. b)
Braun, S., Zur Soziologie der Angestellten, Frankfurt/M. 1964
Braun, S.; Fuhrmann, J.*, Angestelltenmentalität, Neuwied 1970 (6)
Brechstein, E.: Sozialisation des Arbeiterkindes in Familie und Schule, Freiburg 1971
Brinkmann, G., Die Ausbildung von Führungskräften für die Wirtschaft, Köln 1967
*Brodbeck, L.**, Roman als Ware, Basel 1974 (7)
Brocher, T., Vorwort zu Eckensberger, D. 1971
Brosch, P., Fürsorgeerziehung, Heimterror und Gegenwehr, Frankfurt/M. 1971
Bruder, K. J., Taylorisierung des Unterrichts. Zur Kritik der Instruktionspsychologie, in: *Enzensberger, H. M.; Michel K. M.* (Hrsg.), Kursbuch 24/1971, S. 113 ff.
ders. (Hrsg.), Kritik der bürgerlichen Psychologie, Frankfurt/M. 1973
Brückner, P., Zur Sozialpsychologie des Kapitalismus, Frankfurt 1972
Bühler, H., Sprachbarrieren und Schulanfang, Weinheim 1972
Der Bundesminister für Arbeit und Sozialordnung (Hrsg.), Sozialbericht 1972, Bonn 1972
Butschkau, U., Tillmann, K., Politische Sozialisation in der Gesamtschule, München 1972
Caesar, B., Autorität in der Familie. Ein Beitrag zum Problem schichtenspezifischer Sozialisation, Hamburg 1972
Cazden, C. B., Die Situation, eine vernachlässigte Ursache sozialer Klassenunterschiede im Sprachgebrauch, in: *Klein, W.; Wunderlich, D.* (Hrsg.), 1972
Champagne, P., Fernsehen und Familie, in: *Prokop, D.* (Hrsg.), Massenkommunikationsforschung, Bd. 2, Konsumtion, Frankfurt 1973
Child, I. L., Socialization, in: *Lindzey, G.* (Ed.) Handbook of Social Psychology, Mass., 1954, S. 655 ff.

Clarke, A. D. B., Intelligenz, in: *Morris, J. F.; Lunzer, E. A.*, Das Lernen in der Schule, Stuttgart 1972
ders., Sozialisation, in: *Bernsdorf, W.* 1969
Clausen, I. A. (Hrsg.), Socialization and Society, Boston 1968
Correll, W., Pädagogische Verhaltenspsychologie, München 1965
Crozier, M., Le rôle des employés et des petits fonctionnaires dans la structure sociale française contemporaine, in: Transactions of the Third World congress of sociology (III), London 1956
Crusius, R. u. a. (Hrsg.), Berufsausbildung – Reformpolitik in der Sackgasse, Hamburg 1974
*Dahle, W.**, Deutschunterricht und Arbeitswelt, Hamburg 1972 (2)
Dahrendorf, R., Gesellschaft und Freiheit, München 1962
Damm, D., Möglichkeiten emanzipatorischer Bildungsarbeit in Jugendzentren, in: deutsche jugend 6/1973
Dennis, W., Ursachen der Retardation bei Heimkindern: Iran, in: *Graumann, C. F.; Heckhausen, H.* (Hrsg.), Pädagogische Psychologie 1 – Entwicklung und Sozialisation, Frankfurt/M. 1973, S. 175 ff.
*Deppe, F.** u. a. (Hrsg.), Die neue Arbeiterklasse, Frankfurt/M. 1970 (6)
*Deppe-Wolfinger, H.**, Arbeiterjugend-Bewußtsein und politische Bildung, Frankfurt/M. 1972 (7)
*Destray, J.**, La vie d'une famille ouvrière, Paris 1971 (6)
Deutsch, M., Die Rolle der sozialen Schicht in Sprachentwicklung und Kognition, in: *Klein, W.; Wunderlich, D.* (Hrsg.), Frankfurt/M. 1972
Döring, K. W., Lehrerverhalten und Lehrerberuf, Weinheim 1970
Döring, K. W.; Kupffer, H., Die eindimensionale Schule, Weinheim 1972
Dollard, J.; Miller, N., Personality and Psychotherapy, New York 1950
Dorsch, F., Psychologisches Wörterbuch, Hamburg, Bern 1970
Drenth, P. J. D., Der Psychologische Test, München 1969
Drever, J.; Fröhlich, W. D., Wörterbuch zur Psychologie, München 1972
Dumazedier, J., Vers une civilisation du loisir, Paris 1962
Durkheim, E., Education et sociologie, Paris 1923
Eckensberger, D., Sozialisationsbedingungen der öffentlichen Erziehung, Frankfurt/M. 1971
Eichhorn, W. u. a., Wörterbuch der marxistisch-leninistischen Soziologie, Opladen 1971

Engelmann, S. u. Th., Kinder – Schule von null bis fünf Jahren, Freiburg/Brsg. 1969

Entwurf zum Aufruf zur Teilnahme an der ›Initiative jugendpolitisches Forum‹ vom 6.–8. Dezember 1974 (1974)

Erikson, E. H., Kindheit und Gesellschaft, Stuttgart 1968

ders., Jugend und Krise, Stuttgart 1970

Ertel, S., Ein differential-methodischer Versuch zum Intelligenzproblem, Psychol. Forsch. 30, 1966, S. 151–199

Fatke, R., Ist Intelligenz doch vererbbar? betrifft: erziehung 6/1971, S. 15 ff.

Feire, P., Pädagogik der Unterdrückten, Stuttgart 1972

Fend, H., Sozialisierung und Erziehung, Weinheim 1969

ders., Gesellschaftliche Bedingungen schulischer Sozialisation, Weinheim 1974

Festinger, L., A theory of cognitive dissonance, New York 1957

Fleischer, H., Marxismus und Geschichte, Frankfurt/M. 1968

Florin, J.; Tunner, W., Behandlung kindlicher Verhaltensstörungen, München 1971

Föhl, C., Kreislaufanalytische Untersuchungen der Vermögensbildung in der Bundesrepublik und der Beeinflußbarkeit ihrer Verteilung, Tübingen 1964

*Fornari, F.**, Psychoanalyse des ersten Lebensjahres, Stuttgart 1970 (3)

Fox, R., Ein Vergleich verschiedener Familienmodelle, in: *Jungk, R.; Mundt, H. J.:* Hat die Familie noch eine Zukunft?, München 1971, S. 11 ff.

*Freud, A.**, Das Ich und die Abwehrmechanismen, München o. J. (5)

*Freud, S.**, Drei Abhandlungen zur Sexualtheorie, Frankfurt/M. 1961 (5)

ders., Abriß der Psychoanalyse, Frankfurt/M. 1953

Friedeburg, L. v.; Hübner, P., Das Geschichtsbild der Jugend, München 1964

Fröhlich, W.; Wellek, S., Der begrifflich-theoretische Hintergrund der Sozialisationsforschung, in: *Graumann, C. F.* (Hrsg.), Handbuch der Psychologie, Band 7; 2 Sozialpsychologie, Göttingen 1972, S. 661

Fürstenau, P., Soziologie der Kindheit, Heidelberg 1969

Fürstenberg, F., Normenkonflikte beim Eintritt ins Berufsleben, in: *Scharmann, T.* (Hrsg.), 1966

ders., Industriesoziologie, Neuwied, Berlin 1966

Funke, W. u. a., Thema: Massenmedien, Düsseldorf 1974

Gagné, R. M., Die Bedingungen des menschlichen Lernens, Hannover 1969

Galperin, P. J., Die Entwicklung der Untersuchungen zur Ausbildung geistiger Handlungen, in: Ergebnisse der sowjetischen Psychologie, Berlin (DDR) 1966
Gamm, H.-J., Kritische Schule, München 1970
Gavi, P.: Les ouvriers, Paris 1970
Geisler, W., Philadelphia ist unser Campus, in: betrifft: erziehung 5/1974, S. 26 ff.
Gernert, W., Jugendhilfe, München/Basel 1973
Geulen, D., Thesen zur Metatheorie der Sozialisation, in: *Walter, H.* (Hrsg.), 1973, Bd. 1, S. 85 ff.
Giesecke, H., Politische Bildung in der Jugendarbeit, München 1966
ders.*, Die Jugendarbeit, München 1973 (7)
ders., Versuche 4, in: *Müller, C. W.; Kentler, H.* (Hrsg.), 1964
Gleitze, B., Sozialkapital und Sozialfonds als Mittel der Vermögenspolitik, Köln 1968
Gloy, K., Bernstein und die Folgen – Zur Rezeption der Soziolinguistischen Defizithypothese in der BRD, in: *H. Walter*, 1973, S. 139 bis 171
Goldthorpe, J. H. u. a., The affluent worker in the class structure, London 1969
Goslin, D. A. (Hrsg.), Handbook of Socialization Theory and Research, Chicago 1969
*Gorz, A.**, Zur Strategie der Arbeiterbewegung im Neokapitalismus, Frankfurt/M. 1967 (2)
Gottschalch, W.; Neumann-Schönwetter, M. u. *Soukup, G.*, Sozialisationsforschung. Materialien, Frankfurt/M. 1971
Gottschalch, W., Bedingungen und Chancen politischer Sozialisation, Frankfurt/M. 1972
*Graumann, C. F.** (Hrsg.), Handbuch der Psychologie Band 7/2. Halbband – Sozialpsychologie, Göttingen 1972 (1)
Grauer, G., Jugendfreizeitheime in der Krise, Weinheim 1973
Greenacre, P., Einschränkung und Zwang im Kindesalter, in: *Bittner, G.; Schmid-Cords, E.* (Hrsg.), Erziehung in früher Kindheit, München 1971, S. 147 ff.
Greenstein, F. T., Children and Politics, New Haven, London 1965
Greif, S., Gruppenintelligenztests, Europäische Hochschulschriften, Bern 1972
Greiner, D., Sozialpsychische Beziehungen in Arbeitsgruppen und »Kollektiven der sozialistischen Arbeit«, in: *Vorwerg, M.* (Hrsg.), Die Struktur des Kollektivs in sozialpsychologischer Sicht, Berlin 1971 (DDR)

Groothoff, H. H. (Hrsg.), Pädagogik (Das Fischer Lexikon), Frankfurt/M. 1964

Grosser, H., Modellanalyse der BILD-Zeitung, in: *Baacke, D.* (Hrsg.), 1973

Gruppe Spielumwelt in der Neuen Gesellschaft für Bildende Kunst, Fest im MV – Ein Gesellschaftsspiel, Berlin Heft 1, o. J.

*Guthke, J.**, Zur Diagnostik der intellektuellen Lernfähigkeit, Berlin (DDR) 1972 (4)

Hack, L. u. a., Klassenlage und Interessenorientierung, Zeitschrift f. Soziologie 1972, H. 1, S. 15 ff.

Haensch, D., Repressive Familienpolitik, Hamburg 1969

Hall, O. M., Attitudes and Unemployment, New York 1934

Hanke, B. u. a., Zum Besuch des Gymnasiums geeignet oder nicht? in: Zeitschrift f. Pädagogik 20. Jg. 1974, 4; S. 567 ff.

Hartfiel, G.; Holm, K., Bildung und Erziehung in der Industriegesellschaft, Opladen 1973

Hartmann, H., Der deutsche Unternehmer, Frankfurt/M. 1968

Hartmann, K., Theoretische und empirische Beiträge zur Verwahrlosungsforschung, Heidelberg 1970

Haug, H. J.; Maessen, H., Was wollen die Lehrlinge? Frankfurt/M. 1971

Heckhausen, H., Variablen in der Genese des Leistungsmotivs, in: *Graumann, C. F.* (Hrsg.), Handbuch der Psychologie, Bd. 7; 2, 1972

ders., Motive und ihre Entstehung, in: *Weinert, F. E.* et al. (Hrsg.), Pädagogische Psychologie 1, Frankfurt/M. 1974

Hederer, G., Die Motivation von Investitionsentscheidungen der Unternehmung, Meisenheim/Glan 1971

Heinsohn, G., Vorschulerziehung, Heute? Frankfurt/M. 1971

Heintz, P. (Hrsg), Soziologie der Schule, Köln/Opladen 1970

Heinz, W.; Korn, S., Sozialtherapie als Alibi, Frankfurt/M. 1973

Hemmer, K. P., Bemerkungen zu Problemen einer Situationstheorie, in: *Zimmer, J.* (Hrsg.), 1973, S. 61 ff.

Herrmann, Th., Lehrbuch der empirischen Persönlichkeitsforschung, Göttingen 1969

ders., Persönlichkeitsmerkmale, Stuttgart 1973

Hess, H., Zur Soziologie der Obdachlosen, in: *Hollstein, W.; Meinhold, M.* (Hrsg.), Sozialarbeit unter kapitalistischen Produktionsbedingungen, Frankfurt/M. 1973

Hess, H.; Mechler, A., Ghetto ohne Mauern. Ein Bericht aus der Unterschicht, Frankfurt/M. 1973

Hess, R. D.; Torney, J. V., The development of political attitudes in children, Chicago 1967
Hiebsch, H., Sozialpsychologische Grundlagen der Persönlichkeitsformung, Berlin 1971 (DDR)
Hiebsch, H.; Vorwerg, M.*, Einführung in die marxistische Sozialpsychologie, Berlin (DDR) 1971 (1)
Hilgard, E. R., Theories of learning, New York 1956²
Hirsch, J., Wissenschaftlich-technischer Fortschritt und politisches System, Frankfurt/M. 1970
ders.*, Staatsapparat und Reproduktion des Kapitels, Frankfurt/M. 1974 (2)
Hochheimer, W., Zur Rolle von Autorität und Sexualität im Generationskonflikt, in: Psyche 7, 20. Jg. 1966
Hochstetter, H., Schulverwaltungsgesetz, Stuttgart 1964
Hörning, K. H. (Hrsg.), Der ›Neue‹ Arbeiter, Frankfurt/M. 1971
Hoffmann, F., Organisation der Führungsgruppe, Berlin 1969
Hoffmann, M. L.; Hoffmann, L. W. (Hrsg.), Review of Child Development Research, Vol. I, New York 1964
Hoffmanns Comic Theater, will dein Chef von dir mal Feuer, Berlin 1974
Hollstein, W., Der Untergrund, Neuwied 1969
ders., Der deutsche Illustriertenroman der Gegenwart, München 1973
Hollstein, W.; Meinhold, M. (Hrsg.), Sozialarbeit unter kapitalistischen Produktionsbedingungen, Frankfurt/M. 1973
Holzer, H., Kinder und Fernsehen, München 1974
ders., Kommunikationssoziologie, Hamburg 1973
Holzer, H.; Steinbacher, K. (Hrsg.), Sprache und Gesellschaft, Hamburg 1972
Holtzmann, W. H., The changing world of mental measurement and its social significance, in: Amer. Psycholigist 26, 1971, S. 546
Holzkamp, K., Sinnliche Erkenntnis Frankfurt/M. 1973
Hoppe, F., Erfolg und Mißerfolg, in: Psycholg. Forschung 1931, 14, S. 1–62
Horn, K., Über den Zusammenhang zwischen Angst und politischer Apathie, in: *Marcuse, H.* u. a. (Hrsg.), Aggression und Anpassung in der Industriegesellschaft, Frankfurt/M. 1968
ders., Politische Psychologie, in: *Kress, E.; Senghaas, D.* (Hrsg.), Politikwissenschaft, Frankfurt/M. 1972
ders., Psychoanalyse-Kritische Theorie des Subjekts Aufsätze, Frankfurt/M. 1972
Horney, K., Der neurotische Mensch in unserer Zeit, München 1951

Huch, K. J., Einübung in die Klassengesellschaft, Frankfurt/M. 1972
*Huffschmidt, J.**, Die Politik des Kapitals, Frankfurt/M. 1969 (2)
Hunt, D. E., A conceptual Systems change model and its application to education, in: *Harvey, O. J.* (ed.), Experience, Structure and Adaptability, New York 1966
Iben, G. u. a., Kinder am Rande der Gesellschaft, München 1970
Iben, G., Kompensatorische Erziehung, München 1971
ders., Randgruppen der Gesellschaft, München 1971, Materialien Bd. 1
Illich, J., Entschulung der Gesellschaft, München 1972
IMSF* (Hrsg.), Klassen- und Sozialstruktur der BRD 1950–1970, Frankfurt/M. (2)
Inkeles, A., Society, Social Structure and Child, Socialization, in: *Clausen, J. A.* (Hrsg.), Socialization and Society, Boston 1968
Institut für Demoskopie, Jahrbuch der öffentlichen Meinung 1968 bis 1973, Allensbach 1974
Institut für Gesellschaftswissenschaften (Hrsg.), Der Imperialismus in der BRD, Frankfurt/M. 1971
Jacobi, O. u. a. (Hrsg.), Gewerkschaften und Klassenkampf, Frankfurt/M. 1973
*Jaeggi, U.**, Kapital und Arbeit in der Bundesrepublik, Frankfurt/M. 1973 (2)
Jaeggi, U., Wiedemann, H., Der Angestellte im automatisierten Büro, Stuttgart 1966
Jung, H. u. a., Kampfaktionen der westdeutschen Arbeiterklasse 1966 bis 1970, in: Das Argument 62/1970
Jungblut, H., Die Reichen und die Superreichen in Deutschland, Hamburg 1971
Kaes, R., Les ouvriers français et la culture, Paris 1962
Kätsch, S., Teilstrukturen sozialer Differenzierung und Nivellierung in einer westdeutschen Mittelstadt, Köln, Opladen 1965
Kagan, J. et al., Psychological significance of styles of conceptualization, in: *Wright, J. C.; Kagan, J.* (Hrsg.), Basic cognitive Processes in children Monogr. Soc. Res. Child Development 28, 1963, No. 2
*Kaminski, G.**, Verhaltenstheorie und Verhaltensmodifikation, Stuttgart 1970 (1)
Karras, H., Grundgedanken der sozialistischen Pädagogik in Karl Marx' Hauptwerk Das Kapital, Frankfurt/M. 1972
Keim, W. (Hrsg.), Gesamtschule, Bilanz ihrer Praxis, Hamburg 1973
Keller, U.; Neumann, G.*, Kritische Erziehung, Opladen 1971 (5)
Kemmler, L., Erziehungshaltungen von Müttern vierzehnjähriger Jungen, in: Psychologische Rundschau 3/1960

Kentler, H., Jugendarbeit in der Industriewelt, München 1962
ders., Versuche 2, in: *Müller, C. W.; Kentler, H.* (Hrsg.) 1964
ders. (Hrsg.), Für eine Revision der Sexualpädagogik, München 1969
Kern, H.; Schumann, M.*, Industriearbeit und Arbeiterbewußtsein, Frankfurt/M. 1970 (2)
Kievenheim, C.; Leisewitz, A. (Hrsg.), Soziale Stellung und Bewußtsein der Intelligenz, Köln 1973
Kirsten, R. E.: Lehrerverhalten, Stuttgart 1973
Klafki, W. u. a., Erziehungswissenschaft 1, Frankfurt/M. 1970
Klapper, J. T., The effects of mass communication, Glencoe 1961
*Klauer, K. J.**, Lernen und Intelligenz, Weinheim 1969 (4)
Klein, M., Das Seelenleben des Kleinkindes, Stuttgart 1962
Klein, W.; Wunderlich, D.* (Hrsg.), Aspekte der Soziolinguistik, Frankfurt/M. 1972 (4)
*Klix, F.**, Information und Verhalten, Bern 1971 (1)
Knilli, F. (Hrsg.), Die Unterhaltung der deutschen Fernsehfamilie, München 1971
Köhler, G. (Hrsg.), Wem soll die Schule nützen?, Frankfurt/M. 1974
Kohlberg, L., Development of Moral Character and Moral Ideology, in: *Hoffmann, M. L.; Hoffmann, L. W.* (Hrsg.) 1964
Kohn, M. L., Class and Conformity – A Study of Values, Homewood 1969
Kossakowski, A., Entwicklung von Fähigkeiten zu selbständigem und verantwortungsbewußtem Handeln, Berlin 1970 (DDR)
Kozlik, A., Volkskapitalismus, Wien 1968
Kratzmeier, H., Kleinkindmathematik, Weinheim 1970
Krech, D.; Crutchfield, R. S., Grundlagen der Psychologie Bd. II, Weinheim 1971
Kress, G.; Senghaas* (Hrsg.), Politikwissenschaft, Frankfurt/M. 1972 (1)
Kris, E.; Leites, N., Trends in 20th Century Propaganda, in: *Röheim, G.* (Hrsg.), Psychoanalysis and the Social Scicules. Vol. 1, New York 1947
Kruk, M., Die oberen 30 000, Wiesbaden 1967
ders., Die großen Unternehmer, Frankfurt/M. 1972
Kuczynski, J., Klassen und Klassenkämpfe im imperialistischen Deutschland und in der BRD, Berlin 1972 (DDR)
Küchenhoff u. a., Bildverfälschungen, Frankfurt/M. 1972
*Kühnl, R.** (Hrsg.), Formen bürgerlicher Herrschaft I und II, Hamburg (rororo) 1971, 1972 (2)

Labov, W., Die Logik des Nonstandard English, in: *Klein, W.; Wunderlich, D.* (Hrsg.), 1972
Laplanche, J.; Pontalis, J. B.*, Das Vokabular der Psychoanalyse, (in 2 Bdn.), Frankfurt/M. 1973 (5)
Lazarsfeld-Jahoda, M.; Zeisl, H., Die Arbeitslosen von Marienthal, Leipzig 1933
Lehmann, B., Arbeitswelt und Lehrerbewußtsein, Neuwied 1974
Lehr, U., Die Frau im Beruf, Frankfurt/M. 1969
dies., Psychologie des Alterns, Heidelberg 1972
dies., Das Problem der Sozialisation geschlechtsspezifischer Verhaltensweisen, in: *Graumann, C. F.* (Hrsg.), Handbuch der Psychologie, Band 7; 2″ Sozialpsychologie, Göttingen 1972
Lempert, W., Leistungsprinzip und Emanzipation, Frankfurt/M. 1974
Leontjew, A. N., Probleme der Entwicklung des Psychischen, Frankfurt 1973
Leplâtre, N.; Marenco, C., Approche sociologique des jeunes ouvriers, Paris 1957
Liebel, M., Aufforderung zum Abschied von der sozialintegrativen Jugendarbeit, in: deutsche jugend 1/1970
ders., Überlegungen zum Praxisverständnis antikapitalistischer Jugendarbeit, in: deutsche jugend 1/1971
Liegle, L., Kollektiverziehung im Kibbutz, München 1971
Lienert, G. A., Testaufbau und Testanalyse, Weinheim 1961
Linde, H., Zur Soziologie des Sports, in: *Plessner, H.* u. a. (Hrsg.), Sport und Leibeserziehung, München 1967
Loehrke, T.; Gebauer, E., Gründe für oder gegen die Wahl weiterführender Schulen in verschiedenen Bevölkerungskreisen, Frankfurt/M. 1965
Lompscher, J., Geistige Entwicklung als Herausforderung unserer Zeit, München 1968
Lorenzer, A., Zur Begründung einer materialistischen Sozialisationstheorie, Frankfurt 1972
Loschelder, W.; Rössler, H., Ausbildung und Auslese der Beamten, Baden-Baden 1961
Lüdtke, H. (Hrsg.), Erzieher ohne Status? Heidelberg 1973
ders., Freizeit in der Industriegesellschaft, Opladen 1972 a
ders., Jugendliche in organisierter Freizeit, Weinheim 1972 b
ders., Soziale Schichtung, Familienstruktur und Sozialisation, in: Familienerziehung, Sozialschicht und Schulerfolg, Weinheim 1971
Lungwitz, K., Die Verteilung der Umverteilung des westdeutschen Nationaleinkommens 1950–1968, in: DWI-Berichte Nr. 9 1970

Lurija, A. R.; Judowitsch, F. J., Die Funktion der Sprache in der geistigen Entwicklung des Kindes, Düsseldorf 1970
Mager, R., Motivation und Lernerfolg, Weinheim 1970, Vorabdruck in: betrifft: erziehung, 2/3/4/1970
Majoribanks, K., Umwelt, soziale Schicht, Intelligenz, in: *Graumann, C. F.; Heckhausen, H.* (Hrsg.), Pädagogische Psychologie 1, Frankfurt/M. 1973, S. 190–200
Marcuse, H., Triebstruktur und Gesellschaft, Frankfurt/M. 1967
Marcuse, H. u. a. (Hrsg.), Aggression und Anpassung in der Industriegesellschaft, Frankfurt/M. 1968
Marx, K., Grundrisse der Kritik der politischen Ökonomie (Rohentwurf 1857–1858, Anhang 1850–1859), Frankfurt/M., Wien 1971
ders., Einleitung zur Kritik der politischen Ökonomie, MEW Bd. 13, Berlin (DDR) 1974
McGeoch, J. A.; Irion, A. L., The psychology of human learning, New York 1952
McKinley, D. G., Social Class and Family Life, Glencoe/London 1964
Mechler, H., Die unentbehrliche Klasse, Stuttgart 1964
Meierhofer, M.; Keller, W., Frustration im frühen Kindesalter, Bern 1970
Meinhold, M., Probleme der Bereichsspezifität der kognitiven Strukturiertheit, in: *Seiler, B.* (Hrsg.), 1973 a)
dies., Kognitive Strukturiertheit und Pädagogische Praxisfelder, in: *Seiler, B.* (Hrsg.), 1973 b)
dies., Aggression und Kommunikation, in: Neue Praxis 2/1974, S. 127 ff.
Menschik, J., Gleichberechtigung oder Emanzipation, Frankfurt/M. 1971
Milhofer, P., Familie und Klasse, Frankfurt/M. 1973
*Miller, G.** et al., Strategien des Handelns, Stuttgart 1973 (1)
Miller, R., Vom Werden des sozialistischen Menschen, Berlin (DDR)
Mills, C. W., Kritik der soziologischen Denkweise, Neuwied 1963
Mitscherlich, A., Auf dem Wege zur vaterlosen Gesellschaft, München 1963
ders., Bis hierher und nicht weiter, München 1969 b)
Mitscherlich, A.; Muck, M., Der psychoanalytische Ansatz in der Sozialpsychologie, in: *Graumann, C. F.* (Hrsg.), Handbuch der Psychologie 7; 1, Sozialpsychologie, Göttingen 1969 a)
Mollenhauer, K., Versuche 3, in: *Müller, C. W.; Kentler, H.* (Hrsg.), 1964
ders., Erziehung und Emanzipation, München 1971
Mommsen, E. W., Elitebildung in der Wirtschaft, Darmstadt 1955

Morris, J. F.; Lunzer, E. A., Das Lernen in der Schule, Stuttgart 1971
Mosen, W., Bundeswehr – Elite der Nation, Neuwied, Berlin 1970
*Moser, T.**, Jugendkriminalität und Gesellschaftsstruktur, Frankfurt/M. 1972 (5)
Müller, C. W.; Kentler, H. u. a. (Hrsg.), Was ist Jugendarbeit?, München 1964
Müller, L., Vorstellungen vom Lehrerberuf, Weinheim 1968
Müller, W., Soziale Mobilität (Diss.), Konstanz 1973
*Murdock, G.**, Struktur, Kultur und Protestpotential, in: *Prokop, D.* (Hrsg.), Massenkommunikationsforschung 2: Konsumtion, Frankfurt/M. 1973 (8)
Nahrstedt, W., Freizeitpädagogik in der nachindustriellen Gesellschaft, Neuwied 1974
Negt, O.; Kluge, A.*: Öffentlichkeit und Erfahrung, Frankfurt/M. 1972 (8)
Neidhardt, F.: Die Familie in Deutschland, Opladen 1966
ders., »Modernisierung« der Erziehung, in: *Ronneberger, F.* 1971, S. 1 ff.
Neubauer, W. F.: Sozialpsychologie junger Angestellter, Wien, New York 1972
Neuner, G., Zur Theorie der sozialistischen Allgemeinbildung, Berlin (DDR) 1973
Nickel, H., Entwicklungspsychologie des Kindes- und Jugendalters, Bern 1972
Nusser, P., Romane für die Unterschicht, Stuttgart 1973
Oevermann, U., Schichtenspezifische Formen des Sprachverhaltens und ihr Einfluß auf die kognitiven Prozesse, in: *Roth, H.* (Hrsg.), Begabung und Lernen, Stuttgart 1968
Olson, P. (Hrsg.), America as a Mass Society, Glencoe 1953
Ortmann, H., Arbeiterfamilie und sozialer Aufstieg, München 1971
Osterland, M., Gesellschaftsbilder in Filmen, Stuttgart 1970
ders., Angleichungs- und Differenzierungsprozesse zwischen Arbeitern und Angestellten, in: *Jacobi, O.* u. a. (Hrsg.), Gewerkschaften und Klassenkampf, Frankfurt/M. 1973
ders., Medienwissenschaft als Sozialwissenschaft, in: Ästhetik und Kommunikation 14, 1974
*Osterland, M.** u. a., Materialien zur Lebens- und Arbeitssituation der Industriearbeiter in der BRD, Frankfurt/M. 1973 (6)
Ott, E., Vorschulische Intelligenzförderung, Frankfurt/M. 1971
Ottomeyer, K., Soziales Verhalten und Ökonomie im Kapitalismus, Bremen 1973 (Eigendr.)

Paech, J.; Wolff, A., Medienarbeit – Erfahrungsbericht aus Hauptschule und Jugendfreizeitbereich, in: Ästhetik und Kommunikation 11/1973
Parsons, T., Soziologische Theorie, Neuwied/Berlin 1964
ders., Sozialstruktur und Persönlichkeit, Frankfurt/M. 1968
Pearlin, L. J.; Kohn, M. L., Social Class, Occupational and Parental Values, in: American Sociological Review 31/1966
Pehlke, M.; Lingfeld, N., Roboter und Gartenlaube, München 1970
Piaget, J., The moral judgement of the child, London 1948 (dt. Übersetzung Zürich 1954)
ders., Das Erwachen der Intelligenz beim Kinde, Stuttgart 1969
Plato, H. v., Die Einigung – Zur Sozialisationstheorie von Alfred Lorenzer, in: Ästhetik und Kommunikation 15/16/1974, S. 104
Pöggeler, F., Die Bildungs- und Erziehungsarbeit der Jugendverbände im Blickfeld der Erziehungswissenschaft, in: deutsche jugend 6/1974
Popitz, H. u. a., Das Gesellschaftsbild der Arbeiter, Tübingen 1967
*Poulantzas, N.**, Politische Macht und gesellschaftliche Klassen, Frankfurt/M. 1974 (2)
Prentice, W. C. H., Some cognitive aspects of motivation in: *Harper, R. J.* et al.: The Cognitive Process; Englewood Cliffs/N. J. 1964, S. 400
Pressel, A., Sozialisation, in: *J. Beck* u. a., Erziehung in der Klassengesellschaft, München 1971
Priewe, J.; Wienert, H., Funktion und sozialökonomische Stellung der Leitungsangestellten, in: *Kievenheim, C.; Leisewitz, A.* (Hrsg.) 1973
Pritzkoleit, K., Die neuen Herren, München 1955
Projekt Klassenanalyse*, Materialien zur Klassenstruktur der BRD I, II, Berlin 1973, 1974 (2)
Prokop, D. (Hrsg.), Massenkommunikationsforschung, Bd. 2 Konsumtion, Frankfurt/M. 1973
Pross, H., Manager und Aktionäre in Deutschland, Frankfurt/M. 1965
dies., Über die Bildungschancen der Mädchen in der Bundesrepublik, Frankfurt/M., 1969
Pross, H.; Boetticher, K. W., Manager des Kapitalismus, Frankfurt/M. 1971
Przytulla, H., Die Überwindung der antiautoritären Phase. Zum Verhalten Erwachsener in Gruppen, in: *Saß, H. W.* (Hrsg.), Antiautoritäre Erziehung, Stuttgart 1972
Puschner, I.; Schreiner, N.; Tismer, H. G., Expansion und Restriktion in der Lebensthematik älterer Menschen, in: Verhdl. Dt. Ges. Gerontol., Darmstadt 1968, S. 204 ff.

Pye, L. W., Politics, Personality and Nation, New Haven 1962
Rainville, J.-M., Condition ouvrière et intégration sociale, Paris 1967
Redlich, F., Der Unternehmer, Göttingen 1964
Reuter, E., Anforderungen an neue Rahmenrichtlinien und die Verfahren ihrer Entwicklung, in: *Köhler, G.; Reuter, E.* (Hrsg.), Was sollen Schüler lernen? Frankfurt/M. 1973
Richter, H. E., Eltern, Kind und Neurose, Hamburg 1969
ders., Die Gruppe, Hamburg 1972
Riesmann, D. u. a., Die einsame Masse, Hamburg 1961
Rimoldi, H. J.; Erdmann, J. B., Problem solving: The Process, Psychological Reports 1967 (20) 317–18
Rinne, H., Frühkindliche Erziehung in Institutionen – Verwaltung, Planung, Reform, unveröffentl. Diplomarbeit, Berlin 1973
Rheingold, H. L., The modification of social responsiveness in institutional babies, in: Monogr. Soc. Res. Child Development 1956, 21, No. 2, 23
Robertson, J., Mütterliche Verhaltensstile in ihrem Einfluß auf die frühkindliche Entwicklung, in: *Bittner, G.; Schmidt-Cords, E.* (Hrsg.), Erziehung in früher Kindheit, München 1971, S. 271 ff.
*Rohr, A.**, Komplexes Denken, Weinheim 1968 (4)
Rohr, C., Verhaltensänderung, München 1972
*Röhm, H.**, Kindliche Aggressivität, Starnberg 1972 (5)
Rogers, G. R., A theory of therapy, personality, and interpersonal relationships as developed in the clientcentered framework, in: *Koch, S.* (Hrsg.), Psychology, a study of a science, Vol. 3, New York 1959, S. 184 ff.
Rolff, H.-G., Sozialisation und Auslese durch die Schule, Heidelberg 1969, erw. Aufl. 1972
Ronneberger, F. (Hrsg.), Sozialisation durch Massenmedien, Stuttgart 1971
Ronneberger, F.; Rödel, U., Beamte im gesellschaftlichen Wandlungsprozeß, Bonn 1971
Rosenfeld, G., Theorie und Praxis der Lernmotivation, Berlin (DDR) 1964
Rosen, B, C., Familienstruktur und Leistungsmotivation, in: *Hartfiel, G.; Holm, K.* (Hrsg.), 1973
Roth, J., Armut in der BRD, Frankfurt/M. 1974
Rubinstein, S. L., Sein und Bewußtsein, Berlin (DDR) 1962
ders., Das Denken und die Wege seiner Erforschung, Berlin (DDR) 1961
ders., Das Persönlichkeitsproblem in der Psychologie, in: *Kussmann, Th.* (Hrsg.), Bewußtsein und Handlung, Bern 1971, S. 62 ff.

Rutenfranz, J.; Graf, O., Zur Frage der zeitlichen Belastung von Lehrkräften, Köln, Opladen 1963
Scharmann, D. L., Probleme der personalen Selbstentfaltung in der industriellen Arbeitswelt, in: *Scharmann, T.* (Hrsg.), 1966
Scharmann, T. (Hrsg.), Schule und Beruf als Sozialisationsfaktor, Stuttgart 1966
ders., Lebensplan und Lebensgestaltung junger Arbeiter, Bern/Stuttgart 1967
Schefer, G., Das Gesellschaftsbild des Gymnasiallehrers, Frankfurt/M. 1969
Schmalohr, E., Frühe Mutterentbehrung bei Mensch und Tier, München 1968 (3)
ders., Frühes Lesenlernen, Heidelberg 1973
*Schmidt, E.**, Die verhinderte Neuordnung 1945–1952, Frankfurt/M. 1970 (2)
ders., Ordnungsfaktor oder Gegenmacht, Frankfurt/M. 1971
Schmidt, M., Konfliktfeld Schule, in: betrifft: erziehung 11/1974
Schmidt, V., 3 Aufsätze, hrsg. v. Zentralrat der sozialistischen Kinderläden, West-Berlin 1969
Schmölders, G., Die Unternehmer in Wirtschaft und Gesellschaft, Essen 1973
Schneider, H., Die öffentliche Jugendhilfe zwischen Eingriff und Leistung, Neuwied 1964
*Schroder, H. M.** et al., Human Information Processing, New York 1967 (5)
Schumann, M. u. a., Am Beispiel der Septemberstreiks, Frankfurt/M. 1971
Schwendter, R., Theorie der Subkultur, Köln/Berlin 1971
Sears, R. R. et al., Patterns of Child Rearing, New York 1957
Sears, R. R. et al., Identification and Child Rearing, Standford 1965
Secord, P. F.; Backman, C. W., Social Psychology, New York 1964
Seidelmann, K. u. a., Schüler, Lehrer, Eltern, Hannover 1970
*Seiler, B.** (Hrsg.), Kognitive Strukturiertheit, Stuttgart 1973 (1)
*Singer, K.**, Lernhemmung, Psychoanalyse und Schulpädagogik, München 1970 (4)
Skowronek, H., Psychologische Grundlagen einer Didaktik der Denkerziehung, Hannover 1968
ders.*, Lernen und Lernfähigkeit, München 1970 (1)
Sonnemann, U. (Hrsg.), Negative Anthropologie, Hamburg 1969
Speichert, H., Eine Umwelt zum Lernen, in: Schule ohne Klassenschranken, Hamburg 1972

Spitz, R. A., Vom Säugling zum Kleinkind, Stuttgart 1969
ders., Nein und Ja – Ursprünge der menschlichen Kommunikation, Stuttgart 1970
Stammer, T. (Hrsg.), Einigkeit und Recht und Freiheit, Westdeutsche Innenpolitik 1945–1955, München 1965
Stapf, K. H. u. a., Psychologie des elterlichen Erziehungsstils, Stuttgart 1972
Steiner, H., Soziale Strukturveränderung im modernen Kapitalismus, Berlin (DDR) 1967
Steinert, H., Die Strategien sozialen Handelns, München 1972
ders., Über Objektivierung, Reifikation und die Ansätze einer reflexiven Sozialwissenschaft, in: *Walter, H.* (Hrsg.), 1973, S. 103–117
Stooss, F., Die Veränderungen der beruflichen Gliederung der Erwerbspersonen nach Wirtschaftszweigen in der Bundesrepublik 1950–61, in: Mitteilungen des Instituts für Arbeitsmarkt- und Berufsforschung, Nr. 4/1968
Stubenrauch, H., Die Gesamtschule im Widerspruch des Systems, München 1972
Szell, G. (Hrsg.), Privilegierung und Nichtprivilegierung im Bildungssystem, München 1972
Tausch, R.; Tausch, A., Effektive Verhaltensformen in Konfliktsituationen, in: *Weinert, F.* (Hrsg.), Pädagogische Psychologie, Köln 1967, S. 307 ff.
dies., Erziehungspsychologie, Göttingen 1965
Teigeler, U.; Stoellger, N.*, Materialien für die pädagogische Arbeit in der Krippe (Veröffentlichung des Senators für Familie, Jugend und Sport, Berlin), Berlin 1974 (3)
Tent, L., Die Auslese von Schülern zu weiterführenden Schulen, Göttingen 1968
Thalmann, H.-Ch., Verhaltensstörungen bei Kindern im Grundschulalter, Stuttgart 1974
Tjaden-Steinhauer, M.; Tjaden, K.*, Klassenverhältnisse im Spätkapitalismus, Stuttgart 1973 (2)
Treue, W., Deutsche Parteiprogramme 1861–1956, Göttingen 1956
*Tschudi, L.**, Rätedemokratie und Marxismus, Basel 1973 (1)
Umbreit, W., Berufliche Qualifikation und politische Emanzipation lohnabhängiger Frauen in der BRD, in: Sozialistische Politik No. 28, 1974
Vester, M., Die Entstehung des Proletariats als Lernprozeß, Frankfurt/M. 1970
Vinnai, G., Sozialpsychologie der Arbeiterklasse, Reinbek 1973

Voets, S., Sozialistische Erziehung, Hamburg 1972
Vorläufiger Rahmenplan für die Vorklasse. Hrsg. Senator für Schulwesen, Berlin 1973
Wald, R., Industriearbeiter Privat, Stuttgart 1966
Wallich, H. C., Triebkräfte des deutschen Wiederaufstiegs, Frankfurt/M. 1955
*Walter, H.**, Sozialisationsforschung Bd. I: Erwartungen, Probleme, Theorieschwerpunkte, Stuttgart 1973 (1)
Weiler, J.; Freitag, R., Ausbildung statt Ausbeutung, Hamburg 1974
Wellendorf, F., Schulische Sozialisation und Identität. Zur Sozialpsychologie der Schule als Institution, Weinheim 1973
Werder, v. L., Von der antiautoritären zur proletarischen Erziehung, Frankfurt/M. 1972
Westberliner Volkstheater Kooperative e. V., ›Fest‹ ein Gesellschaftsspiel, Heft 2, 1972, Berlin
Weyrauch, W. O., Zum Gesellschaftsbild des Juristen, Neuwied, Berlin 1970
Wildauer, G., Zur geistigen Bildung und Erziehung in der jüngeren Gruppe des Kindergartens, Berlin 1971
Willems, E.; Cuvillier, A., Dictionnaire de Sociologie, Paris 1961
Winnicott, D. W., Übergangsobjekte und Übergangsphänomene, in: *Ammon, G.* (Hrsg.) 1973, S. 141
ders., Primäre Mütterlichkeit, in: Psyche 14, 1960, S. 393
Winterhager, W. D., Lehrlinge – die vergessene Majorität, Weinheim 1970
Wittenberg, D., LIP – Neue Kampfformen und Öffentlichkeit, in: Ästhetik und Kommunikation 15/16/1974
Witzel, J., Der Außenseiter im Sozialisationsprozeß der Schule, Stuttgart 1969
White, D. M. (Hrsg.), Mass culture, Glencoe 1957
Wright, C. R., Mass Communication, New York 1964
Wurzbacher, G.; Schlottmann, U., Beruf und Schule als Faktoren soziokultureller und personaler Strukturierung und Veränderung, in: *Scharmann, Th.* (Hrsg.), Schule und Beruf als Sozialisationsfaktoren, Stuttgart 1966
Wurzbacher, G. (Hrsg.), Der Mensch als soziales und personales Wesen, Stuttgart 1963
Wygotski, L. S., Denken und Sprechen, Stuttgart 1969
Zapf, W. (Hrsg.), Beiträge zur Analyse der deutschen Oberschicht, München 1965 a)
ders., Wandlungen der deutschen Elite, München 1965 b)

Zigler, E.; Child, J. L., Socialization, in: *Lindzey, G.; Aronson, E.* (Hrsg.), The Handbook of Social Psychology, Menlo Park/London 1969

Zeidler, K., Rollenanalyse von Führungskräften der Wirtschaft, Erlangen-Nürnberg 1971

Zeiher, H., Gymnasiallehrer und Reformen, Stuttgart 1973

*Zimmer, J.** (Hrsg.), Curriculumentwicklung im Vorschulbereich, Bd. 1, München 1973 (4)

Zoll, R.; Hennig, E., Massenmedien und Meinungsbildung, München 1970

Sachverzeichnis

Kritische Texte: Sozialarbeit, Sozialpädagogik, Soziale Probleme

Der Fall Frank
Exemplarische Analysen der Praxis öffentlicher Erziehung.
Von Herbert E. Colla

Die Polizei – Eine Institution öffentlicher Gewalt
Analysen, Kritik, empirische Daten
Herausgegeben vom Arbeitskreis junger Kriminologen (AJK)

Handlungskompetenz und Jugendkriminalität
Ein interaktionistisches Konzept zur Aufdeckung gesellschaftlicher Unterprivilegierung.
Von Ralf Bohnsack

Emanzipatorische Sexualpädagogik und Strafrecht
»Unzucht mit Kindern« – ein Beispiel bürgerlicher Zwangsmoral
Von Karl-Heinz J. Kerscher

Drogen: Erfahrung und Erkenntnis
Selbstzeugnisse, Dokumente, Analysen.
Von Rudi Wormser

Erziehung und Veränderung
Zur Begründung einer praxisbezogenen Sozialisationstheorie.
Von Walter Hollstein und Marianne Meinhold

Stigmatisierung – Zur Produktion gesellschaftlicher Randgruppen
Herausgegeben von Manfred Brusten und Jürgen Hohmeiner

Supervision
Analyse eines fragwürdigen Kapitels der Sozialarbeit.
Von Norbert Huppertz

Gesellschaftliche Perspektiven der Sozialarbeit 1
Von Hans-Uwe Otto / Siegfried Schneider (Hrsg.)
3. Auflage

Gesellschaftliche Perspektiven der Sozialarbeit 2
Von Hans-Uwe Otto / Siegfried Schneider (Hrsg.)
3. Auflage

Sozialpädagogik, Psychoanalyse und Sozialkritik
Perspektiven sozialer Berufe.
Von Aloys Leber / Helmut Reiser (Hrsg.)
2. Auflage

Diakonie und Restauration
Kritik am sozialen Protestantismus in der BRD.
Von Johannes Degen

Studienmodell für soziale Berufe
Ein Verbund von Praxis und Theorie.
Herausgegeben von der Curriculum-Arbeitsgruppe Kassel

Kinder spielen Konflikte
Zur Problematik von Simulationsverfahren für Soziales Lernen.
Von Volker Gold, Wolfgang L. Ranftl, Marianne Vogel, Mignon Wagner, Inge Weber. 2. Auflage

Arbeitswelt und Lehrerbewußtsein
Einstellung von Volksschullehrern zu sozio-ökonomischen Formationen in der BRD – Eine empirische Untersuchung von Bernd Lehmann

Soziale Kontrolle
Soziologische Theoriebildung und ihr Bezug zur Praxis der sozialen Arbeit.
Von Peter Malinowski und Ulrich Münch

Freizeitpädagogik in der nachindustriellen Gesellschaft
Voraussetzungen – Aufgaben – Perspektiven.
Von Wolfgang Nahrstedt. 2 Bände

Kinderfest
Eine pädagogische und gemeindesoziologische Studie.
Von Roland Narr

Soziale Abweichung und Erfolgschancen
Die Anomietheorie in der Diskussion.
Von Hans Hartwig Bohle

Unterprivilegiert
Eine Studie über sozial benachteiligte Gruppen in der Bundesrepublik Deutschland. Herausgegeben von der SPIEGEL-Redaktion mit einem Vorwort von Rudolf Augstein.
2. Auflage

Luchterhand